武具が語る古代史

古墳時代社会の構造転換

川畑 純

若い知性が拓く未来

　今西錦司が『生物の世界』を著して，すべての生物に社会があると宣言したのは，39歳のことでした。以来，ヒト以外の生物に社会などあるはずがないという欧米の古い世界観に見られた批判を乗り越えて，今西の生物観は，動物の行動や生態，特に霊長類の研究において，日本が世界をリードする礎になりました。

　若手研究者のポスト問題等，様々な課題を抱えつつも，大学院重点化によって多くの優秀な人材を学界に迎えたことで，学術研究は新しい活況を呈しています。これまで資料として注目されなかった非言語の事柄を扱うことで斬新な歴史的視点を拓く研究，あるいは語学的才能を駆使し多言語の資料を比較することで既存の社会観を覆そうとするものなど，これまでの研究には見られなかった溌剌とした視点や方法が，若い人々によってもたらされています。

　京都大学では，常にフロンティアに挑戦してきた百有余年の歴史の上に立ち，こうした若手研究者の優れた業績を世に出すための支援制度を設けています。プリミエ・コレクションの各巻は，いずれもこの制度のもとに刊行されるモノグラフです。「プリミエ」とは，初演を意味するフランス語「première」に由来した「初めて主役を演じる」を意味する英語ですが，本コレクションのタイトルには，初々しい若い知性のデビュー作という意味が込められています。

　地球規模の大きさ，あるいは生命史・人類史の長さを考慮して解決すべき問題に私たちが直面する今日，若き日の今西錦司が，それまでの自然科学と人文科学の強固な垣根を越えたように，本コレクションでデビューした研究が，我が国のみならず，国際的な学界において新しい学問の形を拓くことを願ってやみません。

第26代　京都大学総長　山極壽一

目　次

図一覧／表一覧 ———— vii

序　章 …………………………………………………………… 1
 1.　本書の目的と分析対象 ———— 1
 2.　国家形成過程の研究における武器・武具研究の役割 ———— 3
 3.　本書の視点 ———— 7

第1部　矢鏃の型式学的研究　　9

第1章　古墳出土鏃の編年 …………………………………… 11
 1.　はじめに ———— 11
 2.　研究史と本章の視点 ———— 12
  ⑴研究史　12
  ⑵本章の視点　14
 3.　鏃の分類 ———— 15
  ⑴部分名称と用語の設定　15
  ⑵分類の前提　16
  ⑶分類　18
 4.　型式設定の検証と配列 ———— 23
  ⑴型式設定の検証　23
  ⑵配列と段階設定　33
  ⑶銅鏃生産の終焉について　35
 5.　各期の様相と意義 ———— 38
  ⑴各期の様相　38
  ⑵鏃組成の変遷とその意義　41
 6.　鏃の形の変化と組み合わせの変化の意義 ———— 43

第2章　矢の構造 …………………………………………… 45
 1.　はじめに ———— 45
 2.　根挟みの装着手順と形態，機能について ———— 46
  ⑴根挟みの分類と装着手順　46
   ⅰ　根挟みの分類／　ⅱ　装着先行型の根挟み／　ⅲ　加工先行型の

根挟み／　ⅳ　装着手順と挟み部の形態
　　　　(2)根挟みの機能について　52
　　　　(3)分離式鏃の出土状況　54
　　　　　　ⅰ　鏃の出土状況の研究略史／　ⅱ　中期の出土状況／　ⅲ　前期の出土状況／　ⅳ　後期の出土状況
　　3. 根挟みの材質転換について────59
　　　　(1)捩じりと頸部の成立　59
　　　　　　ⅰ　根挟みの材質転換／　ⅱ　根挟みの材質転換と鏃形式の刷新
　　　　(2)分離式の諸方式　63
　　　　　　ⅰ　ホゾ孔式の分離式矢鏃／　ⅱ　中柄式の分離式矢鏃
　　　　(3)矢の流通形態について　65
　　4. 結語────68
　　　　矢の流通の意義

第3章　矢鏃の生産・流通とその変遷……………………………73
　　1. はじめに────73
　　2. 矢柄の装着────73
　　　　(1)矢柄の装着手順　73
　　　　(2)矢柄先端の加工と形状について　75
　　　　(3)口巻きの手法とその変遷　77
　　3. 一括資料としての鏃群の検討────79
　　　　(1)Ⅰ期の様相　79
　　　　(2)Ⅱ期の様相　81
　　　　(3)Ⅲ期の様相　83
　　　　(4)Ⅳ期の様相　85
　　　　(5)Ⅴ期の様相　86
　　　　(6)口巻きを施す範囲について　87
　　　　(7)鏃形態と矢の生産の様相　88
　　4. 矢鏃生産・流通の展開────92

第2部　甲冑の型式学的研究　　95

第4章　衝角付冑の型式学的配列……………………………97
　　1. はじめに────97
　　2. 研究史と本章の位置づけ────98
　　3. 衝角底板連接手法の再分類────100

⑴各要素の分類と相互関係　100

　　　⑵各分類の関係　103

　　　⑶各要素の組み合わせと型式設定　104

　　　⑷型式相互の関係　107

　　　　　　ⅰ　横接式と上接式／　ⅱ　上内接式と上下接式／　ⅲ　内接式の展開／　ⅳ　外接式と外接被覆式／　ⅴ　一連式・非連結式

　4.　型式学的配列————114

　　　⑴配列の要素と優先順位　114

　　　⑵竪矧板Ａ系統の検討　116

　　　⑶三角板系統の検討　119

　　　⑷小札系統の検討　123

　　　⑸横矧板系統の検討　128

　　　⑹竪矧板Ｂ系統の検討　133

　　　⑺衝角付冑の型式学的配列　133

　5.　衝角付冑の生産系譜の展開————137

　　　⑴形式と型式の展開　137

　　　⑵衝角付冑の型式と多系化の意義　139

　6.　甲冑生産の系に関する予察————140

第5章　眉庇付冑の系統と変遷　……………………………………………143

　1.　眉庇付冑研究の課題と本章の位置づけ————143

　　　⑴眉庇付冑研究の意義　143

　　　⑵眉庇付冑の研究史　143

　　　⑶研究史上の課題と本章の視点　145

　2.　眉庇付冑の構造と特質————146

　　　⑴受鉢・伏鉢の連接技法　146

　　　⑵伏板の環状配置鋲　149

　　　⑶腰巻板の鋲列　149

　　　⑷地板形式と連接構造　149

　3.　庇部文様の検討————151

　　　⑴庇部文様検討の前提　151

　　　⑵葉文系の検討　151

　　　⑶三角文系の検討　154

　　　⑷レンズ文系の検討　158

　　　⑸無透系の検討　161

　　　⑹葉文系Ｂ類の検討　162

(7)小結　162

4. 眉庇付冑の編年 ―――― 164
    (1)配列の前提　164
    (2)葉文系の配列　165
    (3)三角文系の配列　167
    (4)レンズ文系の配列　171
    (5)無透系の配列　172
    (6)小結　174

5. 眉庇付冑の系統と変遷 ―――― 174
    (1)系統認識の要素　174
    (2)各系統の様相　175
    (3)系統のまとまりと系統間の関係　177
    (4)二つの系統――総鉄製と金銅装　179
    (5)総鉄製と金銅装の前後関係　180
    (6)眉庇付冑の変遷　182

6. 眉庇付冑の系統と生産 ―――― 184
    (1)眉庇付冑生産の展開　184
    (2)眉庇付冑からみる甲冑生産体制の転換　186

第6章　短甲の系統と甲冑セットの再検討 …………………………… 189

1. 短甲の研究史と本章の視点 ―――― 189
    (1)本章の目的　189
    (2)短甲編年の研究史　189
    (3)短甲編年の到達点と課題　192
    (4)短甲の「系統」概念と編年について　193

2. 検討項目 ―――― 194
    (1)検討項目の概要　194
    (2)地板裁断の有無とその意義　196
    (3)地板裁断の分類　198

3. 短甲の系統と編年 ―――― 199
    (1)系統と変遷把握の前提　199
    (2)長方形蝶番金具の三角板鋲留短甲　199
    (3)長方形蝶番金具の横矧板鋲留短甲　207
    (4)長方形蝶番金具系の変遷　209
    (5)方形3鋲蝶番金具の三角板鋲留短甲・横矧板鋲留短甲　210
    (6)胴一連の三角板鋲留短甲・横矧板鋲留短甲　211

　　　　(7)方形4鋲蝶番金具の三角板鋲留短甲・横矧板鋲留短甲　215
　　　　(8)長釣壺形蝶番金具の三角板鋲留短甲・横矧板鋲留短甲　216
　　　　(9)釣壺形蝶番金具の三角板鋲留短甲・横矧板鋲留短甲　218
　　4．短甲系統の変遷と冑・頸甲との組み合わせ──── 221
　　　　(1)系統の意義と系統変遷　221
　　　　(2)出現期の冑と頸甲について　224
　　　　(3)衝角付冑・眉庇付冑の画期と短甲の位置づけ　227
　　　　(4)短甲・頸甲の終焉　229
　　　　(5)甲冑生産の画期　230

第3部　武器・武具からみた古墳時代の社会構造　233

第7章　一括資料にみる武器・武具の入手と保有 …………………… 235
　　1．一括資料の分析──製作段階差について ──── 235
　　　　(1)一括資料分析の意義　235
　　　　(2)衝角付冑・眉庇付冑・短甲の複数共伴例について　235
　　　　(3)複数甲冑の共伴例の傾向　241
　　　　(4)矢鏃と甲冑の共伴状況　243
　　　　(5)複数甲冑セットの構成　246
　　　　(6)金銅装の有無と製作順序　252
　　2．武器・武具の入手と流通戦略の画期──── 254
　　　　(1)矢鏃の履歴と甲冑の履歴　254
　　　　(2)武器・武具の入手と流通戦略の画期　256

第8章　武器・武具の入手と階層構造 ……………………………… 259
　　1．武器・武具の入手と帰属主体について ──── 259
　　　　(1)本章の目的　259
　　　　(2)方法論　260
　　2．同一古墳内複数埋葬の分析 ──── 261
　　　　(1)概要　261
　　　　(2)各古墳における具体的様相　263
　　　　(3)武器・武具の入手主体　268
　　　　(4)複数埋葬における特殊な様相──後出3号墳例について　271
　　3．同一古墳群内における出土鏃の様相──── 273
　　　　(1)概要　273
　　　　(2)各古墳群における様相　273

(3)古墳群内における武器・武具の入手と所有　279
　　(4)武器・武具生産の画期と集団間関係　282

終章　武器・武具からみた古墳時代社会の構造転換 ……………… 285
　1. 武器・武具埋納量の変遷と展開 ———— 285
　　(1)武器・武具埋納量分析の意義　285
　　(2)Ⅰ期（前期前半）の様相　286
　　(3)Ⅱ期（前期後半）の様相　292
　　(4)Ⅲ期（中期前半）の様相　295
　　(5)Ⅳ期（中期後半）の様相　297
　　(6)武器・武具埋納の変遷　299
　　(7)武器・武具埋納の画期　301
　2. 武器・武具の画期とその意義 ———— 302
　　(1)武器・武具生産の変遷と価値転換　302
　　(2)古墳時代全期間を通してみた中期中葉の画期　304
　　(3)武器・武具の量差と質差　307
　　(4)量差システムと質差システムの提唱　309
　3. 量差システム・質差システムと古墳時代の社会構造 ———— 312
　　(1)前期から中期への展開　312
　　(2)量差システムと器物の更新　315
　4. 量差システムから質差システムへの転換の歴史的意義 ———— 316
　　(1)量差システムと質差システムの交錯期　316
　　(2)倭の五王の朝貢と質差システム　317
　　(3)量差システム・質差システムと国家形成過程　319
　5. おわりに ———— 321

図版出典　323
報告書　327
参考文献　343
あとがき　353
索引

図一覧

第1図	矢の部分名称		第31図	矢柄先端加工（1）
第2図	鏃の部分名称		第32図	矢柄先端加工（2）
第3図	無茎式の分類		第33図	矢柄先端形状の分類
第4図	短茎式の分類		第34図	口巻きの諸例
第5図	先刃式の分類（1）		第35図	弘住3号墳出土鉄鏃
第6図	先刃式の分類（2）		第36図	Ⅰ期の諸例
第7図	横刃式の分類（1）		第37図	Ⅱ期の諸例
第8図	横刃式の分類（2）		第38図	Ⅲ期の諸例
第9図	有頸式の分類		第39図	Ⅳ期の諸例
第10図	鏃の諸例（1）		第40図	Ⅴ期の諸例
第11図	鏃の諸例（2）		第41図	口巻きの長さと鏃形式
第12図	鏃の諸例（3）		第42図	甲冑の名称
第13図	鏃の諸例（4）		第43図	衝角付冑の部分名称
第14図	段階設定と鏃の消長		第44図	衝角付冑の各部材の形態
第15図	Ⅲ期の銅鏃		第45図	型式と各要素の対応
第16図	根挟みの部分名称		第46図	衝角付冑の諸例（1）
第17図	根挟みの分類		第47図	各型式の成立順序
第18図	根挟みの消長		第48図	製作工程と分析要素の対応
第19図	大迫山1号墳と椿井大塚山古墳出土銅鏃		第49図	計測部位名称
第20図	根挟みの諸例（1）		第50図	衝角付冑の諸例（2）
第21図	根挟みの諸例（2）		第51図	衝角付冑の諸例（3）
第22図	七廻り鏡塚古墳出土鉄鏃		第52図	衝角付冑の諸例（4）
第23図	短茎式の出土状況（1）		第53図	衝角付冑の型式学的配列
第24図	短茎式の出土状況（2）		第54図	眉庇付冑の部分名称
第25図	根挟みを一連でつくる銅鏃		第55図	受鉢・伏鉢の連接技法
第26図	捩じりを持つ鉄鏃		第56図	庇部文様の分類
第27図	ソケット状の矢柄装着部を持つ鉄鏃		第57図	葉文系A類の諸例
第28図	茶すり山古墳第1主体東区画出土鉄鏃と出土状況		第58図	葉文系A類の単位文様
			第59図	三角文系の諸例（1）
第29図	矢柄装着手順		第60図	三角文系の諸例（2）
第30図	根挟み固定手法の諸例		第61図	レンズ文系の諸例
			第62図	無透系の諸例
			第63図	葉文系B類の諸例

第64図	庇部接合端部類型
第65図	浄土寺山古墳出土冑
第66図	眉庇付冑の消長
第67図	短甲の部分名称と形式分類
第68図	蝶番・覆輪・引合板連接位置の分類
第69図	地板形態の分類模式図
第70図	短甲の諸例（1）
第71図	短甲の諸例（2）
第72図	短甲の諸例（3）
第73図	短甲の諸例（4）
第74図	短甲系統の変遷
第75図	大谷古墳出土短甲
第76図	鶴山古墳出土鉄鏃と短甲
第77図	小野王塚古墳出土鉄鏃と短甲
第78図	甲冑の出土状況（1）
第79図	甲冑の出土状況（2）
第80図	石鎚山1号墳の埋葬施設と出土鏃
第81図	会津大塚山古墳の埋葬施設と出土鏃
第82図	瓦谷1号墳の埋葬施設と出土鏃
第83図	野毛大塚古墳の埋葬施設と出土鏃
第84図	奈具岡北1号墳の埋葬施設と出土鏃
第85図	野山支群11号墳の埋葬施設と出土鏃
第86図	池殿奥支群5号墳の埋葬施設と出土鏃
第87図	見田・大沢1号墳の埋葬施設と出土鏃
第88図	後出3号墳の埋葬施設と鉄鏃・短甲
第89図	池ノ内古墳群の出土鏃
第90図	桜塚古墳群の出土鏃
第91図	後出古墳群の出土鏃
第92図	後出古墳群出土鏃の形式と鏃長
第93図	鉄刀・鉄剣の分布
第94図	鉄鏃・銅鏃の分布
第95図	鉄鉾の分布
第96図	甲冑の分布

表一覧

第1表	定角A式と共伴遺物
第2表	方頭A式と共伴遺物
第3表	大型定角B式と共伴遺物
第4表	腸抉柳葉C式と共伴遺物
第5表	各型式の変化と組み合わせ
第6表	竪矧板A系統の配列
第7表	三角板系統の配列
第8表	小札系統の配列
第9表	横矧板系統の配列
第10表	竪矧板B系統の配列
第11表	葉文系の諸要素
第12表	三角文系の諸要素
第13表	レンズ文系の諸要素
第14表	無透系の諸要素
第15表	蝶番金具と覆輪の対応
第16表	三角板鋲留短甲の諸要素
第17-1表	横矧板鋲留短甲の諸要素（1）
第17-2表	横矧板鋲留短甲の諸要素（2）
第18表	甲冑の組み合わせ
第19表	複数の埋葬施設出土の武器・武具
第20表	鉄刀の多量出土古墳
第21表	鉄剣の多量出土古墳
第22表	鉄鏃の多量出土古墳
第23表	銅鏃の多量出土古墳
第24表	鉄鉾の多量出土古墳
第25表	短甲の多量出土古墳
第26表	藤の木古墳の出土遺物一覧
第27表	綿貫観音山古墳の出土遺物一覧

序　章

1. 本書の目的と分析対象

　本書の最大の目的は，日本列島における古代国家成立過程の最大級の構造転換の一つが古墳時代の半ばに生じたことを示すことである。

　弥生時代の後半以降，日本列島各地域での社会的な統合が進み，「クニ」と呼ばれるような集団が形成される。それらは徐々にあるいは突然に，広域的な連合を果たし，巨大前方後円墳の出現によって象徴されるような，日本列島の広域に影響を及ぼす連合体へと結実する。近畿地方に中心を持つその「連合体」あるいは「政体」は，中枢たる自身と各地域の「中心─周縁」関係をより強化し，対外交渉によって諸文物を導入しつつやがて古代律令国家へと昇華し，日本列島に成熟した「国家」が誕生する。

　考古学の研究成果から各地域の有力者間関係に着目して日本列島における国家の成立過程をごくごく単純化して描こうとするならば，以上のようなものになろう。本書では上記の有力者間関係と国家成立過程の背景で，特に有力者を中心に機能した社会構造がどのように展開し，その転換がどれほど国家の成立において重要な役割を果たしたのかを検証する。そして，その社会構造の転換こそ，「量的格差表象システム」から「質的格差表象システム」への転換と約言できるものである。

　量的格差表象システム（以下，「量差システム」）とは，端的にいってしまえば，貴重品をどれだけ多く入手できるか・どれだけ多く所有できるか・どれだけ多く廃棄できるかが，社会的な威信の獲得と格差の表示に直結しその達成者が有力者とみなされる社会的状況と，それを成り立たせるための経済システムまでを包括した概念である。量的な差が社会的な格差を表示し，それを成り立たせるために対外的・対内的に素材の確保や器物の生産，流通と保有，そして

廃棄が制御された社会システムと換言してもよい。

　一方の質的格差表象システム（以下，「質差システム」）は，器物の質の差が社会的な威信の差を表示し，それを成り立たせるために器物の生産・流通・保有・廃棄が制御された社会システムといえる。質の差とは，例えば木製・鉄製・金銅製といった器物の素材の差による視覚的な要素がわかりやすい。誤解を招かぬように付言しておけば，この質差システムは決して完成された身分秩序を前提としてそれを表象するために貴重品が利用されたというようなものではない。むしろ，そういった身分秩序の完成は，「貴重品」の「質」の差による格差表象を否定し，「質」とは異なる次元——例えば，色など——での格差の表示に到達する。

　つまり，量差システムから質差システムへと社会的な格差表象の方式が大きく変換し，それに伴いその背景としての素材の確保から器物の生産・流通，そして保有や廃棄といった物質文化を軸とする社会構造が大きく転換したことが，日本列島における国家の成立過程を考える上で重要な画期であり，その画期が古墳時代の半ばにあったことを示そうというのが本書の目的というわけである。

　これまで，考古学的な方法論から国家形成の有り様を論じる多くの研究がなされてきた。本書もその末席に位置づけられる。それらの研究が検討対象としてきたものもあらゆる項目に及び，それぞれ有効性を持っているが，本書では徹底的な遺物の検討と分析を方法論として採用し，特に，古墳から出土した武器・武具に焦点を当てたい。

　武器・武具は古墳時代を通じて幅広い地域・階層の古墳に副葬され続ける希有な資料であり，検討可能な範囲を大きく確保できる。考古資料には機能が不明なものも多いが，武器・武具の一次的な機能は今日の私たちにも容易に判断ができ，ほぼ間違いない。また，形態が複雑なものも多く，詳細な検討により多くの情報を引き出すことができる。以上のように，武器・武具は古墳時代の検討をおこなうための資料として非常に多くのメリットを持っている。

　その一方で，武器・武具の多くは鉄製であり，ほとんどの資料は錆に覆われて原形を留めておらず，情報を完全に引き出すことができない場合も多い。また，古墳時代に限っていえば，ほとんどの資料が古墳を中心とする墓から出土

しており，古墳に葬られる階層すべてを分析対象とすることはできたとしても，社会全体を分析対象とはできないといったデメリットもある。

デメリットの一つ目については，近年はX線透過画像の撮影なども多くおこなわれるようになってきている点をもって少しずつではあるが克服が進みつつあると考えたい。二つ目については，器物の分析は，決してその出土遺跡の性格だけの分析には止まらず，生産体制などのより基盤的な階層の描出にもつながるという点をもってある程度明らかにできると考える。もとよりそれも社会の一部分にすぎないが，それでもある程度の有効性を持っていよう。

以上のように本書では，非常に微細で徹底的なモノの分析から，日本列島における国家形成過程の大きな構造転換の描写を試みたい。本書は，モノから社会を描く試みともいえよう。

2. 国家形成過程の研究における武器・武具研究の役割

「国家」の指標の一つとして，人民の武装とは区別される中央集権的で広域的な軍事的機構の存在が挙げられている〔エンゲルス（村井・村田訳）1954〕。日本列島における国家形成過程の研究においても指標の一つとして取り上げられており〔都出1991〕，本書が主要な検討対象として設定した古墳時代の武器・武具研究における潮流の一翼を担うものとして，武器・武具の様相から軍事組織の復元を試みるものがある〔西川1966, 北野1969・1976, 田中新1975, 川西1983, 滝沢1994, 田中晋1981・1995・2001, 藤田1988・2006, 橋本2005, 松木2007, 豊島2010など〕。武器・武具から軍事組織の様相を復元することで，国家形成の過程を明らかにしようとするわけである。

中央集権的で広域的な軍事的機構の成立度合いを国家の指標の一つとして重視する場合，畿内の倭王権による各地域の勢力の軍事的掌握がどの程度進展していたのかを明らかにすることが肝となる。つまり翻って考えれば，倭王権による各地域の軍事的掌握を何をもって証明するか，視点を変えれば各地の有力者は何をもって広域的な軍事的機構に参加したことになるのかを，合理的に定義し，説明しなければならない。上に挙げた諸研究も，検討対象とした資料や結論にはそれぞれ違いがあるものの，そういった視点に基づいて研究が進めら

れてきたといえる。

　これまでの研究では，①日本列島の広域から同じ形態のものが出土する矢（鏃）や鉄製甲冑は倭王権中枢で一元的に製作され，配布された器物である，②多量の鉄製武器・武具を副葬する古墳の被葬者は軍事的指揮官である，という二つの前提に立つことで，③すなわちそれらの武器・武具を副葬した古墳の被葬者は倭王権の軍事的機構に直接的に参加していた，との結論に達するものが多い。そういった論法に基づいて，さらに時期的な変遷を捉えることで，③の倭王権の軍事的機構に参加していた有力者層が，墳丘規模や地理的な分布上どのように変動したのかを明らかにし，軍事的機構の展開や創出の画期を見出すのである。

　時期的な変遷については，具体的には，各地の大型古墳被葬者層にのみ鉄製武器・武具の副葬が卓越する段階には，それらの被葬者層が地域の軍事的機構を掌握しているとみなし，倭王権を中核とした広域的な軍事的機構は未成立であったとする。それに対して，中小古墳被葬者層への武器・武具副葬が顕著になる場合，それらは倭王権によって直接的に軍事的機構に編入された階層であるとして，軍事的編成の進展を読み取るのである。

　以上の論法とその研究成果を批判的に継承するためには，①②③を個別に精査し，理論的妥当性を逐一検討することが肝要である。①は武器・武具の型式学的研究に立脚するものであるから，極言すれば，個別の資料に立ち返って再検討すればよい。また，武器・武具の型式学的研究は，それぞれの詳細な編年観の再構築にもつながる。個々の資料の型式学的編年の細緻化と一括資料からみた組み合わせ関係の再検討は，武器・武具組成の変遷観に再評価をもたらすこともありえるであろう。

　しかしそういった型式学的検討が推し進められモノのかたちや技術の画期が明らかにされてきた一方で，武器・武具の生産・流通体制の変遷が主要な論点となることは少なかった。形態や製作技術が共通する武器・武具の分布域の変遷を明らかにすることは重要であるが，本来ならば武器・武具の生産体制や流通の様相の変遷を明らかにすることの方が軍事的機構を明らかにするためには重要なはずである。本書では特にその点に留意したい。

　なお①について，一元的な生産は資料の詳細な観察・分析から論証可能かも

しれないが，一元的な配布については，二次的分配の可能性を考慮するとかなり論証が難しい。武器・武具が生産地とは異なる箇所に集積され，そこから当初の分配者の意図とは全く関係なく二次的に分配されることがあるならば，同一の器物を保有していた場合でも，直接的入手と間接的入手でその意味は大きく異なってしまう。筆者にはそもそも二次的分配の証明は困難であり，二次的分配の否定方法はなおさらわからない。個々の資料で状況証拠を積み重ねるしかないが，二次的分配の存否問題は本論を通じての最大の課題といえるかもしれない。

　②の検証は殊のほか難しい。古墳に副葬された武器・武具から直接的に武装と軍事編成を復元しようとした田中晋作の研究と，それに対する松木武彦の批判にみるように〔田中晋1995，松木1995〕，古墳に副葬された武器・武具が被葬者と集団の一体何を反映するのかを考える必要がある。副葬品が被葬者の生前の所有品のすべてであったと前提的に捉える分析は認められないが，反対に副葬品は被葬者の活動や性格を全く反映しないという理解も成り立たないであろう。では，副葬品は被葬者の一体何のどこまでを反映したものなのか。これについては，そもそも副葬品として出土した一括資料がどのようにもたらされ・構成され・扱われ・そして副葬されたのかという，副葬品それぞれの履歴と全体が構成された背景を一つ一つ紐解いていくことで，より妥当性の高い解釈を導き出すしかない。

　そこで重要な視座は，副葬品を最終的な結果としての「副葬品」としてだけ扱わないという点である。「古墳副葬品はすべて葬具として造られ速やかに埋められたものである」という極論を別にすれば，武器・武具が最も社会的機能を発揮したのはそれらが実際に保有され・使用（戦闘行為に限定しない）された場面である。あるいは交換や授受といった場面も，モノが何らかの社会的機能を果たすという意味では重視できる。副葬品にはそれら種々の履歴が刻み込まれているはずである。そういった流通や保有や使用といった履歴をわずかにでも描写できるならば，武器・武具を副葬するという行為自体の意味を新たな視点から問うことが可能になる。

　また，そもそも武器・武具の副葬が軍事力の保持や軍事的指揮官としての性格を反映するのかという，いわばこれまでの武具研究が無批判に立脚してきた

大前提を問い直す必要がある。これについては，武器・武具に軍事的性格を速断的に付与する分析視角を一旦棄却し，一切の偏見を持たずに純粋にモノとして生産や流通の動態を明らかにする必要がある。その上で他のモノとは明らかに異なる生産や流通の動態が存在するならば，そこで改めて「軍事的な」解釈をおこなえばよいのである。まずは武器＝軍事力という今日的な先入観から問い直さなければ，いつまでも②の解釈の妥当性を高めることはできない。

　このような細かな再検討を経ることで，③の是非を改めて問うことが可能となる。

　これらの検証とともに，豊島直博が指摘し，古墳時代全期間を通じて副葬される鉄製刀剣類を分析対象とすることで解決を図ったように，古墳時代前期・中期・後期を分断するような検討方式からの脱却も考慮しなければならない〔豊島2010〕。その一方で，そういった指摘は翻って，同一の器物であれば古墳時代を通じて常に性格・社会的機能が同一であったのかを検証する必要があるという反論をもたらす。先に述べた①や②の視点とも関わる本質的な問題といえるが，一次的な機能が同一のモノであっても二次的な（あるいは社会的な）機能が変化することがあるとするならば，それこそが，モノから社会を考える上での重要な画期として指摘できるであろう。

　武器・武具は古墳時代前期から中期前半・中期後半へと全体的な生産・流通量が爆発的に増加し，中小古墳からも一定数が出土するようになることが知られており，そのため先に諸先行研究を羅列したように，古墳時代中期に至って軍事的編成の裾野を担う階層が拡大していくと理解されてきた。ここには，先述のとおり武器・武具を一定数出土した古墳の被葬者を軍事的職掌を有する人物とみなすという一貫した前提がある。しかしそういった理解の一方で，流通量の増大は社会的価値の低下をもたらすと考えれば，一定数の武器・武具を出土した古墳が常に同等の重要性をもった軍事的職掌を果たしたとはいえなくなるであろう。同一の武器・武具から長期的な分析をする重要性は疑いないが，その場合には，そもそもその社会的機能・価値が一定であるのかを検証する必要がある。両者は背反的で困難な課題であるが，常に留意しつつ検討を進めるしかない。

3. 本書の視点

　以上，古墳出土の武器・武具研究史とその課題を列挙した。乱暴に要約すれば，武器・武具自体の詳細な観察に立脚し，武器＝軍事力という速断的な前提を棄却し純粋にモノとして分析し，副葬に至るまでの履歴を明らかにした上で，相対的・総体的に武器の社会的機能を考察する必要があるといったところであろうか。それらの課題に対して，本書では以下の視点のように，徹底したモノの分析から着手することで，解決を図りたい。

　第一に，以下のあらゆる作業の前提として武器・武具の型式学的分析から，詳細な型式学的編年を構築する。これにより，種々の武器・武具を理解するための時間軸を明確にする。単純な段階設定形の編年に加えて，特に可能なものでは，個々の資料の製作順序にまで踏み込む。段階設定形の編年は，種々の要素を通時的に概観する上では重宝するが，個々の資料の製作順序まで明らかにできれば，さらに別の多様な視点からの分析が可能となる。また，鉄鏃や短甲といった同一器種内での編年の詳細化に加えて，その組み合わせの変遷を再検討することで，これまでにも軍事的機構の拡充度合いを考える上で重視されてきた武器・武具組成の転換の様相を改めて検討し，その意義を考えることも可能になる。

　第二に，武器・武具の生産から副葬までの動態を明らかにする。型式学的分析に基づいて生産系統の盛衰・展開や製作工人の動向を明確化し，その上で，生産時の情報と一括資料としての埋納形態を比較検討し，両者の間に存在する流通・入手・保有といった様相を考察する。特に武器・武具の保有の実相や副葬に至るまでの履歴といった視点はこれまでの研究では主要な検討項目とはされてこなかったので，分析に際して重視する。その際には，武器・武具を軍事力のバロメーターとして処理するだけでなく，純粋にモノとしてどのように扱われ・集積され・保持されていたのかを明らかにすることで，逆説的に古墳時代の武器・武具の社会的意義を考える上での手掛かりとする。

　第三に，武器・武具を基軸とした有力集団内・有力集団間の関係を明らかにする。この分析は，これまでにもみられた倭王権―地域の上位有力者層（大型

古墳層）―地域の下位有力者層（中小古墳層）といった一元的な関係だけによらない。小は同一の古墳に埋葬された複数の被葬者間の関係から，中は同一の古墳群内の各古墳に埋葬された複数の被葬者，大は各地域の有力者間の独自の関係に至るまで，多元的な視点から分析する。小の分析は地域性や時間差，集団差といった想定されるノイズを低減するのにつながり，武器・武具の社会的機能を純粋に考察する上で重視できる。その上で中から大へと分析視野を広げることで，各地の有力集団内や集団間でどのように武器・武具が機能したのかを考える。

　大きくは以上の三つの視点から分析し，武器・武具からみた古墳時代の社会構造の特質とその歴史的意義を明らかにする。

　本書での作業によりこれまでの武器・武具研究が一般的に進めてきた，武器や武具の古墳からの出土の有無や多寡をそのまま軍事力の優劣として読み取ったり，武器副葬を軍事的同盟関係や軍事的機構への参加の証左としたりするような武器・武具研究を止揚したい。古墳時代の武器・武具には銅鏡や石製品といった他の多くの器物と同様の社会システム上で生産され，流通し，保有され，副葬されていたものがあることを明らかにし，その上で改めて古墳時代の社会構造を描写するためのアイテムとして武器・武具の研究成果を展開したい。

　結論を先取りすれば，本書による詳細な型式学的分析から開始される武器・武具の研究は，古墳時代の軍事的機構の描写にはほとんど寄与しない。しかしその一方で，本書の検討によって古墳時代の有力者の間で武器・武具がどのような社会的機能を果たしたのか，古墳時代の有力者階層の社会構造はどのようなものであったのかが明らかになる。そしてその結論として，先に述べた古墳時代中期中葉に「量差システム」から「質差システム」への転換という，日本列島における国家形成史上最大の転換があったことが示されるであろう。

第1部

矢鏃の型式学的研究

　古墳時代において，「矢」は遠く離れた相手を効果的に攻撃できるほぼ唯一の武器であり，各種武器の中でも主要な位置づけが与えられていた。それは，矢が古墳時代全期間を通じて多量に副葬され続ける器物であり，埋葬施設や古墳の階層差による出土傾向に偏在性が少なく，さらには古墳築造域であればあらゆる地域から出土するという特徴を持つ点から十分に想定できる。

　しかし，矢の重要な構成部材である矢柄や矢羽といった有機質製部材は古墳に埋納された後に腐食してしまい，実際に出土する例のほとんどがその一部品である「鏃」のみとなってしまっている。矢としての情報は大半が失われてしまっているのである。

　古墳出土の鏃は鉄や銅で造られるが，その形態は比較的単純である。しかし，非常に多様な形態が存在することから，単純に鏃のみに注目した場合でも，年代的位置づけの絞り込みなど多様なアプローチが可能である。また，鏃には矢としての痕跡が色濃く残っている。鏃に残された痕跡から，矢の情報を引き出すことは可能なのである。

　このような「矢」ないし「鏃」の特性ゆえに，鏃の年代が確定できればより多くの古墳を共通した編年基準から議論できるようになるし，その生産や流通の動態と変遷がわかれば古墳時代社会の特質を広域・長期間にわたって分析するための有効な手段となる。そこで第1部では，矢鏃の検討から今後の議論の素地となる相対的な年代指標を確立し，その生産の様相を明らかにしよう。

第1章　古墳出土鏃の編年

1. はじめに

　第1章では，多くの資料を時間軸という共通した指標から議論できるようにするために，古墳から出土する鉄鏃・銅鏃の年代的位置づけを確定する。また，矢や鏃の時間的な変遷を検討することで，その生産や流通動態，さらには社会的位置づけの変化を浮かび上がらせることができるようになる。

　鉄鏃・銅鏃は，はやくは後藤守一により検討対象とされており，「古墳副葬品としては（中略）普遍的性質のものであり，（中略）若しこれが年代観を確立することが出来るならば，古墳研究，ひいては上代文化発展の考究に資するところ多からう〔後藤1939〕」として，先に述べた資料の特質を的確に表現している。鏃の形態的多様性も年代観確立のために有効なものとして考えられてきたが，一方で鏃の形態的多様性は，非常に雑多で複雑な現状の資料状況を生み出し，総体的な把握を困難なものとしている。

　そうした資料状況に対応する形で，時期や地域を限定した研究が多く現れ，限定的な編年作業が試みられ，鏃の形の組み合わせに基づく地域性の抽出から鉄器生産・流通の有り様が論じられてきた〔尾上1993，水野1995，大谷2004など〕。また，特定形式のみを検討対象とし，その変遷と生産・流通の背景を明らかにしようとする研究も多くみられた〔関1991，池淵2002，鈴木2003aなど〕。

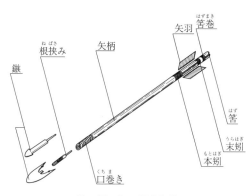

第1図　矢の部分名称

2. 研究史と本章の視点

(1) 研究史

　先述のとおり，古墳出土の鉄鏃・銅鏃に関わる先行研究の方向性は多岐にわたるため，ここでは主に鏃の分類と編年に関わる先行研究を整理する。その他の機能論などの研究についても，必要に応じて適宜論及する。

　現在用いられる鏃の分類と名称の大枠は主に後藤守一と末永雅雄により設定された〔後藤1939，末永1941・1969〕。分類の基準や系統性の理解などに問題を残すが，後藤による非常に詳細な分類により古墳時代の鉄鏃の年代的位置づけの大枠は定められたといえる。末永の分類は後藤とは異なる大局的な視点によるもので，細身でより実戦的な形態の「細根系」や，大型で扁平な「平根系」といった分類が提示された。末永による分類概念は，その後も鏃の性格や機能の追究に大きな影響を持つこととなる。

　銅鏃は濱田耕作・梅原末治〔濱田・梅原1926〕らによって早くから集成の対象とされたが，鉄鏃と比べて形態の規格性が高いことから分類は主要な論点とはならなかった。森本六爾が述べるように単純なものから複雑なものへ変化したとして，形態的特徴から変遷の解明が試みられた〔森本1929〕。その中で「筬被」を持つものや十字の鎬を持つものなどが新式のものとして理解されることとなる。このような視点による変遷観は，今井堯が銅質の変化と形態的な形式化・大型化を認め，実用品から非実用品へと性格を変化させたと理解したことにも通じる〔今井1960〕。

　これら鏃研究の黎明期には，鏃自体の形態から変遷を明らかにする試みが多くみられた。その一方で，他の副葬品の編年観が確立するのに従い，それらをもとにした古墳の年代観に依拠して，年代的・系統的に整理を進める論考が多く現れることとなる。特に地域を限定した古墳時代後期の鉄鏃の年代整理が盛行したことは，須恵器の編年の大綱が確立したことと表裏の現象として理解できる〔小久保ほか1983，小森1984，関1986，飯塚1987など〕。

　主に古墳時代後期を中心に地域や時期を限定した研究の蓄積がなされた後，杉山秀宏により古墳時代を通観した全国的な鉄鏃の編年研究がおこなわれる

〔杉山1988〕。杉山の論考により，改めて古墳時代を通じた鉄鏃の変遷が追究可能となり，また，古墳時代後期には鉄鏃形態に地域性が発露することが明確化された。古墳時代後期については，分布の地域性の背景について鉄器の生産体制や軍事組織論といった視点を加味した検討が続くこととなり，詳細・多様な考察が進められた〔尾上1993，水野1993・1995，豊島2002，大谷2004〕。

その一方で，前期・中期の資料には，それぞれ異なったアプローチがなされる。前期の鉄鏃・銅鏃は，古墳時代開始論を射程として，鏃の形態や組み合わせの変革を社会変化の中に位置づける試みが進められた。川西宏幸は古墳から出土する「形態変革」を遂げた鏃を，弥生時代の鏃とは異なる「儀仗の具」として評価し，「儀仗用矢鏃の生産・分与の創業」を「古墳時代の開始を告げる点鐘」と位置づけた〔川西1990〕。松木武彦は鏃の形態と古墳における副葬位置の差異から，鉄鏃・銅鏃を一括した上で「有稜系」「平根系」「細根系」の三種に再分類する。そして古墳時代の開始期を前後して導入されるそれぞれの鏃に，異なる機能的・社会的背景を想定した〔松木1991・1996・2007〕。さらに松木は前期の銅鏃を編年する中で，規格性が強く精密な造作を持つものから，形態が弛緩した一群へと変化するとしている〔松木1992〕。この形態変化の方向性は，高田健一が銅鏃の製作手法の詳細な分析から提示した製作段階における省力化という理解とも一致する〔高田1997〕。

前期の鉄鏃については，個々の資料を出土した古墳の年代観からその盛行時期が言及されることが一般的であった〔野島1991，卜部1996，佐藤・三浦1998，南部2001，池淵2002，村上2003〕。そういった状況に対して，水野敏典は前期の主要形式である柳葉式鉄鏃を製作技法の変遷から細分し変遷を論じた〔水野2008〕。水野による柳葉式鉄鏃の変遷観もまた，厚手で鎬や関の造りのしっかりしたものから偏平で関が明確でないものへと変化するという，製作時の省力化という視点を含んでいる。

前期における年代整理が主に個別の資料の検討に向けられたのに対し，中期における編年作業は，より画一的な資料状況を背景として網羅的な年代整理を志向した。主に，短頸式鉄鏃の長身化や長頸式鉄鏃への転換といった視点から，水野敏典や鈴木一有により4ないし5段階の変遷として整理がなされた。結果として，中期の鏃編年は最も安定的かつ実用的なレベルに達したといえる〔水

野 2003a, 鈴木 2003b〕。その中で, 中期前半の短頸式鉄鏃が漸次的に長身化し, 中期後半以降に主流となる長頸式鉄鏃へとスムーズに変化するというあり方が否定され, 両者には隔絶があることが明らかにされた[1]。短頸式鉄鏃・長頸式鉄鏃はともに朝鮮半島においても出土する形式であり, 両者の変遷には強い影響関係が想定されていたが, その一方で日本列島内での鉄鏃変遷の独自性が示された点は, 両地域の相対編年を考える上でも大きな意味がある〔水野 2003b・2003c・2007〕。

(2) 本章の視点

以上, 主に編年に注目して先行研究を概観した。編年や分類という視点においても, 古墳時代前期・中期・後期において全く異なった研究状況にあることがわかる。杉山の論考のみが通時的で詳細な論述がなされたほとんど唯一のものであるが, 発表から四半世紀以上が経過した現在, 杉山が依拠した年代観は特に前期・中期については現行の研究水準からいえば修正の余地が大きい[2]。さらに, 年代整理の手順はやや不透明で, そのため杉山の論考を前提に, 新出資料を加えて新たに立論することは難しい。

中期・後期については, その方法論は問わないにしても, 個別の作業によりおおむね鉄鏃の変遷観は確立しているが, 一方で前期の編年についての議論は不十分である。一貫した方法論に基づく前期から中期における鏃編年の確立は, 鏃形態の変遷や組成の変容の評価のみならず, 生産や流通といった諸問題について一貫した議論をする際の素地となる。さらにはおおむね定見を得ている中期の鏃編年の評価についても, 重要な影響をもたらすことが予測される。

以上のように, 古墳時代全期間を対象として, 一貫した論理に基づいて鏃を編年する重要性は明らかである。

---

1) 中期前半の「短頸式鏃」から中期後半の「長頸式鏃」への移行については連続性を重視する立場と両者の間に一定の隔絶性を認める立場とがある。前者には, 〔小林謙 1975・田中晋 1991〕がある。後者には, 〔鈴木 2002〕などがある。現状では他の副葬品との共伴関係からは後者の方が整合的であると考える。本論における立場も, 後述するように基本的に後者に立つ。
2) 杉山が依拠した古墳や他の副葬品の年代観については, 註の表で示されているのみで, 詳細はやや判然としない。表中の「仿製鏡」がいわゆる「仿製三角縁神獣鏡」を示すのか, 他の「仿製鏡」も含めるのかどうかといった点や, 鋲留技法の導入が須恵器 TK 73 型式に先立つとされるなど, その後の研究の進展により修正が必要とみられる点も多い。

出土層位から資料の前後関係を検証できる例が極めて少ない古墳副葬品のうち，多数の資料を一括して副葬することの多い鏃では，鏃身形態の変遷とその組み合わせの分析，続く共伴遺物による変遷観の検証が，編年の構築において最も有効である。また，その作業工程を明確化することで，今後も資料状況が変化した場合にも本章での検討の妥当性の検証とその修正が可能となる。

3. 鏃の分類

(1) 部分名称と用語の設定

鏃の分類が共通の見解に達していないというのは，これまで繰り返し指摘されてきているが，同時に鏃の部分名称についても，論者により違いがある。これは対象とする時期が広くなるにつれ顕在化する問題であり，より総合的な用語体系が求められる。そこで分類に先立ち鏃の部分名称を整理する。第2図に本書で用いる鏃の部分名称を示す。

第2図中で「頸部」として表記した，いわゆる短頸式鉄鏃や長頸式鉄鏃が持つ鏃身部と茎部の間の軸状部については，頸部の用語が定着しつつある。しかし，第2図中で「鏃身下半部」とした部位についても，頸部として表記する場合が多い。類例は後に示すが，本書では原則として「典型的な」短頸式鉄鏃や長頸式鉄鏃とその系譜上にある類例が持つ直線的な軸状部のみに限定して「頸部」の語を用いる。そのような「頸部」とは異なる，刃部と茎部の中間部については，鏃身部の一部と考え「鏃身下半部」と呼称する[3]。

また「箆被」の語は研究史上「頸部」を指す語として用いられる場合もあったが，本書ではより限定的に定義する。すなわち鏃身部・茎部と明確な境界を持って付随する，平面形は台形で横断面形が円形となる円錐台形の部位のみを箆被と呼称する。箆被については鏃身下半部や頸部とは異なった位置づけが可能である。詳細は第3章で考える。

---

[3] 腸抉柳葉式では，深く切り込んだ腸抉を造り出したために腸抉と茎部の間に形成される軸状部については「頸部」とするのに支障のない形状と考えることもできる。しかし，後述のように当該例は一般的な頸部とは全く異なる形態のものからの変化として系譜が追求できるなど用語を限定的に用いる場合には必ずしも適当ではない。そのため腸抉柳葉式の当該部位については，鏃身下半部と呼称する。

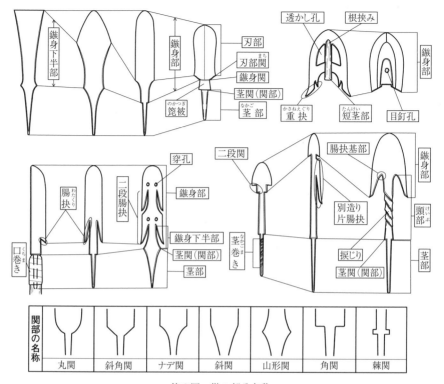

第2図　鏃の部分名称

（2）分類の前提

　松木武彦は鏃分類では第一に機能差を重視するべきと主張し，そういった視点によって弥生時代の鉄鏃・銅鏃と古墳時代のそれの隔絶性を明確にしたという成果は大きい〔松木1991〕。しかし，あらかじめ鏃の機能を限定して論を展開することは，同一系譜の鏃の変遷過程で，機能の変化や付与が生じうることを前提として否定することにつながる点は注意が必要である。異なる機能を持つ資料が混合されて理解・評価されることが問題なのであり，その混入を排除できる分類であれば必ずしも松木が述べるように機能差を分類の1次レベルに限定する必要はない。よってここでは，機能差を反映した可能性がある大型・小型といった差異に基づく分類を第一とはしない[4]。

　また，前提として鉄鏃・銅鏃を分離せず，両者を包括できる分類案の提示を目指す[5]。鉄・銅という素材の違いは鍛造や鏨切り抜きと鋳造という製作技法

の違いに帰着するが，鉄鏃・銅鏃の両者で形態的特徴が共通する類例は多い。鉄・銅という素材の違いを超えて同一の形態を志向する動きが存在したことがわかる。そのため形態の変遷からの編年の構築を第一の目的とする分類においては，両者は一括して扱って問題ない。

水野敏典は鏃分類の第1項目として，鏃と矢柄との装着方法に着目した〔水野2003a〕。詳細は次章以降で述べるが，根挟みを用いるか否かという矢柄の装着法の違いは矢の製作段階における強烈な個性であり，また，鏃身部の形態そのものを強く規定する[6]。そのため本章では水野の考えにならい，分類の1次レベルとして茎の形態を設定し，続いて頸部の有無から分類する。さらに現実的な資料形態数の多寡を考慮し，その下位分類項目として刃部の位置・範囲を設定する。

つまり，1次レベルとして，茎部を持たない「無茎式」，短小で扁平な茎部を持つ「短茎式」，細長い茎部を持つ「長茎式」に分類する。続いて2次レベルとして，頸部の有無により分類するが，長茎式を除く他の例は頸部を持たないため細分できない。長茎式は頸部を持たない「無頸式」と頸部を持つ「有頸式」に分類する。さらに3次レベルとして，刃部の位置・範囲から細分する。刃部が鏃身部の先端にある「先刃式」と刃部が鏃身部の側縁にまで及ぶ「横刃式」に分類する。

これにより，大きく8種へと分類できるが，無茎式・短茎式と長茎式のうちの有頸式については，実際の資料点数が限られるため，さしあたり刃部の位置・

---

4) さらにいえば，鏃の機能分化は，ある鏃の「かたち」が存在した上で，それを大型・小型のように作り分けることで成立したものであり，先行するのは鏃の「かたち」である。異なった機能を付与され作り分けられていたものがのちに「同じかたち」に帰着したのではない。機能差の弁別とその評価は重要な論点であるが，本章の目的においてはそれを第一義とした分類階層は必ずしも優先しない。

5) 銅鏃と鉄鏃を一括して位置づける視点は〔松木1991〕による。ただし，本章で提示する素材の違いを無視した上で，形態の相同性のみから「製作時の同時性」を考える立場は，製作技法上の違いを考えるとやや説得性が弱い。現状の鏃編年の精度では両者の違いは編年上の齟齬をきたさないが，将来的には銅鏃のみ・鉄鏃のみでの型式学的変遷観・組み合わせ関係・共伴遺物の検証を厳密におこなう必要があるだろう。

6) 第2章で述べるように，有機質製部材の「根挟み」を「金属製部材」へと転換したとみられる資料も一定数ある。それらの存在は，矢柄との装着方法を第一とする分類基準の是非を問うべき資料ともいえるが，あくまで少数例であるため，本論での分類階層を採用する。

範囲による分類は留保し，それぞれ無茎式・短茎式・有頸式としてまとめておく。すなわち，大別としては，「無茎式」「短茎式」「先刃式」「横刃式」「有頸式」の5種を有効とし，これらを大形式として設定する。さらに，これら各大形式の中で鏃身形態や大きさでまとまる一群を，形式として分類する[7]。

形式はさらに各種の要素から型式に細分する。論を先取りすれば，型式は同一形式内における時間的差異をあらわす。形式・型式細分では，大形式の分類のように明確な階層性は設けない。また，各形式・型式の分類基準はそれぞれ異なり，一貫したものではない。これは，階層性の徹底や分類基準の画一化が，必ずしも鏃の分類・編年にあたって有効ではないと研究史上判断したためである。

個々の鏃は「定角Ａ1式」のように「名称＋アルファベット＋数字」によってあらわす。「名称＋アルファベット」により形式を，「数字」により型式をあらわす。ただし，この「名称＋アルファベット」については，便宜上個々の資料を指示するのに十分で，かつ最も簡便と考える語を採用した。鉄・銅という素材の差異については，その差異に関して論及する必要性を認める場合や実際に個々の資料について言及する場合には「圭頭Ａ式鉄鏃」や「定角Ａ4式銅鏃」として付記する。なお，一般的に通用している名称がある場合には，その名称を用いる場合もあり，それらについては分類図の中で括弧内に記した。

(3) 分類

上記の5大形式の各形式・型式について論述する。形式・型式分類の模式図は各図中に表記した。あわせてそれぞれについて分類基準と主な出土古墳を表記した。なお，模式図では刃部範囲を太線で表現した。

無茎式（第3図）頸部・茎部を持たず，鏃身部のみで構成される一群である。矢柄との接合のための「ジョイント」として，別部材である根挟みを用いたり，竹や木製の矢柄の先端を半裁して鏃身部を挟み込んだりすることで，矢柄と接合する。

鏃身部の形態から，無茎三角Ａ式〜Ｃ式，無茎四角式，無茎圭頭式，無茎

---

7) 鏃の機能差を内包しうる大小に基づく分類は，この形式レベルの差異として位置づける。

無茎三角A		鏃身部が三角形の無茎式鏃のうち,先端がやや丸みを帯び下端が直線のもの。(兵庫県西求女塚墳副室,京都府園部垣内)	無茎四角		鏃身部が方形の無茎式鏃。(岡山県浦間茶臼山,愛知県東之宮)
無茎三角B		鏃身部が三角形の無茎式鏃のうち,先端がやや丸みを帯び腸抉を持つもの。(福島県会津大塚山北棺,大阪府庭鳥塚)	無茎圭頭		圭頭形の無茎式鏃。(岡山県浦間茶臼山,兵庫県御旅山3号)
無茎三角C		鏃身部が三角形で先端がやや尖り気味で側縁がS字カーブをなし,腸抉を持つもの。(茨城県身隠山,静岡県宇洞ヶ谷)	無茎二段		鏃身部の中位に段差を持ち,上下二段に分かれるもの。(静岡県堂山墳棺,広島県亀山1号)

第3図　無茎式の分類

短茎長三角A		鏃身部が長三角形で,深い腸抉を持つもののうち,腸抉端部付近に屈曲点を持つもの。(京都府椿井大塚山,大阪府紫金山)	短茎長三角E		鏃身部が先端がやや尖り気味の長三角形で,側縁がS字のカーブをなすもの。腸抉は浅い。(栃木県七廻り鏡塚,千葉県椎名崎2号)
短茎長三角B		鏃身部が長三角形で,深い腸抉を持つもののうち,腸抉端部に屈曲点のないもの。(奈良県ホケノ山,大阪府紫金山)	短茎三角A		鏃身部が三角形のもののうち,重抉を持たないもの。(大阪府紫金山,京都府宇治二子山南)
短茎長三角C		鏃身部が長三角形で,深い腸抉を持つもののうち重抉を持つもの。(栃木県山王寺大枡塚,岡山県金蔵山副室)	短茎三角B		鏃身部が三角形のもののうち,重抉を持つもの。(岡山県金蔵山副室,福井県天神山7号第1施設)
短茎長三角D		鏃身部が長三角形で,かえりの浅い腸抉を持つもの。または,かえりの無いもの。(静岡県千人塚後円部,奈良県五條猫塚石室外)	短茎四角		鏃身部が方形のもの。(岡山県金蔵山副室,奈良県五條猫塚石室外)

第4図　短茎式の分類

二段式の6形式に分類する。無茎三角A式・B式には大小の差が顕著な類例もあるが,さしあたり細分はしない。

　短茎式（第4図）　短小で扁平な短茎部と鏃身部からなる一群である。短茎部はそのままでは矢柄に挿入した際に十分な固定効果を期待しがたい形態をなしている。そのため,無茎式と同様に根挟みを用いたり,あるいは半裁した矢柄の先端で鏃身部を挟み込んだりすることで,矢柄との接合をおこなう。

　鏃身部と腸抉の形態から,短茎長三角A〜E式,短茎三角A式・B式,短

茎四角式の8形式に分類する。短茎長三角B式・C式・D式には大小の差が顕著な類例も認められるが，さしあたり細分はしない。

　先刃式（第5図，第6図）　矢柄に挿入することで十分な固定効果が期待できる長い茎を持ち，鏃身部の先端に刃部を持つものとその系譜に属すると考えられる一群である。

　大小による差異と刃部の形態から分類する。おおむね 2.5 cm 以上の鏃身部幅を持つものを大型とする。定角A～D式，圭頭A～D式，方頭A～D式，円柱式・角柱式，大型定角A～F式，大型圭頭A～F式，大型方頭A～F式，雁股式の32形式に分類する。なお，大型定角式，大型圭頭式，大型方頭式の諸形式については，刃部の形態による形式区分を越えて，関の形態差により同様の基準に基づき細分するため，一括して表記している。大型定角式・大型圭頭式・大型方頭式を合わせて先刃大型3種と呼称する[8]。

　定角A式は刃部の形状により4型式に，方頭A式を鏃身部の形態から2型式に，先刃大型3種B式はそれぞれ関部の形状により3型式に，大型定角D式を刃部の形態から2型式に細分する。

　横刃式（第7図，第8図）　矢柄との十分な固定効果が期待できる長い茎を持ち，鏃身部の側縁に刃部を持つ一群である。

　鏃身部や鏃身関の形態と腸抉の有無により，柳葉A～I式，大型柳葉A式・B式，腸抉柳葉A～D式，片刃A式・B式の17形式に分類する。

　柳葉D式を長短の差から2型式に，腸抉柳葉B式を関部の形状から2型式に，腸抉柳葉C式を鏃身部や関部の形状と長短の差から5型式に，腸抉柳葉D式を鏃身部の形状から2型式に，片刃B式を鏃身部の形態と長短の差から3型式に細分する。

　有頸式（第9図）　矢柄との十分な固定効果が期待できる長い茎と鏃身部の間に，頸部を持つ一群である。

　全体的なプロポーションの差違と，鏃身部の大小から，短頸A～C式，長頸A～F式，有頸平根A～D式の13形式に分類する。

　なお，西岡千絵により，短頸式と長頸式の境界はおおよそ鏃長（刃部長＋頸

---

8)　ただしこれは，関の形態差による機械的な分類であり，実際の出土例は存在しないものの存在を想定しうる形式は第6図中で破線で示した。

第1章 古墳出土鏃の編年 21

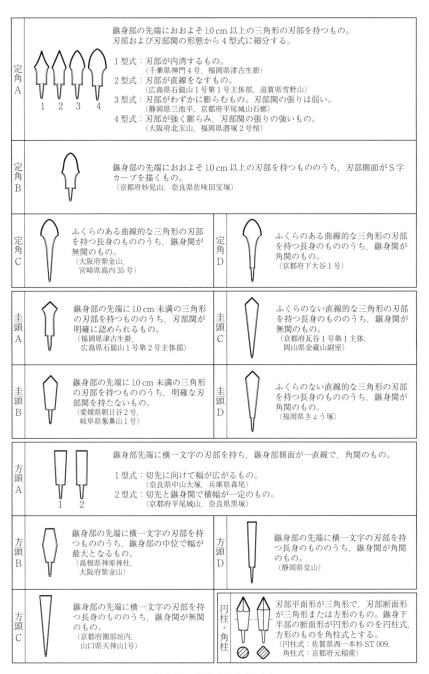

定角A	鏃身部の先端におおよそ1.0 cm以上の三角形の刃部を持つもの。刃部および刃部関の形態から4型式に細分する。 1型式：刃部が内湾するもの。（千葉県神門4号，福岡県津古生掛） 2型式：刃部が直線をなすもの。（広島県石鎚山1号第1号主体部，滋賀県雪野山） 3型式：刃部がわずかに膨らむもの。刃部関の張りは弱い。（静岡県三池平，京都府平尾城山石椰） 4型式：刃部が強く膨らみ，刃部関の張りの強いもの。（大阪府北玉山，福岡県潜塚2号棺）
定角B	鏃身部の先端におおよそ1.0 cm以上の刃部を持つもののうち，刃部側面がS字カーブを描くもの。（京都府妙見山，奈良県佐味田宝塚）
定角C	ふくらのある曲線的な三角形の刃部を持つ長身のもののうち，鏃身関が無関のもの。（大阪府紫金山，宮崎県島内35号）
定角D	ふくらのある曲線的な三角形の刃部を持つ長身のもののうち，鏃身関が角関のもの。（京都府下大谷1号）
圭頭A	鏃身部の先端に1.0 cm未満の三角形の刃部を持つもののうち，刃部関が明確に認められるもの。（福岡県津古生掛，広島県石鎚山1号第2号主体部）
圭頭C	ふくらのない直線的な三角形の刃部を持つ長身のもののうち，鏃身関が無関のもの。（京都府瓦谷1号第1主体，岡山県金蔵山副室）
圭頭B	鏃身部の先端に1.0 cm未満の三角形の刃部を持つもののうち，明確な刃部関を持たないもの。（愛媛県朝日谷2号，岐阜県象鼻山1号）	圭頭D	ふくらのない直線的な三角形の刃部を持つ長身のもののうち，鏃身関が角関のもの。（福岡県きょう塚）
方頭A	鏃身部先端に横一文字の刃部を持ち，鏃身部側面が一直線で，角関のもの。 1型式：切先に向けて幅が広がるもの。（奈良県中山大塚，兵庫県森尾） 2型式：切先と鏃身関で横幅が一定のもの。（京都府平尾城山，奈良県黒塚）
方頭B	鏃身部の先端に横一文字の刃部を持つもののうち，鏃身部の中位で幅が最大となるもの。（島根県神原神社，大阪府紫金山）	方頭D	鏃身部の先端に横一文字の刃部を持つ長身のもののうち，鏃身関が角関のもの。（静岡県堂山）
方頭C	鏃身部の先端に横一文字の刃部を持つ長身のもののうち，鏃身関が無関のもの。（京都府園部垣内，山口県天神山1号）	円柱・角柱	刃部平面形が三角形で，刃部断面形が三角形または方形のもの。鏃身下半部の断面形が円形のものを円柱式，方形のものを角柱式とする。（円柱式：佐賀県西一本杉ST 009，角柱式：京都府元稲荷）

第5図 先刃式の分類（1）

型式	図	説明
大型定角・圭頭・方頭 A		鏃身部の先端に刃部を持つ大型の一群のうち，茎関が丸関のもの。 （兵庫県権現山51号（圭頭），京都府椿井大塚山（方頭））
大型定角・圭頭・方頭 B	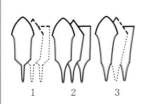	鏃身部の先端に刃部を持つ大型の一群のうち，茎関が斜行するもの。茎関の形態から3型式に細分する。 1型式：茎関が斜角関のもの。 　（香川県丸井（定角），徳島県西山谷（定角）） 2型式：茎関がナデ関のもの。 　（京都府寺戸大塚前方部（定角），大阪府北玉山（方頭）） 3型式：茎関が斜関のもの。 　（京都府愛宕山（定角），奈良県タニグチ1号（方頭））
大型定角・圭頭・方頭 C		鏃身部の先端に刃部を持つ大型の一群のうち，茎関が山形関のもの。 （奈良県五條猫塚石室外（定角），静岡県各和金塚（圭頭））
大型定角・圭頭・方頭 D		鏃身部の先端に刃部を持つ大型の一群のうち，鏃身下半部で幅を減じ，茎関が角関または棘関となるもの。定角式のみ2型式に細分する。 1型式：刃部が幅広のもの。 　（奈良県後出2号（定角），愛知県経ヶ峰1号（定角）） 2型式（定角式のみ）：刃部が面長で，側縁がS字をなすもの。 　（奈良県藤ノ木，奈良県大和二塚前方部石室）
大型定角・圭頭・方頭 E		鏃身部の先端に刃部を持つ大型の一群のうち，明確な茎関を持たずに茎部に至るもの。 （福岡県老司3号石室（定角・圭頭），静岡県各和金塚（圭頭））
大型定角・圭頭・方頭 F		鏃身部の先端に刃部を持つ大型の一群のうち，鏃身部の幅が一定で，茎関が角関のもの。 （山口県国森（方頭），京都府椿井大塚山（定角・圭頭））
雁股		鏃身部の先端が二股に分かれ，V字状の刃部を持つもの。 （奈良県大和二塚造出部石室，大分県法恩寺4号）

※大型定角・圭頭・方頭のA～F式については，刃部の形態を除き同様の基準で分類するため，一括して表記している。模式図の左から大型定角式，大型圭頭式，大型方頭式。なお，今後の出土が想定される形式については破線で示している。出土古墳に続く括弧内には，実際に出土した形式を記載した。

第6図　先刃式の分類（2）

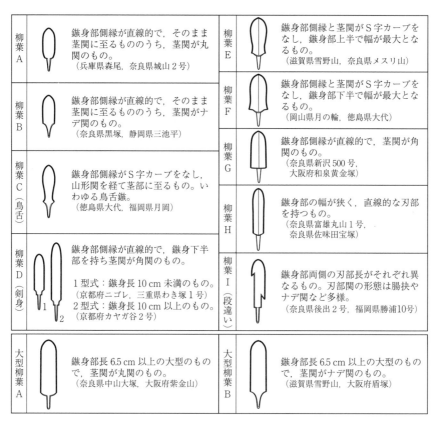

第7図　横刃式の分類（1）

部長）10.0 cm とされている〔西岡 2005〕。本書でもその見解に従い，鏃長 10.0 cm 未満を短頸式，それ以上を長頸式とする。

　短頸 C 式，長頸 A 式，長頸 B 式をそれぞれ長短の差から 2 型式に，長頸 D 式を鏃身部の形態から 2 型式に細分する。

4. 型式設定の検証と配列

(1) 型式設定の検証

　前節では，形式内において時間差と考えた差異を型式として細分した。ここではその型式設定の妥当性を，共伴遺物から検証する[9]。なお，型式細分にあ

分類	図	説明
腸抉柳葉A		鏃身部に腸抉を持ちそのまま茎部に至るもの。箆被を持つものも含む。 （奈良県ホケノ山，福岡県石塚山）
腸抉柳葉B		鏃身部に腸抉を持ち，茎関が角関とならないもの。 1型式：茎関が斜関のもの。（京都府妙見山，奈良県城山2号） 2型式：茎関が山形関のもの。（福岡県老司，東京都野毛大塚）
腸抉柳葉C	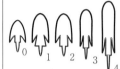	鏃身部に腸抉を持ち，茎関が角関となるもの。 0型式：鏃身部が7cm未満で，鏃身下半部が著しく小型のもの。（滋賀県小松，兵庫県西求女塚） 1型式：鏃身部が7cm未満で，鏃身下半部が茎関側に広がるもの。（愛知県東之宮，大阪府真名井） 2型式：鏃身部が7cm未満で，鏃身下半部が方形のもの。（京都府寺戸大塚，福岡県阿志岐B26号） 3型式：鏃身部が7cm以上9cm未満で，腸抉の深いもの。（兵庫県年ノ神6号，兵庫県小野王塚） 4型式：鏃身部が9cm以上で，腸抉の深いもの。（岡山県随庵，京都府徳雲寺6号）
腸抉柳葉D（二段腸抉）		複数段の腸抉を持つもの。いわゆる二段腸抉鏃。 1型式：比較的小型で，先端が尖り気味のもの。（京都府鞍岡山3号，大阪府和泉黄金塚） 2型式：比較的大型で先端が丸みを帯びたもの。三段腸抉のものも含める。（大阪府盾塚，大阪府アリ山）
片刃A		鏃身部の片側のみに刃部を持ち，鏃身部長が5cmほどの短身のもの。背側に段差を持つ。 （滋賀県安土瓢箪山，大阪府壺井八幡宮蔵）
片刃B		鏃身部の片側のみに刃部を持つ長身のもの。 0型式：鏃身部長が10cm未満で背側に段差を持つもの。（岐阜県遊塚，和歌山県岩内3号） 1型式：鏃身部長が10cm未満のもの。（大阪府盾塚，大阪府鞍塚） 2型式：鏃身部長10cm以上のもの。（東京都御嶽山，福岡県セスドノ）

第8図　横刃式の分類（2）

たっては，先行研究により明らかにされている形式の変遷観を参照した部分も多い。それらについては各形式の段で適宜言及する。

定角A式（第10図1〜8）　4型式に細分した。刃部の形態と刃部関の張りの

9）年代の検証にあたって採用した器物は（舶載）三角縁神獣鏡，仿製三角縁神獣鏡，倭製鏡，鍬形石，筒形銅器，鉄製短甲である。変遷観については，（舶載）三角縁神獣鏡は〔岩本2008〕，仿製三角縁神獣鏡は〔岩本2003〕，倭製鏡は〔下垣2003〕，鍬形石は〔北條1994〕，方形板革綴短甲は〔阪口2010〕，筒形銅器は〔岩本崇2006a〕によった。ただし，中期の甲冑については詳細な型式学的検討がおこなわれているが，革綴・鋲留の細分に留めた。詳細な分類は第2部でおこなう。またその他に，その存在により年代的位置づけが可能と考えられる特殊器台形埴輪も参照している。なお，表中の略語は以下のとおり。「竪＝竪矧板」，「方＝方形板」，「三＝三角板」「横＝横矧板」の地板形状を，「革＝革綴」「鋲＝鋲留」の連接技法を表す。「襟＝襟付短甲」。「―」は出土が認められるものの，型式が確定できないもの。

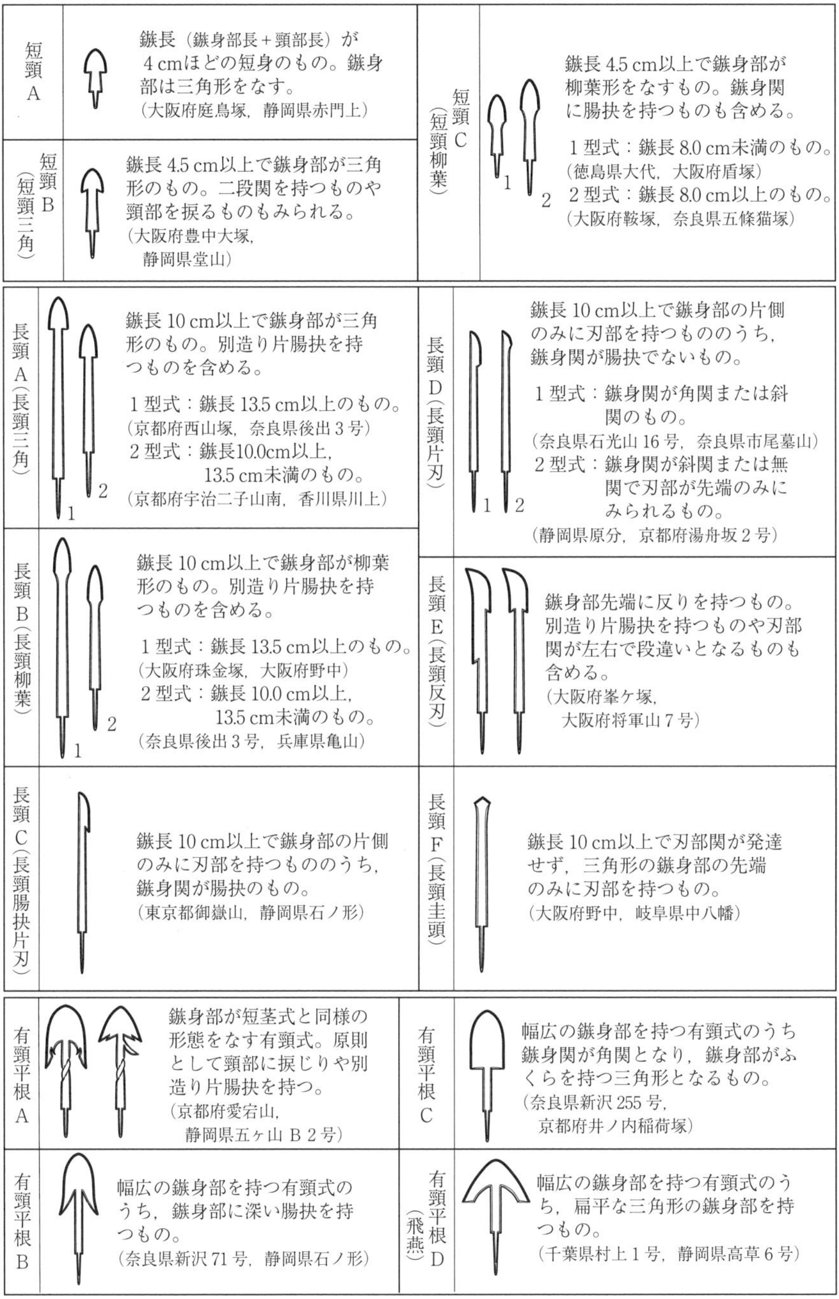

第1章　古墳出土鏃の編年　25

分類	図	説明	分類	図	説明
短頸A		鏃長（鏃身部長＋頸部長）が4cmほどの短身のもの。鏃身部は三角形をなす。 （大阪府庭鳥塚, 静岡県赤門上）	短頸C（短頸柳葉）	1　2	鏃長4.5cm以上で鏃身部が柳葉形をなすもの。鏃身関に腸抉を持つものも含める。 1型式：鏃長8.0cm未満のもの。 （徳島県大代, 大阪府盾形） 2型式：鏃長8.0cm以上のもの。 （大阪府鞍塚, 奈良県五條猫塚）
短頸B（短頸三角）		鏃長4.5cm以上で鏃身部が三角形のもの。二段関を持つものや頸部を捩るものもみられる。 （大阪府豊中大塚, 静岡県堂山）			
長頸A（長頸三角）	1　2	鏃長10cm以上で鏃身部が三角形のもの。別造り片腸抉を持つものを含める。 1型式：鏃長13.5cm以上のもの。 （京都府西山塚, 奈良県後出3号） 2型式：鏃長10.0cm以上, 13.5cm未満のもの。 （京都府宇治二子山南, 香川県川上）	長頸D（長頸片刃）	1　2	鏃長10cm以上で鏃身部の片側のみに刃部を持つもののうち, 鏃身関が腸抉でないもの。 1型式：鏃身関が角関または斜関のもの。 （奈良県石光山16号, 奈良県市尾墓山） 2型式：鏃身関が斜関または無関で刃部が先端のみにみられるもの。 （静岡県原分, 京都府湯舟坂2号）
長頸B（長頸柳葉）	1　2	鏃長10cm以上で鏃身部が柳葉形のもの。別造り片腸抉を持つものを含める。 1型式：鏃長13.5cm以上のもの。 （大阪府珠金塚, 大阪府野中） 2型式：鏃長10.0cm以上, 13.5cm未満のもの。 （奈良県後出3号, 兵庫県亀山）	長頸E（長頸反刃）		鏃身部先端に反りを持つもの。別造り片腸抉を持つものや刃部関が左右で段違いとなるものも含める。 （大阪府峯ケ塚, 大阪府将軍山7号）
長頸C（長頸腸抉片刃）		鏃長10cm以上で鏃身部の片側のみに刃部を持つもののうち, 鏃身関が腸抉のもの。 （東京都御嶽山, 静岡県石ノ形）	長頸F（長頸圭頭）		鏃長10cm以上で刃部関が発達せず, 三角形の鏃身部の先端のみに刃部を持つもの。 （大阪府野中, 岐阜県中八幡）
有頸平根A		鏃身部が短茎式と同様の形態をなす有頸式。原則として頸部に捩じりや別造り片腸抉を持つ。 （京都府愛宕山, 静岡県五ヶ山B2号）	有頸平根C		幅広の鏃身部を持つ有頸式のうち鏃身関が角関となり, 鏃身部がふくらを持つ三角形となるもの。 （奈良県新沢255号, 京都府井ノ内稲荷塚）
有頸平根B		幅広の鏃身部を持つ有頸式のうち, 鏃身部に深い腸抉を持つもの。 （奈良県新沢71号, 静岡県石ノ形）	有頸平根D（飛燕）		幅広の鏃身部を持つ有頸式のうち, 扁平な三角形の鏃身部を持つもの。 （千葉県村上1号, 静岡県高草6号）

第9図　有頸式の分類

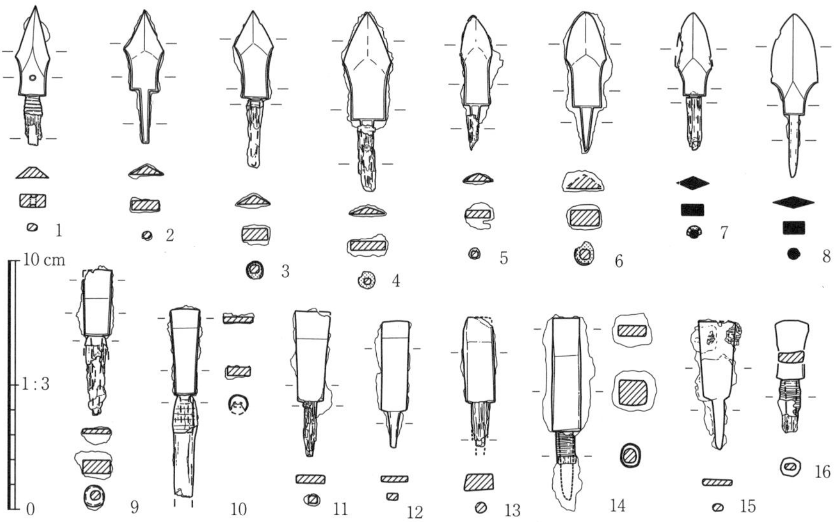

26　第1部　矢鏃の型式学的研究

1 神門4号(定角A1)　2 津古生掛(定角A1)　3 宮林(定角A2)　4 雪野山(定角A2)　5 平尾城山石槨(定角A3)　6 三池平(定角A3)　7 北玉山(定角A4)　8 潜塚(定角A4)　9 森尾(方頭A1)　10 西一本杉ST009(方頭A1)　11 中山大塚(方頭A1)　12 中山大塚(方頭A2)　13 権現山51号(方頭A2)　14 黒塚(方頭A2)　15 内和田5号SX01　16 内場山SX10

第10図　鏃の諸例(1)

強弱により1式から4式へ，あるいは逆の連続的変遷が想定できる[10]。

　定角A式を出土し，年代決定の基準となる他の遺物が出土した古墳を第1表に挙げる。2式は舶載三角縁神獣鏡や特殊器台形埴輪と共伴し，3式は三角縁神獣鏡のうち4段階の資料との共伴がみられる。4式は仿製三角縁神獣鏡や筒形銅器といった古墳時代前期でも新相を示す遺物との共伴がみられる。1式は良好な共伴遺物に乏しいが，1式を出土した福岡県津古生掛古墳や千葉県神門4号墳は庄内式併行期に位置づけられており古相としてよい。よって1式から4式への変遷と共伴遺物の新古関係の変化が一致する[11]。

10)　定角式の変遷観について高田健一は「刃部は出現期のものはいずれも内湾し先端が鋭く尖っているのに対して，新しい時期のものは外湾するものが多い」と指摘している〔高田1996 p.142〕。
11)　定角A1式については，出土古墳が千葉県神門4号墳，滋賀県雪野山古墳，福岡県津古生掛古墳の3古墳のみであり，その位置づけにはやや問題が残るかもしれない。特に津古生掛古墳におけるA1式とA2式の共伴は，両者の「系統差」を指し示す可能性がある。しかし，雪野山古墳で明確にA1式と認められるものは1点のみであるという点は，A1式が「主体的に」認められる古墳が古墳時代前期初頭であることを示唆する。最終的には資料点数の増加を待つしかないが，現状ではA1式をより古相として位置づける方がより整合的と考える。

第1表 定角A式と共伴遺物

		定角A				三角縁神獣鏡	「仿製」三角縁神獣鏡	倭製鏡	筒形銅器	短甲	その他
		1	2	3	4						
千葉県	神門4号	○									
福岡県	津古生掛	○	○								
奈良県	中山大塚		○								特殊器台形埴輪
岡山県	浦間茶臼山		○								特殊器台形埴輪
兵庫県	権現山51号		○			2					特殊器台形埴輪
奈良県	黒塚		○			1 2					
滋賀県	雪野山	○	○	○		2		Ⅰ			
京都府	椿井大塚山		○	○		1 2 3					
広島県	大迫山		○	○					A		
大阪府	真名井		○			4					
静岡県	松林山		○			4		Ⅱ		長革?	
京都府	平尾城山 石槨		○				―	Ⅲ			
山口県	長光寺山 西石槨		○				1		A		
静岡県	三池平			○	○			Ⅱ Ⅲ ?	A 2		
大阪府	紫金山			○	○	3	1	Ⅲ	A	竪革	
神奈川県	真土大塚山 主槨			○	○	2					
大阪府	庭鳥塚			○	○	2			A 2		
京都府	妙見山 後円部			○				B			
京都府	寺戸大塚 前方部			○			1	Ⅲ			
滋賀県	安土瓢箪山 中央石槨			○				Ⅲ	A 2	方革B	
奈良県	佐味田宝塚				○	1 2 3 4	1	Ⅱ Ⅲ Ⅴ			
茨城県	常陸狐塚				○					方革―	

方頭A式（第10図9～16）切先で鏃身部の幅が最大になる1式と，関部から切先まで幅が一定の2式に細分した。方頭A式と共伴遺物の関係を第2表に示した。

1式は奈良県中山大塚古墳で特殊器台形埴輪と，兵庫県森尾古墳で三角縁神獣鏡のうち1段階のものと共伴する。2式は兵庫県西求女塚古墳で三角縁神獣鏡のうち2段階のものと，兵庫県権現山51号墳で特殊器台形埴輪と三角縁神獣鏡の2段階のものと，奈良県黒塚古墳で三角縁神獣鏡の2段階のものと共伴する。また，京都府平尾城山古墳や京都府寺戸大塚古墳では仿製三角縁神獣鏡やⅢ段階の倭製鏡と共伴する。2式の古相のものと1式のものの区別がやや難しいが，京都府内和田5号墓SX 01例（同15）や兵庫県内場山SX 10例（同16）

第2表 方頭A式と共伴遺物

	方頭A		三角縁神獣鏡	「仿製」三角縁神獣鏡	倭製鏡	その他
	1	2				
兵庫県 森尾	○		1			
奈良県 中山大塚	○	○				特殊器台形埴輪
兵庫県 西求女塚		○	2			
兵庫県 権現山51号		○	2			特殊器台形埴輪
奈良県 黒塚		○	1 2			
京都府 椿井大塚山		○	1 2 3			
京都府 平尾城山 石槨		○		─	Ⅲ	
京都府 寺戸大塚 前方部		○		1	Ⅲ	

など弥生墳丘墓出土品に1式があり，2式には仿製三角縁神獣鏡と共伴するものがみられることから，1式が先行するとみたい。1式→2式へと変化したと考える。

先刃大型3種（大型定角・大型圭頭・大型方頭）B式（第11図17〜22）　大型定角・大型圭頭・大型方頭式については刃部の形状を除き高い相関性を認めるため合わせて検討する。B式は茎関の形態から3型式に細分した（第2図の名称参照のこと）。斜角関は角をもって鏃身部―茎関―茎部を明確に区分するが，そこから鏃身関から茎部に至る部位の角を省略し，明確な段差を設けずに曲線的で急激な内湾のみによって茎関を作り出したものをナデ関とできる。そして，ナデ関からさらに茎関の内湾が弱まったものが斜関と考えられる。そのため，斜角関，ナデ関，斜関は一連の形態変化として想定できる。これらを一連の関形態の簡略化として理解すれば，斜角関（1式）→ナデ関（2式）→斜関（3式）という変遷が想定できる。

　先刃大型3種B式のうち，唯一全型式を出土している大型定角B式を検討する。大型定角B式を出土した古墳と共伴遺物を第3表に示す。1式とした斜角関の類例は庄内式併行期である香川県丸井古墳や徳島県西山谷古墳から出土している。2式は紫金山古墳や京都府寺戸大塚古墳前方部で仿製三角縁神獣鏡やⅢ期の倭製鏡と共伴する。3式は京都府愛宕山古墳でⅣ期の倭製鏡と共伴する。1式から3式への変遷と共伴遺物の相関が認められる。なお，奈良県タニ

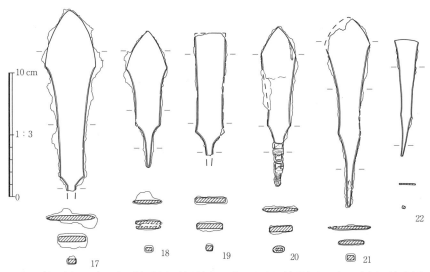

17 丸井（大型定角 B 1）18 寺戸大塚前方部（大型定角 B 2）19 北玉山（大型方頭 B 2）20 庭鳥塚（大型定角 B 2）21 愛宕山（大型定角 B 3）22 タニグチ1号（大型方頭 B 3）

第11図　鏃の諸例（2）

第3表　大型定角B式と共伴遺物

	大型定角B			三角縁神獣鏡	「仿製」三角縁神獣鏡	倭製鏡	筒形銅器
	1	2	3				
香川県　丸井　第1石室	○						
徳島県　西山谷	○						
大阪府　紫金山		○		3	1	Ⅲ	A
京都府　寺戸大塚　前方部		○			1	Ⅲ	
滋賀県　北谷11号		○				Ⅲ	
大阪府　庭鳥塚			○	2			A 2
京都府　愛宕山			○			Ⅲ Ⅳ	

グチ1号墳では，大型方頭B3式が出土しているが，最新段階に位置づけられる方形板革綴短甲と共伴しており，3式の後出を追認できる。

柳葉D式（第12図23〜25）　鏃身部の長短から2型式に細分した。

1式は大阪府和泉黄金塚古墳東槨で三角板革綴短甲と三角板革綴衝角付冑と共伴し，大阪府鞍塚古墳で三角板革綴短甲と三角板鋲留衝角付冑と共伴する。2式は大阪府野中古墳第2列で鋲留短甲と共伴する。他の出土古墳においても

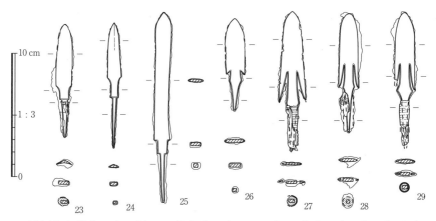

23 百舌鳥大塚山（柳葉Ｄ１式）24 土師の里８号（柳葉Ｄ１式）25 カヤガ谷２号（柳葉Ｄ２式）26 妙見山後円部（腸抉柳葉Ｂ１式）27 島内35号（腸抉柳葉Ｂ１式）28 野毛大塚（腸抉柳葉Ｂ２式）29 老司４号石室（腸抉柳葉Ｂ２式）

第12図　鏃の諸例（3）

１式は革綴短甲と，２式は鋲留短甲との共伴が多く認められ，１式と２式は新古関係として認めうる。

腸抉柳葉Ｂ式（第12図26〜29）　茎関が斜関の１式と山形関の２式に細分した。２式は腸抉が細く鋭く切り込まれる類例のみで占められており，腸抉の切り込みの深さや細密さを鉄器加工技術の進歩と捉えれば，腸抉切り込みの弱い類例がある１式を古相に，腸抉切り込みが強い類例のみで占められる２式を新相に位置づけることができる。

１式は大阪府庭鳥塚古墳で舶載三角縁神獣鏡や筒形銅器Ａ式と，京都府妙見山古墳後円部東副槨でＢ式の筒形銅器と共伴する。２式は大阪府堂山１号墳や兵庫県年ノ神６号墳において三角板革綴短甲と共伴する。１式から２式への変遷と共伴遺物の相関を認める。

腸抉柳葉Ｃ式（第13図30〜34）　鏃身部長と腸抉の切り込みの強さならびに鏃身下半部の形態により５型式に細分した。０式は鏃身部が著しく小型のものである。１式・２式は鏃身部幅が幅広で腸抉の切り込みが弱いという点で共通した特徴を持つ。一方３式は鏃身部が細長く，腸抉の切り込みもより細密で深い。４式は３式からさらに鏃身部が長身化した形態として理解できる。また，１式は鏃身下半部が末広がりとなっており，２式・３式・４式とは異なる特徴を

第1章 古墳出土鏃の編年 31

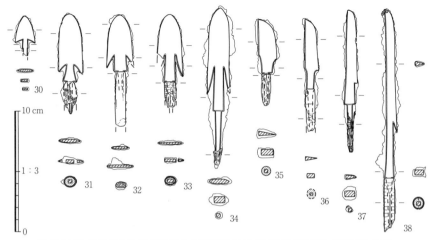

30 西求女塚（腸抉柳葉Ｃ0）31 真名井（腸抉柳葉Ｃ1）32 寺戸大塚前方部（腸抉柳葉Ｃ2）
33 会津大塚山北棺（腸抉柳葉Ｃ2）34 野中第2列（腸抉柳葉Ｃ3）35 安土瓢箪山（片刃Ａ）
36 遊塚前方部（片刃Ｂ0）37 鞍塚（片刃Ｂ1）38 セスドノ（片刃Ｂ2）

第13図　鏃の諸例（4）

示す。また，漸次的に大型化することを考えれば，0式は1式に最も近い。以上から形態的な近似性を考えると0式→1式→2式→3式→4式ないしその逆の変遷が想定できる。3式や4式は腸抉の切り込みが強く，また鏃身部がやや厚手になる例が多いが，それらの点を鉄器加工技術の進歩と考えるならば，1式を最も古式とし4式を最も新式として位置づけることができる。

　腸抉柳葉Ｃ式を出土し，良好な共伴遺物の認められる古墳を第4表に挙げる。0式は兵庫県西求女塚古墳で古相の舶載三角縁神獣鏡と共伴する。1式は愛知県東之宮古墳や大阪府真名井古墳において舶載三角縁神獣鏡のうち最新段階の4段階の資料と共伴する。2式は福島県会津大塚山古墳南棺や寺戸大塚古墳前方部において仿製三角縁神獣鏡と共伴する。3式は盾塚古墳や年ノ神6号墳で三角板革綴短甲と共伴する。4式は岡山県随庵古墳で三角板鋲留短甲や横矧板鋲留衝角付冑と共伴する。1式から4式への変遷と遺物相の対応が認められる[12]。

---

[12]　田中新史は本章における腸抉柳葉Ｃ3式鉄鏃について鏃身部における「裏すき」状の加工を古段階の指標とできるとしている〔田中新2004 p.542〕。そういった特徴は柳葉Ｄ1式にも一部みられ（第12図23），後述するⅢ期古段階の指標の一つとできる。

第4表　腸抉柳葉C式と共伴遺物

	腸抉柳葉C					三角縁神獣鏡	「仿製」三角縁神獣鏡	倭製鏡	短甲
	0	1	2	3	4				
兵庫県　西求女塚	○					2			
大阪府　真名井		○				4			
愛知県　東之宮		○	○			4		II	
福島県　会津大塚山　南棺			○				1	III	
京都府　寺戸大塚　前方部			○				1	III	
大阪府　盾塚			○	○				III	長革　三革
兵庫県　年ノ神6号				○					三革
兵庫県　茶すり山　第1主体				○				IV V	長革　三革襟
兵庫県　小野王塚				○				III	長革　三鋲
大阪府　野中　第2列				○					三鋲？
大阪府　豊中狐塚　西槨					○				三鋲
岡山県　随庵					○				三鋲

腸抉柳葉D式　いわゆる二段腸抉式である。鈴木一有により詳細に分析されているが〔鈴木2003a〕，型式学的な連続性が想定でき，かつ一定以上の資料数が出土している2型式への細分に留めた。1式には腸抉の切り込みが弱い類例があることから，1式を古相とし，2式へと変遷したと想定できる。1式は和泉黄金塚古墳中央槨で腕輪形石製品と，2式は奈良県五條猫塚古墳石室内で小札鋲留眉庇付冑と共伴しており，鈴木による位置づけの妥当性が追認できる。

片刃B式（第13図36〜38）　鏃身部の長短と鏃身部の形態から3型式に細分した。0式→1式→2式という順序で形態的な類似性があるが，形態的特徴からは変化の方向を想定しがたい。

0式は岐阜県遊塚古墳や大阪府盾塚古墳から出土しており，腕輪形石製品や古相の長方板革綴短甲・三角板革綴短甲と共伴する。1式は岐阜県龍門寺1号墳で長方板革綴短甲と，大阪府鞍塚古墳で小札鋲留衝角付冑と共伴する。2式は東京都御嶽山古墳や福岡県セスドノ古墳において横矧板鋲留短甲と共伴する。0式の類例がやや乏しいが，より小型の片刃A式が背側に張り出しを持つこととの共通性からも0式は片刃A式との強い関わりを持つより古相のものと考えたい。0式から2式へと変遷したと考える。なお，小型の片刃A式(35)

は背側が張り出すという0式との共通点がみられるため，A式→B0式という連続的な変化を想定することが可能である。

短頸式・長頸式　水野敏典，鈴木一有，西岡千絵らにより短頸式，長頸式の変遷は詳述されているため詳細な検証は省略する〔水野2003，鈴木2003，西岡2005〕。その後の資料状況を鑑みても，短頸式の長身化傾向と，短頸式から長頸式への移行期に著しく長身をなす長頸式が出現すること，ならびにその後の漸次的短身化傾向は追認できる。

また，長頸D式（長頸片刃式）については長頸C式（長頸腸抉片刃式）からの変化と，その後の鏃身関の退化傾向が尾上元規によって提示されており〔尾上1993〕その考えにならう。ただし，長頸C式から長頸D1式，D2式へと変化したことは間違いないが，長頸D1式・D2式の出現後も長頸C式は存在しており，両形式は最終的に系統差を持って併存すると考えられる。

(2) 配列と段階設定

前節では年代差を反映する分類である型式設定の妥当性を共伴遺物相の変遷から検証した。続いて各型式の共伴関係から組成の変遷を整理し，段階設定をおこなうが，さしあたり型式細分が可能な鏃を2形式以上出土した古墳を中心に比較することで，型式の変化と組み合わせの変化をみる。

配列結果は第5表に示す。あわせて各古墳から出土した共伴遺物を挙げる。各型式の変化がおおよそ整合的であること，さらには各形式が型式変化をしつつも消長していく様子がよくわかる。ちなみに，長頸D式を出土した古墳については，同時期に型式変化と捉えられるような形態の変化がみられる形式がないため，第5表中には現れていない。また，後述するV期については，型式細分が可能な鏃が2形式以上共伴することが稀であるため，表には提示していない。

また，こうして得られた配列結果により，型式細分ができなかった各形式についても，それを出土した複数の古墳の配列表上の位置づけから，その形式が副葬された時間幅をある程度想定できる。こうして想定できる各形式の副葬段階での存続時間幅によって，理論上は特定の段階に存在している形式すべてが把握可能となる。なお，今後はこの「特定の段階に存在している形式すべて」

第5表　各型式の変化と組み合わせ

	愛媛県 高橋仏師1号 第2主体	奈良県 中山大塚	兵庫県 西求女塚	兵庫県 権現山51号	滋賀県 雪野山	京都府 椿井大塚山	大阪府 真名井	愛知県 東之宮	静岡県 三池平	大阪府 紫金山	大阪府 庭鳥塚	京都府 妙見山	京都府 寺戸大塚 後円部	兵庫県 丸山1号 南槨	三重県 石山 東槨	大阪府 和泉黄金塚 東槨	大阪府 盾塚	兵庫県 年ノ神6号	奈良県 鞍塚	奈良県 五條猫塚 石槨内	大阪府 珠金塚	兵庫県 小野王塚	京都府 徳雲寺6号 第3主体	京都府 宇治二子山南	群馬県 鶴山	岡山県 随庵 中央石槨	東京都 御嶽山	香川県 川上	奈良県 後出2号
定角A	2	2		2	2	1/2/3	3	3		3/4	3/4	3/4	3/4	4															
方頭A	1	1/2	2	2	2								2		2														
大型定角B										3/4			3/4																
大型定角D																													1
柳葉D（剣身）													1	1			1	1											2
腸抉柳葉B									1	1		1/2	2																
腸抉柳葉C		0					1/2	1/2			2	2			3	3	3	3		3		4		4					4
腸抉柳葉D（二段腸抉）										1	1	1/2		2															
片刃B										0		1		1								2	2						
短頸C（短頸柳葉）												1	1	1/2	1/2	2					1								
長頸A（長頸三角）																1					2		2	2		2	2	2	
長頸B（長頸柳葉）																	1		1	1				2		2	2	2	
長頸D（長頸片刃）																													1
三角縁神獣鏡		2	2	2	1/2/3			4	4		2			2															
仿製三角縁神獣鏡						1				1																			
倭製鏡				I		II/III?	II/III		III				III					IV			中	中		中					
鍬形石				1			2		1/2/3						4	4													
筒形銅器								A	A2/B						B														
短甲 革綴 鋲留							堅						長	三	長	三	三	三		長 三	横	横	三	横	長	横	横	

を指す語として「全体組成」の語を用いることとする。また，全体組成の対概念として，「個々の古墳において実際に確認できる組成」を指す語として「個別組成」の語を用いることとする。

　この配列をもとにして，鏃変遷の段階設定も可能となる。段階設定の画期の認定については型式変化よりも形式の出現・消滅を優先とする[13]。また，作業手順上当然だが，ここで設定する段階はあくまで副葬鏃セットの段階であり，鏃製作の変遷段階を直接示すものではないことは注意が必要である。

　第1の画期として，定角C式・圭頭C式・方頭C式や柳葉F式・G式・H式，腸抉柳葉B式の出現を挙げる。腸抉柳葉C式のうち，定形性がやや強いC1式の出現も同じ画期に含まれるとみられる。第2の画期として，柳葉D式，腸抉柳葉D式，片刃B式，短頸B式・C式の出現を挙げる。先行研究において短頸式や鳥舌式，二段腸抉式といった一群の導入期として中期開始の指標の一つともされてきた段階である。第3の画期として，長頸式の出現を挙げる。これについても先行研究が詳しいが，導入期の長頸A式・B式は先行する短頸式との隔絶性が著しい。また，大型のものを除いて先刃式が消滅する。第4の画期として長頸D式の出現，横刃式の消滅を挙げる。また，有頸平根式B式・C式が多くの古墳で認められることも特徴として挙げられる。短頸式が一部で再びみられるようになるが，棘関を採用するものがあり，前段階のものとは直接的に関係がないとみてよい。長頸式の短身化の結果成立したとみておく〔西岡2005〕。

　以上の四つの画期によって弁別される段階をⅠ期，Ⅱ期，Ⅲ期，Ⅳ期，Ⅴ期とする。各期における諸形式の消長を第14図に示す。紙幅の関係で詳細は記さないが，各形式の消長はそれぞれの共伴関係から設定した。

(3) 銅鏃生産の終焉について

　Ⅲ期古段階には前段階から引き続き銅鏃の出土が一定数認められるが，その中には岐阜県船来山24号墳出土の短頸B1式銅鏃（第15図1）や徳島県大代古墳出土の柳葉C式（鳥舌式）銅鏃（同3），石川県長坂二子塚古墳の大型定角

---

13) 古墳の副葬品には「伝世」の現象が認められるものもある。そのため，段階設定にあたっては形式の「消滅」よりも形式の「出現」が優先されるべきである。

36　第1部　矢鏃の型式学的研究

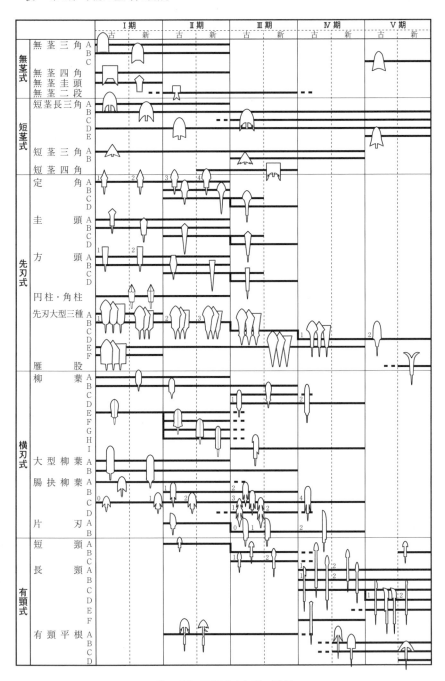

第14図　段階設定と鏃の消長

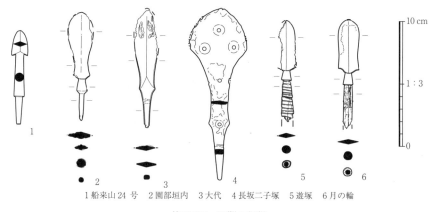

第15図　Ⅲ期の銅鏃

C式銅鏃（同4）のように，Ⅲ期に典型的な鉄鏃と同形態のものがある。特に柳葉C式（鳥舌式）銅鏃は箆被の有無を別とすればⅡ期の園部垣内古墳例（同2）からの変遷として理解でき，Ⅲ期の鏃形態の成立過程を考える上で興味深い。

　これらⅢ期の鉄鏃と同様の形態をなす銅鏃の存在からは，Ⅲ期古段階に至っても引き続き銅鏃生産が継続していた可能性が想定できる。一方で，Ⅲ期の鏃形態への移行はⅡ期の最終段階に銅鏃から開始され，その後一段階遅れて鉄鏃も同様の形態変化を遂げたと解釈し，同形態の銅鏃と鉄鏃に併行関係を認めないという考え方もあるかもしれない。しかし，園部垣内古墳出土の柳葉C式（鳥舌式）銅鏃のような明らかにⅡ期に位置づけられる例からの形態変化の結果として，大代古墳例のような銅鏃が成立したと考えられるため，同形態の資料であっても銅鏃と鉄鏃という理由だけで前後の時間差を想定する考え方は成り立たない[14]。ここではあくまで鉄鏃と銅鏃の形態変化は基本的に一致するという前提に立つ。

14）　異なる素材で同じ形態の鏃を製作するという事象は，鉄と銅だけに限らない。本書では検討しなかったが，鏃形石製品にも鉄鏃・銅鏃と同形態のものがある。ただし一方で，鉄鏃・銅鏃・鏃形石製品それぞれに固有の形態があり，各材質で特定の形式が多くみられる場合もあるため，すべての形がすべての素材で同一の条件で製作されたわけではない。また，材質転換は単に鏃部分のみならず，矢柄先端部分や根挟みといった有機質製部材を含めた現象であり，矢の形態や構造を理解した上で評価する必要がある。詳しくは第2章で検討する。

また、これまでにみてきたようないわばやや特殊な形態の銅鏃のみがⅢ期に生産され、柳葉E式銅鏃のような、銅鏃として最も一般的で鉄鏃にはみられない形態のものはⅡ期に生産が終了したとする考え方もあろう。そこで岐阜県遊塚古墳出土銅鏃をもとにこの問題を考えてみる（第15図5）。遊塚古墳からは片刃B0式鉄鏃が出土しており、Ⅲ期に位置づけられる。遊塚古墳出土の柳葉E式銅鏃の口巻きの長さに注目すると、欠損により終端を確認できるものはないが、距離が3.0cmを超えていたことがわかる。詳しくは第3章で述べるが、口巻きの長さは、大型長身の鏃を除いてⅠ期からⅢ期にかけて漸次的に長くなる傾向があり、3.0cmを超えるものは基本的にはⅢ期以降に位置づけられる。つまり、遊塚古墳出土の銅鏃は片刃B式鉄鏃と同じく、Ⅲ期に製作されたと考えてよい。同じく、Ⅲ期の鉄鏃と銅鏃の共伴例として、岡山県月の輪古墳例（同6）があり、こちらの口巻きも2.0cmを越えるとみられ、Ⅲ期の鏃（矢）としてよい。

ただし、鏃の年代的位置づけを矢としての情報である口巻きの距離から考える方式では、鏃の生産はⅡ期であり、改めてⅢ期に矢として完成されたあるいは修理やつけ替えがおこなわれた可能性を完全に排除することができない。ここではⅢ期古段階にも銅鏃の生産が継続していたと考える方が、種々の状況証拠から妥当性が高いとしておきたい。

なお、Ⅲ期新段階には銅鏃の出土を確認できないことから、Ⅲ期古段階をもって銅鏃の生産は終了する。

5. 各期の様相と意義

(1) 各期の様相

本節では、前節で設定した各期について概観し、その上で各期における鏃の様相を論述する。

Ⅰ期 定角A1式・A2式、圭頭A式・B式、方頭A式、柳葉A式・E式、腸抉柳葉A式などからなる。短茎長三角式はA式とB式がみられる。定角A1式の存在や先刃大型三種A式や大型定角B1式、方頭A1式などの認められる段階を相対的に古相とみることが可能であるが、時期的な細分はやや難し

い。なお，高田健一は柳葉D式銅鏃のうち先端がより尖った例を古相に位置づけるが〔高田1997〕，筆者にはその傾向を明確には認めることができない。

　Ⅰ期における全体組成は非常に多くの形式からなっており，個別組成も多彩である。全体組成と個別組成の懸隔も大きい。柳葉E式銅鏃は比較的多くの古墳から出土するが，明確な主要形式の抽出は難しいといえる。

　共伴遺物としては舶載三角縁神獣鏡や古相の腕輪形石製品が挙げられる。三角縁神獣鏡副葬以前の段階も含まれる。古墳時代初頭から前期前葉に相当する。

　Ⅱ期　定角C式・圭頭C式・方頭C式や柳葉F式・G式・H式，腸抉柳葉B式が採用される段階である。その他の形式についてはⅠ期からの連続性が高い。腸抉柳葉C式はC2式が中心を占める。これらに加えて片刃A式や短頸A式，有頸平根A式が採用されるなど，Ⅲ期に継続する様相の萌芽がみられる。定角A4式のうち，さらに刃部の大型化が進んだ一群や，大型定角B3式，Ⅲ期につながる要素として柳葉C式に近い形態の柳葉B式や短茎長三角C式の出現をもって，新段階を分離することが可能である。

　Ⅰ期から消滅した形式は少なく，Ⅱ期の組成の有り様はⅠ期の組成を基礎としてさらに複数の新形式を加えることで形成された組成といえる。結果として全体組成の多様性は拡大され，個別組成も非常に多彩である。両者の距離も大きい。

　舶載三角縁神獣鏡のうち最新の段階に位置づけられるいわゆる波文帯鏡群と，それに続く仿製三角縁神獣鏡との共伴がみられる。また，竪矧板革綴短甲・方形板革綴短甲といった鉄製短甲や筒形銅器とも共伴する。古墳時代前期中葉から前期末に相当する。

　Ⅲ期　柳葉C式・D式，腸抉柳葉B2式・C3式・D式，片刃B0式・B1式，短頸B式・C式が組成の主体となり，短茎式には典型的な重抉が採用される。重抉は栃木県山王寺大桝塚古墳例や大阪府北玉山古墳例にみるようにⅡ期新段階に出現するが，どちらも腸抉の中間付近に重抉をもうけるⅢ期の「典型的な」重抉とは異なる。重抉の初現はⅡ期新段階であるが，その形態的な差異を勘案し，重抉の一般化はⅢ期とする。

　Ⅱ期までにみられた一部の形式がみられなくなる一方で，先述のとおり銅鏃の生産も継続するなど形式の連続性は強い。ただし，型式変化がみられ，一見

して鏃の様相が刷新された印象を受ける。腸抉柳葉Ｄ式や短頸Ｃ式の細分により，古段階と新段階に細分が可能である。銅鏃の副葬も古段階を示す一指標となる。

　全体組成中の形式数がやや減少し，また，短頸式や柳葉Ｃ式など明確な主要形式が出現する。あわせて個別組成もそれぞれ近似したものとなり，結果として全体組成と個別組成が接近する。その一方で，短茎式については鏃身形態や腸抉の形態などの小差を捉えれば，多様性が最も顕在化する段階とすることができ，他形式における画一性の進行とは異なった様相を示す。

　主要な共伴遺物として，長方板革綴短甲と三角板革綴短甲，三角板革綴衝角付冑と小札鋲留衝角付冑がある。また古段階では，腕輪形石製品や筒形銅器との共伴も認められる。古墳時代中期初頭から中期中葉に相当する。

　Ⅳ期　長頸式が採用され，柳葉Ｄ２式や片刃Ｂ２式，腸抉柳葉Ｃ４式などの非常に長身化の著しい一群が出現する。これらの一群については同時期にみられる出現期の長頸式が著しく長身であることから，「長身化志向」とでもいうべき形態の希求があったものと考えられる。長頸式の短身化傾向を示す長頸Ａ２式・Ｂ２式・Ｃ式や有頸平根Ｂ式・Ｃ式の出現をもって古段階と新段階に区分可能である。長頸Ｆ式も古段階を中心にみられるようである。

　多くの形式が消滅するとともに，長頸式が圧倒的な主要形式としての地位を獲得する。多数の長頸式と少数の短茎長三角Ｄ式や有頸平根Ｂ式というセットがみられるようになり，鏃のセット関係にも画一性があらわれる。つまり，全体組成と個別組成が一見近似したものにみえる。また，Ⅲ期段階に特徴的であった短茎式の多様性もあまりみられなくなる。

　主要な共伴遺物には三角板鋲留短甲や横矧板鋲留短甲，小札鋲留衝角付冑や横矧板鋲留衝角付冑，須恵器ＴＫ216型式からＴＫ47型式が挙げられる。古墳時代中期後半から中期末に相当する。

　Ⅴ期　Ⅳ期においても一部ではみられた短茎式の多様性が消滅し，その出土もごく一部の例外を除いて関東以東に集中し，西日本においては鏃組成から排除される。Ⅳ期新段階に成立した多数の長頸式と少数の有頸平根式といったセット関係が一般化し，先刃式も基本的に大型の一群に系譜を持つもののみに限定される。長頸Ｄ２式や有頸平根Ｄ式の出現をもって新相を弁別できるが，

一般的に鏃の型式変化に乏しく，あるいは日本列島の各地域で別個の形態変遷を遂げると考えられることから，全国的に一般的な変遷を明示することは難しい。

全体組成と個別組成については，長頸式と有頸平根式を主体とするものの，Ⅳ期と同程度かやや全体組成と個別組成との間に差異を認めることができる。しかしそれは，先行研究において論じられてきた地域生産の発露に伴い，全体組成の内実自体が前段階とは異なるものとなっていると考えられるためであり，それを勘案して各地域内での様相を捉えるならば，全体組成と個別組成の著しい近似が認められる。

須恵器MT 15形式以降に相当し，多くの新式の馬具などとの共伴がみられることから古墳時代後期段階に相当する。

(2) 鏃組成の変遷とその意義

いわゆる有稜系〔松木1991〕の出現をもって前段階と画される古墳時代の鉄鏃・銅鏃組成は，Ⅰ期段階は非常に多様な形態を有し，全体組成と個別組成の差異が顕著である。さらに，Ⅱ期段階では，定角C式・圭頭C式・方頭C式や腸抉柳葉B式・C式などの新形式がⅠ期の組成に覆いかぶさるように採用され，全体組成の多様性は極致に達する。多様な鏃形態の存在をそのまま生産地の多元性に直結することは適切ではないが，十字鏑を持つ銅鏃が東日本に偏在し，Ⅰ期段階において定角A式や圭頭A式が瀬戸内中部地域に多くみられるといった傾向は，特定の鏃形式の地域的な生産と流通の可能性を指し示している〔池淵2002〕。Ⅰ期，Ⅱ期ともに，個別組成に多くのヴァリエーションがみられる点は，そのような多元的な鏃生産と非広域的な流通状況を背景とすると考えることもできる。

Ⅰ期以来の腸抉柳葉C式やⅡ期に採用される腸抉柳葉B式といった形式は，型式変化を遂げつつも，Ⅲ期の全体組成の劇的な転換を経てもなお生産が継続する。定角C式・圭頭C式・方頭C式についても，Ⅲ期段階にも副葬がみられ，それぞれ角関を持つ定角D式・圭頭D式・方頭D式が新たに出現する。先に若干の検討をおこなったように，Ⅲ期古段階までは銅鏃の生産・副葬が継続することも含めて，Ⅱ期とⅢ期の鏃形態の間には強い連続性が認められる。

その一方で，Ⅱ期と比較して，全体組成と個別組成が接近するという現象を考えるならば，その背景として，鏃の生産体制の画一化と流通機構の広域化の進展を想定することもできる。

　Ⅳ期の鏃組成の転換は，短頸式から長頸式への移行を最大の特徴とするが，他の諸形式の変遷はおおむね型式変化として理解できる。ここにも前段階からの隔絶性とともに連続性が認められる。一方で，出現段階の長頸式はⅢ期までの短頸式との間に明確な隔絶があり〔鈴木2004〕，連続的な型式変化としては理解できない。細分は断念したが，長頸式の鏃身部の形態には各資料でかなりの差異があり，Ⅲ期までの「三角」と「柳葉」の二大別が主流をなした状況から，長頸B式（柳葉）にも鋭い腸抉を持つものが新たに出現し，加えて長頸C式（腸抉片刃），長頸F式（圭頭）がみられるようになるなど，短頸式と比べて形式数は増加する。長頸式は出現とともに圧倒的な主要形式としての地位を確立するため，一見して全体組成と個別組成がより一層接近したようにみえる。しかし，その長頸式の画一性に覆われて見逃しがちであるが，実際の内実としては鏃身形態が多彩な長頸式が錯綜して入り交じるといった感が強い。Ⅰ期やⅡ期ほどではないが，Ⅲ期の全体組成と個別組成の接近と比べれば両者により乖離がみられる状況ということもできる。

　Ⅴ期はⅣ期新段階との連続性がかなり強く，実際にはⅣ期かⅤ期か弁別が難しい古墳もある。地域生産の開始と地域性の発露をどの段階に置くかは今後詳細に検討する必要があるが，その発露の後は単一の地域内に限定して考えれば基本的に全体組成と個別組成がかなり接近する。そのため，地域内では生産体制と流通機構が一体として展開したとみられ，地域内での流通状況はさほど錯綜していなかったと考えられる。ただし，その中でも，棘関の全国的な展開やかなり特異な形態を呈している雁股式の広域的な存在など，広域流通したとみられる形式もあり，注目できる。

　以上，鏃の「形」に注目すれば，Ⅲ期とⅣ期の間に最大の画期がある。これまで研究史上述べられてきたようにⅡ期とⅢ期の鏃の間には一見すると大きな違いがあるが，形式・型式の連続性や一部での銅鏃生産の継続などを考えれば，連続性はかなり強いといえる。ただし，Ⅲ期とⅣ期の間にも型式変化による連続性もみられるため，完全な断絶があるわけではない。いずれの段階も全体組

成が完全に入れ替わるようなことはなく，継続性を有しつつも徐々に鏃の形態と組成が変化し，その変化の最も大きなものがⅢ期とⅣ期の間の変化であったといえる。

6. 鏃の形の変化と組み合わせの変化の意義

　本章では古墳時代の鉄鏃・銅鏃を分類・編年し，5期，細別10段階の変遷観を得た。さらにⅠ期からⅢ期までの全体組成と個別組成の段階的な接近と，Ⅳ期・Ⅴ期における乖離という二つの流れがあることを示した。このような，鏃の形の最大の変化点と全体組成と個別組成の関係という組み合わせの変化点とが一致することは，鏃を巡る社会状況にも当該時期に大きな画期があったことを予測させる。

　本章で示しえた理解は，鏃の形態とその組成に基づくもので，基本的には鏃の生産と流通のみを主要な論点としている。その一方で，「鏃」は本来「矢」の一部品にすぎず，実際には製品としての完成形態である「矢」として初めて機能したことを考えるならば，本章で示しえた生産や流通の様相についての理解はまだまだ十分ではない。「鏃」を改めて「矢」の一部品として捉えることが重要である。

　そこで，続く第2章・第3章では「鏃」を「矢」として捉えて分析することで，鏃の変化にみられる画期性についての予測を，武器生産と流通の画期という視点から評価したい。それらの作業により，古墳時代の主要な武器である「矢」を巡る生産・流通・保有・副葬という社会的な状況が，古墳時代を通じて大きく転換したことが示されることになる。そしてそれは，古墳時代における社会システムの転換の一端を示すものとなるであろう。

第2章　矢の構造

1. はじめに

　本章では，古墳時代の「矢」の生産から副葬に至る動態を考えるために，まずは矢の構造を明らかにしたい。
　前章で述べたとおり，矢柄や矢羽といった有機質製部材は腐朽してしまいほとんど出土しないという問題から，「矢」本体に関する検討はほとんどおこなわれてこなかった。そのような状況の中で，良好な遺存例が出土した場合には，それぞれ報告書の中で詳細な観察が報告されるというのが現状といえる。それら個々の事例については必要に応じて述べるが，現在求められているものは，それらを総合する作業といえる。
　古墳時代前期の鏃を総合的に検討した川西宏幸は，鏃と矢柄との結合方法についても言及している〔川西1990〕。その主目的は，古墳時代と弥生時代の矢鏃の隔絶性を明確にする点にあり，詳細な分析には立ち入らないが，口巻きとしての樹皮の使用は古墳時代を通じて一般的にみられるのに対し，植物繊維の使用は少なく，しかも前期では銅鏃に多い傾向があると指摘している。
　川西が注目したように，鏃と近接する部分である口巻きや根挟みについては，形を残す例が比較的多いことから，報告例も一定数認められる。しかし，矢柄や矢羽・矢筈といった部分については，遺存例そのものが極端に少なく，栃木県七廻り鏡塚古墳や大阪府土保山古墳のものが，良好な例として知られてきた程度である〔大和久1974，陳1960〕。
　長らくそのような状況にあったが，未盗掘の竪穴式石室が発掘され，副葬品に伴う有機質についても多くのデータが得られた滋賀県雪野山古墳では，矢の本矧・末矧の様相が，鏃と対応しうるかたちで明らかとなった。その中で杉井健は，矢の出土位置・鏃の様相と，矢柄の加工における技法との相関について

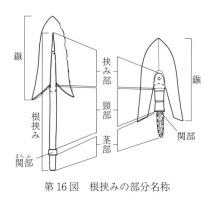

第16図　根挟みの部分名称

注目する必要性を説いている〔福永・杉井（編）1996〕。

　鉄鏃・銅鏃出土古墳が膨大な数に上るのに対し，上記のように矢に関する先行研究が非常に限定的である点からも，これまで矢そのものに対する注目が乏しかったことがわかる。その一方で，大半が有機質製部材から構成されるためほとんどが腐朽し消失してしまう矢の各部材の中で，金属製部材である鏃と矢柄の結合部位のみが，鉄イオンの置換作用により形態を残す例が多い箇所として挙げられる。そこで，本章では鏃と矢柄の結合部位である根挟みに着目して分析に着手してみたい。

　それにより，根挟みの機能の一つが矢柄と鏃とを分離可能とすることであり，すなわち，古墳時代の矢には鏃と矢柄が容易に着脱可能な「分離式」と，鏃と矢柄がしっかりと固定される「固定式」の二者があることを明らかにする。その上で，矢鏃の流通形態についても考察し，武器としての完成品である「矢」ではなく「鏃」のみで流通したものがあることを示し，当該時期の武具流通の一様相について考える。

　なお，鏃身部のみに有機質が遺存する例では，その有機質が矢柄とは別部材であるジョイントとしての「根挟み」であるのか，それとも，矢柄の先端を半裁して挟み込んだものであるのかは究極的には確定できない。そこで本章では，便宜的に鏃身部を挟み込む有機質をすべて根挟みと呼称して論を進める。根挟みの部分名称を第16図に示す。

2．根挟みの装着手順と形態，機能について

(1) 根挟みの分類と装着手順

i　根挟みの分類

　無茎式・短茎式鏃に用いられる根挟みは，それぞれ中間的な形を呈するために厳然とした分類がやや難しいものもあるが，挟み部の平面形から以下の7種

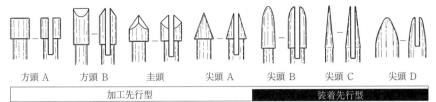

第17図　根挟みの分類

に分類できる（第17図）。

　方頭A式　挟み部平面形が正方形に近い形のものである。挟み部先端は裁断されたかのように鏃身に対して垂直に立ちあがり，一側面の断面形は半円形をなす。

　方頭B式　挟み部平面形が長方形のもので，挟み部先端は徐々に厚みを減じる。一側面の断面形は先端を除き半円形である。

　圭頭式　挟み部平面形が五角形のものである。挟み部の斜辺を作り出すために，先端を内側に強く削り込むように加工しており，挟み部先端から下方中途にかけて，二股に分かれる強い稜線が走る。

　尖頭A式　斜辺が直線で全体として明瞭な三角形を呈するものであるが，やや丸みを帯びるものも含める。挟み部は短い。一側面の断面形は半円形である。挟み部と頸部との境界に，明瞭な段差を持つものが多い。

　尖頭B式　幅広で挟み部先端が砲弾形となるものである。尖頭A式よりも挟み部が長い。一側面の断面形は半円形である。挟み部と頸部との境界はやや不明瞭である。

　尖頭C式　挟み部が非常に細長い形態のものである。断面に稜線が観察できる例もあるが，おおむね断面形は半円形をなす。挟み部と頸部との境界には明確な段差を持たない。

　尖頭D式　挟み部が著しく幅広で三角形となるものである。挟み部を完存する例がみられないため断面形は不明だが，扁平なかまぼこ形に近い形状と考えられる。

　これらの根挟みが装着される鏃の年代的位置づけから，根挟みの変遷は第18図のように整理できる。短茎式鏃では，I期・II期には方頭A式・尖頭A式・尖頭B式の3種がある。III期には方頭A式はみられなくなり，代わって方頭

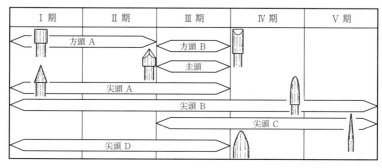

第18図　根挟みの消長

B式・圭頭式・尖頭C式が出現し，尖頭A式・尖頭B式とあわせて5種が併存する。Ⅳ期以降は尖頭B・C式の2種のみが認められる。

　無茎式鏃では尖頭B式はⅠ～Ⅱ期にみられる。尖頭D式はⅠ期の少数例をのぞけば，無茎二段式に採用される根挟みであり，その消長も一致し，Ⅰ～Ⅲ期にみられる。Ⅲ期・Ⅳ期には基本的に無茎式鏃はみられなくなるが，Ⅴ期には尖頭B式・尖頭C式がみられる。

ⅱ　装着先行型の根挟み

　このように根挟みには多様な形態があるが，根挟みと鏃の装着手順から大きく二分できる。根挟みの装着手順を考えるにあたって注目できる資料として，広島県大迫山1号墳出土の無茎長三角式銅鏃と岐阜県遊塚古墳出土の短茎長三角式鉄鏃がある。

　大迫山1号墳出土無茎三角式銅鏃（第19図1・2）には有機質製の根挟みは遺存しておらず，根挟みの形態は不明である。鏃身部には，中央の砲弾形の平坦部の外側に平坦部外形に沿う形で細い筋状の擦痕がみられる。これは他の箇所にみられる鏃身部表面の砥石での研磨による擦痕とは異なり，刀子などの工具の先端で引っ掻くようにしてつけられたものである。

　鏃身本体は茎部を持たない無茎式であるため，矢柄の先端で挟みこむか，別部材である根挟みを介在させて矢柄と結合される。つまり，本来は鏃身部の中央には根挟みなどの挟み部が存在しており，中央の平坦部は根挟みの装着を想定して形造られたとみられる。そのように考えると，平坦部の外側に残る筋状

第 2 章 矢の構造 49

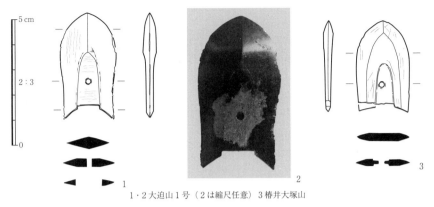

1・2 大迫山1号（2は縮尺任意）3 椿井大塚山

第19図　大迫山1号墳と椿井大塚山古墳出土銅鏃

の擦痕は，本来存在していた挟み部の外形に沿ってつけられたものとみることができる。同様の擦痕は京都府椿井大塚山古墳例にも確認できる（同3）。

　では，なぜ挟み部の外形に沿う形で擦痕がつけられたのか。それは，鏃身部への根挟みの装着後，挟み部の外縁を削り外形を整えたために擦痕がついたと考えられる。すなわち，大迫山1号墳や椿井大塚山古墳の銅鏃の根挟み装着工程は，挟み部を最終的な形態に整える前の段階で鏃に装着し固定した後に，刀子などの工具で挟み部を整形したと復元できる。このような，鏃本体への根挟みの装着後に，挟み部を加工し形態を整える手順を「装着先行型」と呼称する。

　装着先行型の根挟みは，遊塚古墳出土の短茎長三角式鉄鏃にも確認できる（第20図1・2）。遊塚古墳例は鉄鏃のため錆に覆われており，鏃身部の擦痕は観察できない。しかし，挟み部の遺存状態は非常に良好であり，多くの資料で表裏面ともに挟み部の全形が確認できる。それら，遺存状態の良好な資料を側面から観察すると，表裏面で明らかに挟み部先端の位置が異なる資料があることがわかる。

　第20図1では，側面図左側の挟み部先端は鏃身部先端から下に1.1cmの位置だが，同じく右側の挟み部先端は鏃身部先端から下に1.8cmの位置であり，明らかに表裏でずれている。2についても，表裏面の挟み部先端の位置は0.5cmほどずれている。

　このような，表裏面で挟み部先端の位置がずれる理由は，根挟みの装着が「装

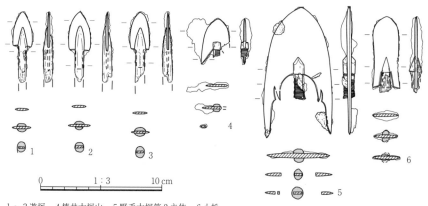

1〜3遊塚　4椿井大塚山　5野毛大塚第3主体　6小松

第20図　根挟みの諸例（1）

「着先行型」であったためと考えられる。なぜならば，単一の部材から根挟みを製作する際に，先端の形態を整えてから挟み部を二分割すれば，先端の位置は揃うはずだからである。また，挟み部を二分割した後に先端を整形する手順を想定した場合でも，先端の位置がこれほど大きくずれるのは想定しがたい。つまり，鏃身部の表裏で明らかに先端の位置がずれる根挟みは，表裏面が別個に加工・整形されることでしか形造られないのである。そして，表裏面の挟み部が別個に加工・整形されるためには，根挟みが鏃へと装着された後に，加工・整形されなければならない。

　上記の理由から，遊塚古墳出土の短茎長三角式鉄鏃の根挟みは「装着先行型」と考える。ただし，同じく遊塚古墳例中には，第20図3のように挟み部の先端位置が表裏面で揃うものもある。これらについては，装着先行型と確定できる個体と鏃身部の形態や根挟みの形状が同じため，同様の装着手順・技法がとられたと考える。根挟みの鏃への装着後に挟み部を加工・整形したが，偶然か意図的か表裏で良好にその形態・位置が揃ったのである。

iii　加工先行型の根挟み

　一方で，第20図4の椿井大塚山古墳例の方頭A式の根挟みは，挟み部先端が鏃から垂直に立ちあがる。装着後に挟み部先端をこのように整形しようとすると，鋸引きのような加工が必要となり，著しく手間がかかる。また，5の東

京都野毛大塚古墳例の圭頭式の根挟みは，図中右上および左上方向へと挟み部先端を左右均等に斜めに切り落として整形されており，これについても鏃に装着した後の加工はかなり難しい。4・5いずれも装着後の整形は不可能ではないが，非合理的であり，装着先行型の加工手順は想定しがたい。同じく6の滋賀県小松古墳例の尖頭A式の根挟みについても，挟み部横断面形が完全な円形で，表裏合わせて精美な円錐形であるため，装着先行型の挟み部の整形はまず不可能であろう。

つまり，挟み部の形態からは，鏃への装着後の加工が想定できず，鏃への装着より前に挟み部の整形が完了したとみられる資料も存在する。このような，挟み部先端への加工が完了した後に鏃に装着されるような類例・装着手順は「加工先行型」と呼称する。

iv 装着手順と挟み部の形態

根挟みの装着手順に「装着先行型」と「加工先行型」の二者があることを示した。このうち加工先行型には，挟み部先端が精美な多面体をなすものや横断面形が完全な円形のものなど，鏃への装着後の整形が不可能あるいは非効率的・非合理的なものが想定できる。先の根挟み形態の分類中では（第17図），方頭A式・方頭B式・圭頭式・尖頭A式の4種は加工先行型であろう。一方で，形態からは，尖頭B式・尖頭C式・尖頭D式は装着先行型の可能性が高いが，加工先行型の可能性も否定しきれない。また，方頭B式も装着先行型の可能性を否定しきれない。これらについては，必ずしもどちらかの装着手順に限定して考えるのではなく，遺存状態が良好な個々の事例ごとに検討し，確定する必要があるだろう。

確定できないものもあるが，根挟みの形態はおおよそ装着先行型・加工先行型という鏃への装着手順に対応し，矢としての製作手法と挟み部に表された形態の違いがおおむね対応することがわかる。根挟みの形態にみられる多様性の背景として，鏃への装着手順ひいては製作手法の違いを背景とする製作者集団の違いを想定することは，かなり妥当性が高いといえよう。

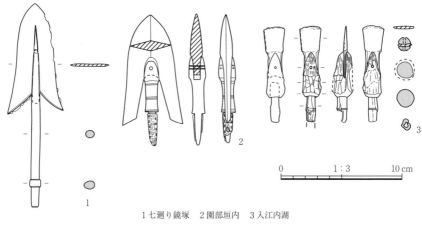

1 七廻り鏡塚　2 園部垣内　3 入江内湖
第21図　根挟みの諸例（2）

(2) 根挟みの機能について

　続いて，根挟みの機能を考える。根挟みの完全な遺存例は鏃の出土数と比較すれば圧倒的に少ないが，栃木県七廻り鏡塚古墳例，滋賀県入江内湖遺跡例，ならびに京都府園部垣内古墳出土の鏃形石製品付属の銅製根挟みから考えてみたい。

　七廻り鏡塚古墳例（第21図1）は，短茎長三角式の鉄鏃に装着された木製の根挟みで，鏃身部中央の穿孔に糸を通して挟み部を緊縛したとみられる。根挟みの頸部は一般的な長頸式とほぼ同等の長さで横断面は円形であり，関として機能する一回り太い突出部を経て茎部に至る。根挟みを装着した鏃の形態は，根挟み頸部の横断面形が円形であること以外は，基本的には有頸平根B式と同様である。

　園部垣内古墳例（同2）の銅製根挟みも挟み部・頸部・茎部からなる。石製の鏃身部と組み合わさることで，全体として頸部と茎部を持つ通有の鏃と同様の構造となる。七廻り鏡塚古墳例と頸部の長さが著しく違うのは，長頸式出現以前という時期差によるものであろう。

　一方の，入江内湖遺跡出土の木製根挟みは特徴的である（同3）。根挟み頸部の矢柄側小口部分にホゾ孔を持ち，そこに棒状の別材を差し込んで茎部とする。頸部と茎部を一連で造らずに，わざわざホゾ孔を作成して茎を差し込むという

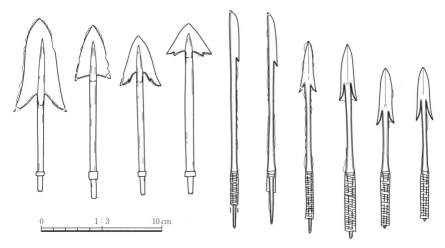

第22図　七廻り鏡塚古墳出土鉄鏃

非常に手間のかかる別造り式であり，外見や製作効率といった要素以外の機能的必然性が想定できる。そしてその機能的必然性とは，根挟みの茎部分を別造りとすることで，矢が対象物へ命中した後，矢を引き抜く際に，鏃が矢柄から分離し対象物に刺さったまま抜けにくくする工夫として理解できる。つまり，入江内湖遺跡例の根挟みは，鏃と矢柄を容易に分離させる機能を持つのである。

　同様の視点で再び七廻り鏡塚古墳出土の根挟みをみると，頸部と茎部は一連のため頸部と茎部間での分離は不可能である。一方で，茎部が1.5 cmほどと非常に短いことに注目できる。このような短い茎部は古墳時代前期の小型の鏃にはみられるが，前期でも大型の鏃や中期以降では認められない。また，七廻り鏡塚古墳出土の他の鉄鏃をみると（第22図），根挟みを用いない他の総鉄造りの長頸式は鏃身部の形態にかかわらず茎部の長さ5.5 cmほどで，木製根挟みの茎部の短さと対照的である。七廻り鏡塚古墳出土の根挟みは頸部が長く形態は長頸式に近いが，茎部が著しく短い点は長頸式と大きく異なる特徴であり，他の機能的な必然性が想定できる。

　茎部は矢柄に挿入された後，矢柄先端を口巻きで緊縛することで固定が強化される。茎部本来の機能を考えれば，七廻り鏡塚古墳の木製根挟みの茎部と長頸式の鉄製茎部の長さの著しい相違は，矢柄との固定効果で「逆方向」を志向したものといえる。つまり，著しく短小な木製根挟みの茎部は，矢柄への挿入

による固定効果を期待しておらず，むしろ鏃と矢柄の容易な分離を期待したものといえる。すなわち，七廻り鏡塚古墳例の根挟みはその茎部の短さから，入江内湖遺跡例と同様に，鏃と矢柄の分離を企図したものといえる。

非常に限定的な類例からの推測ではあるが，根挟みには鏃と矢柄の分離を容易にする機能が想定できる。つまり，古墳時代の矢には「根挟みを用いるもの≒分離式」と「根挟みを用いないもの≒固定式」という，機能の異なる二者が存在するのである。

これまで鏃研究は，同一の鏃身部形態を持ちつつも根挟みを用いる鏃と用いない鏃が併存する理由を説明してこなかった。しかし，根挟みの機能が鏃と矢柄を分離可能とするものと判明したことで，初めて根挟みの有無の合理的な説明が可能になったといえる。

(3) 分離式鏃の出土状況

i 鏃の出土状況の研究略史

根挟みの形態から推察した，根挟みを用いる矢鏃は分離式であるという見解を，鏃の出土状況から補強する。

これまでにも鏃の出土状況には注目がなされており，特にいわゆる平根系と呼称される大型偏平な一群の出土状況が分析されてきた。いわゆる平根系には根挟みを用いる鏃が多いため，本章との関係も深い。松木武彦による平根系の再定義では，平根系は束をなすことが少なく，有稜系などとは別個の位置に副葬されることが多いとされる〔松木1991〕。鈴木一有は，平根系鉄鏃には矢柄を外され布に包まれて副葬されたものがあることや，埋葬施設や埋納位置ごとに鏃の形態が異なることを指摘している。あわせて生産用具との共伴関係の強さについても言及している〔鈴木2004a〕。

また，いわゆる平根系鉄鏃は漁具副葬との関連で論じられることも多い。清野孝之は自身の分類における武器共伴型a類の特徴として平根系鉄鏃との共伴を挙げている〔清野1999〕。魚津知克も漁具と平根系鉄鏃の共伴に有意性を認めているが〔魚津2010〕，清水邦明による批判的修正もある〔清水2011〕。

第2章　矢の構造　55

ⅱ　中期の出土状況

　第23図1は兵庫県小野王塚古墳の遺物出土状況である。長い茎部を持つ短頸式や長頸式は切先を揃えて束で副葬されたのに対し，根挟みを用いる短茎式鉄鏃はまとまりをなすが切先方向はそれぞれ全く一致しない。2は京都府恵解山古墳の遺物出土状況である。全体的にやや乱れがあるが，長い茎部を持つ大型定角式鉄鏃などは切先の方向をおおむね揃える一方で，短茎式鉄鏃の切先方向はバラバラである。3は大阪府鞍塚古墳の遺物出土状況であり，棺外の短茎式鉄鏃の切先方向は一致しないことがわかる。4は奈良県五條猫塚古墳埴輪下とされる竪穴式石室外の遺物出土状況であるが，こちらでも大型定角式鉄鏃は切先方向を揃える一方で，短茎式鉄鏃の配置は著しく乱雑である。

　上記の例はいずれも短茎式鉄鏃が切先方向を揃えずに乱雑に副葬されたことがわかるが，根挟みの使用は分離式の矢としての機能に一致すると考えることで，こうした出土状況についても新たな理解が可能となる。つまり，これらの鏃は矢柄に装着されて埋納されたのではなく，鏃と矢柄が分離された状態，すなわち鏃と根挟みだけで副葬されたと考えられる。そもそも矢柄が装着されていないために束として扱われず，乱雑に配置されたのである。また，恵解山古墳や五條猫塚古墳では長い茎を持つ大型の鏃も出土しているが，その配置は比較的整然としており，束として扱われたことがわかる。つまり，大型偏平のいわゆる平根系という区分ではなく，根挟みの有無，すなわち分離式か固定式かという違いが埋納の方式を規定したのである。

ⅲ　前期の出土状況

　先の4例は典型的でわかりやすいものを挙げたが，いずれも中期中葉の古墳であり，時期的に偏りがある。異なる時期の出土状況の検討も必要であろう。
　第24図1は滋賀県雪野山古墳の遺物出土状況である。雪野山古墳の平根系鉄鏃の埋納方式は報告書中で言及されており，「鏃部のみを折り取って布に巻き副葬していた可能性がある」と指摘される〔福永・杉井（編）1996 p.70〕。棺内南端の短茎式鉄鏃を含む一群には通有の柳葉式鉄鏃も含まれるが，切先は北側（図上方）を向いており，南側にはほとんど空間がないため，矢柄は装着されていなかったとみられる。

56　第1部　矢鏃の型式学的研究

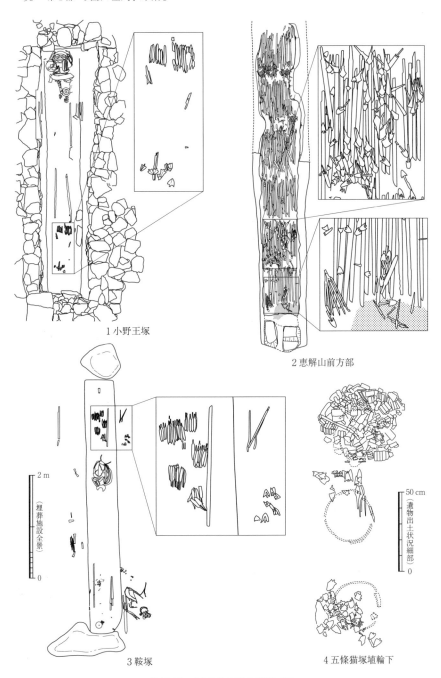

1 小野王塚

2 恵解山前方部

3 鞍塚

4 五條猫塚埴輪下

第23図　短茎式の出土状況（1）

第2章 矢の構造 57

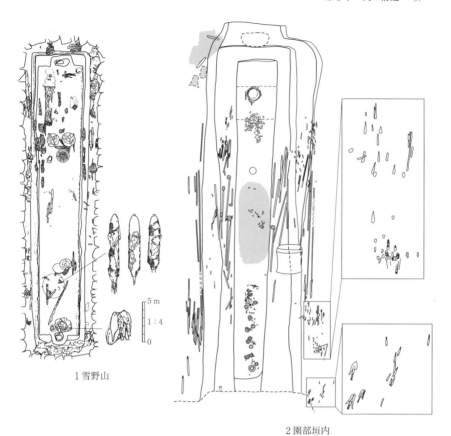

1 雪野山

2 園部垣内

3 椎名崎A支群2号

4 七軒2号横穴

第24図 短茎式の出土状況 (2)

2は京都府園部垣内古墳の遺物出土状況である。園部垣内古墳では鉄鏃・銅鏃・鏃形石製品のいずれも埋葬施設と主軸を揃えており，根挟みを用いる無茎式鉄鏃・銅鏃にも乱雑な配置はみられない。しかし，その切先方向には注目すべき点がある。鏃は大きく4か所のまとまりで出土したが，基本的にいずれの箇所でも切先は西側（図下方）を向く。しかし，無茎式鉄鏃・銅鏃と銅製の根挟みを持つ鏃形石製品，根挟みも銅で一連造りとした銅鏃という，根挟みの使用に関連するものの中にのみ，切先が東側（図上方）を向くものがある。それら根挟みに関連する鏃の主軸は棺の主軸に併行するため，矢柄が装着されていなかったとは言いきれないが，副葬時に何らかの別個の扱いを受けた可能性がある。

iv　後期の出土状況

　古墳時代後期はそもそも無茎式・短茎式鏃の出土が東日本に集中するため根挟みの使用も東日本にほぼ限定される。また横穴式石室の導入により追葬時の副葬品の移動が生じるため，副葬時の矢鏃の配置を捉えることが難しくなる。

　3は千葉県椎名崎A支群2号墳の遺物出土状況である。未盗掘であるが，1回の追葬がなされたと報告されており，片づけを含め鉄鏃の帰属をどのように確定するかの問題が存在する。出土状況図からは奥壁直近から長頸式が束をなして，やや離れて短茎式が切先を揃えずに乱雑に出土したことがわかる。鉄鏃をいずれも初葬時のものと考え追葬時に片づけられたとすると，なぜ長頸式のみ束で片づけられ，短茎式はバラバラに片づけられた（あるいは適切な片づけを受けなかった）のかという疑問が生じる。短茎式にも矢柄が装着されていたならば，長頸式と同様の片づけ方がされてよいはずである。片づけの段階で短茎式の矢柄のみが腐朽してしまっており，まともに片づけることができなかった可能性も残るが，長頸式の整った配置を考えるとどちらか一方の矢柄のみが悉く失われたとは想定しがたい。この場合，短茎式にはそもそも矢柄が装着されていなかったと考えることができよう。

　また，短茎式を追葬時のものと考えるならば，出土状況は副葬時の配置に一致することになるため，その場合にも矢柄が装着されておらず，束としての扱いを受けなかったと考えられる。以上から，いずれの場合でも椎名崎A支群

2号墳出土の短茎式鉄鏃には矢柄が装着されておらず，鉄鏃と根挟みだけの状態で副葬されたと考えることができる。

4は福島県七軒2号横穴の遺物出土状況である。玄室には工具痕が残っていたとされ，内部の攪乱は認められていない。長頸式や有頸平根式は西壁に併行して出土したが，他の12点の短茎式・無茎式鉄鏃は切先方向が揃わず，壁体までの距離を考えても矢柄の装着が想定できないものがある。七軒2号横穴の短茎式・無茎式鉄鏃についても，根挟みは装着されていたが矢柄は装着されずに副葬されたとみてよい。

ごくごく限定的な検討ではあるが，古墳時代前期・後期においても根挟みを用いる無茎式や短茎式には矢柄が装着されずに副葬されたものがあることがわかる。ただし，これはすべての無茎式や短茎式が矢柄を装着せずに副葬されたという意味ではない。東京都野毛大塚古墳第3主体では短茎式鉄鏃が整然と並んだ状態で出土しており，矢柄を装着した状態で束として副葬された可能性が想定できる。根挟みを用いることで鏃の容易な着脱が可能になるとしても，鏃を矢柄から外して副葬するか否かは，それはまた別の話である。ここでは出土状況を鑑みた場合にも，「根挟みを用いるもの」≒「分離式」という想定を支持するものがあることを確認しておきたい[1]。

3. 根挟みの材質転換について

(1) 捩じりと頸部の成立
i 根挟みの材質転換

続いて根挟みを装着した状態の鏃の形態を考えてみたい。完形の根挟みの出土例は非常に限られるが，先述のとおり入江内湖遺跡や七廻り鏡塚古墳出土の木製根挟みからその形態が確認できる。それらは基本的に横断面形を円形とし，鏃との連接部位である挟み部を先端から半裁するように切り込みが入れられている。挟み部の反対側は関部を経て径が一段小さくなり，茎部を形成する。

---

[1] 反対に，鏃のみの状態でもきちんと切先を揃えて副葬することも可能であるため，あらゆる可能性が想定できるというのが実情である。きちんと矢柄が装着されているにもかかわらずバラバラに配置することだけは「常識的に」考えにくいだろうか。

60　第1部　矢鏃の型式学的研究

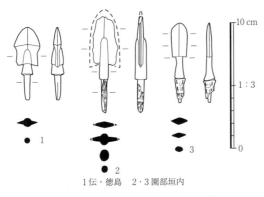

1 伝・徳島　2・3 園部垣内

第25図　根挟みを一連でつくる銅鏃

根挟みを装着した鏃の形態は，金属製の鏃身部の下方から軸状の根挟みがのび，関部を経て茎部に至るものである。そしてこの形態は，鏃身部・頸部・茎部を有する，短頸式や長頸式の鏃と同様の部位構成となる。根挟みの挟み部と茎部の中間に存在する部分は，まさに短頸式や長頸式の「頸部」に等しい部位といえる。そしてそれは，根挟みを鏃身部と一連で製作した，伝・徳島例や園部垣内古墳出土の銅鏃の形態に良好に確認できる（第25図1・2）[2]。それらを前提として，挟み部の表現を省略することで3のようなものが生まれるのであろう。

続いて遊塚古墳出土の短茎式鉄鏃をみる。遊塚古墳出土の短茎式鉄鏃中には1点のみだが鏃身関から2段の段を経て茎部に至るものがある（第26図1）。それはいわゆる二段関の形態に近似し，先に述べたように根挟みの軸状部位を「頸部」と見立てるならば，この鏃に根挟みを装着した状態は，二段関の短頸式鉄鏃（同2・3）に近似する[3]。

そのような二段関を持つ短頸式には，頸部に捩じりを持つものが多くみられ

[2]　園部垣内古墳出土銅鏃が根挟みを装着した形態を表現することについては報告文で指摘されている〔森・寺沢（編）1990〕。田中新史も園部垣内古墳例を，中期初頭にみられる頸部の横断面形が円形をなす短頸式の祖形候補としている〔田中2004〕。また，松尾昌彦は伝・徳島例や園部垣内古墳例が無茎式銅鏃に根挟みを装着した状態を一鋳で表現したものと指摘している〔松尾2008〕。松尾の見解は根挟みの材質転換という点では筆者と等しいが，松尾はそれを無茎式からの変化のみで捉えている。詳しくは後述するが，根挟みの材質転換は鉄鏃・銅鏃・鏃形石製品という鏃製品全体を横断する現象であり，また短頸式の成立に関わるなど，より総合的・多角的に評価する必要がある。なお，松尾は茎部の長さの変化の比率から銅鏃の儀仗化を述べており，七廻り鏡塚古墳出土の根挟みにみられる極短小な茎部を，分離式矢鏃の一つの証左とする本章の理解と関連する部分がある。松尾は銅鏃の全長と茎部長の回帰方程式を求めることでその係数差から銅鏃の儀仗化（＝茎の機能の否定）という結論に至っているが，鏃の全長にかかわらず茎部がある程度の長さを持っていれば十分機能することは長頸式鏃をみれば明らかであり，その論法には賛同できない。

[3]　ただし，遊塚古墳出土例の二段関状部位は根挟みの装着によって隠れてしまっている。

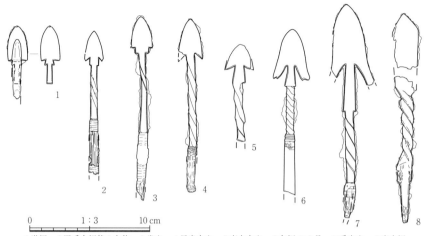

第26図 捩じりを持つ鉄鏃

1 遊塚 2 野毛大塚第3主体 3 堂山 4 長光寺山 5 東大寺山 6 左坂B2号 7 愛宕山 8 庭鳥塚

る。一方で，他の頸部に捩じりを持つ例のうち前期のものには，有頸平根A式としたいわゆる平根系と呼称される大型偏平な鏃身部を持つものが多い（同5〜7）。それらの鏃身部の形態は基本的に短茎式の鏃の形態と同じである。つまり，中期前半までの例に限れば，頸部に捩じりを持つ鏃は，鏃身部の大小にかかわらず短茎式に頸部をつけたものとみることができる。

また，大型の鏃身部を持つ例では，6や7のように鏃身部と頸部の間に方形部位を持つ例がある。当該部位は鏃の構造上必須ではなく，遊塚古墳例などのような二段関を表現したものかもしれない。あるいは短茎式の短茎部を表現した可能性もある。

以上から「捩じり」を持つ頸部は，本来的には短茎式鏃に装着されていた根挟みの頸部と等価であり，代替的なものである可能性を指摘したい。翻っていえば，本来有機質製の根挟みを装着することで矢柄への装着が可能となる鏃の，（根挟みの）頸部と茎部を鏃身部と一連の鉄へと材質を転換させたことを指し示すものが，頸部にみられる捩じりであるといえる。根挟みの頸部の横断面形は一般に円形であったと考えるが，偏平な棒状の頸部を「捩じる」という行為は，そういった断面円形を表現するための手段であったのかもしれない。

ii 根挟みの材質転換と鏃形式の刷新

　従来鉄鏃にみられる捩じりの表現については,「韓半島由来の先進技術を表象するもの」としての評価があった〔鈴木2002c〕。しかし,有頸平根A式については,同形の鏃身部をなす短茎式がそもそも日本列島を中心に分布する形式であることから,他地域の影響は認めにくい。また,捩じりを持つ短頸式の鏃身部は原則として三角形であるが(短頸B式),その主たる分布域は日本列島であり,鏃身部が一般的に柳葉形である朝鮮半島の短頸式とは様相が異なる。短頸式という構造的な特徴は日本列島と朝鮮半島の間で共通するが,鏃身部が三角形の短頸式(短頸B式)は日本列島の固有形式である。すなわち,捩じりを有する鉄鏃に朝鮮半島的な様相を認めることはむしろ難しく,旧来的な短茎式鏃に連接された根挟みを鉄へと材質転換したことやあるいは横断面円形を示すものと考える方が,鏃の形式と分布からみても妥当である。

　ただし,有機質製の根挟みからの材質転換を捩じりによって「表象」する行為は鏃編年のⅢ期までに収束する。通有の短頸式鉄鏃が一般化することで,頸部の存在がそもそも有機質製部材からの材質転換として認識されなくなるのであろう。有頸平根A式については,一部では別造り片腸抉を頸部に付設するものがあるが,その出現時期はⅣ期であり,有機質製部材からの材質転換を表象するものというよりは捩じりを表象するものであったのだろう[4]。

　なお,捩じりを持つ鉄器には他に鉄柄付手斧や鑿などの工具類があるが,そこにみられる捩じりについても同様に有機質製部材からの材質転換を表現するものとして理解できる。木製の柄部分を鉄に置き換えたのである。また,曲柄を持つ刀子も有機質製の柄部を鉄に材質転換したものである。鉄への材質転換はⅡ期以降に多くの器物で生じた現象といえる。

　Ⅲ期に至って導入される短頸式の頸部は,無茎式・短茎式鏃に根挟みを装着した状態をすべて一連で金属により製作したものであり,そのような金属への

---

[4] 鈴木一有は「独立片逆刺(本章での別造り片腸抉—筆者)は,『捩り』そのものを表現していた記号的造形であった可能性もあるだろう」として,捩じりと別造り片腸抉の同質性とその変遷を指摘している〔鈴木2003 p.58〕。なお,後期には頸部に有機質をらせん状に巻きつける有頸平根式鉄鏃や,鏃身部に根挟みの挟み部状の有機質や鉄製の突出部を取り付ける有頸平根式鉄鏃がある。これらについても,材質の異なる部材を用いて捩じりや根挟みを表現するものとみられ,捩じりや根挟みの表象を考える上で注目できる。

材質転換を捩じりによって表すことがあることを示した。日本列島における短頸式の出現については，これまで朝鮮半島出土鉄鏃との関連が指摘されていた〔水野 2003b〕。しかし，田中新史が指摘するように〔田中 2004〕初期の短頸式には頸部横断面円形のものが多く，また，二段関・捩じりにみられる根挟みからの材質転換を考えれば，日本列島内での変遷と創出にこそ重点を置くべきである。朝鮮半島とは異なり日本列島の短頸式は多くが鏃身部三角形の短頸 B 式で占められるという事実も，朝鮮半島からの影響をより低くみる上で重要であろう。

　Ⅲ期におけるいわゆる短頸式の導入を中心とする鏃形式の刷新は，Ⅱ期から開始される有機質製の部位を鉄製に置き換えて製作するという行為の延長線上にあるのである。

(2) 分離式の諸方式
i　ホゾ孔式の分離式矢鏃

　ここまで分離式矢鏃の存在と鏃の材質転換という一見無関係な二つの視点について述べてきたが，両者を前提に考えることでこれまで確たる評価ができていなかった資料についても新たな位置づけが可能となる。それは，恵解山古墳と京都府城谷口 2 号墳から出土した，茎部を持たずソケット状の矢柄装着部を持つ鉄鏃である（第 27 図 1〜4）。1・2 の恵解山古墳例は短茎式と同様の鏃身部を持ち頸部を捩じるため，根挟みの材質転換とその捩じりによる表象という両

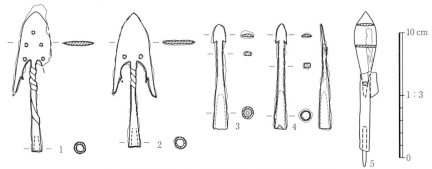

1・2 恵解山前方部　3・4 城谷口 2 号　5 高津尾遺跡 12 号墓

第 27 図　ソケット状の矢柄装着部を持つ鉄鏃

者を示している。3・4の京都府城谷口2号墳例はソケット状の矢柄装着部を除けば，短頸式に近い形態をなしている。ただし，城谷口2号墳は後期古墳であり，Ⅲ期段階の短頸式ではなく鏃長が短小化した長頸式の形態を模したⅤ期のものとみられる。

　これらのソケット状の矢柄装着部には目釘孔はみられず，またやや判然としないがソケット部の深さもせいぜい2～3cm前後であるため，矢柄を引き抜く方向の力に対しては十分な固定・連結効果を期待できない。すなわちこれらの例についても鏃身部と矢柄の容易な着脱を企図した分離式の鉄鏃と評価できる。さらにここで先述の入江内湖遺跡出土例の根挟みを前提にすれば，両者は矢柄側の小口にホゾ孔を持つ根挟みをモデルとして，総鉄造りにしたものとみることもできる。実際の使用に際しては，ソケット部に茎部となる棒状の木片を差し込み，それをさらに竹製の矢柄に差し込むことで，分離式の矢として機能させたのであろう。

　さらに鏃形石製品にまで視野を広げると，三重県石山古墳出土例のうち，定角式と方頭式には茎部を造り出さず鏃身部もしくは箆被の矢柄側小口にホゾ孔を持つものがある[5]。おそらくこれらの例についても製作の際に，茎部となる棒状部材を差し込む方式の鏃をモデルとしたのであろう。ここからも，ホゾ孔を用いる分離式の鏃の存在が確認できる。

ⅱ　中柄式の分離式矢鏃

　本章では主要な検討対象としなかったが，弥生時代の鉄鏃に目を転じると，福岡県高津尾遺跡12号墓例（第27図5）が注目できる。高津尾遺跡12号墓例は長い茎部を持つ柳葉式鉄鏃であるが，茎部は筒状の有機質製部材に差し込まれており，一見すると固定式の矢鏃のようである。しかし，その筒状部材は長さ6.4cmしかなく，さらに矢柄側小口のホゾ孔には茎部として機能する棒状部材が差し込まれている。つまり，高津尾遺跡12号墓例は無茎式・短茎式鏃ではないもののホゾ孔を用いる分離式鏃なのである。

---

[5]〔筒井（編）2005 p.60〕下段写真，左列上から2・3段目と右列上から2段目。ただし，同型式の鏃形石製品であっても茎部を一連で造り出すものがあり，両者の違いが生じた理由は不明である。

この例から，先に第24図に挙げた雪野山古墳出土の大型柳葉B式鉄鏃の茎部に矢柄状の有機質が付着するのに矢柄自体は検出されておらず，また矢柄を納めるのに十分な空間がなく，かつ布にくるまれた状態で副葬されていたことの新たな解釈が可能となる。つまり，雪野山古墳出土の大型柳葉B式鉄鏃も高津尾遺跡12号墓例と同様に，矢柄側小口にもホゾ孔を持つ筒状の部材を用いた分離式鏃であったのである。有茎式鏃用の分離式部材の存在も考慮する必要がある[6]。

　根挟みを用いない長茎式鏃の中にも分離式のものが存在していた可能性を指摘したが，一方で根挟みの使用がすべて分離式の矢を意味するのか否かについては確定できない。園部垣内古墳出土例の根挟みを改めてみると，根挟みまで一連で製作した銅鏃や鏃形石製品付属の銅製根挟みの茎部は決して短小ではなく，分離式とは考えがたい面もある[7]。無茎式・短茎式がいわゆる平根系として明確に分化・確立するのはⅢ期に至ってからであり，それ以前の段階では矢の機能と根挟みの使用は完全に一対一対応するようなものではなかったのかもしれない。逆に分離式と固定式の棲み分けが確立したからこそ無茎式・短茎式がいわゆる平根系として分化したのかもしれない。この前後関係は不明である。また，雪野山古墳例から想定した筒状の有機質製部材についても，古墳時代において一般的な存在とはみなしがたく，弥生時代的な様相を残した古相の特徴といえるかもしれない。

(3) 矢の流通形態について

　これまでの検討で，古墳時代の矢には分離式と固定式の二者が存在し，両者

---

6) 大阪府鬼虎川遺跡出土の矢は，石鏃を装着するカシ材がさらに笹竹様の矢柄に差し込まれるという，まさに木に竹を接いだ構造をしているとされ，近藤敏はそのカシ材を「中柄」と呼称している〔近藤2003・2008〕。高津尾遺跡12号墓例や雪野山古墳例で想定した筒状部材は中柄に近いものとみることもできるが，鬼虎川遺跡例の中柄は必ずしも鏃と矢柄を分離可能とするものとは確定できず，機能上の同定に問題が残る。弥生時代の矢鏃の固定方式と古墳時代の矢鏃の固定方式の違いや，分離式のための根挟みの成立過程は今後の課題である。

7) 静岡県高尾山古墳出土の長三角式とされる鉄鏃に付属する鉄製根挟みの茎部は4.3 cmと長く，分離式とはいいきれない。この根挟みは鏃身部に鍛接されているとみられている〔池谷（編）2012〕。高尾山古墳は前期でも早い段階に位置づけられているが，当該時期から根挟みの材質転換がなされていたのだろうか。稀少な事例であり判断が難しいが，前期後半からの捩じりを伴う材質転換とは異なる事象であろうか。

ともにある程度普遍的に存在していたことを明らかにした。出土状況からみて，最終的な副葬の段階では分離式の矢には鏃（および根挟み）のみの状態で副葬されたものがあることは間違いないと考える。では，そのような鏃と矢柄の「分離」は副葬の段階でおこなわれたのだろうか。それとも矢柄を装着しない，いわば製品として未完成のままで流通し，保有されていたのだろうか。

　この問題は，当該時期の武器の流通・保有形態を考える上で非常に重要な問題であるが，流通や保有の実態は資料として残らないため，実証的に論じるのは難しい。ただし，固定式については一般的に束で扱われており，「わざわざ」矢柄を外したと確定できるものはみられないため，分離式についても副葬時に「わざわざ」矢柄を外したとは考えにくいのではないだろうか。ただしこれは，分離式と固定式の矢柄の外しやすさを度外視した見解であり，説得性に欠ける。

　分離式の流通形態を考える上で一つの示唆を与える例として，兵庫県茶すり山古墳第1主体出土の短茎式鉄鏃を挙げる。茶すり山古墳第1主体では，東区画とされる範囲で北群・南群の二つのまとまりで短茎式鉄鏃が出土した（第28図）。北群は鏃の全体形が正三角形に近く二重腸抉を持つが腸抉がほとんど伸びないもの9点からなる。一方の南群は北群と同形のものが5点と，全体形がやや長く腸抉が長く伸びるもの5点からなる。南群は2形態からなり北群との違いをみせるが同形のものも含まれており，鏃の形態からみれば両群のまとまりにはそれほど大きな差異はない。

　ここで両群の鉄鏃の根挟みに着目すると，北群の9点はいずれも圭頭式の根挟みを用いている。それに対し，南群では根挟みが遺存しているものでは圭頭式は1点のみであり，他にはやや形態は異質だが方頭B式2点と尖頭A式4点がみられる。南群の1点の圭頭式の根挟みは角の位置が左右で揃わずやや丸みが強いため，尖頭式に含めるべきものかもしれない。つまり，北群と南群の鏃のまとまりにおいては，鏃の形態以上に根挟みの形態差が有意に働いている。

　先に，根挟みの形態差には装着先行型・加工先行型という製作手法の違いを基礎として製作集団の差が反映されていることを示した。そのような前提に立てば茶すり山古墳第1主体東区画の短茎式が2群に分かれる背景として，それぞれの製作単位の違いの存在を指摘できる[8]。

　さらにこれらの鉄鏃の配置をみると，切先の方向はおおむね揃っており，一

見すると束で副葬されたかのようにみえる。そこで矢柄が存在したと想定される方向をみると，北群ではおよそ50cm，南群ではおよそ35cm離れた位置に甲冑類が配置されている。一般的に古墳時代の矢柄の長さは70～80cmとされており，茶すり山古墳でも遺存する有機質から同様の結論が出されている〔岸本（編）2010〕。つまり，これら両群の鉄鏃には十分な長さの矢柄を納めるための空間が不足しているのであって，矢柄を装着せずに鉄鏃と根挟みだけの状態

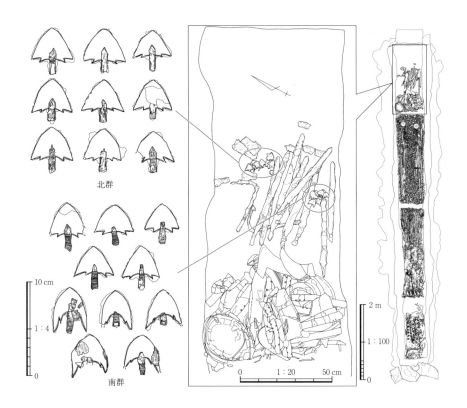

第28図　茶すり山古墳第1主体東区画出土鉄鏃と出土状況

---

8) 北群・南群の別について，製作単位に基づく弁別の可能性以外に，根挟み先端の形態差に基づいて配置された可能性はある。その可能性については，根挟み先端の形態のような微細な差異が果たして副葬時に重視されていたのだろうかという，一般論的な反論しか用意ができない。筆者自身で根挟みの形態差に着目しつつ，副葬行為の場においてはその差の認識の存在を否定するというあまりに都合がよくあからさまな自己矛盾がここにあるが，ここでは本文で示す理解を是としておきたい。

で副葬された可能性が高い。この有り様は，根挟みが分離式の矢鏃を構成するための部材であるというこれまでの想定に符合する。

　北群・南群の鏃からは，製作単位の違いが重視され，それが配置箇所に反映されたと考えられる。このことは，武具の生産にはじまるモノの履歴が副葬時にまで保持・記憶されていたことを示しており，非常に興味深い。では，そのような鏃の来歴を重視してわざわざ副葬位置を違えるような副葬の場において，矢柄を取り外すという来歴の一つを否定するような行為をとるのだろうか。矢柄には赤彩が施されるものや黒漆が塗布されるものもあり，また矢羽にも枚数や種類に多様性があるとされ，矢柄の持つ視覚的な情報量は根挟み先端の形態とは比較にならないものであっただろう。そう考えれば，根挟み先端にみられる来歴を重視する一方で，矢柄に表された来歴を否定するような取り外し行為・副葬行為は想定できないのである。また，茶すり山古墳東区画では，鏃が配置された場所よりも東側にはまだ多少の余裕があり，矢が収まらなかったから取り外したとも考えられない。

　以上から，北群・南群の鉄鏃は副葬の際にわざわざ矢柄を外したのではなく，当初から矢柄を装着しない状態で副葬の場に至ったと考えたい。つまり，分離式の矢鏃の流通・保有形態は，矢柄を装着しない鉄鏃と根挟みの状態であったという一例を示すことができるのである[9]。

4．結　語

矢の流通の意義

　以上，古墳時代の矢には分離式のものと固定式のものがあることを論じてきた。分離式はおおむね根挟みを用いるものに対応するが，長い茎部を持ち根挟みを用いない鏃についても，筒状の有機質製部材を用いることで分離式とする

---

[9] これらの鉄鏃が，顕著な流通や保有を経ずに製作後すぐに副葬されたような，いわば「葬具」に近い形で製作された可能性は否定できない。その場合には，鏃と根挟みだけが製作され即座に副葬されたと考えるか，そうでなければすぐに矢柄を外して副葬することが決まっているのにもかかわらず，わざわざ矢柄を製作し鉄鏃に装着し，直後に副葬に際してまた矢柄を外すという行為を想定しなければならない。後者はあまりに非合理的と判断し，そのような考えは採らない。前者の可能性は否定しきれない。

ものがあると考えられる。また，分離式の矢鏃には矢柄を装着しない鏃のみの状態で流通したものがあった可能性を示した。

　矢鏃の流通形態として，武器として完全な形態でない鏃のみで流通したものがあるということは，当該時期に流通した武器の性格を考える上でも重要な問題を提起する。そこからは，器物の贈与者と受領者の間に「武器」の入手を第一の目的としない，器物の授受そのものが目的化されたような関係が存在したことがわかる。

　Ⅰ期・Ⅱ期には根挟みを用いる鏃は必ずしも大型偏平ないわゆる平根系に限定されず，鏃の形態差と分離式・固定式という矢の機能差は混然としている。その理由として次章で述べるように矢鏃の生産系統が多様であった可能性も考えられるが，矢鏃の機能分化が不十分であったことも指摘できよう。Ⅲ期には，「根挟みを用いる鏃」≒「平根系」≒「分離式」という関係が明確になる。それに合わせて，不完全な武器の形態である鏃のみの授受は，数量的にみればⅢ期にピークを迎える。Ⅲ期は短茎式に装着される根挟みの形態が最も多様化する段階であり，分離式鏃は多様な製作背景をもって生産され，流通し，入手されていたと考えられる。先述のとおり五條猫塚古墳や恵解山古墳では副葬品埋納施設から多くの短茎式が出土したが，そのことは武器として不完全な形態である矢柄を伴わない鏃が選択的に副葬されたことを示している。しかしその一方で，短茎式の多元的な生産と多様な流通方式という器物が辿ってきた履歴の違いが，葬送・埋納行為中での扱いの違いにつながった可能性も考えられる。

　Ⅲ期新段階にピークを迎えた分離式の鏃の流通量はⅣ期に減退し，Ⅴ期には根挟みを用いる矢鏃は東日本を除いてほとんど認められなくなる。西日本では武器として完成品である矢のみが流通した一方で，東日本ではそれに加えて武器としては未製品である分離式の鏃も授受され続けたのである。つまりここからはⅤ期の西日本と東日本では矢鏃の授受に目的の違い，さらにいえば矢鏃の授受が媒介する有力者間関係に違いがあったことがわかる。

　Ⅴ期には西日本では矢鏃は実用の武器という以上の意味が失われ，財としての価値が低下し，矢鏃の授受が果たす社会的な意義が減退したのに対し，東日本では単なる武器として以上の社会的な機能を有し続け，有力者間の紐帯を媒介するような流通アイテム・交換財としての役割を保持し続けたのであろう

か[10]。これまで，Ⅴ期における鉄鏃の地域性の発露という現象に対しては主に鉄器の生産や武器の供給という視点から分析がなされてきたが，東日本での根挟みの残存といった大きな鏃様式の違いについては明確に説明されたことはなかった。その背景には，西日本と東日本で矢鏃が担った社会的機能に違いが生じた可能性がある。矢鏃の授受が担う社会的機能の違いが，どうして生じたのかは今後の検討課題である。地理的な要因であろうか。それともそれぞれが有する集団間関係やネットワーク形態の違いに起因するのだろうか。

また，Ⅲ期新段階における金銅装の胡簶(ころく)の流入も，矢鏃が単体でも重視されえた状況の変化に一役買った可能性がある。武具の流通形態とともに，社会的機能の変遷を考える上でも，分離式・固定式という矢の構造の想定は重要な意味を持つといえよう。

これまで，切先を揃えずに，また矢柄を納めるのに十分な空間が想定できない箇所から出土した鏃については，矢柄の折り曲げといった出土品に基づく証拠のないやや想像に偏った解釈が先行していた。しかし，本章で明らかにしたように分離式という矢鏃の構造を想定することで，それらの出土状況についても，新たな理解が可能になった。また，ソケット状の矢柄装着部を持つ鉄鏃や矢柄側の小口にホゾ孔を持つ鏃形石製品については，日本列島における鏃の変遷の中にうまく位置づけることができていなかったが，分離式・固定式という構造の解明に加えて鏃と根挟みの材質転換という視点によって，初めて議論の俎上に載せることができる。これにより，古墳時代における鏃形態と組成の変遷を，矢としての構造と結びつけることで総合的・包括的に理解することが可能になったといえよう。

さらに，材質転換という視点によって，特にⅢ期に生じた鏃様式の転換についても，これまでの朝鮮半島との関連を重視する視点とは異なる，内的な要因を重視する新たな観点からの説明が可能となった。前章で述べたようにⅢ期に成立する鏃形式はほとんどがⅡ期からの漸次的な変化で理解が可能であり，ま

---

10) 大谷宏治は「頸部被覆鉄鏃」と呼称する矢柄が鏃身部にまで至るいわゆる平根系の長頸式鏃に着目し，「短茎式が担った機能を表象したもの」とする〔大谷2011〕。無茎式・短茎式鏃を機能的に解釈する本章とは異なったアプローチだが，固定式矢鏃に短茎式を意図した外観のものがあるという事実は，後期の東日本における矢鏃の社会的機能を考える上で重要な視点である。

たⅢ期古段階には銅鏃の副葬は継続するが，そういったⅢ期古段階の鏃様式がⅡ期の矢を含めた様相からの連続的な変遷によって説明が可能になった点も古墳時代の武器・武具の変遷を考える上で重要である。古墳時代における矢鏃の最大の変革はやはりⅣ期の長頸式の導入を待たねばならない。

　最後に，いわゆる平根系鏃の対象物についても考えておきたい。平根系については松木武彦が狩猟用鏃としての性格を指摘している〔松木2004〕。平根系には長い茎部を持つ固定式のものも多いが，根挟みを用いる分離式がかなりの数量を占める。分離式を狩猟に用いるならばその利点は，対象とした獲物が逃げる際に，矢柄が何かに引っかかって抜けるのとともに鏃も抜け落ちてしまうことを回避できることにある。さらに毒矢の使用を考えれば，鏃が矢柄から分離し抜けにくくなることには利点がある。弓矢が対人兵器としてだけでなく，狩猟という生産活動の場においても使用されうることを考えれば，分離式が平根系に主軸を移す背景として，器物の授受による社会的機能のほかに，対象物の違いに基づく特性を想定してもよいかもしれない。ただしそれだけでは，鏃のみで授受されたものがあることについては説明しきれない。

　また，弓矢の対象物として魚やイルカ・クジラの想定も可能である〔渡辺1986〕。その場合，鏃と漁具には副葬位置が接近するものがあるという点に何らかの意義を見出すこともできる。しかし，漁矢としての使用に際して，分離式・固定式という機能差がどのように有効に働くのかについては，筆者には説明ができない。離頭銛のような使用法もありうるのだろうか。

　このように，分離式・固定式という古墳時代の特殊な矢の構造を明らかにしたことで，古墳時代を通じて矢の社会的な機能に大きな変化があったことが明らかとなった。Ⅲ期にみられた鏃のみでの活発な流通はⅣ期には低調となり，いわゆる平根系は新たに出現する新式の有頸平根Ｂ式やＣ式に取って代わられることになる。Ⅴ期には分離式鏃は西日本ではほとんどみられず，関東以北での流通にほぼ限定されるようになる。社会的な財としての「矢・鏃」の役割はⅣ期に大きく転換するのである。

　ここまでは根挟みに注目することで，主に分離式矢鏃の有り様の変遷を描写してきた。続いて次章では，一般的に多数を占める固定式矢鏃の分析から，矢の生産・流通・保有・副葬の展開と社会的機能の変化を明らかにしていこう。

第3章　矢鏃の生産・流通とその変遷

1. はじめに

　本章では矢の生産・流通体制の変遷を明らかにする。一括資料として単一の古墳埋葬施設から出土した鏃群に着目し，矢柄や根挟みの形状と鏃の形態とを比較検討することで，それらの矢がどのようにもたらされたのかを明らかにしたい。第1章・第2章と進めてきた分析と合わせることで，古墳時代における鏃の形と組み合わせの変化，矢の構造と社会的な機能，そして矢の生産・流通という矢を巡る諸様相の画期がいずれもⅢ期とⅣ期の間にあることが示される。そしてそれこそが，古墳時代における武器・武具を巡る社会システムの大転換の一端を指し示すものであることが明らかとなっていくだろう。

2. 矢柄の装着

(1) 矢柄の装着手順

　古墳時代の矢の分析を進めるにあたり，金属製の鏃に遺存する矢の痕跡から，矢柄の装着手順を述べておこう。資料から復元できる，矢柄の装着手順を第29図に示す。

　無茎式鏃・短茎式鏃では，はじめに鏃身に根挟みを装着する。根挟みの装着

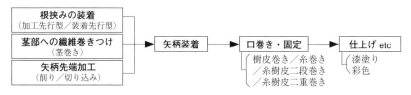

第29図　矢柄装着手順

には加工先行型と装着先行型があることは第2章で述べたとおりである。根挟みの頸部先端には撚り糸や樹皮を巻きつけ，漆などを塗りつけて固定する。鏃身部中央付近に穿孔や透かし孔を持つ例では，穿孔に糸や革紐を通した上で根挟みの挟み部に巻きつけて固定を強化するものがあるが，そのような穿孔のすべてが実際に糸の巻きつけに用いられたかどうかは不明である。

　挟み部固定のために糸や革紐などを巻きつける場合には，挟み部直下の1点の穿孔ないし挟み部をはさんで対称に位置する2点の穿孔を用いて，矢の主軸に対して垂直方向に数回巻きつけるものが一般的である。これらの中には，挟み部の一部にくぼみを設けて，そこに糸などを巻きつける例も存在する（第30図1）。また，根挟みをはさんで対称に位置する4点の穿孔を用いて，たすきがけ状に糸を巻きつける例も確認できる（同2）。透かし孔を持つものでは，二つの透かし孔の間の軸状部分と根挟み先端を合わせて糸で巻きつけ，固定する（同3）。

　ただし，挟み部の固定にとって非合理的な箇所にある穿孔や，過剰に大型・加飾化した透かし孔もあり，すべての穿孔や透かし孔が挟み部の固定のみを目的としたものとは考えがたい。装飾を目的とするものも多かったと考えられる。穿孔の中には目釘孔として用いられたものもあったと考えられるが，良好な遺

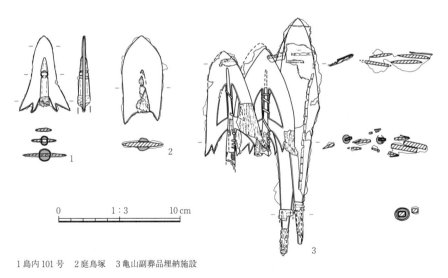

1 島内101号　2 庭鳥塚　3 亀山副葬品埋納施設

第30図　根挟み固定手法の諸例

存例はない。また，根挟みの固定には，漆などを用いて接着をおこなう例もある。類例は少ないが，無茎式に多くみられる造作といえる。根挟みの頸部先端と短茎部を糸などで巻きつけて固定できる短茎式鏃とは異なり，無茎式ではそういった固定ができないため，漆などで固定を強化するのであろう。

長茎式の茎部には糸ないし植物質とみられる繊維を巻きつけ，茎が矢柄から抜けにくくなるような工夫をする。これを茎巻きと呼ぶ。有機質製の根挟みについても，茎巻きをすることで矢柄との摩擦係数を高めていた可能性はあるが，遺存例はない。

これらの主に鏃側でおこなわれる準備と並行して，矢柄の先端にも加工が施される。矢柄先端に施される加工には「削り」と「切り込み」の2種があるが，これらの詳細は次に述べる。

茎部と矢柄先端の下準備をおこなったのち，茎部を矢柄に挿入する。続いて，矢柄先端に樹皮や植物繊維・糸による口巻きを施し，時には漆などにより固着することで矢柄と鏃の固定が完了する。また，口巻き部が赤色をなす例があることから，赤漆の使用や朱彩といった装飾を施したものがあったことがわかる。

こうして矢柄と鏃の装着が完了する。

(2) 矢柄先端の加工と形状について

矢柄の先端には，鏃の装着に先んじて若干の加工が施される。それらの加工には「削り」と「切り込み」の2種が確認できる。

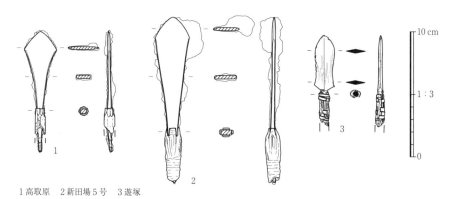

1 高取原　2 新田場5号　3 遊塚

第31図　矢柄先端加工 (1)

1 高取原　2 新田場5号　3 椿井大塚山　4 月の輪

第32図　矢柄先端加工（2）

　削りは矢柄先端を刀子などで削る加工手法で，矢柄の先端は先細りの形となる（第31図1・第32図1）。切り込みは矢柄先端部から縦に筋状に一部を切り抜く手法であり（第31図2・3・第32図2），後述する口巻きにより矢柄先端を締め付けることで，茎との固定を一層強化するための細工として理解できる。あるいは，矢柄の内径が茎よりも小さい場合に茎を差し込むために切り込みを入れたものもあるのかもしれない。遺存状態によっては，茎側から観察すると，矢柄が分割されている様子を確認できるものがある（第32図3）。また，矢柄先端を複数に分割せずに，縦に一筋の切り込みのみを入れるものある（同4）。なお，削りと切り込みの両手法の併用も可能である。

　上記の2種の加工手法により規定される矢柄先端の形状は次の3種である（第33図）。すなわち，①正面観・側面観ともに先細りとなる「円錐台形」。②正面観は幅を減じず直線的であるが，側面観は先細りとなる「楕円筒形」。③正面観・側面観ともに幅を減じず直線的で，先端が直裁されたかのような形態を呈する「円筒形」である。ただし，これら3種は，必ずしも相互に厳然と分離できるわけではない。

　これら3種の矢柄先端の形状は，矢柄先端の加工手法と，そこに挿入される茎の形態との組み合わせにより決定される。すなわち，矢柄先端の全周に削りを施した場合，または切り込みを施しかつ茎の幅が狭く厚みもない場合，矢柄先端の形状は円錐台形となる。切り込みを施しかつ茎が幅広の場合，矢柄先端

の形状は楕円筒形となる。削り・切り込みともにおこなわない場合，または切り込みを施していても茎の幅・厚みが矢柄の太さに対して十分にある場合には，矢柄先端の形状は円筒形となる。つまり，茎の形状差や矢柄の太さの違いを

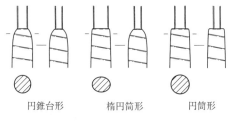

円錐台形　　楕円筒形　　円筒形

第33図　矢柄先端形状の分類

勘案する必要はあるものの，矢柄先端の形状の違いは，そこに施された加工手法の差異をある程度反映するものとして考えることができる。

(3) 口巻きの手法とその変遷

　矢柄の先端部分に何らかの別材を巻きつける造作である口巻きは，素材と手順から大きく四つの手法に区分することができる。すなわち，①樹皮巻き，②糸巻き，③糸樹皮二段巻き，④糸樹皮二重巻きの4種である。

　樹皮巻き　矢柄先端に桜や樺様の樹皮を巻きつける固定手法である。良好な遺存例の観察によれば，原則として鏃の関側から巻きはじめ，上重ねする形で茎先端方向へと巻き進める。樹皮は鏃側を上方とした際に，右下がりに巻き進められる例が多いことから，鏃の切先側からみた場合に反時計回りに巻き進めるのが通例であったとみられる。口巻きの終端の処理法については，最終の1～2巻き分の内側に入り込んだのち，その上部から終端が出ている資料がみられることから（第34図1），口巻きの最終部分を利用して縛り付けがなされたことがわかる。その一方で，終端がそのままの形で外面にみられる資料もあり（同2），漆や膠により接着されたものと考えられる。

　糸巻き　矢柄先端に糸を巻きつける固定手法である（同3）。撚り糸を用いたことがわかるものもあるが，撚りが確認できないものも多く，絹糸を使用したものや，あるいは麻などの植物繊維をそのまま巻きつけたものが主体であったとみられる。詳細は不明だが，樹皮巻きと同様の手順で矢柄先端に巻きつけていたものと考えられる。麻などの植物繊維を巻きつけたものでは，糸状にした上で一本一本巻きつけていたかどうかは不明であり，樹皮巻きのように帯状のまま巻きつけた可能性もある。その場合，絹糸などを巻きつける文字どおりの

78　第1部　矢鏃の型式学的研究

1 高取原　2 天神山7号　3 阿志岐B26号　4 市条寺1号
第34図　口巻きの諸例

糸巻きとは手法として大きく異なるものとなるが，外観上の判別は困難であるため，糸巻きに含めておく。あるいは，撚り糸を用いるものを糸巻き，麻などの植物繊維を巻きつけるものを繊維巻きとして区分するのも一案かもしれない。

糸樹皮二段巻き　樹皮巻きを施したその上に，茎関から0.5～1.0cmほどの範囲に限定して糸巻きをする手法である（同4）。外見からは，茎関直近には糸巻きを，矢柄側には樹皮巻きを二段に分けて施したようにみえる。茎関直近に限定してさらに糸巻きを施していることから，矢柄先端に切り込みを入れた場合に，矢柄と茎の結束を強めるような実際上の機能を想定することも可能であるが，箆被との外見上の関係性もまた想定できるかもしれない。糸樹皮二段巻きに用いられる糸には，撚り糸が使用される。

糸樹皮二重巻き　糸巻きを施したその上に，樹皮巻きを施す手法である。内側に巻かれた糸はその上に巻かれた樹皮によって隠れてしまうため，遺存状態が良好であれば，外観上は樹皮巻きと区別ができない。現状で確認できた例は，外側の樹皮が一部消失している広島県弘住3号墳出土例だけであり（第35図），単独の技法としてよいかにやや不安が残るが，他にも類例がある可能性が高いため記しておく。

それぞれの口巻きが採用される時期は，樹皮巻きはI期からV期まで継続してみられ，数量的にも一貫して口巻きの主流をなしている。糸巻きは，古墳時代前期に相当するI期・Ⅱ期の鏃に多くみられるが，Ⅳ期・V期にも確認でき

第3章 矢鏃の生産・流通とその変遷　79

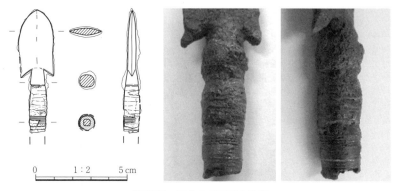

第35図　弘住3号墳出土鉄鏃

る。川西宏幸が指摘しているが〔川西1990〕，糸巻きのうち，麻などの植物繊維を巻きつけ，黒漆を塗りつけるものはⅠ期・Ⅱ期の銅鏃に多くみられる特徴的な技法である。Ⅳ期・Ⅴ期には撚り糸による糸巻きとなる。糸樹皮二段巻きは，基本的にⅣ期にみられるが唯一例外としてⅡ期の福島県会津大塚山古墳南棺例にも同手法の採用を確認できる。両者は時間的な懸隔が大きく，その関係は現状では不明である。糸樹皮二重巻きについては，現状ではⅠ期の弘住3号墳例のみ確認している。

3. 一括資料としての鏃群の検討

続いて，根挟みの形状と矢柄先端の形状ならびに口巻きの手法について，それらが装着される鏃の形態との関係から矢の生産と流通の様相を明らかにする。特に同一古墳内の同一主体部から出土した一括資料に着目して考察を進める。検討は時期別におこなう。

(1) Ⅰ期の様相（第36図）

滋賀県雪野山古墳　大型柳葉B式鉄鏃と透かし孔を持つ大型定角E式鉄鏃の2形式にのみ口巻きとして糸巻きが採用され（第36図8・9），他形式には樹皮巻きが採用される（同1〜7）。また，箆被柳葉E式銅鏃の矢柄先端形状のみ円筒形である（同1）。大型定角E式鉄鏃と大型柳葉B式鉄鏃の矢柄先端形状は

80　第1部　矢鏃の型式学的研究

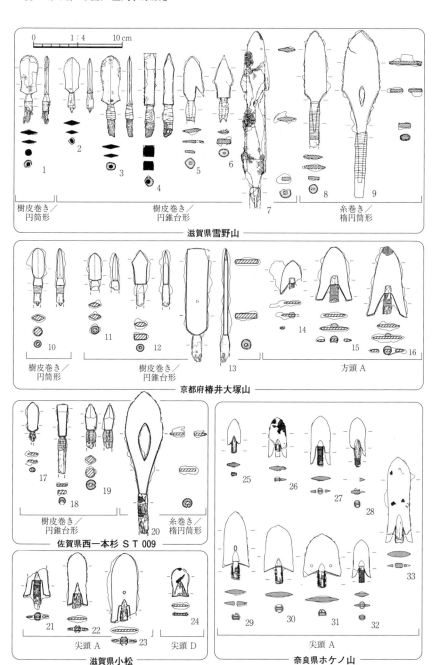

第36図　I期の諸例

楕円筒形であるが，これは大型の鏃に特有の幅広の茎形態により規定されたものと考えられる。他形式の矢柄先端形状はすべて円錐台形である。一括資料内において，複数の口巻き手法・矢柄先端形状が認められるが，同一の鏃形式内においては，単一の手法のみに限定して用いられている。

京都府椿井大塚山古墳　口巻きはすべて樹皮巻きである。柳葉Λ式鉄鏃として箆被を持つ例と持たない例が出土しているが，箆被を持つ個体（同10）の矢柄先端形状は円筒形，箆被を持たない個体（同11）の矢柄先端形状は円錐台形である。箆被を持つ個体の矢柄先端形状については，他の古墳出土例においても，原則として円筒形に限定されるようである。

また，根挟みを用いる短茎式鉄鏃は，短茎長三角A式鉄鏃と短茎長三角B式鉄鏃が出土している。短茎長三角A式鉄鏃には大型のものと小型のものがあり，全体としては3種の短茎式鉄鏃に細分できる。それらに採用される根挟みは，いずれも方頭A式のみに限定され（同14～16），非常に画一性が高い。

佐賀県西一本杉ST009号墳　雪野山古墳例と同様に，口巻きに糸巻きを施した透かし孔を持つ大型定角E式鉄鏃が出土している（同20）。他の形式の口巻きには，すべて樹皮巻きが採用されている（同17～19）。

滋賀県小松古墳　細別2種の短茎長三角A式鉄鏃が出土している。根挟みには長短の差がみられるものの，すべて尖頭A式である（同21～23）。一方で，無茎三角A式鉄鏃に用いられている根挟みは，幅広の尖頭D式である（同24）。

奈良県ホケノ山古墳　短茎長三角A式鉄鏃，短茎長三角B式鉄鏃，短茎三角A式鉄鏃と細別すればおよそ6種ほどの短茎式鏃が出土しているが，それらの根挟みは一部にやや丸みを持つものもみられるが，すべて尖頭A式に限られる（同25～33）。

(2) Ⅱ期の様相（第37図）

福岡県阿志岐B26号墳　口巻き手法が確認可能な資料は，柳葉E式銅鏃，十字鎬を持つ柳葉E式銅鏃，柳葉G式銅鏃，腸抉柳葉A式銅鏃，腸抉柳葉C2式鉄鏃である。このうち，腸抉柳葉C2式鉄鏃と腸抉柳葉A式銅鏃の2形式にのみ樹皮巻きが採用され（第37図1・2），他形式は糸巻きで占められている（同3～6）。同一の鏃形式内で，異なる口巻き手法を採用する例は無い。

82　第1部　矢鏃の型式学的研究

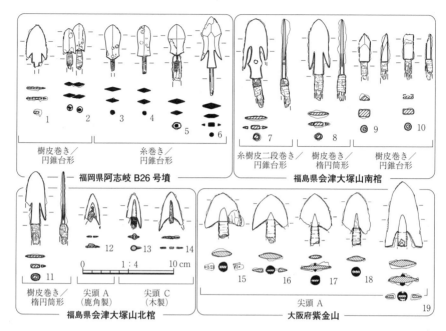

第37図　Ⅱ期の諸例

　なお図示はしていないが，大阪府真名井古墳からは腸抉柳葉C1式鉄鏃が出土しており，一括資料である定角A3式鉄鏃や柳葉A式鉄鏃とともに糸巻きが採用されている。腸抉柳葉C式については鏃身部の変遷観からは，阿志岐B26号墳例よりも真名井古墳例が先行すると考えられるため，両者には時期差は認められるものの，同一形式の鏃においても異なる古墳から出土したものでは口巻き手法が異なることがわかる。

　福島県会津大塚山古墳南棺　腸抉柳葉C式鉄鏃は，鏃身下半部に穿孔を持ちその穿孔の左右が突出する「穿孔例」(同7) と，それらの造作を施さない「無孔例」(同8) とに細別できる。穿孔例は糸樹皮二段巻きで矢柄先端は円錐台形をなし，無孔例は樹皮巻きで矢柄先端はやや円筒形に近い楕円筒形をなす。腸抉柳葉C式鉄鏃として形式分類上では同様に分類されるが，鏃身形態の差異と，口巻き手法・矢柄先端形状の差異とが良好に対応する。

　福島県会津大塚山古墳北棺　無茎三角B式鉄鏃が出土しており，鏃身部が幅広のものと幅狭のものとの2種に細別できる (同12〜14)。幅狭例のうち，2

個体にのみ鹿角製でやや幅広の尖頭B式の根挟みが採用される（同12）。他の例では，鏃身部の広狭にかかわらず，根挟みは尖頭C式に限定される。なお，会津大塚山古墳北棺からは，南棺と同様に腸抉柳葉C式鉄鏃が出土している（同11）。北棺例の方が全体的にやや鏃身部が長く，また腸抉先端に角を持たないなど，鏃身部の形態に若干の差がみられるが，北棺例も南棺の「無孔例」と同様に矢柄先端は楕円筒形をなしており，埋葬施設を超えた共通性がみられる。

大阪府紫金山古墳　短茎長三角A式鉄鏃，短茎長三角B式鉄鏃，短茎三角A式鉄鏃が出土しており，細別すればおおよそ4種に分類できる。鏃については各々の個体差がやや大きく，確実な同一形態としては確定しがたく，また根挟みもやや中間的な資料を含むが，すべておおむね尖頭A式の範疇に含めることができる（同15〜19）。

図示はしていないが，京都府妙見山古墳からは，無茎三角B式鉄鏃，無茎三角B式銅鏃が出土しており，両者の形態は大小の差はあるものの非常に近似する。どちらの根挟み形状も大きくは尖頭B式に分類できる。しかし，鉄鏃に採用される根挟みの挟み部先端は強く尖り，やや尖頭C式に近い有り様を示す一方で，銅鏃に採用される根挟みの挟み部先端は，その痕跡による限り，丸みを帯びた形をなしている。鏃身部の形態は近似するものの，両者の根挟みの形状には差異がみられる。

(3) Ⅲ期の様相（第38図）

現在確認しうる資料では，口巻きは樹皮巻きに限定されるため，ここでは特に根挟みの形状についてのみ概観する。

東京都野毛大塚古墳第3主体部　短茎三角A式鉄鏃，短茎三角B式鉄鏃，短茎長三角C式鉄鏃，短茎長三角D式鉄鏃が出土している。短茎三角A式・B式にはやや丸みを持つものもみられるが尖頭A式の根挟みが（第38図1〜4），短茎長三角D式には尖頭C式の根挟みが（同5〜8），短茎長三角C式には圭頭式の根挟みが（同9・10）用いられる。鏃の大小・長短ごとのまとまりと根挟み形状が良好に対応する。

岡山県金蔵山古墳副室　短茎三角B式鉄鏃，短茎長三角C式鉄鏃，異形の短茎四角式鉄鏃が出土しており，腸抉内部の重抉の数や鏃身部の大小から，細別

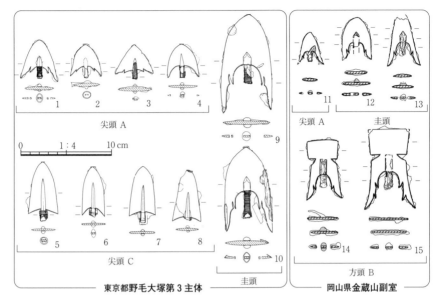

第38図　Ⅲ期の諸例

は6種を超える。根挟みの遺存状態はやや不良であり，全形式の根挟み形状を確認することはできないが，小型の短茎長三角C式鉄鏃には尖頭A式が（同11），中型の短茎長三角C式鉄鏃には圭頭式が（同12・13），異形の短茎四角式鉄鏃には方頭B式の根挟みが（同14・15）用いられる。

　図示はしていないが，奈良県五條猫塚古墳埴輪下からは，短茎長三角C式鉄鏃，短茎長三角D式鉄鏃，短茎四角式鉄鏃が出土しており，鏃身部が五角形となる例があるなど，その細別は10種を下らない。用いられる根挟みの形状も多様である。短茎長三角C式鉄鏃のうち大型の例には尖頭B式が用いられる。短茎長三角C式鉄鏃のうち小型の例と短茎四角式鉄鏃の一部には圭頭式が用いられる。短茎四角式鉄鏃のうちの一部には方頭B式が用いられる。短茎長三角D式鉄鏃のうち鏃身部が五角形となる例には尖頭C式が用いられる。鏃身部の形態と根挟みの関係はやや雑多な様相を呈しておりその相関性は緩やかであるが，同一形式においては，1～2形態の根挟みに限定されるようである。

　なお，同一形式の短茎式鏃であっても，異なる古墳から出土する場合にはそ

の根挟みの形状は必ずしも一致するものではない。

(4) Ⅳ期の様相（第39図）

Ⅲ期と同様に口巻きは樹皮巻きにほぼ統一されるが，一部に糸樹皮二段巻きの採用例があり，少数ながら糸巻きのものもある。

兵庫県市条寺1号墳　長頸B2式鉄鏃では，1個体のみ糸樹皮二段巻きが採用され，他例はすべて樹皮巻きが採用される（第39図1・2）。糸樹皮二段巻きが採用される鏃は，他の一括資料と比較して鏃身部先端から茎関までの長さがおよそ2.0cm短く，やや特殊な様相を示す。

兵庫県法花堂2号墳　長頸B2式と長頸F式の鉄鏃が出土している。長頸B2式のもの（同3）の矢柄先端の形態は通例の円錐台形をなすが，一方の長頸F式のもの（同4）は側面からみると矢柄先端が先細りとならない楕円筒形をなしている。矢柄先端が良好に遺存する資料は必ずしも多くはないが，鏃身部の形態と矢柄先端の形態には対応関係を認めることができる。

図示はしていないが，東京都御嶽山古墳からは，別造り片腸抉を持つ長頸

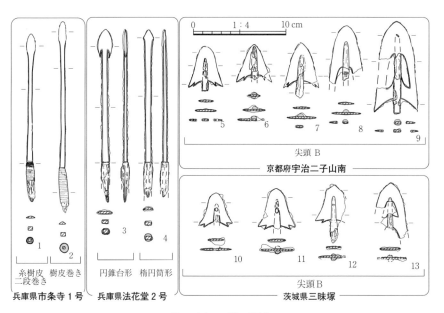

第39図　Ⅳ期の諸例

A1式鉄鏃，長頸B2式鉄鏃，長頸C式鉄鏃，片刃B2式鉄鏃が出土している。このうち，確認できた限りでは少なくとも長頸B2式鉄鏃に糸樹皮二段巻きが用いられる。京都府カヤガ谷6号墳から出土した鉄鏃は，長頸B2式鉄鏃に限定されるが，遺存状態が良好な例すべてにおいて，糸樹皮二段巻きの採用が確認できる。また，石川県八里向山F群7号墳からは長頸C式鉄鏃と有頸平根B式鉄鏃が出土しているが，前者は矢柄先端が楕円筒形，後者は円筒形であり異なっている。また遺存状態が必ずしも良好ではないが，長頸C式鉄鏃中には糸巻きのものが含まれており，糸樹皮二段巻きのものも存在する可能性がある。

なお，糸樹皮二段巻きの採用は他にも，鹿児島県祓川21号地下式横穴出土の長頸C式鉄鏃や，宮崎県立切2号地下式横穴例（形式不明）といった，南九州出土例にもみられる。さらに，韓国清州新鳳洞B1号墳の長頸C式鉄鏃にも採用されている。

京都府宇治二子山南古墳や茨城県三昧塚古墳からは，Ⅳ期としては比較的多様な形態の短茎式鏃が出土している。しかし，宇治二子山南古墳例の根挟みの形状は尖頭B式に限定され（同5〜9），三昧塚古墳例については，挟み部が短く尖頭A式に近似するものもみられるが，丸みを強く帯びており，すべて尖頭B式として理解することができる（同10〜13）。

(5) Ⅴ期の様相（第40図）

口巻き手法は基本的に樹皮巻きが中心であり，またその先端の形状も円錐台形となる。ただし例外的な存在として大阪府峯ヶ塚古墳において段違い式のみに鹿角製の箆被が口巻きの先端に取りつけられており，鏃形式と有機質の特徴の一致として興味深い〔鈴木2003c〕。また，Ⅳ期に位置づけられる可能性も残すが，石川県吸坂丸山5号墳からは口巻きを糸巻きとする資料が出土している。大阪府愛宕塚古墳では，長

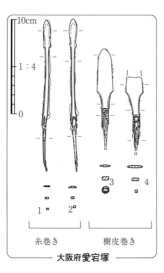

第40図　Ⅴ期の諸例

頸式の口巻きは糸巻きである一方で（第40図1・2），大型定角式は樹皮巻きであり（同3・4），鏃形式と口巻き手法の対応をみてとれる。

基本的に短茎式の出土は東日本に集中し，七廻り鏡塚古墳にみられるように根挟みは鏃身部の長短によってその長さに相違があるが，形態としては尖頭B式とC式で占められる。

(6) 口巻きを施す範囲について

ここでこれまでにみてきた素材や形態から視点を変えて，一括資料中における，口巻きの長さの様相に着目してみたい。主にⅠ期からⅢ期を中心とする各古墳出土鏃の口巻きの長さを第41図に挙げる。

全体的な傾向として，口巻きが漸次的に長くなっていることがわかる。この傾向は，鏃自体の長身化とそれに付随する茎の長身化により，おおむね合理的に理解できる。しかし，茎の長さよりも明らかに短い1.0 cm程度の口巻きがみられる一方で，茎の長さよりも明らかに長い口巻きも存在することから，必ずしも茎の長さとの相関のみでは口巻きの長さは説明できない。また，雪野山古墳から出土した，樹皮巻きを施す定角式鉄鏃や片腸抉の柳葉式鉄鏃の口巻きが2.0 cm未満に収まるのに対し，同じく樹皮巻きの方頭式銅鏃の口巻き距離は2.5 cm以上となる。とする

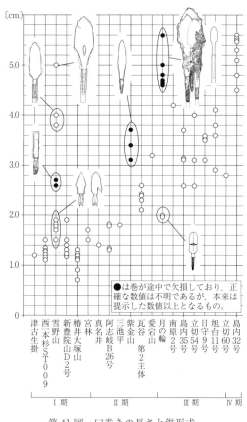

第41図　口巻きの長さと鏃形式

ならば，口巻きの長さの違いに，樹皮巻き―糸巻きといった，口巻きに用いる素材の違いをその原因として帰着させることもまた難しい。

さらに個別の事例に着目すれば，口巻きの長さがおよそ 2.0 cm 未満に収まる I 期と II 期の古段階においても，雪野山古墳や紫金山古墳のように，一部で口巻きの長い資料が存在することがわかる。特に雪野山古墳では，先述した口巻きに糸巻きを採用する透かし孔を持つ大型定角式鉄鏃と大型柳葉式鉄鏃の口巻きが長く，他の資料と一線を画す。先述のとおり，方頭式銅鏃についても小型の鉄鏃よりも長く口巻きが巻かれていたとみられる。紫金山古墳においても，定角 C 式鉄鏃中には口巻きの長さが 3.0 cm を超えるものがある。

岡山県月の輪古墳では，箆被を持つ柳葉 E 式銅鏃は口巻きの長さが 2.0 cm ほどであるのに対し，大型定角 C 式鉄鏃と短頸 C 式鉄鏃の口巻きの長さは 4.5 cm を超え，その差異は明確である。

III 期以降については良好なデータにやや欠けるが，特に I 期・II 期を中心とする時期に関しては，口巻きに用いられる素材とともに，口巻きの長さについても，鏃の形式ごとにまとまりがみられる場合があることがわかる。

(7) 鏃形態と矢の生産の様相

一括資料内の鏃身部の形態と口巻き手法・根挟み形状の関連について，段階ごとにその様相を概観した。また，加えて口巻きの長さについても検討した。時期別にその傾向をまとめておく。

I 期には，一括資料内で樹皮巻きと糸巻きの採用がみられる場合，同一鏃形式内において採用される口巻き手法は 1 種に限定される。箆被を持つ鏃に対して，円筒形の矢柄先端形状が採用されることも鏃形式と矢柄先端形状の一致として理解できるが，そもそも先細りとなる矢柄先端の形状自体を金属に転化したものが箆被であるとする理解も可能かもしれない。一括資料中で短茎式鏃に採用される根挟みの形状もほぼ同一の近似したものに限定される。ただし，無茎式鏃と短茎式鏃が共伴する場合にはその限りではない。

II 期も，おおよそ I 期と等しい様相を示すが，短茎式鏃に採用される根挟みには，一括資料内でも形態差が認められるようになる。

III 期には，口巻き手法は樹皮巻きに統一されるが，それとは対照的に一括資

料中での根挟み形状の多様性が極致に達する。しかし，一括資料内で鏃身部が同一形態のものについては，おおむね同一の根挟みが用いられるようである。なお，矢柄先端の形状も若干の差異はあるが基本的に円錐台形に限定されるようであり，顕著な多様性はみられない。

　Ⅳ期にも口巻きは樹皮巻きが主流であるが，糸樹皮二段巻きが一定数みられるようになる。また，ごく少数ながら糸巻きのものが存在しているようである。また，鏃形態に対応する形で矢柄先端の形状に多様性がみられるようになる。Ⅲ期には口巻き手法や矢柄先端の形態は画一的なものとなったが，Ⅳ期には再び多様性がみられるようになる。一方で根挟みの形状は若干の差異は認められるものの，鏃身部の形態にかかわらず非常に画一的になる。

　Ⅴ期には，口巻きは樹皮巻きが主流をなすが糸巻きのものも一部みられ，さらに東日本で出土する無茎式・短茎式鏃に用いられる根挟みの形態は画一的であるなど，基本的にⅣ期の様相が継続するようである。

　鏃に近接する部位に関する分析に限定されるものであるが，以上のことから矢の生産の実相について考えてみたい。樹皮巻きと糸巻きという二つの口巻き手法には，矢柄の固定という実質的な効果の優劣は想定しがたく，製作手法上の流儀の違いとして理解できる。よって，一括資料内で樹皮巻きと糸巻きが併存する例については，製作段階における複数の流儀を持つ製作背景の存在が想定できる。先に示したように，一括資料中で形式ごとに口巻きの長さに違いがあらわれる場合があるということも，同様の背景の中で理解できる。矢柄先端の形状についても，大きくは「削り」と「切り込み」の加工の違いに，小さくは削りによる整形方式の違いを反映するため，同じく製作手法上の流儀の違いとすることができる。

　また，一括資料内で樹皮巻きと糸巻きが併存する場合，あるいは複数の矢柄先端形状が存在する場合に，同一形式の鏃には同一の口巻き手法のみが限定的に採用されるという事実は，製作されたある形式の鏃は，そのままのまとまりで矢として完成されたということを示している。このことから，鏃の生産から矢の生産へは，その生産単位を保ったまま，比較的スムーズに移行していたことがわかる。換言すれば，一括資料中におけるある鏃形式は，そのまま製作段階におけるある「単位」を反映していると考えることができる。

この「単位」の実相については判然としない部分が多く，詳細は明言できない。しかし，雪野山古墳と西一本杉ST 009号墳から出土した透かし孔を持つ大型定角E式鉄鏃がともに糸巻きを採用するという点で共通し，さらに杏仁形透かし孔を持つ鏃が九州北部に集中的にみられることなども勘案すれば，「単位」の一つとして，地域差を含めた製作集団を想定することは十分可能である。先行研究において指摘されているように，十字鏃を持つ銅鏃が東日本から多く出土することや，定角式が近畿地方から山陽地方にかけて比較的多く認められるといった，特定形式の偏在傾向がⅠ期・Ⅱ期にみられることもまた，製作段階における「単位」の背景の一つとして製作地の差異が想定できることを補強する。
　すなわち，Ⅰ期・Ⅱ期には，矢は鏃形式にある程度対応するような複数の製作背景によって，比較的独立的に生産され流通しており，一古墳から出土する鏃は，それら各形式の集積結果の反映であると考えることができる。第1章で述べたように，Ⅰ期・Ⅱ期において全体組成と個別組成の差異が大きいことは，このような生産と流通の多元性から理解できる。
　それに対して，Ⅲ期には口巻き手法は樹皮巻きに限定され，矢柄先端の形状も円錐台形にまとまる傾向があらわれる。さらに全体組成と個別組成が最も接近することから，製作単位の画一化が進行すると考えられる。しかしその一方で，一括資料中での短茎式鏃の形態的な多様性が最も著しくなるのがこの段階である。そして，それら一括資料中における多様な短茎式鏃については，それぞれの形態におおむね対応する形で多様な根挟みが用いられている。
　大型の短茎式鏃に挟み部の短い形状の根挟みが採用され，異なる古墳から出土する同一形式の鏃に異なる形状の根挟みが採用される状況からは，採用される根挟みの形状は短茎式鏃の形態によっては規定されないことがわかる。であるならば，そのような根挟みの形状の差異についても，背景として製作段階における流儀の差異——製作単位の違い——を想定できる。根挟みの挟み部形状の違いの背景には，「装着先行型」「加工先行型」と呼称した製作技法の違いがあることは前章で述べたとおりである。そういった製作技法の違いからも，根挟み形状の差異の背景に製作単位の違いを想定することはかなり妥当性が高いであろう。

そのように考えるならば，Ⅲ期における短茎式鏃とそれに伴う矢の生産は，Ⅰ期・Ⅱ期における矢の生産と近似した，複数単位による生産体制がとられていたと想定できる。これは，Ⅰ期・Ⅱ期の一括資料中における短茎式鏃が，鏃形態・根挟み形状からみれば，やや高い画一性を示すことと著しく異なる現象である。あたかもⅡ期までの多元的な生産・流通の様相がⅢ期では短茎式（＝分離式鏃）に集約されたかのようである。

そのような短茎式鏃の鏃形態と根挟み形状の多様性は，Ⅳ期には急激に減退する。その一方で口巻きに糸樹皮二段巻きや糸巻きがみられるようになり，さらに矢柄先端形状にもいくつかの種類がみられるようになるなど，Ⅳ期の主流鏃形式である長頸式とそれに伴う矢の生産には再び多系化の流れをみてとることができる。長頸式の出現は，古墳築造域全域に及ぶ現象であり画一性が高くみえるが，それに対して矢の様相をみると生産体制は再び多元的なものになったと考えられる。Ⅳ期にみられる鏃組成の変遷は，あくまで鏃形式の見かけ上の画一化であって，矢の生産体制はむしろ多様になったのである。

ここで再び個別の事例をみると，カヤガ谷6号墳出土鏃が，糸樹皮二段巻きを採用した長頸B2式鉄鏃に限定されることは，一古墳に副葬される矢が一括で生産され，そのままの形で流通し，副葬に供されたであろうことを示している。また，糸樹皮二段巻きという非常に特殊な口巻きの手法が，Ⅳ期という非常に限定的な時間幅にもかかわらず，東京都御嶽山古墳から鹿児島県祓川21号地下式横穴墓という遠隔地においてともに認められることは，糸樹皮二段巻きによる矢が単に地域的・単発的な生産・流通によるものではなく，広域的な流通機構を背景として生産されたものであったことを示している。Ⅳ期における矢の生産体制の多系化と流通の様相は，Ⅰ期・Ⅱ期では一程度の地域内での流通に留まっていたものが多いのに対して，それぞれ広域に流通していたとみられる点で，様相を異としている。

Ⅴ期の様相はⅣ期に類似することから，Ⅴ期の前半段階の矢の生産・流通体制はⅣ期のそれを引き継ぐと考えられる。先行研究で示されてきたように，Ⅴ期の後半には鏃の形態に地域性があらわれることから，一部で広域流通形式は存在しつつも地域内生産・流通が基本になったと考えられる。

4. 矢鏃生産・流通の展開

　第1・第2章と合わせて矢鏃の生産と流通の様相の展開を明らかにしてきた。矢鏃の生産・流通の展開のベクトルに着目すれば，Ⅱ期までの多元的な生産・流通の様相が，Ⅲ期に大きく集約化を果たすが，再びⅣ期に多元的な方向へと大きく転換したことがわかる。そういった動きに対して，Ⅲ期の長茎式における画一化の動きに対し，短茎式では意図的ともいえるような多元化がみられるのだが，このような矢鏃の生産の大勢に逆行するような動きがなぜ生じたのかという疑問は残る。

　ある器物の授受は，単にモノそのものの移動のみを意味するのではなく，それを介した一つの関係の構築を意味する。Ⅰ期・Ⅱ期段階の各地における矢の生産とその授受が，少なからず有力者相互の社会的な関係の構築に寄与したことは十分に想定できる。素材や形態，手法に表された製作地の差異は，必ずしも多元的生産の結果として生じただけでなく，差異化自体が目的化した面もあったであろう。そのような文脈の中で，Ⅲ期における短茎式鏃の多元性の創出は理解することができる。すなわち，そこにはかつて矢の授受が一定の役割を果たしていた，各地の有力者の相互関係を紐帯するという社会的機能・目的の集約化を見出すことができるのである。そういった視点から捉えることによって，短茎式すなわち分離式矢鏃には矢柄が装着されない鏃のみの状態で流通したものがあったことを理解できるだろう。当初から，純粋な武器の授受ではなく，モノの交換や授受を目的としたために，矢ではなく鏃のみとして生産され流通したのである。

　そのように考えると，交換財としての役割を強く期待され事実果たしたであろう分離式矢鏃の数量が急激に減少し，また根挟みの多様性がみられなくなるⅣ期には，矢鏃の授受が果たしていた社会的な機能が大きく転換したものと考えることができる。そしてそれは，矢鏃が社会システム上での「財」としての機能を喪失し，相対的に単純な実用武器としての価値が高まったものとして理解できる。Ⅳ期以降における矢鏃の多元的な生産体制は，Ⅲ期までの矢鏃が交換財として社会的な機能を果たしていた状況下での多元的な生産体制とは全く

異なるものだったのである。それゆえ，多元的な生産体制がとられていたにもかかわらず，長頸式という一見して画一的な形態ばかりが生産されたのであろう。

　鏃の形態と組み合わせ，矢の構造とその変遷，そして矢の生産・流通と社会的な価値の変遷を検討したところ，いずれの要素においてもⅢ期からⅣ期にかけて大きな変化を迎えることが明らかとなった。そしてそれは，単に武器としての矢鏃についての問題ではなく，器物が持つ社会的な価値や機能とその基盤としての生産・流通体制の大きな画期であることが判明した。古墳時代の社会構造の展開を考える上で，最も重要な転換点の姿がおぼろげながら見えてきたといえよう。

第2部

甲冑の型式学的研究

　第2部ではこれまでとは視点を変えて，鉄製甲冑の分析をおこなう。甲冑は出土古墳数・出土点数ともに矢鏃とは比べるべくもなく少なく，盛行する時期もやや限定されるが，種々の製作技術が投入された複雑な構造を持ち，モノの詳細な分析をおこなう上で矢鏃とは異なる大きなメリットがある。

　古墳時代の鉄製甲にはやや大きめの鉄板に穿孔して革紐により綴じ合わせたり（革綴），鉄製の鋲を用いて留めることで（鋲留）組み合わせて全体を固定して造られる短甲と，小札と呼ばれる小型の鉄板を縅して造られる可動性のある小札甲の2種類がある。さらにそれらに冑や各種の付属具が伴う。以下では特に，全体の詳細な構造の検討が可能な短甲と，それに伴う冑である衝角付冑と眉庇付冑の検討をおこなう。

　鉄製甲冑の詳細な分析によって，甲冑の生産系統とその背景にある生産工房の様相を浮き彫りとすることができる。そういった矢鏃とは異なる観点から，器物の生産・流通の動態と社会的機能，そして甲冑を巡る社会システムの転換が明らかにされる。そしてそこにみられる画期は，奇しくも矢鏃にみられる最大の画期と一致することから，古墳時代を通じた社会構造上の一大転換点とその国家形成史上における意義を考える上で重要な視点を提供することになるだろう。

第4章　衝角付冑の型式学的配列

1. はじめに

　本章では，古墳時代の冑の中でも主体をなす衝角付冑の製作順序を明らかにし，生産組織の動態について考える。

　ここでいう製作順序とは，遺物の属性分析から得る型式学的配列とほぼ同義とする。妥当性の高い方法論により型式学的配列を得るならば，それは「おおむね」遺物の製作順序を反映すると考えるが，もちろんそれが製作順序そのものと一致するか否かは論証不可能である。しかし，そこで得られる「作業仮説としての製作順序」(＝型式学的配列)は，従来の枠切り形の編年とは異なる次元での副葬品の分析を可能とする。

　本章での立論は，あくまで型式学的配列を優位とする方法論による。古墳の副葬品においては，同一の埋葬施設から出土した資料の「埋納時の同時性」が保証される。それに対し，型式学的分析はあくまで「器物の形は連続的に変化する」という検証不可能な仮説に立脚する。唯一保証された「埋納時の同時性」を金科玉条とする方法論も当然存在するだろう。

　しかし一方で，「埋納時の同時性」は「製作時の同時性」を保証しない点に，本章の方法論が入り込む余地がある。現状において可能な限り追求した「型式学的配列」をそれらの器物の「製作順序」として読み替えることで，「埋納時の同時性」との間に何らかの関係性——具体的にいえば，器物の製作から廃棄までに，器物がどのような動きを辿ったのか——を提示できる。そしてそれは古墳時代の武器・武具の社会的機能を考える上で，この上ない重要な視点ということができよう。

2. 研究史と本章の位置づけ

衝角付冑研究においては今日につながる研究の基点として，末永雅雄と後藤守一による初期の研究によって現在でも用いられる三角板革綴や横矧板鋲留といった地板形状と連接技法に基づく形式設定がなされた〔末永1934・後藤1940〕。当初から地板形状の差異の背景には年代差が想定されていたが，三角板革綴から竪矧細板鋲留と小札鋲留の段階を経て横矧板鋲留，竪矧板鋲留へと変遷するという理解を積極的に明言したのは大塚初重である〔大塚1959〕。

そのような地板形状の差に基づく変遷観に対し，編年指標として腰巻板と衝角底板の連接手法に着目したのが小林謙一と野上丈助であった〔小林1974a・野上1975〕。小林・野上ともにほぼ同様の基準から，鋲留衝角付冑の衝角底板の連接手法を4類に区分した。同様の視点については，後に山田琴子が改めて着目し，小札鋲留衝角付冑と横矧板鋲留衝角付冑の腰巻板と衝角底板の連接手法を6技法に分類し，その変遷を論じている〔山田2002〕。

1980年代以降，地板形状の差異に基づく形式区分内を時期的に細分する試みが生まれる。特に三角板革綴衝角付冑を対象として，高橋工，滝沢誠，鈴木一有，橋本達也らによる細分が進められた〔高橋1987・滝沢1988・鈴木1995・橋本1999〕。これらの研究により，三角板革綴衝角付冑は地板枚数が減少すること，帯金の幅が広くなること，腰巻板先端に綴じ代を造り出さないものから造り出すものへと変化することなどが明らかにされていった。古墳時代後期の資料である竪矧広板衝角付冑は内山

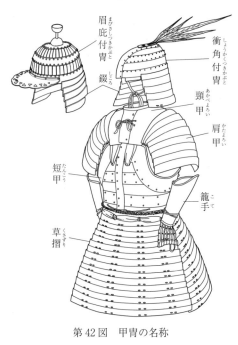

第42図　甲冑の名称

敏行が詳細に検討し，末永雅雄が指摘していた伏板と衝角部を一連に製作するものから別造りのものへと変化するという視点に加え，地板枚数・鋲間隔の属性を加えて個々の資料それぞれの新古関係を明らかにした〔内山 1992・2001 b〕。

地板の差異に基づいて設定される形式相互の関係についても注目がなされることになり，小林謙一は早くから竪矧細板鋲留衝角付冑の簡略化により小札鋲留衝角付冑が成立したと論じたが〔小林 1974 a〕，鈴木一有はその視点を引き継ぎ，竪矧細板衝角付冑の要素を残すものを小札鋲留衝角付冑のうちでも古相の一群として位置づけた〔鈴木 2004 b〕。

1980 年代以降活発化してきた各形式内の細分は，大きくは（三角板）革綴冑と鋲留冑，そして後期の竪矧広板衝角付冑が別個に検討されてきた。それに対し，鈴木一有は，革綴冑・鋲留冑の両者に共通する属性であり，またそれぞれ分析されてきた腰巻板と衝角底板の連接手法に改めて着目し，衝角付冑全体の様相を整理した。鈴木は，中期の衝角付冑の腰巻板と衝角底板の連接手法を，革綴・鋲留を通観して5類型・細別8類型に区分し，出現順序・変遷観を提示した〔鈴木 2009〕。さらに，後期の資料も分類に加え，最終的に6類型・細別10 類型に区分し，中期から後期のすべての衝角付冑を一貫した基準から位置づけた〔鈴木 2010〕。鈴木はそれらの検討に加え，地板形状や錣との関連についてもまとめており，現状における衝角付冑の編年研究の一つの到達点を示したといえる。早くから村井嵩雄がより新しい資料となるのに伴い冑の前後径に対する高さの比が増加すると述べていたように〔村井 1974〕，形式差を横断する形での編年が進展してきたといえる。

衝角付冑の編年研究をまとめるならば，地板形状の差異に基づく形式分類を唯一の編年指標とする段階から，衝角底板の連接手法の分類を加味することで，地板形式に一定の併行期間を認める段階へと移行したといえる。さらに形式を横断する形でみられる冑の前後径に対する高さの増大傾向や，三角板革綴衝角付冑における地板枚数の減少傾向や帯金幅の拡大傾向，竪矧広板衝角付冑における地板枚数や衝角部の造りの違いなどの形式を限定する検討を加えることで，変遷観が示されている。

先に述べたように，本章の第一の目的は，衝角付冑の個々の資料にまで及ぶ製作順序を明らかにすることである。鈴木一有の研究により高い整合性と有効

100　第2部　甲冑の型式学的研究

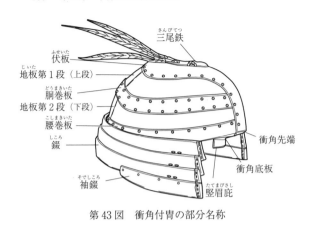

第43図　衝角付冑の部分名称

性を持つ大局的な変遷観が示されたが，およそ概略的なものであり本章の目的との距離は大きい。

また，地板形状と衝角底板の連接手法という衝角付冑編年の二大看板に対して，地板の枚数や，部材・冑全体の規格などの様相がどれほど相関性を持つのかという点は改めて検討が必要である。衝角付冑の構成要素のうちには，これまでの編年において等閑視されてきたものもあり，それらを含めてより総合的な検討を加えることで，枠切り形の編年を超える型式学的配列が達成できる。

以上の視点に基づき，衝角付冑を構成する種々の要素の相関性を丁寧に検討することで，型式学的配列を得ることにする。なお，衝角付冑の部分名称を第43図に示す。

3．衝角底板連接手法の再分類

(1) 各要素の分類と相互関係

まずはすべての衝角付冑の分析が可能な衝角底板連接手法を再分類する。衝角底板の連接手法は「衝角底板」・「腰巻板」・「(伏板の) 衝角先端部」という三つの部材の形態とその「組み合わせ方 (連接位置関係)」によって決定されるが，各部材の形態にはこれまでの分類上等閑視されてきたものもある。そこで改めて，衝角底板の連接手法を一度各部材個々の形態へと分解した上で，それらの組み合わせを検討し，衝角底板の連接手法の分類を再構築する。衝角底板の形態・腰巻板の形態・衝角先端の形態とそれら連接位置関係の各要素を第44図に挙げる。

衝角底板の形態　衝角底板の形態は，冑本体との連接のための上方への突出

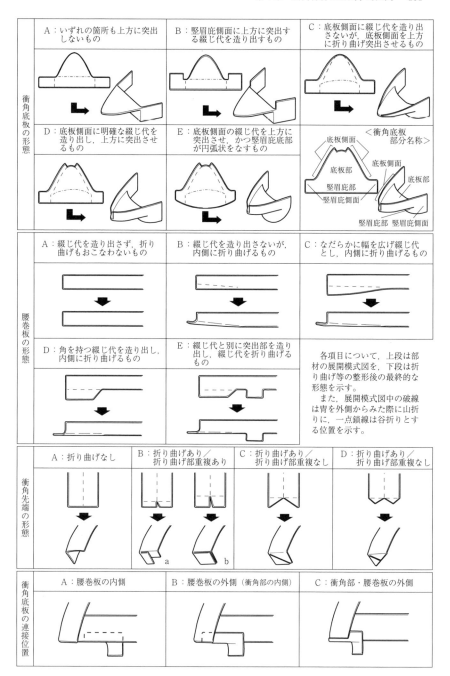

第44図　衝角付冑の各部材の形態

部の有無とその位置から次の5種類に区分できる。

A：上方に突出する部分がないもの。竪眉庇下端は直線をなす。
B：竪眉庇の側面部分が上方に突出するもの。竪眉庇下端は直線をなす。
C：底板の側面に明確な綴じ代を造り出さないが，底板側面を上方に折り曲げるもの。折り曲げ部分は前方にいくに従い幅を減じる。竪眉庇下端は直線をなす。
D：底板の側面部分に綴じ代を造り出し，それを上方に折り曲げるもの。竪眉庇下端は直線をなす。
E：底板の側面部分に綴じ代を造り出し，それを上方に折り曲げるもの。竪眉庇下端は円弧状をなす。

腰巻板の形態　腰巻板の形態は，部材の形状と折り曲げ加工の方法から次の5種類に区分できる。

A：腰巻板に綴じ代を造り出さず，折り曲げもおこなわないもの。
B：腰巻板に綴じ代を造り出さないが，先端の下部を内側に折り曲げることで綴じ代とするもの。
C：腰巻板の先端下部で緩やかに幅を広げて綴じ代を造り出し，その綴じ代部分を内側に折り曲げるもの。
D：腰巻板の先端下部に角を持つ明瞭な綴じ代を造り出し，その綴じ代部分を内側に折り曲げるもの。
E：腰巻板の先端下部に綴じ代を造り出し，その綴じ代部分を内側に折り曲げる。さらに綴じ代部後方に折り曲げをおこなわない別個の突出部を造り出すもの。

衝角先端の形態　衝角先端の形態は，内側への折り曲げのために先端部に施す切り込みの入れ方から次の4種類に区分できる。

A：先端に切り込みを入れず，折り曲げをおこなわないもの。
B：先端中央に縦に切り込みを入れて折り曲げるもの。折り曲げ部分は方形になり，それぞれが重なりあう。切り込みが不十分で重なり合う部分が少なくL字状となるa類と，切り込みが十分で重なり合う部分が多く，方形となるb類に細分できる[1]。
C：先端中央に三角形状に切り込みを入れることで，折り曲げ部分の重なりを

回避するもの。折り曲げ部分は方形になる。
D：先端中央に三角形状に切り込みを入れさらに左右両角を切り落とすことで，折り曲げ部分の重なりを回避し，かつ折り曲げ部分が三角形になるもの。

衝角底板と腰巻板の連接位置　衝角底板と腰巻板の連接位置は，次の3種類に区分できる。
A：衝角底板がすべて腰巻板の内側に収まるもの。
B：衝角底板の上方への突出部分が腰巻板の外側に出るもの。
C：衝角底板の上方への突出部分が腰巻板と衝角先端の外側に出るもの。

(2) 各分類の関係

　衝角底板の形態は，B～E類は衝角底板の底板側面もしくは竪眉庇側面のいずれかを上方に突出させることで腰巻板との連接用の綴じ代とするという部材間の連接方式が共通し，上方への突出部を持たないA類と大きく異なる。一方で，底板部分と竪眉庇部分との間を折り曲げるのみという点で，A類とB類は近縁関係にある。また，部材の形態に着目すればA類とC類は近いが，上方への突出部を確保するという連接方式の構造上の差異を大きく評価する立場から，A類とC類はあくまで部材の近似であって，両者の間に積極的な近縁関係は認めない。その上で，底板側面に綴じ代を造り出さないという共通性と，上方への突出部を確保する点から，B類とC類に近縁関係を認める。D類はC類の底板側面に綴じ代を加えたもので，C類に近い。E類は竪眉庇の下端が顕著な円弧状をなす点のみがD類と異なり，D類に近似する。以上から衝角底板の形態はA類・B類・C類・D類・E類という一系的な順序で型式学的な近縁関係にある。

　腰巻板の形態は，A類とB類は幅が一定な帯状の鉄板を用いる点で共通する。B類とC類はこれまで明確にその差異が認識されてこなかったように，仕上がりの形態は非常に近似し，両者の関係は近い。C類・D類・E類は腰巻板に綴じ代を設け，衝角底板との連接に用いる点で共通する。E類には腰巻板

---

1)　衝角先端Bb類については，折り曲げた際に内側となる一方に何らかの別個の切断を加えるものが存在するとみられるが，外見上判断が不可能であるため細分しない。

先端側の突出部分に明確な角を持たずに幅を広げるC類に近似するものと，明確な角を持って綴じ代部を造り出すD類に近似するものの二者があり，C類・D類・E類の形態的な近縁関係は一系的には説明しがたい。以上からA類・B類・C類・D類はそれぞれの順で型式学的な近縁関係にあり，E類はC類・D類との近縁関係を持つが，A類・B類とは明確に様相が異なるといえる。

衝角先端の形態は，A類が折り曲げをおこなわない点で他の3類と大きく異なる。ただし，B類はA類の中央部分に切り込みを入れることで製作され，先端部分が直線状を呈する点を積極的に評価すればA類とB類の近似性は認めうる。また，Ba類は切り込みが弱いため，A類に対する加工度合いが低いとみるならばA類とBa類はより近い関係にあるといえる。ただし，Ba類とBb類は，用いる地板の形状ならびにおこなう造作は同一であり，さほど大きな相違としては評価できない。また，B類・C類・D類は，折り曲げ部分が方形をなす点からBb類とC類が，折り曲げ部分の重なりを避ける点でC類とD類が近い関係にある。以上から，A類はやや特殊であるがおおむねA類・Ba類・Bb類・C類・D類という順で型式学的な近縁関係にある。

(3) 各要素の組み合わせと型式設定

続いて，衝角底板の形態・腰巻板の形態・衝角先端の形態と衝角底板と腰巻板の連接位置の組み合わせから，衝角底板の連接手法を分類する。分類に際しては，3部材の組み合わせという構造レベルでの分類である衝角底板と腰巻板の連接位置の関係を第一に優先し，その上で各部材の形態による区分を加味する。そうして設定される衝角底板の連接手法の分類を，衝角底板の連接型式，あるいは単に型式と呼称する。衝角底板の連接型式と各要素の対応を第45図に示す。

横 接 式　「衝角底板は腰巻板の内側に収まり (A)」，「衝角底板は上方に突出せず (A)」，「腰巻板は折り曲げない (A)」一群である。基本的に「衝角先端は折り曲げない (A)」が，栃木県佐野八幡山古墳出土例のみ「衝角先端をL字状に重ねて折り曲げる (Ba)」。

上接1式　「衝角底板は腰巻板の内側に収まり (A)」，「衝角底板は上方に突出せず (A)」，「腰巻板は綴じ代を造り出さないが内側に折り曲げ (B)」，「衝

	衝角底板の連接位置			衝角底板の形態					腰巻板の形態					衝角先端の形態					連接技法		各氏の分類との対応			
	A	B	C	A	B	C	D	E	A	B	C	D	E	A	Ba	Bb	C	D	革綴	鋲留	小林1974	野上1975	山田2002	鈴木2009·2010
横接式	○			○							○			○	△				○					I
上接1式	○			○								○			○	○			○					II
上接2式	○			○								○			○	○			○	△	I	①	1	
上接3式	○			○									○	△	△	○			△	○				III古
上下接式	○			○									○		○	○	?			○				
上内接式	○					○					○				○				○		I	①	1	III新
内接1式	○				△	○	△			△	○						○			○	II·III	③A	(2)	IVa
内接2式	○					△	○										○	○		○		③B	3·4	IVb
内接3式	○						○	△									○			○				
外接式		○		○							○			○			△?			○	IV	②	5·6	Va·b
外接被覆式			○	○	○						○	○		○					△	○				Vc
一連式	複数の部材を一連で構成													○			○			○				
非連結式	底板なし											○		○						○				VI

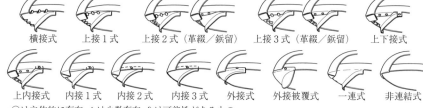

横接式　上接1式　上接2式（革綴／鋲留）　上接3式（革綴／鋲留）　上下接式
上内接式　内接1式　内接2式　内接3式　外接式　外接被覆式　一連式　非連結式

・○は主体的に存在。△は少数存在。？は可能性があるもの。
・各氏の分類との対応の略号は次のとおり。ただしそれぞれ分類基準が異なり，厳密に対応しない。
　〔小林1974〕I：第I手法，II・III：第II手法または第III手法，IV：第IV手法。
　〔野上1975〕①：腰巻板打出・上接式，②：外接式，③A：内接先端折り曲げ式，③B：内接先端切断式。
　〔山田2002〕1：第1技法，2：第2技法，3・4：第3技法または第4技法，5・6：第5技法または第6技法。
　〔鈴木2009·2010〕I：I式（革綴 横接式），II：II式（革綴 上接式），
　　　　　　　　　III古：III式（鋲留 上接式（古相）），III新：III式（鋲留 上接式（新相）），
　　　　　　　　　IVa：IVa式（鋲留 内接折曲式），IVb：IVb式（鋲留 内接切断式），
　　　　　　　　　Va·b：Va式（鋲留 外接折曲式）またはVb式（鋲留 外接切断式），
　　　　　　　　　Vc：Vc式（外接被覆式），VI：VI式（非連結式）

第45図　型式と各要素の対応

角先端は重ねて折り曲げる（B）」一群である。上接1式は実際の存在個体数が著しく少なく，型式設定としては不安定であるが，「横接式」から「上接式」への移行を説明する過渡的な分類として重要であるため，独立した型式とした。詳細は後述する。なお，「腰巻板先端に綴じ代を持たない（B）」という範囲を

どの程度まで有効とみなすかは難しいが，綴じ代部の展開幅が腰巻板の他の箇所と比較して2〜3mm程度の増加に収まるものは上接1式に含めている。

上接2式　「衝角底板は腰巻板の内側に収まり（A）」，「衝角底板は上方に突出せず（A）」，「腰巻板は緩やかに幅を広げることで造り出した綴じ代を内側に折り曲げ（C）」，「衝角先端は折り曲げ部同士が重なりあう（B）」一群である。

上接3式　「衝角底板は腰巻板の内側に収まり（A）」，「衝角底板は上方に突出せず（A）」，「腰巻板は角を持って明確に突出する綴じ代を内側に折り曲げる（D）」一群である。基本的に「衝角先端は折り曲げ部同士が重なりあう（B）」が，兵庫県法花堂2号墳例のみ「衝角先端は折り曲げ部同士が重なりあわず三角形をなす（C）」（126頁第51図1）。

上下接式　「衝角底板は腰巻板の内側に収まり（A）」，「衝角底板は上方に突出せず（A）」，「腰巻板は内側に折り曲げる綴じ代とは別個に下方への突出部を持ち（E）」，「衝角先端は折り曲げ部同士が重なりあう（B）」一群である。兵庫県宮山古墳第3主体例の腰巻板先端の綴じ代部分は緩やかに幅を広げる（C類に相当）が，他例は明確な角を持って幅を広げる（D類に相当）。ただし類例が限られるため細分しない。

上内接式　「衝角底板は腰巻板の内側に収まり（A）」，「衝角底板は竪眉庇の側面が上方に突出し（B）」，「腰巻板は角を持って明確に突出する綴じ代を内側に折り曲げ（D）」，「衝角先端は折り曲げ部同士が重なりあい方形となる（Bb）」一群である。

内接1式　「衝角底板は腰巻板の内側に収まり（A）」，「腰巻板には角を持たない綴じ代を造り出して内側に折り曲げ（BまたはC）」，「衝角先端は折り曲げ部同士が重ならないように方形に折り曲げる（C）」一群である。「衝角底板は竪眉庇側面または底板側面を上方に突出させる（B・C・D）」。なお，内接1式は腰巻板先端の綴じ代部で底板との連接はおこなわず，本来の連接という機能を喪失している。詳しくは後述する。

内接2式　「衝角底板は腰巻板の内側に収まり（A）」，「腰巻板は折り曲げず（A）」，「衝角先端は折り曲げるが，折り曲げ部同士が重なりあわない（C・D）」一群である。基本的に「衝角底板は底板側面に明確な綴じ代を造り出し，上方

に折り曲げる (D)」が，京都府青塚古墳例と福岡県塚堂古墳例のみ「衝角底板側面に明確な綴じ代を造り出さずに上方に折り曲げる (C)」。

内接3式　「衝角底板は腰巻板の内側に収まり (A)」，「衝角底板は底板側面に明確な綴じ代を造り出し，上方に折り曲げ(D)」，「腰巻板は折り曲げず(A)」，「衝角先端は折り曲げない (A)」一群である。ただし，栃木県益子天王塚古墳例のみ「衝角底板の竪眉庇下端が強い円弧状をなす (E)」。

外接式　「衝角底板は腰巻板の外側を覆い (B)」，「衝角底板は底板側面に明確な綴じ代を造り出し，上方に折り曲げ (D)」，「腰巻板は折り曲げをおこなわない (A)」一群である。衝角先端は基本的に「折り曲げない (A)」が，群馬県鶴山古墳例のみ，錆膨れにより判然としないものの「折り曲げあり(B?・C?)」となる可能性がある (第51図6)。ただし，この1点のみであるため，細分はおこなわない。

外接被覆式　「衝角底板は腰巻板と衝角先端の外側を覆い (C)」，「衝角底板の側面部が上方に突出し，かつ竪眉庇の下端が円弧状を呈し (E)」，「腰巻板は折り曲げない (A)」一群である。衝角先端は「折り曲げない (A)」。

一連式　衝角底板・腰巻板・衝角先端が三つの別部材から構成されず，いずれかの組み合わせが同一の部材から作られる一群である。衝角底板と腰巻板が一連とみられる福井県西塚古墳例（第51図3）や衝角部と腰巻板が一連とみられる茨城県三昧塚古墳例などその組み合わせにも複数のパターンを認めることができるようであるが，それぞれの類例が少ないため，細分しない。

非連結式　衝角底板を持たず，これまでの分類とは大きく様相を異とする一群である。「腰巻板は折り曲げず (A)」，「衝角先端は折り曲げない (A)」。

(4) 型式相互の関係

　先に検討した各部材の型式学的な近縁関係から，以上の13型式の関係を整理する。

i　横接式と上接式

　横接式と上接1～3式の4型式は，横接式では基本的に衝角先端を折り曲げない (A類) ことを除けば，腰巻板先端の綴じ代の違いに基づく分類といえる。

その中で，横接式と上接1式は，腰巻板の先端に綴じ代を造り出さない単純な長方形の帯状鉄板を用いる点で共通する。一方で，上接1式の腰巻板先端を内側に折り曲げるという特徴は，内側に衝角底板をはめ込むための部位を設け，衝角底板と腰巻板の連接をより強固にする工夫といえる。つまり，横接式から部材の形態を変化させずに，整形方法の違いだけで達成された改良型式として，上接1式は評価できる。

　上接1式の具体例として福井県天神山7号墳例があるが（第46図1），下方からみると腰巻板先端の内側に折り曲げた綴じ代部分の幅が著しく狭く，側面からみると腰巻板の先端部分が上方に大きく歪むことがわかる。衝角底板をはめ込む部分を設けることで衝角底板と腰巻板の連接をより強固にすることには成功したが，一方で想定していなかった冑前方部の変形が生じたのである。

　そこでその「歪み」が生じるという上接1式に内在する問題を克服するため，腰巻板先端の幅をあらかじめわずかに広げることで，当初から内側に折り曲げる部分（綴じ代）を確保するという部材取りの段階での改良がなされる。C類の腰巻板の採用である。こうして上接1式からの設計・部材取り段階での改良により，上接2式が成立する。

　腰巻板の先端の幅をあらかじめわずかに広げることで綴じ代部分とし，それを折り曲げて衝角底板をはめ込む部分を確保する上接2式の手法は，あくまで「腰巻板の先端付近の幅をだらだらと広げておく」という程度のものである。その一方で，上接3式を定義づけるD類の腰巻板先端は，明瞭な角を持って綴じ代を造り出すものである。他の部分と区別できる明確な綴じ代を造り出すことで，綴じ代の折り曲げの段階において本来企図した以上の部分を折り曲げてしまうという，歪みのリスクをより軽減できる。つまり，上接3式は上接2式からの改良によるものと位置づけうる。

　以上のように，横接式から上接3式の腰巻板の綴じ代の造り出し方の違いは，衝角底板と腰巻板の連接をより強固とし，組み上げ段階での歪みをより小さくする改良過程として理解できる。すなわち横接式→上接1式→上接2式→上接3式という成立順序が想定できる。

第4章 衝角付冑の型式学的配列　109

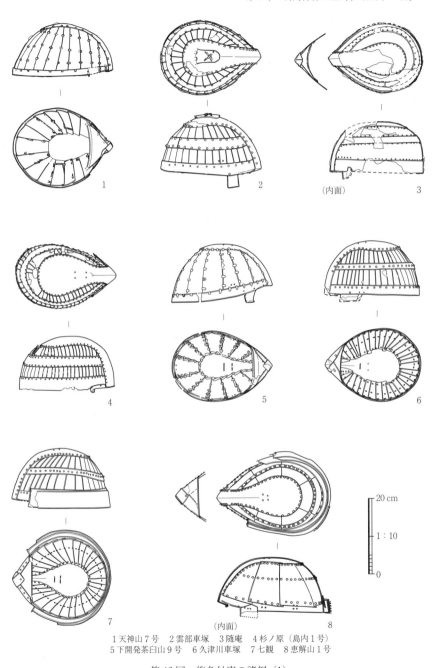

1 天神山7号　2 雲部車塚　3 随庵　4 杉ノ原（島内1号）
5 下開発茶臼山9号　6 久津川車塚　7 七観　8 恵解山1号

第46図　衝角付冑の諸例（1）

ⅱ 上内接式と上下接式

　上内接式は「竪眉庇側面が上方に突出する」B類の衝角底板を採用するが，それ以外の構成要素は基本的に上接3式と同じである。衝角底板の形態はA～E類が型式学的に一系的な距離関係にあることは先に示した。よって相互の関係を時間差として考えた場合には，A類→B類→C類→D類→E類またはその逆の順序で成立したと考えうる。そのうち，竪眉庇の側面に上方への突出部を持つというB類の特徴は，衝角底板と腰巻板の重なり部分をより多く確保する工夫とみなすことができる。そしてそれは，革綴／鋲留という連接技法との兼ね合いで考えるならば，鉄板同士の重なり部分を連接する鋲留技法により一層適した形態といえる。上接2式から上接3式への移行過程で各部材の連接技法は革綴から鋲留へと入れ替わっており，上接3式では鋲留技法の使用が一般化する。そのような連接技法の変更に対応する形で引き起こされた部材取り段階での改良結果として，B類の衝角底板の出現（＝上内接式の出現）は評価できる。つまり，上接3式の改良型式として上内接式は位置づけられる。

　一方の上下接式を定義づけるE類の腰巻板が持つ下方への突出部は，衝角底板の竪眉庇側面部分と重なり合うことで，鋲留技法による連接のための綴じ代として機能する。つまり，先述の上内接式では衝角底板を上方に突出させることで重なり部分を確保しているのに対し，上下接式では腰巻板を下方に突出させることで重なり部分を確保している。したがって，上内接式と上下接式では，全く逆の発想と部材取りの変更によって衝角底板と腰巻板を連接しているのである。いずれにしろ，腰巻板と衝角底板の重なり部分を確保するという目的からE類の腰巻板は創出されたといえ，上下接式もまた，鋲留技法の採用に対応する形で引き起こされた部材取りの改変・改良により成立した型式と評価できる。

　さて，さらに特定の資料に着目すると，下方への突出部を持つE類の腰巻板の創出という新たな発想の萌芽，すなわち上下接式の祖形の追求が可能である。そしてそれは，兵庫県雲部車塚古墳出土の小札鋲留衝角付冑に求めうる（第46図2）。雲部車塚古墳例は衝角底板はA類，腰巻板先端はD類の上接3式に属するが，腰巻板の幅が後頭部側で2.3 cmであるのに対し，前方に向かって幅を広げ，衝角底板との連接位置では3.1 cmとなる。A類の衝角底板は腰巻

板との連接用の上方への突出部分を持たないため，腰巻板との重なり部分は十分に確保しがたい。革綴技法で連接するならばともかく，鋲留技法で連接するには不適当な形態といえる。そして，その不適当さを解消するために，衝角底板ではなく腰巻板の前方側の幅を広げることで竪眉庇側面と腰巻板の重なりを確保し，連接をより容易にしようとする改良方針を，雲部車塚古墳例の腰巻板に見出すことができる。そのような発想を前提として，腰巻板の一部を下方に突出させることで，綴じ代として利用するというE類の腰巻板が成立したと理解できる。つまり，上接3式をもとに上下接式は成立したと位置づけうる。上内接式と上下接式は，ともに上接3式を親として分化した，兄弟の関係といえる。

ⅲ　内接式の展開

　内接1式の成立を考える上で，岡山県随庵古墳例に注目できる（第46図3）。随庵古墳例は上内接式と同様に竪眉庇側面のみが上方に突出するB類の衝角底板を採用する。上内接式との違いは，腰巻板先端を内側に折り曲げるが綴じ代部分の幅が狭く，また，綴じ代部分では衝角底板との鋲留をおこなわず，綴じ代としての体をほとんどなしていない点である。他の内接1式の諸例では，宮崎県小木原1号墓例（131頁第52図2）や京都府原山西手古墳例ではC類の衝角底板を，また奈良県円照寺墓山1号墳出土の小札鋲留衝角付冑ではD類の衝角底板を採用するが，いずれも腰巻板先端の形態は緩やかに幅を広げるC類であり，腰巻板先端の折り曲げ部分では衝角底板との連接はおこなわない。腰巻板先端の折り曲げは綴じ代としての体をほとんどなしておらず，形骸化している。

　このような腰巻板先端の綴じ代の形骸化は，上方に突出部を持つB類の衝角底板の創出（＝上内接式の成立）に原因が求められる。衝角底板単体で腰巻板との連接箇所の確保が可能となることで，それまで衝角底板と腰巻板との連接箇所として機能してきた腰巻板先端の綴じ代部分がその必須性を喪失し，連接部位としての機能を喪失していったのである。つまり，上内接式の腰巻板先端の綴じ代部分の省略化の結果として，あるいは腰巻板先端の綴じ代部分がルジメント（痕跡器官）として残る段階として内接1式は評価できる。内接1式

は上内接式をもとに成立したのである[2]。

　一方で，腰巻板先端の綴じ代の省略により，衝角底板と腰巻板との連接箇所の減少という事態が発生する。そのような事態に対して，腰巻板との連接のための上方への突出を，それまでの竪眉庇側面のみに加えて，底板側面でもおこなうことで腰巻板との連接箇所を確保する工夫がなされる。腰巻板先端の綴じ代の形骸化に連動する形で，C類の衝角底板は成立すると考えられる。

　内接1式中で進行する腰巻板先端の綴じ代部分の消失は，やがて腰巻板先端を内側に折り曲げないA類の腰巻板の再採用という終着点に達する。内接2式の成立である。さらに，内接2式をもとにして，衝角先端の折り曲げを省略することで内接3式が成立すると考えられる。つまり，上内接式→内接1式→内接2式→内接3式という成立順序が想定できる。

　なお，内接1式から内接3式の成立過程で，D類の衝角底板が成立する。これはC類の衝角底板の採用により底板側面を上方に突出させて腰巻板との連接箇所を確保する方式の有効性が認められ，あらかじめ底板側面に明確な綴じ代を造り出しておくという，設計段階へのフィードバックがなされ，部材取りの方式が改変されたものと評価できる。また，A類の腰巻板は，腰巻板つまり外形の変形という手段を避けようとする限り，B類の衝角底板との組み合わせでは衝角底板との間に隙間を生じさせる可能性を内包する。一方で，C類やD類の衝角底板が採用されることで，衝角底板の形態を外形にあわせて調整する余地が増すため，隙間が生じるリスクの回避が可能となる。この点からも，腰巻板と衝角底板の変遷は相互に連関を持ってなされたものといえよう。

---

[2] 内接1式の祖形としては，上内接式と同じくB類の衝角底板を採用する資料が最もふさわしい。現状ではB類の衝角底板を採用する内接1式は随庵古墳例のみであるが，随庵古墳例の衝角底板の竪眉庇側面の突出部の形態は，上内接式のそれとはやや異なっている。また，随庵古墳例の腰巻板先端の綴じ代部分の折り曲げ幅は非常に狭く，原山西手古墳例や円照寺墓山1号墳例の綴じ代部分の折り曲げ幅が広い点と比較すると，上内接式のD類の腰巻板先端からの形骸化としては一足飛びに過ぎるといえる。また，随庵古墳例は衝角先端の形態もD類に近いC類であり，さらに後述するように地板枚数が上下ともに1枚ずつである点なども新相の特徴とできる。種々の要素を勘案すれば，随庵古墳例は内接1式の中でも新しい要素を多く持つといえる。上内接式から内接1式への変化の過程においては，まだ見ぬ資料を介在させて理解する必要があるかもしれない。

iv 外接式と外接被覆式

外接式は上記の諸型式とは異なり，衝角底板の連接位置が腰巻板の外側（B類）となるものであるが，D類の衝角底板を採用する点で内接2式や内接3式と共通する。そのため，両者のいずれかを前提として，衝角底板の連接位置を変更することで成立したものとできる。錆膨れのためやや判然としないが，鶴山古墳例（126頁第51図6）は衝角先端を折り曲げている可能性があるため，衝角先端を折り曲げる内接2式をもとに外接式は成立したと考えておく。

外接被覆式は，衝角底板の連接位置が，腰巻板と衝角先端の両方の外側に連接されるC類であること，衝角底板の竪眉庇底部が強い円弧状をなすE類であることを除けば，基本的には外接式と同様の特徴を有する。外接被覆式の成立を考える上で注目できる資料として宮崎県杉ノ原（島内1号）例がある（第46図4）。杉ノ原例は一見すれば一般的な外接式であるが，その衝角底板の先端部分は伏板の内側に収まっておらず，衝角底板の上に伏板（衝角先端）が載る。つまり，部材の形態は一般的な外接式に一致するが，その組み合わせ方に，外接被覆式に接近する要素をみてとることができる。外接被覆式はE類の衝角底板のみが用いられ，また，いわゆる竪矧広板衝角付冑にのみ採用される手法であるため，他の手法と比較してやや特殊な様相を示すとして評価されてきたが，杉ノ原例のような資料を介在させることで外接式からのスムーズな型式変化を想定できる。

v 一連式・非連結式

一連式・非連結式はその設計段階や部品の製作段階・組み上げ段階における様相が著しく他型式と異なっており，その相互関係を指し示すことは難しい。衝角底板の連接方式以外の様相からその位置づけを考える必要がある。

以上，衝角底板の連接方式として設定した各型式の相互関係について，各部材の型式学的近縁関係に依拠してその成立順序を考えた。各型式の成立順序を第47図に示す。

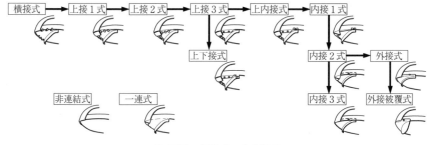

第 47 図　各型式の成立順序

4. 型式学的配列

(1) 配列の要素と優先順位

　続いて，腰巻板と衝角底板との連接型式とあわせて他の諸要素を検討し，衝角付冑を型式学的に配列する。第47図として模式的に示した型式相互の前後関係はあくまで「成立順序」を示すにすぎず，旧型式が新型式の成立後もどれほどの期間併存して存在するのかは先の分析のみからは明らかにできない。そこでまずは各型式内で諸要素を参照して配列を得たのちに，型式を横断してみられる共通の特徴を参照して併行関係を考える。なお，想定される地板形状の差異に基づく系統差を排除するため，さしあたり大前提として地板形式の分類を最上位に設定する。ただしそういった分類は，あくまで衝角付冑の分類を考える上での作業仮説的なものである。最終的にどういった分類要素が衝角付冑を理解する上で重要になるのかについては，各要素の検討後に改めて考えたい。

　配列に際して参照する諸要素の優先順位は，冑の製作工程でより初期の段階で決められるものを上位とする。つまり，各要素のうち「設計段階」で規定される要素を最上位に，「部品成形工程」で規定される要素を次に，「部品整形工程」で規定される要素を下位におく〔古谷1996〕。第48図に分析視点と製作工程との対応を示すが，最終的な「組立工程」や「仕上げ工程」での微調整は十分想定でき，各要素と工程との対応は絶対的なものではない。また，配列では上位の分析視点を絶対的に優先するのではなく，複数の下位の要素が整合的に上位の要素に反する様相を示す場合には，その有効性を認める[3]。

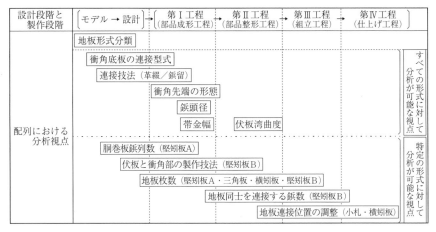

第48図　製作工程と分析要素の対応

地板形状の形式分類ごとに検討するが，すべての形式の冑に共通する要素として，帯金幅と伏板湾曲度があるため，先に説明する（第49図）。

帯金幅はその名のとおり，腰巻板と胴巻板の幅である。両者の合計値も提示するが，腰巻板が鋲の形態や連接方式によってその規格を制限される可能性があるのに対し，

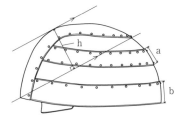

（帯金幅合計）= a（胴巻板幅）+ b（腰巻板幅）
（伏板湾曲度）= h

第49図　計測部位名称

胴巻板ではそのような他律的な変化の理由を想定しがたいため，胴巻板幅の違いを配列上優位とする場合がある。基本的に計測は後頭部でおこなったが，欠失などにより計測が不可能な場合には他の部位で計測した。

伏板湾曲度は衝角部がどれほど前ないし上方に突出しているかを表す数値であり，「側面図で伏板の最前下端（衝角先端）と伏板の最後部を結んだ直線と，それに平行する直線が衝角部に接する位置にあるときの，二直線間の距離」として定義する。

冑の製作工程に位置づけると，帯金幅は鉄板を裁断する「部品成形工程」で

3）　衝角底板の形態・腰巻板の形態・衝角先端の形態の3項目のうち，衝角先端の形態はその折り曲げの有無を別とすれば，型式設定のための項目として必ずしも積極的に採用していないため，配列に際して参照した。衝角先端の形態は「設計段階」もしくは「部品成形工程」で決定される要素であるため，配列上比較的高い優先順位を与えている。

決定される。伏板湾曲度は，伏板の裁断後の鍛打による曲面加工の段階，すなわち「部品整形工程」で実際の数値が決定される。そのため，衝角底板の連接型式や，後述する特定形式の地板配列や配置方式といった「設計段階」で決定される要素よりも，配列での参照順位としては下位におく。伏板湾曲度は埋納以後の冑の「歪み」によって変化しうる点もまた，伏板湾曲度を配列の下位におく理由である。ただし，伏板湾曲度は，伏板の曲面加工の段階での「木型」の使用を想定するならば，ある程度の定形性を見積もることができる[4]。

　地板形状の形式分類は，「竪矧板A系統」「三角板系統」「小札系統」「横矧板系統」「竪矧板B系統」の5群とする。「竪矧板A系統」と「竪矧板B系統」は，前者は古墳時代中期前葉から中葉の竪矧板革綴衝角付冑・竪矧板鋲留衝角付冑・竪矧細板鋲留衝角付冑のことを指し，後者は後期の竪矧広板鋲留衝角付冑のことを指す。研究史上，両者の盛行期には大きな懸隔があることが判明しており，衝角底板の連接型式の差異とあわせて現状の資料状況を鑑みれば，両者に直接的な関連は指摘できない。地板配置の近似性にのみ基づいて，改めてあわせて検討することは，徒(いたずら)に議論を複雑化し冗長にするだけであり，建設的ではない。そこで本章では当初から両者を弁別して議論する。ただし，仮に両者を一括して分析を始めた場合でも，結果として両者を懸隔の大きい別系統とする結論に至ることは述べておく。

(2) 竪矧板A系統の検討（第6表）

　類例が少なく，型式とその他の要素の整合性を単純化して確認できるため，

[4) 帯金幅と伏板湾曲度は，前者は鈴木一有が指摘した「帯金の比率」に，後者は村井嵓雄が指摘した「冑の前後径に対する高さの比」に対応する分析視角である〔鈴木1995〕〔村井1974〕。しかし，鈴木の提示した帯金の比率は腰巻板と胴巻板の合計値を冑底部から胴巻板上端までの高さで割ったものであり，その数値は腰巻板の幅・地板第2段の幅・胴巻板の幅という種々の変数が絡み合って決定され，数値の変化の本質を捉えるのが難しい。よってより単純化した「帯金幅」を分析の視点とする。村井が指摘した前後径に対する高さの比も，冑を構成するどの部材がどのように形態を変化させたために生じた変化であるのかを単純化して説明できない。一方の伏板湾曲度は，基本的に「伏板をどれほど湾曲させたか」という非常に単純な要素として説明することが可能である。属性分析で分析対象とする各要素は独立変数であることが重要であるが，「帯金幅」や「伏板湾曲度」の単純な数値は，独立性が明確である点でより優れていると考える。ただし，帯金幅の広狭と伏板湾曲度の大小は，地板の幅を捨象すれば，ともに冑の高低に関連する要素とみることもでき，両者を「完全に」独立した要素とすることはできない。]

第6表　竪矧板A系統の配列

(帯金幅と伏板湾曲度の単位は cm)

遺跡名	型式	連接技法	鋲列数	胴巻板	地板枚数	衝角先端の形態	帯金幅			伏板湾曲度	鋲	共伴甲冑	
							胴巻板	腰巻板	合計			短甲	頸甲
天神山7号	上接1	革綴	胴巻板なし		19	Ba	なし	1.8	1.8	5.9	BI？	長革Ⅲb	I-b
下開発茶臼山9号	上接2	革綴	胴巻板なし		13	Bb？	なし	2.5	2.5	5.8	AⅠ	三革DⅠ	—
茶すり山	上接2	鋲留	胴巻板なし		13	Bb	なし	3.7	3.7	(不明)	CⅢ	長革Ⅲb	I-b (※2)
久津川車塚	上接2	鋲留	1列		37	Bb？	1.9	2.5	4.4	(7.7)	C？	三革	Ⅱ-b？Ⅲ-b I？
七観	上接3	鋲留	1列		31	Bb	2.1	2.5	4.6	7.7	BⅢ	三革？三鋲？	Ⅱ-c？
恵解山1号	上内接	鋲留	1列		7	Bb	1.8	3.3	5.1	6.7	DⅢ	三鋲Ⅰa/b	Ⅲ-c
狐塚 (※1)	上内接	鋲留	2列		3	Bb	1.8	3.0	4.8	(不明)	BⅢ	三鋲	Ⅲ-c？

(※1) 狐塚古墳例の計測値および構造は〔野上1975〕・〔鈴木2004b〕による。
(※2) 茶すり山古墳の頸甲は出土状況からは三角板革綴襟付短甲に伴うが，襟付短甲は頸甲とセットを構成しないと考え，長方板革綴短甲に伴うものとした。

竪矧板A系統から検討する。先述のとおり，竪矧板革綴衝角付冑・竪矧板鋲留衝角付冑・竪矧細板鋲留衝角付冑として分類されてきたものに相当する。現在7点がある。竪矧板A系統の衝角付冑では，胴巻板の有無や胴巻板での鋲留などに特徴的な構造を有する資料が多い。それらの構造的な特質は「設計段階」で決定されるため，配列要素として上位に位置づける。

竪矧板A系統の冑では横接式は確認できない。上接1式として，天神山7号墳例（第46図1）がある。上接2式には，石川県下開発茶臼山9号墳例（同5）と兵庫県茶すり山古墳例，京都府久津川車塚古墳例（同6）がある。上接3式には，大阪府七観古墳例（同7）が，上内接式には徳島県恵解山1号墳例（同8）と大阪府狐塚古墳例がある。

胴巻板の有無と鋲留の様相は各資料で大きく異なり，天神山7号墳例，下開発茶臼山9号墳例，茶すり山古墳例は胴巻板を持たず，他の4例は胴巻板を持つ。さらに胴巻板を持つ4例のうち，久津川車塚古墳例，七観古墳例，恵解山1号墳例は胴巻板の中央1列のみで地板と連接（鋲留）するのに対し，狐塚古墳例では胴巻板の上下2列で地板と連接（鋲留）する。

帯金幅は，天神山7号墳例が腰巻板幅1.8 cm，下開発茶臼山9号墳例が腰巻板幅2.5 cm，茶すり山古墳例が腰巻板幅3.7 cmである。胴巻板を持つ4例では，いずれも胴巻板幅は2.0 cm前後に収まるが，腰巻板幅は久津川車塚古

墳例と七観古墳例が 2.5 cm なのに対し，恵解山 1 号墳例と狐塚古墳例は 3.0 cm を超える。

伏板湾曲度は，天神山 7 号墳例と下開発茶臼山 9 号墳例は 6.0 cm を下回るが，他例は 6.5 cm を上回る。

連接技法は，天神山 7 号墳例と下開発茶臼山 9 号墳例のみ革綴技法であり，他例には鋲留技法が採用される。

竪矧板 A 系統の種々の要素を提示したが，連接技法，胴巻板の有無および胴巻板での鋲列数，帯金幅の合計値のほぼすべてが型式と整合して変化する。恵解山 1 号墳例で伏板の湾曲度合いがやや弱いのが唯一の例外である。竪矧板 A 系統は衝角底板連接型式の上接 1 式→上接 2 式→上接 3 式→上内接式という変遷に従い，胴巻板のないものからあるものへ，胴巻板の鋲列数が 1 列から 2 列へと変化する。さらに，帯金幅が広がり，伏板湾曲度が強くなる。あわせて連接技法も革綴から鋲留へと変化する。

なお，表中には地板の枚数も提示したが，久津川車塚古墳例で 37 枚，七観古墳例で 31 枚と著しく多く，漸次的な変遷としては例外的である。しかし，それら 2 古墳を除けば，天神山 7 号墳例の 19 枚から狐塚古墳例の 3 枚へと漸次的に減少する傾向を読み取れる[5]。

改めてまとめると，竪矧板系統の衝角付冑は，種々の要素をあわせて第 6 表に示したように整合的に配列できる。そして，こうして得られた「型式学的配

---

5) 想像を逞しくすれば，久津川車塚古墳例と七観古墳例の地板枚数は，後頭部中央の 1 枚を除いた左右両側の地板を前段階のものから 3 倍に増加させた可能性を指摘できる。そのような想定に基づいて地板枚数を通常の 3 倍に増加させる以前の数値を読み解けば，久津川車塚古墳例の地板枚数 37 枚では，後頭部中央の 1 枚を除いた 36 枚を 3 で割った 12（枚）（最終的には 12 枚に先に引いた後頭部中央の 1 枚を足した 13 枚，〔(37−1)÷3+1=13〕）と，七観古墳例の地板枚数 31 枚を後頭部中央の 1 枚を除いた 30 枚を 3 で割った 10（枚）（同様に 11 枚，〔(31−1)÷3+1=11〕）として復元することができ，茶すり山古墳例 (13)→久津川車塚古墳例 (13)→七観古墳例 (11) →恵解山 1 号墳例 (7) という連続的な数字として読み解くことができる。なお，後述する小札系統の祖形である伝・雲部車塚古墳例の地板枚数は上下ともに 25 枚とみられ，同様の操作をおこなうならば 9（枚）〔(25−1)÷3+1=9〕という数値を得ることができ，七観古墳例と恵解山 1 号墳例の間に位置づけうるため，七観古墳例をもとに派生した小札系統という位置づけに整合する。このような操作による変遷案は，数字を弄した感が強く，妄想の誹りをまぬがれない。しかし，伝・雲部車塚古墳例を含めた現状の竪矧板 A 系統の地板枚数は，最少の狐塚古墳例を除きいずれも〔(3 の倍数)＋1〕となっている。その確率は 0.14% であり，偶然としては出来すぎである。地板枚数の決定法則に何らかの規則性があった可能性がある。

列」は，出現順序の新古を示す衝角底板の連接方式に整合することから，「製作順序の新古」を表すといえる。

　この製作順序の妥当性を補強するために，共伴した甲冑をみる[6]。第6表右側に錣・短甲・頸甲を挙げたが，久津川車塚古墳以前の段階では革綴短甲のみと共伴し，やがて共伴する短甲が鋲留式へ移行する。頸甲はセットを確定できないものも多いが，茶すり山古墳段階までは藤田和尊の分類によるⅠ-b式と古相を示すのに対し，久津川車塚古墳以降Ⅱ-b式など新相を示す。共伴する甲冑相の変遷もまた，これらの配列と良好に対応する。

(3) 三角板系統の検討（第7表）

　地板に三角板を用いる一群である。すなわち，三角板革綴衝角付冑と三角板鋲留衝角付冑である。

　研究史上，三角板革綴衝角付冑は漸次的に地板枚数を減少させることが論じられているが，地板枚数が一致するにもかかわらず，地板配置が異なる資料や，イレギュラーな地板配置をおこなうものがあるなど，地板枚数を直接比較する場合には若干の誤差を想定しなければならない[7]。

　そこで地板の配置原則を考えたいが，その上で注目できる資料として大阪府堂山1号墳例がある。堂山1号墳例の地板枚数は下段右側で7枚，下段左側で6枚と左右で異なる。堂山1号墳例は，下段後頭部中央の地板の中心位置が冑

---

6) 表中の錣ならびに共伴する短甲・頸甲の分類は，錣：〔古谷1988〕，革綴短甲：〔阪口1998〕，鋲留短甲：〔滝沢1991〕，頸甲：〔藤田1984〕による。短甲の略号は次のとおり。長：長方板，三：三角板，横：横矧板，変：その他の地板形状を，革：革綴，鋲：鋲留の連接技法を示す。また，錣で袖錣を持つものには（袖）を，後頭部最下段の下端に抉り込みを持つものには（抉）を付した。袖錣と後頭部最下段下端の抉り込みは型式学的な前後関係にあると考える。なお，表中の項目のうち地板枚数や計測値が復元値のものには括弧を，欠失などにより属性にやや疑問が残るものには「？」を付した。

7) 京都府私市円山古墳第2主体例（第50図1）と大阪府心合寺山古墳例（同2）のように，上下の地板枚数が一致するが地板配置が異なるものがある。三重県近代古墳例（同3）では，地板第1段の衝角部両側の地板の配置が，右側頭部では1枚の三角形板を用いるのに対し，左側頭部では同様の部位に2枚の三角形板を用いており，地板配置にイレギュラーが認められる。革綴冑を中心とする三角板系統の冑では，大半の資料で地板と帯金の連接に先だって地板間が連接されたと考えるが，伏板や帯金からなるフレームに地板を連接しようとした際に想定外のずれが生じていたため，ずれの解消のために地板を追加もしくは省略することで調整をおこなったと考えられる。つまり，当初の設計とは異なる組み上げ段階での地板の1～2枚の増減は十分に想定できる。

中軸から左に寄っており，左右両側に同形の地板を配置していくことで結果として左側に対して右側に大きく空間ができたものとみられる。そこで右側に1枚地板を加えることで空間を充填したのであろう。すなわち，地板枚数の増減は衝角部両側での地板の付加によりなされると考えられるのである。衝角付冑では，その形態から地板の上下方向の湾曲度合いは当初から計算されていたであろうから，地板配置原則を変えて地板の枚数を調整するのではなく，先端側に追加することで調整が図られたのである。

そこで地板枚数の差異に内在する誤差を低減させる方式として，地板配置原則から区分をおこなう。これはすでに三角板革綴・鋲留短甲では着目されてきた視点であり〔小林1974b・鈴木1996〕，その地板配置の方式からA系統（鼓形系統）・B系統（菱形系統）と区分するものである[8]。三角板系統の衝角付冑の地板配置の区分として，後頭部側中央の地板第1段・第2段の三角形板の配置方式に着目する。なぜならば，ごく一部の例外を除き[9]，三角板系統の衝角付冑の地板配置は後頭部中央の地板を最も内面側に配置し，左右それぞれに外側からみた際に地板を順次上重ねしており，各段内での地板の連接は，後頭部中央の地板を基点としてなされるためである。

そして後頭部中央では，後述する特殊な形態の地板を用いる例や管見で2点の例外を除いて，原則として地板第1段と第2段で逆方向の三角形を配置する。つまり，地板第1段が頂点を下方に向け一辺を上方に向ける逆三角形の場合には，地板第2段は頂点を上方に向け一辺を下方に向けて配置（以下順三角形と仮称）する。それとは逆に地板第1段が順三角形の場合には，地板第2段は逆三角形の配置をとる。それぞれの地板の配置方式を，上下合わせてみた際の形態から，前者を鼓形配置，後者を菱形配置と呼称する。

後頭部中央の地板の配置を鼓形配置とするか，それとも菱形配置とするかが決定してしまえば，冑全体の地板配置方式が決定され，配置時の空間の過不足というイレギュラーを除けば，地板の大きさ以外に地板枚数を変更させるべき

---

8) ただし，三角板革綴・鋲留短甲の地板配置の違いの意味については，見解の統一には至っていない〔野上1975，内山2000など〕。

9) 東京都野毛大塚古墳例では，地板第2段では後頭部中央から一枚右の地板を基点として，外側からみた際に左右の地板を上重ねして地板が連接される。ただし，後頭部中央の地板の配置は後述する鼓形配置となるため，そのように分類した。

要素は排除される。また，鼓形配置・菱形配置という配置原則の違いには，それをどちらかに限定させるような他律的な要素は認められないため，冑製作の系統関係の違いを反映する可能性が高い。であるならば，詳細な配列を試みる場合にはそのような系譜の違いの弁別は必須である。その点からも，両者の区分の有効性を主張する。

第7表に三角板系統の衝角付冑の諸要素を挙げる。配列は鼓形配置の一群と菱形配置の一群とを別個におこなった。地板枚数に付記した「順」はその後頭部中央の地板の配置が順三角形になることを，「逆」は逆三角形になることを示す。また，先述のとおり，鼓形配置・菱形配置といった地板配置の原則に則らない資料が存在する。帯金状の伏板が後頭部地板第1段部分まで及ぶ大阪府交野東車塚古墳例（第50図4）や，地板第1段・第2段ともに逆三角形となり他の地板に平行四辺形板を用いる静岡県安久路2号墳例，地板第1段と第2段の後頭部中央の地板配置がともに順三角形となる宮崎県六野原6号墓例・茶すり山古墳例，地板が1段構成の静岡県五ヶ山B2号墳例である。これらについては別に特殊配置として表に挙げた。

鼓形配置の諸例からみる。横接式・上接2式・上接3式がある。

横接式のうち，地板枚数から最上位に配列した栃木県佐野八幡山古墳例では，横接式で唯一衝角先端を内側に折り曲げるBa類を採用する。ただし，その折り曲げ部分は非常に小さく，かなりA類に近いため，配列上の優位性は認めない。3例のみであり，地板枚数の減少と帯金幅の数値上の変化には相関性を認めがたい。

上接2式は，地板枚数の減少傾向にあわせて，衝角先端の形態がBa類からBb類に変化し，帯金幅が増加する。ただし，佐賀県西分丸山古墳例は小型品であり，その帯金幅と地板枚数の評価にやや問題が残るが，鋲留製品である点もあわせて，鼓形配置の上接2式のうちで最新の資料とする。

上接3式の近代古墳例（第50図3）は，地板配置にイレギュラーが認められるが，上接2式の大阪府盾塚古墳例や西分丸山古墳例よりも地板の枚数が多く，また，衝角先端もBa類とみられることから古相に位置づけうる可能性がある。

菱形配置では，横接式で腰巻板を持たない構造から衝角付冑の最古例の一つとして位置づけられてきた大阪府豊中大塚古墳1号冑（第50図5）がある。大

第7表 三角板系統の配列

（帯金幅と伏板湾曲度の単位はcm）

鼓形配置

遺跡名	型式	連接技法	衝角先端の形態	地板枚数 上段	地板枚数 下段	帯金幅 胴巻板	帯金幅 腰巻板	合計	湾曲度 伏板	鋲	共伴甲冑 短甲	共伴甲冑 頸甲
佐野八幡山	横接	革綴	Ba	逆12	順17	2.2	2.5	4.7	5.5	A I	三革TII	—
わき塚1号	横接	革綴	A?	逆11	順17	2.7	2.4	5.1	(欠失)	A I	長革III	I-b
野毛大塚	横接	革綴	A	逆9	順13	2.7	2.5	5.2	—	A I	長革IIa	I-b
豊中大塚 2号冑	上接2	革綴	(欠失)	逆11	順13	2.4	2.5	4.9	6.0	A I	三革襟	—
私市円山 第2主体	上接2	革綴	Ba	逆9	順13	2.8	2.5	5.3	5.0	A I	三革DI	—
盾塚	上接2	革綴	Bb	逆7	(順11)	2.8	3.3	6.1	(欠失)	A I	三革DI	—
西分丸山	上接2	鋲留	Bb	逆7	順9	1.8	1.2	3.0	4.7	変鋲	(不明)	(不明)
近代	上接3	革綴	Ba?	逆9	順12	2.8	2.6	5.4	6.1	A I	三鋲IIb?	II-b?

菱形配置

遺跡名	型式	連接技法	衝角先端の形態	地板枚数 上段	地板枚数 下段	帯金幅 胴巻板	帯金幅 腰巻板	合計	湾曲度 伏板	鋲	共伴甲冑 短甲	共伴甲冑 頸甲
豊中大塚 1号冑	横接	革綴	A	順9	逆15	2.0	なし	2.0	5.7	A I	三革襟	—
百舌鳥大塚山 3号施設	横接	革綴	A	(順11)	(逆15)	2.9	2.9	5.8	(欠失)	(不明)	三革	—
百舌鳥大塚山 1号槨	上接1	革綴	Ba?	順9	逆11	2.1	2.3	4.4	(7.0)	A I	三革襟	—
堂山1号	上接2	革綴	Bb	順11	逆14	2.7	2.5	5.2	6.5	A I	三革DI	—
千人塚	上接2	革綴	Bb	(順11)	(逆13)	2.0	2.1	4.1	(欠失)	A I	三革DI?	—
心合寺山	上接2	革綴	Ba	順9	逆13	2.4	2.6	5.0	5.3	A I	三革DI	—
珠金塚（D）	上接2	鋲留	Ba	順9	逆11	2.5	2.6	5.1	(7.2)	C	三鋲	III-c
島内76号	上接2	革綴	Bb	順9	逆11	2.4	2.3	4.7	6.2	A I	横鋲Ib	—
七観 2号冑	上接2	革綴	Bb	順9	逆11	2.6	2.3	4.9	5.7	BIII	三革?三鋲?	(不明)
宇治二子山北	上接2	革綴	Ba	順7	逆11	2.4	2.4	4.8	5.0	CII	長革IIIa	I-b
竹谷里94号	上接2	革綴	Bb	順7	(逆9)	2.5	(1.7)	(4.2)	7.1	A"II	—	III-c
新開1号	上接2	革綴	(欠失)	順7	逆9	2.9	5.5	6.7	変鋲	II-a1		
私市円山 第1主体	上接3	革綴	Bb	順7	逆9	2.5	2.4	4.9	(不明)	A"II	三革DI	II-b
鞍塚	上内接	鋲留	Bb	順7	逆9	3.2	2.7	5.9	6.6	B'III	三革DII	III-c

特殊配置

遺跡名	型式	連接技法	衝角先端の形態	地板枚数 上段	地板枚数 下段	帯金幅 胴巻板	帯金幅 腰巻板	合計	湾曲度 伏板	鋲	共伴甲冑 短甲	共伴甲冑 頸甲
交野東車塚	横接	革綴	A	6(特殊)	順13(特殊)	5.9	なし	5.9	—	A I	三革襟	—
安久路2号	横接	革綴	A	逆5(特殊)	順7(特殊)	2.5	2.2	4.7	5.3	A I	長革IIb	—
茶すり山	横接	革綴	A	順9	順11	2.8	2.5	5.3	(不明)	A I	三革襟	—
六野原6号	横接	革綴	A	(順9)	(順11)	2.2	2.6	4.8	(欠失)	A I	横鋲II	II-c
五ヶ山B2号	横接	革綴	A	逆7	なし	4.3	4.3	5.6	A"II	三革DI	I-b	

阪府百舌鳥大塚山古墳3号施設例よりも地板枚数は少ないとみられるが、構造上上位に配列する。

上接1式には百舌鳥大塚山古墳1号槨例があるが、これは先端付近の腰巻板幅は展開幅で2.6 cmであるのに対し、後頭部側では2.3 cmであり、やや上接2式に近い。地板枚数からみるならば、横接式の諸例よりも新相を示すが、すべての上接2式よりも古相を示すわけでもない。

上接2式では大阪府堂山1号墳例の地板枚数が多い。堂山1号墳例の腰巻板先端幅は後頭部側よりも0.5 cm幅広になるもので、やや上接1式に近い。ただし、衝角先端の折り曲げ方式はBb類である。他例についても、地板枚数の減少傾向と衝角先端の形態や帯金幅の間に明確な相関を認めることはできず、提示した配列はかなり不安定である。なお、大阪府珠金塚古墳例（第50図6）が連接技法として鋲留技法を採用しており、鋲留技法の初現例として理解する。

上接3式には私市円山古墳第1主体例があり、衝角先端の形態はBb類、地板枚数は最少である。

上内接式には大阪府鞍塚古墳例（第50図7）がある。衝角先端の形態はBb類であり、地板枚数も最少である。さらに帯金幅の合計は三角板系統の諸例の中で最大の5.9 cmであり、連接技法に鋲留技法を採用することから、三角板系統のうち最新の資料とできる。

特殊配置の例はいずれも横接式である。最古型式の交野東車塚古墳例（第50図4）を含むため、ある程度の時間差を想定できるが、それぞれの資料の特徴が大きく異なり、当然配列としては機能していない。

共伴する甲冑は、横接式には古谷毅による鋲の分類のうちAI式が多く共伴する。上接2式の中位に位置づけた珠金塚古墳例には鋲留短甲や鋲留頸甲がセットとなり、冑の位置づけよりも新相を示す。共伴資料による冑の配列の追認は難しいかもしれない。また、菱形配列のうち、上位に位置づけた一群には頸甲が伴わないことは、付属具の生産量の問題とあわせて古相との評価に親和的かもしれない。

(4) 小札系統の検討（第8表）

地板に小札を用いる一群である。革綴冑は京都府ニゴレ古墳出土の1例のみ

124　第2部　甲冑の型式学的研究

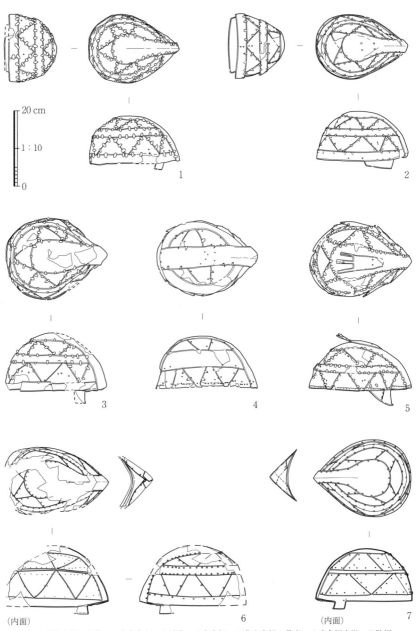

1 私市円山第2主体　2 心合寺山　3 近代　4 東車塚　5 豊中大塚1号冑　6 珠金塚南槨　7 鞍塚

第50図　衝角付冑の諸例（2）

があるが，ニゴレ古墳例の衝角底板の連接型式は不明である。そのため小札鋲留衝角付冑のみ検討する。

　小札鋲留衝角付冑はいわゆる竪矧細板鋲留衝角付冑から派生した形式である。詳細は別稿に譲るが，竪矧細板鋲留衝角付冑から直接改変されて成立した資料として伝・雲部車塚古墳出土の小札鋲留衝角付冑（第51図2）を挙げることができ，小札系統の祖形として位置づけうる〔川畑2010 c〕。伝・雲部車塚例は腰巻板先端の形態がD類をなすことから，上接3式の七観古墳例を直接の祖形とみなしうる。

　小札系統の検討では，地板位置調整の有無・程度の項目を追加する。ここでいう地板位置調整とは，内面からみる場合に，衝角両側部の地板の前端の位置がその上下にある胴巻板や腰巻板の前端の位置と揃うか揃わないかという視点である。例えば，福井県西塚古墳例（第51図3）のように地板と胴巻板や腰巻板との位置が大きくずれるものは「×」，伝・雲部車塚古墳例のように地板の前端と胴巻板や腰巻板の前端が1か所のみ大きくずれるもの，もしくは複数箇所がややずれるものは「△」，そのようなずれがみられず，各部材の前端が直線的に揃うものは「○」と表記する。大阪府御獅子塚古墳例（同4）のように衝角部両側の地板を1枚の竪矧細板とするものは「一連」とする。これらの地板位置調整の有無・程度は，内面の地板同士の位置をきちんと揃える造りの丁寧なもの（○）から，それが徐々に顧みられなくなり（△），内面での地板の位置を揃えることが全く考慮されないもの（×）へという，製作手順上の粗雑化の度合いを反映する。なお，このような内面へ無頓着さは，地板の形態の変化との相関により助長されるため，地板の形態も勘案するべきではあるが，ここでは参照していない。

　第8表に小札系統の衝角付冑の諸要素を挙げる。出土点数は必ずしも多くないが，上接3式・上下接式・上内接式・内接1式・内接2式・外接式・一連式と多くの型式がある。

　小札系統の衝角付冑のうち最古の資料として位置づけうる伝・雲部車塚古墳例の衝角底板連接手法は，D類の腰巻板の採用から上接3式もしくは上内接式に該当するが，衝角底板の欠失のため確定できない。さしあたりここでは上接3式に準ずる位置づけを与えておく。

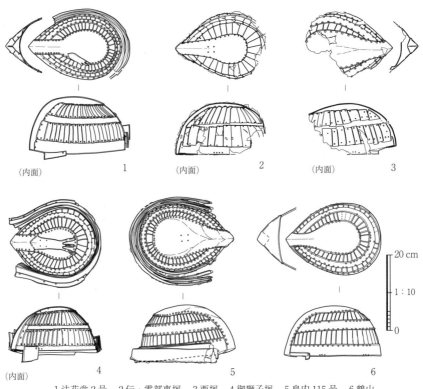

1 法花堂2号　2 伝・雲部車塚　3 西塚　4 御獅子塚　5 島内115号　6 鶴山
第51図　衝角付冑の諸例（3）

　上接3式には雲部車塚古墳例（第46図2）や福岡県堤当正寺古墳例などがある。京都府岸ヶ前2号墳例は，衝角底板側面の一方は上方に突出しないA類であるが，もう一方は上方にわずかに突出するB類であり，上接3式と上内接式の中間に位置づけうる。上内接式の祖形とすることも可能である。帯金幅の合計が5.0 cm台前半に収まる伝・雲部車塚古墳例と岸ヶ前2号墳例を古相，6.0 cmを上回る堤当正寺古墳例を新相とする。ただし，雲部車塚古墳例については，先述のとおり後頭部での胴巻板幅が狭い特殊な例であるため，伏板湾曲度を含めて新しく位置づけた。伏板湾曲度が6.5 cmを超えることが一般化し，新たな衝角底板連接型式の採用とともに，冑鉢の全体的な形態にも変化がみられる。

　上下接式として宮崎県島内115号墓例（第51図5）があるが，小札系統では

第8表　小札系統の配列

(帯金幅と伏板湾曲度の単位は cm)

遺跡名	型式	衝角先端の形態	帯金幅			伏板湾曲度	地板位置調整	鋲	共伴甲冑	
			胴巻板	腰巻板	合計				短甲	頸甲
伝・雲部車塚	上接3?	Bb	2.3	3.0	5.3	6.6	△	(不明)	(不明)	(不明)
岸ヶ前2号	上接3	Bb	2.8	2.5	5.3	6.5	○	CIII	三革 DI	II-c
堤当正寺	上接3	Bb	3.1	3.8	6.9	6.2	一連	DIII	三革 DII	II-c
雲部車塚	上接3	Bb	3.4	(2.3)	(5.7)	7.2	○?	(不明)	(不明)	(不明)
マロ塚	上接3	Ba	3.2	3.1	6.3	6.1	△	(不明)	(不明)	II-c (註)
法花堂2号	上接3	C	3.2	3.9	7.1	7.0	△	DIII (袖)	三鋲 Ib	III-b 1
島内115号	上下接	Ba	3.0	4.2	7.2	7.0	△	DIII (挟)	―	―
御獅子塚	上内接	Bb	2.7	2.6	5.3	5.9	一連	DIII (袖)	三鋲 Ia	III-c
珠金塚 冑B	上内接	Bb	2.8	2.3	5.1	6.5	○	(不明)	―	III-c?
珠金塚 冑A	上内接	Bb	3.1	3.0	6.1	6.7	一連	DIII (袖)	三革	III-c
円照寺墓山1号	内接1	(欠失)	3.2	3.8	7.0	(8.0)	(欠失)	欠損	―	―
樫山	内接2	C	3.6	4.2	7.8	(8.0?)	○?	C?D?	三鋲	III-c
新沢281号	内接2	D	3.3	3.8	7.1	(7.3)	△?	CIII (挟)	横鋲 IIb/c	III-d
今井1号	内接2	D	3.0	3.6	6.6	8.0	×	(不明)	三鋲	III-c・d
鶴山	外接	Bb?C?	3.4	3.3	6.7	7.0	×	CIII (袖)	横鋲 IIb	III-c
武具八幡	外接	A	2.8	4.0	6.8	(欠失)	(欠失)	CIII?	横鋲 IIc	III-d
杉ノ原 (島内1号)	外接	A	3.5	3.5	7.0	7.9	(不明)	(不明)	横鋲 IIc	―
西塚	一連	C	3.8	4	7.8	(7.2)	×	(不明)	横鋲	III-d

(註) マロ塚古墳出土頸甲は3点あるが,最も古相の1号頸甲を組み合うものとした。
短甲は横矧板鋲留短甲が1点あるが,製作年代が異なり,組み合わないと判断した。

1例のみである。帯金幅合計が7.0 cm を超え,また伏板湾曲度も 7.0 cm であり,上接3式の諸例と比較して新しい要素を示しており,型式成立の前後関係と整合的である。

　上内接式には御獅子塚古墳例(第51図4)と珠金塚古墳出土の2例の計3例がある。御獅子塚古墳例と珠金塚古墳冑Bは帯金幅合計が 5.0 cm 台前半であり上接3式の岸ヶ前2号墳例に近い。一方の珠金塚古墳冑Aは帯金幅合計が 6.0 cm であり,同冑Bや御獅子塚古墳例よりも新しいとみる。御獅子塚古墳例の伏板湾曲度が 5.9 cm と小さいため,珠金塚古墳冑Bよりも上位に位置づける。

　内接1式には,円照寺墓山1号墳例の1例のみがある。帯金幅,伏板湾曲度

ともに上内接式よりも新しい位置づけとして整合的である。

内接2式には宮崎県樫山古墳例・奈良県新沢281号墳例・奈良県今井1号墳例がある。樫山古墳例は衝角先端の折り曲げ方式はC類であり，新沢281号墳例・今井1号墳例はD類である。地板位置調整は，樫山古墳例・新沢281号墳例はやや判然としないが，今井1号墳例ではずれが大きく，他の配列にあわせて内面のずれが大きくなるようである。帯金幅は樫山古墳例で合計7.8 cm，新沢281号墳例で合計7.1 cm，今井1号墳例で合計6.6 cmである。これまで一般的に帯金幅の合計が大きいものをより新しい特徴としてきたが，小札系統の内接2式では帯金幅の合計が徐々に減少する可能性がある。

外接式には鶴山古墳例（第51図6），群馬県武具八幡古墳例，宮崎県杉ノ原（島内1号）例（第46図4）がある。詳細が不明な資料が多く，配列は難しい。

一連式には福井県西塚古墳例（第51図2）がある。衝角先端の折り曲げ方式はD類に近いC類であり，地板位置調整がみられず地板同士が大きくずれるなど，多くの新しい特徴を示す。

共伴する甲冑では，各型式内での配列を良好に検証できる状況にはない。一方で各型式間の関係では，配列上より新相を示す資料では，錣は袖錣から後頭部に抉りを持つものへと変化し，短甲は革綴短甲から鋲留短甲へ，頸甲は革綴式から鋲留式，さらには藤田和尊による分類の最終段階に位置づけられるⅢ-d式へと変化する。

(5) 横矧板系統の検討（第9表）

横矧板鋲留衝角付冑として分類されてきた一群である。第9表に横矧板系統の諸様相を挙げる。横矧板系統には上下接式・内接1式・内接2式・内接3式・外接式・一連式・非連結式があり，出土点数も多い。

横矧板系統は，地板枚数を3枚とする竪矧板A系統の狐塚古墳出土の竪矧板鋲留衝角付冑を前提として，地板を上下に分割することで成立したと考えられる。現状での横矧板系統の最古型式には上下接式や内接1式が該当するが，それらには兵庫県宮山古墳例や，原山西手古墳例，小木原1号墓例など地板の枚数が上下ともに3枚の例が含まれ，上記の想定を裏付ける。横矧板鋲留衝角付冑の地板枚数は上下ともに3枚のものを古相と考える。なお，横矧板系統の

第9表　横矧板系統の配列

(帯金幅と伏板湾曲度の単位は cm)

遺跡名	型式	地板枚数 上段	地板枚数 下段	衝角先端の形態	鋲頭径	帯金幅 胴巻板	帯金幅 腰巻板	帯金幅 合計	湾曲度 伏板	置板調整位	鋲	共伴甲冑 短甲	共伴甲冑 頸甲
宮山	上下接	3	3	B?	小	4.2	3.7	7.9	7.9		DIII(共?)	三鋲 Ia/b	III-c
黒姫山 7号衝角	上下接	1	2	Bb	小	3.6	4.0	7.6	8.6	×	(不明)	三鋲 IIb	(不明)
島内21号	上下接	1	1	Ba	小	3.5	3.6	7.1	8.1	×	CIII(共)	横鋲 IIb	—
随庵	内接1	1	1	C	小	3.0	4.0	7.0	(7.6)		(不明)	三鋲 IIa	III-c
原山西手	内接1	3	3	C	小	3.1	3.4	6.5	7.3		不明(共)	横鋲 IIa?	III-c
小木原1号	内接1	3	3	C	小	3.5	4.0	7.5	7.9		(不明)	横鋲 IIb	III-d
青塚	内接2	1	1	C	小	3.2	4.3	7.5	7.0	×	DIII	三革	—
向出山1号	内接2	(欠失)	(欠失)	C	小	3.2	3.8	7.0	(欠失)	(不明)	不明	三鋲	III-c
新沢115号	内接2	1	1	C	小	3.3	3.5	6.8	7.4	(不明)	—	三鋲 Ib	III-b2
塚堂	内接2	1	1	D	小	3.1	3.0	6.1	7.4	○	CIII	三鋲 or 横鋲	III-(d)
吸坂丸山5号	内接2	2	2	D	小	4.0	なし	(4.0)	7.7	(△)	CIII	—	—
東宮山	内接2	2	2	D	小	3.6	3.3	6.9	8.5	×	(不明)	—	—
川上	内接3	3	3	A	小	3.3	4.1	7.4	7.3	△	CIII(共)	横鋲 IIb	III-d
溝口の塚	内接3	3	3	A	小	3.2	3.2	6.4	7.4		C?D?	三鋲 Ib/IIa	II-c
稲童8号	内接3	1	1	A	小	3.2	4.5	7.7	8.8	○?	CIII(共)	横鋲 IIb	(小札)
江田船山	内接3	1	1	A	小	3.0	3.9	6.9	8.0	×	DIII(袖)	横革 IIc	II-b
伝・豊富大塚	内接3	2	2	A	小	3.2	3.7	6.9	7.8		DIII	不明	(III-d)
寛弘寺75号	内接3	1	1	A?	大	4.2	4.3	8.5	7.3	×	—	—	—
益子天王塚	内接3	2	2	A	大	3.8	3.9	7.7	9.0	(不明)	小札	小札甲	—
中小田2号	外接	(欠失)	(欠失)	(不明)	小	3.1	3.5?	6.6?	(不明)	○?	CIII	三鋲	III-c
坊主塚	外接	2	2	A	小	3.3	3.5	6.8	8.5	△	CIII(共)	三鋲 Ib	II-b
黒姫山 5号衝角	外接	2	2	A	小	3.5	3.3	6.8	8.1	○	(不明)	三鋲 IIa	III-c or III-d
黒姫山 8号衝角	外接	2	2	A	小	3.8	3.5	7.3	8.4	△	CIII(共)	横鋲 IIb?	III-c or III-d
倭文6号	外接	2	2?	A	小	3.8	3.6	7.4	(不明)	△?	小札	三鋲 Ia	—
宇治二子山南	外接	2	2	A	小	4.0	3.4	7.4	8.4	×	DIII(共)	横鋲 Ia/b?	III-d
黒姫山 1号衝角	外接	2	2	A	小	3.7	3.8	7.5	7.7		(不明)	横鋲 IIb	III-c or III-d
黒姫山 3号衝角	外接	2	2	A	小	3.8	なし	3.8	6.4	(×)	(不明)	横鋲 IIb	III-c or III-d
小田茶臼塚	外接	2	2	A	小	3.9	3.8	7.7	(8.6)	△	—	横鋲 IIc	III-d
長持山	外接	1	2	A	小	3.2	4.3	7.5	8.8		小札	小札甲	(小札)
池尻2号	外接	1	1	A	小	3.7	3.9	7.6	8.5		CIII(共)	—	—
高井田山	外接	1?	1?	A	小	4.0	4.0	8.0	8.6		CIII(共)	横鋲—	III-d
黒姫山 4号衝角	外接	1	1	A	小	4.4	3.8	8.2	6.9	×	(不明)	横鋲 IIc	(不明)
城山1号	外接	1	1	A	大	3.6	4.1	7.7	(欠失)	(欠失)	小札	小札甲	—
法皇塚	外接	1	1	A	大	4.2	4.5	8.7	6.5	(欠失)	(欠失)	小札	小札甲	—
永明寺	外接	1	1	A	大	4.4	4.6	9.0	(欠失)	(欠失)	小札	小札甲	—
三昧塚	一連	1	1	A	小	3.4	4.2	7.6	8.7	(不明)	小札	小札甲	—
大須二子山	一連	1	1	A	小	4.4	4.2	8.6	9.6	(不明)	小札	小札甲	—
上田蝦夷森1号	非連結	1	1	A (特殊)	小	4.6	4.9	9.5	7.6	(不明)	小札	—	—

分析においても，小札系統と同様に地板位置の調整の有無と程度を加えている．

上下接式には，宮山古墳例，大阪府黒姫山古墳7号衝角，宮崎県島内21号墓例（第52図1）がある．宮山古墳例は帯金幅合計が7.9 cmであり，黒姫山古墳7号衝角でも7.6 cmと非常に幅広であり，一般的な帯金幅の増加傾向を踏まえれば新相を示すかのようにみえる．しかし，島内21号墓例のBa類の衝角先端部の折り曲げ方式は，小札系統の島内115号墓例を例外とすれば基本的に古相の三角板系統だけにみられる手法であり，それらと連続する古相の指標としては認めがたい．また，島内21号墓例の衝角先端の折り曲げ部を鋲留する手法は他に認められず，他のBa類の衝角先端部とは全く別個の脈絡で生まれたものとして位置づける．さらに黒姫山古墳7号衝角や島内21号墓例は内面の地板の位置が大きくずれ，新しい様相を示す．一方，帯金が著しく幅広な宮山古墳例は，先述のとおり地板の枚数が上下ともに3枚であり，古相を示す．上下接式では，より新しい資料になるにつれ帯金幅が減少するとみる．

内接1式には，随庵古墳例（第46図3），原山西手古墳例，小木原1号墓例（第52図2）がある．先に内接1式の項で述べたように，随庵古墳例は上内接式と同様に竪眉庇側面のみが上方に突出するB類の衝角底板を採用することから，先行する上内接式の特徴を最も残したものと考え，最古相とみる．ただしその場合，随庵古墳例は地板枚数が上下とも1枚であり，原山西手古墳例・小木原1号墓例はどちらも地板枚数3枚であるため，他の形式とは地板枚数の変化は一致しない．原山西手古墳例については，帯金幅の合計・伏板湾曲度ともに他の2例よりも小さく，諸要素の配列の整合性は低い．

内接2式は6例を挙げた．このうち青塚古墳例と塚堂古墳例のみ，古相のC類の衝角底板を採用する．青塚古墳例は内面の地板位置にずれがみられるが，C類の衝角先端を採用することから，上位に位置づけた．塚堂古墳例のC類の衝角底板の扱いに問題を残すが，他の例では衝角先端の形態がC類からD類へと変化するのにあわせて，帯金幅が減少する．地板枚数が上下ともに3枚のものはみられないが，愛媛県東宮山古墳例（第52図3）や石川県吸坂丸山5号墳例（同4）では地板枚数が2枚となる．ただし両例は内面の地板の位置が大きくずれ，また衝角先端の形態がD類であり新しい要素も多いため，内接2式では地板枚数が2枚のものが後出するとみる．その場合，両例は帯金幅の減

第 4 章 衝角付冑の型式学的配列 131

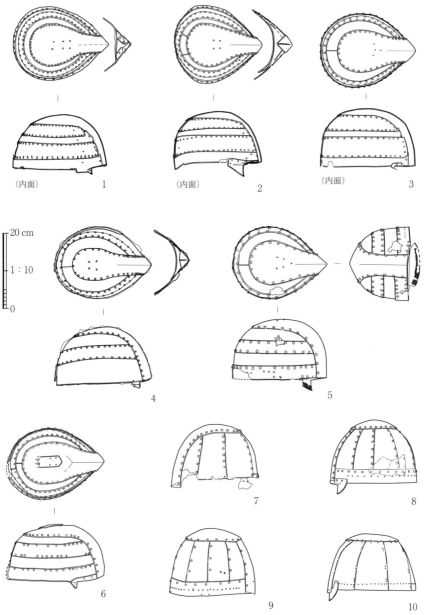

1 島内 21 号　2 小木原 1 号　3 東宮山　4 吸坂丸山 5 号　5 益子天王塚
6 宇治二子山南　7 大宮　8 琴平山　9 山王金冠塚　10 勿来金冠塚

第 52 図　衝角付冑の諸例（4）

少傾向と整合しない。

内接3式は7例を挙げた。地板枚数が上下ともに3枚の香川県川上古墳例や上段のみ3枚の長野県溝口の塚古墳例[10]を古相とする。伝・豊富大塚古墳例の地板枚数は上下ともに2枚であり，内接2式との関係から新しく位置づけた。大阪府寛弘寺75号墳例や益子天王塚古墳例（第52図5）では大型の鋲が用いられ，さらに新相とする[11]。益子天王塚古墳例は，竪眉庇下端が円弧状を描くE類の衝角底板を採用することから，後述する竪矧板B系統の諸例との関連の中で成立したものとみる。型式内での配列の整合性は低い。

外接式は最も資料数が多く，16例を挙げた。基本的には地板枚数が上下ともに2枚のものと，上下ともに1枚のものとに分かれ，後者にのみ大型鋲を用いるものがある。また，その区分に帯金幅もよく整合し，帯金幅が7.0cmを下回るものは地板枚数が上下ともに2枚となるものにだけ認められ，逆に帯金幅が8.0cmを上回るものは地板枚数が上下ともに1枚となるものだけに認められる。さらに，大型鋲を用いる千葉県法皇塚古墳例や埼玉県永明寺古墳例は帯金幅が8.5cmを上回る。内面の地板位置調整は，地板枚数が上下ともに2枚のものには内面の地板前端が揃うものを一定数認めうるが，上下ともに1枚のものには内面の地板前端の位置を揃えるものがみられない。以上のことから外接式については，地板枚数の2枚から1枚への減少，大型鋲の採用，帯金幅の拡大，内面の地板位置のずれの拡大化という種々の要素を高い整合性を持って配列することが可能であり，良好に製作順序を反映するものと考える。

一連式として茨城県三昧塚古墳例・愛知県大須二子山古墳例がある。三昧塚古墳例では衝角部・腰巻板・衝角底板がすべて一部材から造られているようであり，衝角部と腰巻板が一連で造られている可能性がある大須二子山古墳例とは様相が異なる。ただしどちらも詳細が不明瞭であり，一連式の型式設定を含めて再検討の余地が大きい。

10) 溝口の塚古墳例は，下段の地板枚数は1枚である。また，内接2式には地板枚数が上下ともに3枚のものがみられないのに対し，内接3式にはみられる点は，型式の出現順序と，地板枚数の傾向の矛盾であり，問題を残す。

11) 鋲頭径の大型化については，短甲で指摘されている〔吉村1988，滝沢1991〕。また鈴木一有は，冑の鋲頭径について，後期に入り大型化するが，後期末から飛鳥時代にかけて再び小型化するとしている〔鈴木2010〕。

非連結式の岩手県上田蝦夷森1号墳例は，衝角先端が腰巻板の下端にまで及ばない特異な構造であり，すでに最終段階の横矧板鋲留衝角付冑としての評価が与えられている〔鈴木2009〕。
　横矧板系統の衝角付冑に共伴する甲冑をみると，上下接式最古段階とした宮山古墳例は古相の鋲留短甲と共伴しており，また黒姫山古墳7号衝角や島内21号墓例出土の短甲は新相を示す。内接式では，比較的整合的な配列が得られた内接2式では共伴甲冑の様相が判然とせず，配列の妥当性の検証ができない。外接式では上位から下位にかけて短甲や頸甲の型式学的位置づけが新相を示す傾向をみてとることができる。

(6) 竪矧板B系統の検討 (第10表)

　いわゆる竪矧広板衝角付冑に相当する分類である。すでに内山敏行や鈴木一有により型式学的配列がなされている〔内山1992・鈴木2010〕。本章においてもそれ以上の理解を示すことはできず，それらの成果を追認するに留めておく。
　埼玉県大宮古墳出土例

第10表　竪矧板B系統の配列

遺跡名	型式	伏板・衝角部	地板枚数	地板連接鋲数
南塚	外接被覆？	一連	7?	9
大宮	(欠失)	一連	7	6
金鈴塚	外接被覆	別造	7	7
諏訪神社	外接被覆	別造	7	5~8
王墓山	外接被覆	別造	7	5
琴平山	外接被覆	別造	9	6
伝・茨城	外接被覆	別造	9	6／7
山王金冠塚	(欠失)	別造	9	3
小見真観寺	(欠失)	別造	11	3
勿来金冠塚	外接被覆	別造	6	(3)

(第52図7) のように伏板と衝角部が一連で地板枚数が少なく，地板同士の連接鋲数が多いものを古相とする。やがて三重県琴平山古墳例（同8）のように伏板と衝角部が別造りのものが成立し，群馬県山王金冠塚古墳例（同9）のように地板枚数が多く，地板同士の連接鋲数の少ないものが成立すると考えられる。また，その過程で，福島県勿来金冠塚古墳例（同10）のように腰巻板を持たず，連接技法も革綴のものが出現するとみられる。

(7) 衝角付冑の型式学的配列

　以上，地板形状の差異に基づく分類ごとに衝角付冑の各要素をみた。衝角底

134　第2部　甲冑の型式学的研究

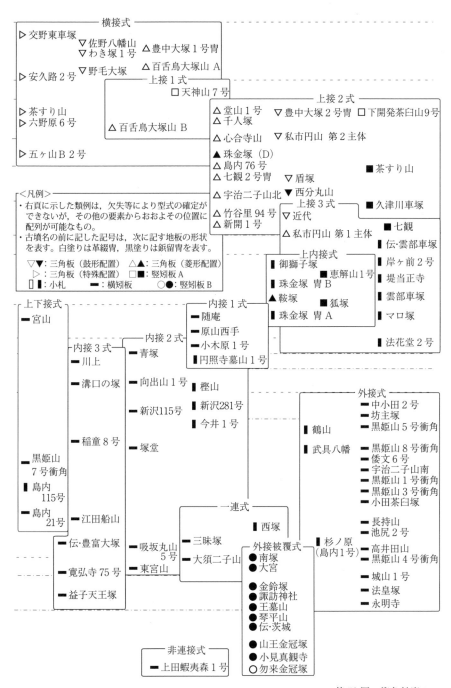

第53図　衝角付冑の

第4章　衝角付冑の型式学的配列

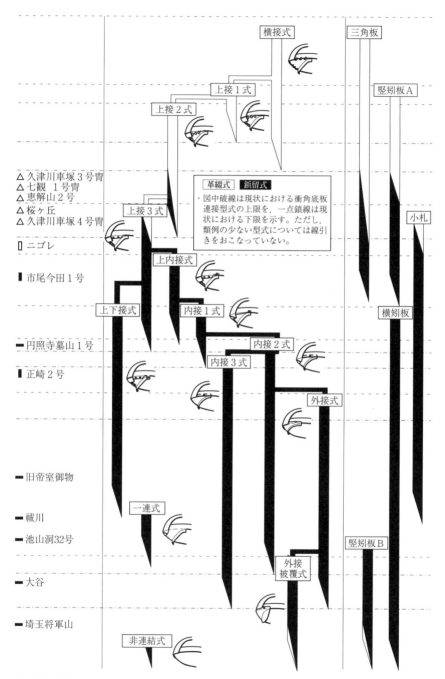

型式学的配列

板と腰巻板の連接型式の消長とともに，各地板形式の消長がみられ，さらにおおまかには帯金幅や伏板湾曲度が増大する傾向を認めた。ただし，帯金幅は上下接式や内接2式では徐々にその幅を減少させるとみられ，すべての型式内での変化の方向性は決して同一ではない。また，各形式内でのみ比較可能な要素として，地板の枚数や内面の地板位置の調整などを検討したが，それらと帯金幅や衝角先端の形態についても，ある程度整合的に配列が可能である。これまでに得てきた配列は，緩やかにではあるがその製作順序を反映すると考える。

以上の配列結果に基づき，衝角付冑の型式学的配列を第53図として提示する。それぞれの型式内での配列はこれまでの各表で提示してきた配列に依拠するが，これまでにも述べてきたようにその配列すべてが製作順序を良好に反映すると確言できないものも多い。特に厳密な前後関係が確定できないものについては上下に近接して配置した。ただし，若干の間隙を空けて配列しているものについては種々の要素に目立った相違があるものであり，配列上の妥当性が高い。なお，各型式間の併行関係については，帯金幅や鋲頭径といった種々の要素から位置づけたが，当然ながら形式・型式が異なるにつれ，その上下位置関係により示される製作順序の想定の精度は下がる。また，型式は確定できないが，その他の種々の要素からおおよその位置づけを与えうるものも，枠外に配列した。

各型式間での位置づけについて多少言及しておく。横接式のうち茶すり山古墳例や六野原6号墓例は，地板枚数が少ないことから型式としては後出する上接1式や上接2式との併行関係を想定した。上接3式のうち，地板枚数から古相に位置づけられる近代古墳例や私市円山古墳第1主体例は上接2式との併行関係を考える。上接3式のうち法花堂2号墳例は衝角先端の形態がC類であり，内接1式や内接2式との併行関係を考える。上下接式や内接2式，内接3式，外接式の併行関係については，地板位置の調整が〇や△になるものを古相に，×になるものを新相としておおよその併行関係をみとめ，鋲頭径が大型となる鋲を使用する寛弘寺75号墳例と城山1号墳例に併行関係を想定してその範囲内に収めた。衝角底板連接型式から内接3式と外接式は別系統として位置づけたが，鋲頭径や地板位置調整といった要素からも両者の併行関係がより明確化したといえよう。

5. 衝角付冑の生産系譜の展開

(1) 形式と型式の展開

　衝角付冑の各要素を検討することで，その型式学的配列（≒製作順序）を提示した。

　まず注意するべき点は，地板形式の違いをある程度捨象しなければ，現状においては衝角底板連接型式の整然とした変遷過程は提示できないという点である。これは，将来的な資料の増加により方法論的には解決されうる問題であるが，衝角付冑の生産は，地板の差異により完全に区分される異なる生産組織によるのではなく，それぞれの地板形式がある程度の連関を持って展開したと考える方が妥当であろう。あるいは，地板形式の違いは生産系統の違いを示さないという考え方も成り立つ。

　三角板系統には横接式から上内接式の5型式があるが，それぞれある程度の生産の併行関係を認めうるが，大きくは時間差として捉えられる。しかし，各型式内では，地板の枚数や帯金幅，衝角先端の折り曲げ方式といった各要素をすべて整然と配列することはやや難しい。この理由としては確保できる部材が必ずしも常に均質・均一なものではなかったという可能性や，生産体制が散発的で流動的であった可能性などが考えられる。

　地板配置ごとにみると，鼓形配置の一群では，三角板系統の衝角付冑の全体数からすると横接式の割合が比較的高いことが指摘できる。一方の菱形配置の一群は，提示した資料では横接式2例に対し，上接1～3式および上内接式が12例であり，その構成比は鼓形配置の一群と大きく異なる。なお，型式が不明なため第7表には提示しなかったが，地板枚数がいずれも地板第1段で9枚以下，第2段で11枚以下となるため，上接2式ないし上接3式とみられる久津川車塚古墳3号冑・4号冑や七観古墳2号冑，徳島県恵解山2号墳例，長野県桜ヶ丘古墳例はすべて菱形配置である。菱形配置の一群に上接式の例が高い割合を占めるという傾向はさらに顕著であったと考えられる。

　鼓形配置の一群に横接式が多く，菱形配置の一群に上接式の資料が多いことは，両者の違いが緩やかに時期差に対応するものであった可能性を示す。しか

し，鼓形配置にも鋲留冑がみられ，また菱形配置に最古段階の一例である豊中大塚1号冑が含まれる点も考えると，両者の差を時期差のみで理解することは適切ではない。両者は生産系統の差として併存した可能性があり，やがて菱形系統が生産量で主流を占めたとする理解が穏当なところであろう。

なお，鼓形配置の一群では，第7表に提示した8例中2例のみがのちの畿内に相当する範囲から出土したのに対し，菱形配置の一群では14例中9例がのちの畿内に相当する範囲から出土したという分布傾向の違いを指摘できる。生産系統の違いと分布傾向に関係性がある可能性がある。ただし，菱形配置には，宮崎県島内76号墓例や朝鮮半島の竹谷里94号墓例がみられ，分布範囲はより広大である。

三角板系統のうち，特殊配置とした5例はいずれも横接式である。茶すり山古墳例や六野原6号墓例の地板枚数は少ないため，古式には位置づけがたく，地板配置の生産系統のまとまりと横接式の長期的な採用にも関連があった可能性が高い。

三角板系統に続いて現れる竪矧板A系統は，出土点数が7点と非常に限定的な点も方法論上それに寄与しているが，衝角底板と腰巻板の連接方式・胴巻板の有無および施される鋲列数・帯金幅・伏板湾曲度のほぼすべてを整然と配列できる。

竪矧板A系統から地板を上下2段に改変した小札系統が分化し，上接3式の段階で3形式の冑が並立する。さらに上接3式をもとに鋲留技法の導入に対応した結果として上内接式が成立する。ただし，上内接式の三角板系統は現状では鞍塚古墳例のみであり，速やかに三角板系統の生産は終了する。また，上接3式から上内接式への移行に併行する形で，別系統として上下接式の分化が生じる。ここにおいて，過渡的な併存状況とは異なる，衝角底板連接型式の併存が明確化する。

上下接式もしくは内接1式の成立と併行して，地板形式の主流が小札系統から横矧板系統へと変化する。過渡的な型式である内接1式は速やかに内接2式へ，さらに内接3式へと移行する。あわせて外接式への分化もみられ，前段階に成立していた上下接式の併存とあわせて衝角底板連接型式の多系化が最大となる。

(2) 衝角付冑の型式と多系化の意義

　上記のような衝角底板連接型式の多系化について，外接式の横矧板系統のうち鋲頭径が小さく帯金幅が狭い古相の一群に，地板枚数が上下ともに2枚のものが集中する点は注目できる。同段階の内接式や上下接式には同様の傾向はみられず，外接式独自の特徴といえる。衝角底板の連接型式と地板の配置方式に対応関係を指摘でき，横矧板系統の外接式という区分に，かなり明確な製作時のまとまりを想定できるのである。外接式の横矧板系統の種々の要素の配列が高い整合性をもって可能なことは，このような製作系統としてのまとまりに起因するのであろう。また，外接式の横矧板系統は地板枚数が上下ともに2枚のものから1枚のものへと変化するが，内接式では新相のものに地板枚数が上下ともに2枚のものが多いことが指摘できる。両者の地板枚数は変化の方向性を逆にしているのである。

　帯金幅では，上下接式や内接2式では帯金幅の減少傾向がみられ，帯金幅が増大する外接式とは変化を逆にする。また，内接2式の帯金幅の減少傾向は小札系統・横矧板系統の両者でみられることから，地板形式の差異よりも衝角底板連接型式のまとまりの方が系統的なまとまりとして有意な可能性がある。内接2式もまた，かなり良好に製作系譜のまとまりを示すといえよう。

　この製作系譜の違いにさらに踏み込んでその背景を考えるならば，次のようにいえる。特に外接式の横矧板系統にみられる，製作技法と地板の枚数や帯金の幅といった部材取り方式の相関の強さを鑑みれば，衝角底板の連接型式の違いにみられる製作系譜とは，素材の調達や部材の製作から組み上げまでを包括するような「工房」に相当すると考えられる。また，帯金幅の変化の方向性が，外接式と内接2式で逆方向を示すことは，部材の製作基盤が両型式で異なることを示唆する。内接2式についても，外接式とは異なる素材の調達と部材の製作・組み上げを包括する「工房」単位を想定してよい。衝角付冑全体としてのまとまりも確かに存在するが，各型式はそれぞれ素材の調達・部材の作成・組み上げといった，すべての工程を別個に担う，異なる工房において製作されたと結論づけうる[12]。

　もちろん，すべての衝角底板連接型式を「製作工房の違い」と評価し，その多系化を複数「工房」の並立と速断するには問題があるかもしれない。特に，

三角板系統にみられる初期の型式差は冑の改良過程を示すとみた方がよく，各型式は基本的に製作の前後関係を示すと考えられる。しかし，近接した時期に次々と生じた衝角底板連接型式の多系化には，自然発生的な製作系譜の分化よりも，意図的な製作工房数の拡大を想定できる。衝角底板連接型式の多系化とほぼ期を同じくして，地板枚数が少なく生産性が最も高い横矧板系統が主流化することから，当該時期に生産量の増大を目的とする動きがあったと考えることができよう。ただし，上下接式の生産の存続期間幅が非常に長いとみられる一方で，同型式の出土点数が確実なもので4点に限定されることから，創出された多系的な生産系統もしくは工房が必ずしもそれぞれ均等に冑の生産を担ったとはいえない。素材の入手可能量の多寡や生産規模の違いなど，その生産の有り様は多様であったといえよう。

6. 甲冑生産の系統に関する予察

衝角付冑の種々の要素を検討し，おおむね製作順序を明らかにしてきた。また，その中で衝角付冑の製作系譜や生産の動態についても復元を試みた。個々の遺物が持つ多様な属性を徹底的に分析することで，衝角付冑の生産系統や生産工房の展開を明らかにしてきたが，衝角付冑生産の最大の画期は，上下接式や内接3式・外接式といった型式が成立し，系統の「多系化」が生じた段階といえるだろう。

かなり限定的な工房で生産されていた衝角付冑は，ある段階をもって多数の工房で生産される量産体制に入る。そしてその時期とは衝角付冑への鋲留技法導入のしばらく後であり，第1部でみた矢鏃の変遷と照らし合わせるならば，Ⅲ期からⅣ期への転換期にほぼ一致するのである。武器と武具という違いを超えた画期性の一致がみられるのであるが，果たしてそこにはどういった意味が

---

12) 上下接式の初現とした宮山古墳例は，それまでの類例と比べて著しく帯金幅が幅広であり，前段階からの連続的な変化としては捉えにくい部分がある。上下接式を特徴づける衝角底板の連接方式の「発想」が，上内接式と全く反対であることとあわせて，前段階からの連続的な派生や改良というよりも，系譜関係にやや飛躍のある，いわば外観上の模倣のみによるような系統分化を想定するべきかもしれない。型式ならびにその背景としての工房の成立過程を考える上で示唆に富む。

あるのであろうか。

　ただし，今ここでその結論を急ぐことは適当ではない。現状での分析は，甲冑の一品目である衝角付冑に対するものにすぎない。衝角付冑では生産工房の展開から画期を認識したが，他の甲冑類はどうであるのかをきちんと明らかにする必要がある。まずは，次章で衝角付冑と同じく古墳時代の冑の主要な一形式である眉庇付冑の様相を明らかにすることで，着実に検討を進めていこう。

第5章　眉庇付冑の系統と変遷

1. 眉庇付冑研究の課題と本章の位置づけ

(1) 眉庇付冑研究の意義

　古墳時代の冑には，盛行期間は中期中葉から中期末にかけてと短いものの，衝角付冑とならんで眉庇付冑がある。眉庇付冑には受鉢・伏鉢や庇部といった防御的な機能とは無関係な装飾的要素が多くあり，同時期に盛行した衝角付冑との違いとして注目できる。さらに眉庇付冑には日本列島で生産されたとみられる最初期の金工品が含まれており，日本列島における金工技術の導入と生産の実態を考える上でも非常に重要な資料と考えることができる。本章では，眉庇付冑の分析をおこなうが，それにより旧来的な武具生産体制の中に新来の技術である金工品生産技術がどのように組み込まれていったのかが明らかにされることで，古墳時代における武器・武具生産の戦略的転換の実態が詳らかとなってくる。そしてそれは，「量差システム」から「質差システム」への転回を顕示する，象徴的な資料として理解されることになるだろう。

(2) 眉庇付冑の研究史

　眉庇付冑には金銅装のものが多くあるために，朝鮮半島を中心とする渡来系技術との関連や渡来系工人集団の動向を描出する点に研究の力点が置かれてきた。それらの研究は甲冑や鉄器製作の展開を論じた多くの論文とも関わり合い注目すべき論考も多いが，ここではさしあたり編年研究に着目して研究史を概観する。

　眉庇付冑の編年研究においては，末永雅雄により地板形状に基づいて形式区分・名称設定がなされ，その後の研究の基点が確立された〔末永1934〕。続いて小林謙一や野上丈介が竪矧板・小札・横矧板の地板形式の差異について，製

作技術の向上や製作の簡略化という視点から竪矧板→小札→横矧板と変化したとして評価し〔小林謙1974, 野上1975〕，福尾正彦や清水和明もそうした変遷観を追認している〔福尾1987, 清水1995〕。

地板形状の違いを年代差とする理解に加えて，庇部文様の退化傾向から新古関係を明らかにしようとする視点は，末永雅雄により早くから提示されていた〔末永1934〕。伊藤勇輔は，系統差の可能性を示唆しつつも，庇部文様が絡龍文の透かし彫りや波状列点文の蹴り彫りを持つ一群から三角形の透かし彫りなどの簡略なものへと変化したと述べており〔伊藤1978〕，小林謙一も同様に庇部の透かし彫り文様の変遷を述べている〔小林謙1983〕。小林はあくまで地板形式の差異を編年指標上優位とみなす立場をとるが，透かし彫りの文様を絡龍文系・三角文系・レンズ文系という3系統に区分し，それぞれについて段階設定をおこなった。

それら地板形式の差異・庇部文様の変遷に加えて，より多彩な視点に着目したのが橋本達也である〔橋本1995〕。橋本は庇部文様のうち最も精巧な絡龍文を一括して最古型式とし，その他の型式をそこから派生したものとして位置づけた上で，「庇部接合端部」「鋲」「庇部取り付け位置」「庇部形態」といった諸要素の分析を加味して庇部文様の変遷観を第一の指標とする自説を補強した。その後も個々の資料の位置づけを検討する中で，横矧板鋲留式の出現をやや早まるものとしたり〔橋本2004〕，腰巻板に鋲列を持つものを金銅板張り付け装飾の痕跡器官として捉える〔橋本2012〕など注目すべき視点を挙げている。

橋本が提示した指標とは異なる視点から年代的整理を試みたのが内山敏行と大谷晃二である〔内山・大谷1995〕。内山と大谷は，眉庇付冑の要素のうち，新たに地板の連接方式と受鉢・伏鉢の径に着目し，その出現年代を述べている。また受鉢・伏鉢と管の製作技法と冑鉢本体への連接方式を整理している。

眉庇付冑は形態的特徴から朝鮮半島出土の冑との関係性が指摘されてきたが〔福尾1987, 清水1995ほか〕，そのような系譜上の特徴を明確化する過程で内山敏行は「金銅装」「棘葉形地板」「四方白」「袖錣」といった属性が初期の眉庇付冑に顕著にみられるとしている〔内山2001a〕。

以上，眉庇付冑の研究史について，特に編年研究に注目して整理した。眉庇付冑の編年研究をまとめるならば，地板形状については地板第1段と第2段を

一連とする竪矧細板のものを初現とし，それが上下で分割される小札・横矧板が続くとされる。また，金銅装の精美なものが古式であり，いわゆる絡龍文を始点とした庇部文様の変遷・展開が想定されている。それらに加えて，庇部の取り付け位置や庇部の形態，受鉢・伏鉢の径といった諸要素も編年要素として有効性があることが主張されている。

(3) 研究史上の課題と本章の視点

　以上のように，眉庇付冑が持つ多くの要素が着目されてきており，また各論文で述べられてきた各要素の変化の方向性にはそれぞれ説得性がある。しかし，個々の資料に立ち戻ればすべての要素が完全に整合的に変遷するわけではない。各要素がどれほどの並行関係を持って変化したのか，どの要素が変遷を考える上で重要なのかを改めて検討し，より包括的で整合的な変遷観を再構築する必要がある。

　現在，最も多角的な視点による検討は橋本達也による一連の研究である。その編年は多くの属性の検討に基づき，現状では最も妥当性が高い。しかし，種々の要素を勘案しつつも，最終的には装飾的な要素である庇部文様の変遷を編年上の第一の指標として他の要素を位置づけた点は，妥当性の検討が必要である。橋本が整理したように庇部の文様の中には系譜関係を想定できるものも多く，それらの相互比較から前後関係を想定するのは有効性が高い。しかしそれより以前から小林謙一も主張しているように，庇部文様間にはやや差異の大きいものや明らかに別系統のものも存在しており，庇部文様の比較はすべての資料に対して有効な指標とはならない。

　これまでの研究史上でみられた問題点として，絡龍文の庇部文様をもつ金銅装で精美な一群を無批判的に最古段階の資料として位置づけてきた点がある。小林謙一が無文の庇部を持つ一群も古相に位置づけうる可能性を指摘したように，金銅装というだけで古相の資料とする視点の妥当性を問う必要がある。何よりその問題点は，日本列島における金銅製品・金銅装製品の導入方式の実態解明という，眉庇付冑研究に期待される視点に直結する問題であり，厳密に問われるべきである。

　そのような前提から，本章では眉庇付冑の編年にあたって，金銅装の有無や

146　第2部　甲冑の型式学的研究

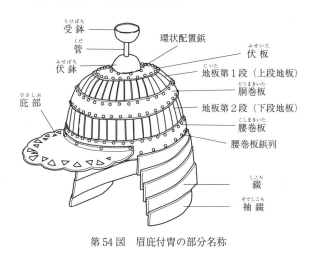

第54図　眉庇付冑の部分名称

庇部文様の様相といった装飾的な要素ではなく，製作技法に直結する構造的特質こそが編年指標上重要であるとの立場に立つ。構造的特質の検討を中心とし，その上で各種装飾的要素を加味して新たな眉庇付冑の編年を提示し，生産系統の様相を明らかにしたい。

なお，眉庇付冑の部分名称を第54図に挙げる。

2. 眉庇付冑の構造と特質

(1) 受鉢・伏鉢の連接技法

　受鉢・伏鉢とそれをつなぐ管は，庇部とならんで眉庇付冑の高い装飾性を象徴する部位である。それらは基本的に複数の部材が組み合わされて製作されており，遠目にはわかりにくい種々の製作手法が投入されている。そのため，技術系譜や編年指標を考える上で有効性が高い。受鉢・伏鉢の組み合わせ方法は，村井嵩雄により注目され内山敏行・大谷晃二と橋本達也がそれぞれ模式図を提示しているが（村井1988，内山・大谷1995，橋本2004），改めてその様相を整理する。受鉢・伏鉢と管の冑鉢本体への連接技法は第55図に示す5技法として整理できる[1]。

　一つ目は「割開差込法」である。ロール状にした鉄板（軸）を伏板・伏鉢・

---

1) ここで提示した5技法は基本的に受鉢・伏鉢・管を完備するものを典型例として挙げたが，眉庇付冑中には当初から伏鉢を持たなかったと想定されるものや，そもそも頂部装飾を持たないものも存在する。ただし，伏鉢を欠くような場合にも，基本的な頂部装飾の組み合わせ構造はこの5技法の中で理解できる。

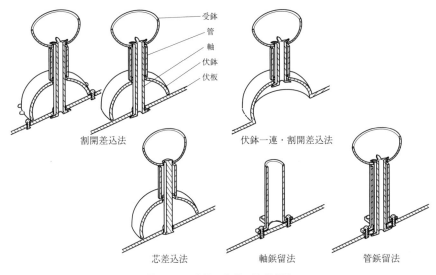

第55図　受鉢・伏鉢の連接技法

管・受鉢の順で貫通させ，伏板内面と受鉢上面で軸の両先端を割り開くことで，四つの部材の分離を防ぐ。伏鉢・受鉢に開けられた軸を貫通させるための孔よりも管の径は一回り大きいため，管の上端・下端によって受鉢・伏鉢が押さえ込まれ固定される仕組みである。

　二つ目は，「伏鉢一連・割開差込法」である。伏板の中央を半球形に打ち出し，伏板と一連で伏鉢を造り出すものである。伏鉢（伏板）と受鉢の連接手法は伏鉢・管・受鉢をロール状の軸で貫通させ軸の上下端を割り開くという，割開差込法と同様である。外見上は伏鉢の製作技法を判定することが難しい，特徴的な技法といえる。

　三つ目は，「芯差込法」である。中実の棒状芯材を伏板・伏鉢・管・受鉢に貫通させ，その上下端をかしめることで四つの部材の遊離を防ぎ，管の上端・下端によって受鉢・伏鉢を押さえ込み固定する方式である。軸としてロールした鉄板を用いず，棒状の部材を用いるが，それ以外は割開差込法と同様の手法である。

　四つ目は，「軸鋲留法」である。ロールした鉄板の下端を大きく割り開き，割り開いた部分を直接伏板上に鋲留して軸とする。その軸を伏鉢・管・受鉢に貫通させ上端を割り開いたものとも考えられるが，良好な遺存例が少なく確定

できない部分も多い[2]。

　最後に、「管鋲留法」である。割開差込法と同様にロールした鉄板からなる軸を伏板・管・受鉢に通し、上下端を割り開くことで各部材を固定する。管の下端は大きく割り開き、伏板上で鋲留し固定したようである。熊本県マロ塚古墳2号眉庇などから想定される技法だが、管や受鉢がみられないため、具体例が遺存しないあくまで推定復元による技法である。

　これら5技法について、それぞれの関係を考える。伏鉢一連・割開差込法は、伏板と伏鉢が一連であるかそれとも別造りであるかという点を除けば基本的に割開差込法と同様の技法であり、両者には近縁性が認められる。芯差込法についても、軸として用いる部材が棒状部材であるのかそれともロール状の鉄板であるのかという点以外は割開差込法と共通し、割開差込法と最も技法的に近似する。推定復元ではあるが管鋲留法についても、使用する部材は基本的には割開差込法と同様で、伏板に軸を貫通させ内面で割り開くものであり、最も技法的に近似するものを挙げるならば、割開差込法といえる。一方の軸鋲留法については伏板に穿孔が無い点で他の4技法と最も様相が異なる独立性が高い技法といえる。しいて近似するものを求めるならば、管鋲留法となろう。

　つまり、これらの型式学的位置関係は、伏鉢一連・割開差込法、芯差込法、管鋲留法の三者については割開差込法を基点とする技法的な近縁関係が想定できる。それぞれについては直接的な系統関連は想定できず、単系的な前後関係としては理解できない。軸鋲留法のみが割開差込法とではなく管鋲留法とのみ近縁関係を持つようである。なお、各技法のあり方からだけでは新古関係を考えるのは難しく、多系的な有り様を示唆する。

2）　受鉢・伏鉢の両者を欠く構造であった場合、両者の固定のために軸と管を組み合わせる必要がなくなり、軸もしくは管の一方だけを伏板上に直立させれば十分となる。そういった軸と管を組み合わせず単体・単層のロールした鉄板だけを用いた場合、それを軸とするか管とするかは難しい。外観上「管」と呼称した方が適切そうだが、「管鋲留法」には「軸」が存在しており、「軸」鋲留法の軸は伏鉢・管・受鉢を欠いた単体でも存在しうるため、単体・単層のロール状鉄板については「軸」と呼称する。つまり、鉄板を二重に巻いた場合の外側のものだけを「管」と呼ぶということである。

　また、伏鉢内の軸の周囲にも鉄板（銅板）をロール状に巻きつけるものもある。これについてはロールした鉄板の下端を伏板上面にあてることで、伏鉢上の軸とあわせて上下から伏鉢を挟み込むことが可能となり、伏鉢の固定を強化できる。本来は伏鉢の固定強化のための造作であったと考えられる。

(2) 伏板の環状配置鋲

　受鉢・伏鉢の連接技法を整理したが，受鉢・伏鉢の固定は，伏鉢を伏板から打ち出す伏鉢一連・割開差込法を除けばいずれも管との接触面での摩擦力のみによっており，それほど強固なものではない。一方で，伏板に環状に配置した鋲で伏鉢が周囲から押さえ込まれ固定が補助されているものがある。これを伏板の環状配置鋲と呼称するが，この環状配置鋲を持つものは伏鉢がきっちりと固定されるが，反対に持たないものは持つものに比べて製作技法上簡略化されたものといえる。一方で，伏鉢とは全く離れた位置に環状配置鋲があり，単なる装飾以上の意味が認められないものもある。

　これらの伏鉢の固定の役には立たない環状配置鋲は，本来期待された伏鉢の固定という機能を喪失し，装飾へと転化したいわゆる痕跡器官に相当すると考えられる。つまり，伏板の環状配置鋲は，「伏鉢固定の機能を果たすもの」→「伏鉢に接せず，装飾に転化したもの」→「鋲を施さないもの」という3段階の変遷を想定できる〔植野1999〕。

(3) 腰巻板の鋲列

　腰巻板には特に機能が想定できない鋲列が配される例がある。これを腰巻板鋲列と呼称するが，この腰巻板鋲列については腰巻板に装飾用の金銅板を貼りつける際に用いられた実用的な鋲が痕跡器官化したものであることを橋本達也が指摘している〔橋本2012〕。すなわち「腰巻板に金銅板を貼りつけるもの」→「金銅板がみられず，鋲だけが痕跡的に残されたもの」→「鋲が配されないもの」という出現順序が想定できる。

　ただし，この出現順序はあくまで腰巻板に金銅板を貼りつけるものを祖形とする系統についてのみいえるもので，後述のように総鉄製の冑を祖形とする一群については腰巻板鋲列を当初から必要としないため，腰巻板鋲列のないものが常に新相を示すわけではない。詳細は後述する。

(4) 地板形式と連接構造

　眉庇付冑の地板は基本的には大きくは地板第1段と第2段を一連とする竪矧板，地板第1段と第2段で分割された小型の鉄板である小札，地板第1段と第

2段で分割された横幅の広い鉄板である横矧板の3種類として理解されてきた。研究史上述べられてきたように，竪矧板を古相とし，続いて小札・横矧板が用いられるという理解も，一つの説明として成り立つ。しかし，実際には地板形式を3種として分類するには地板枚数はあまりに多様であり，仮に小札と横矧板の間に両者の中間として方形板という分類を加えたとしてもあまり有効でない。また，単純な地板枚数の減少傾向という説明が常に有効ではないことはすでに橋本達也が指摘したとおりである〔橋本1995〕。

地板形態の分類について有効性が認められる範囲としては，構造上の違いを意味する「上段・下段が一連である」か「上段・下段が分割されている」かといった程度であろう。「上段・下段が一連のもの」から「上段・下段を分割したもの」が成立したという理解は十分可能である。本章では便宜的・慣習的に竪矧板や小札・横矧板といった語を用いるが，竪矧板は地板が上下一連のものを表し，小札・横矧板は地板を上下分割するもののうち，「地板枚数が多いもの／少ないもの」を緩やかに指し示す程度の意味で用いる。最古段階の眉庇付冑の抽出には地板が上下一連であることは必要条件と考えるが，地板が上下一連であることは古相に位置づけるための十分条件ではない。要するに竪矧板・小札・横矧板の語はそれ単独では前後関係を表さないものとして用いる。

眉庇付冑の地板形式の変遷とその構造的特質を考えるにあたって注目するべき資料として，滋賀県新開1号墳出土の2号眉庇付冑がある（161頁第62図1）。新開1号墳2号眉庇は地板を上下一連とするいわゆる竪矧板鋲留式であるが，胴巻板の幅が非常に狭く，胴巻板での鋲留は一段だけという他例とは異なる特徴を有している。地板に竪矧板を用いる際には，一般的に他の冑でみられるような胴巻板での上下二段の鋲留は構造上必須ではなく，新開1号墳2号眉庇の鋲留の方法は地板の形状を考えればかなり理にかなっている。当該資料の存在を通して考えれば，他の一般的な竪矧板鋲留眉庇付冑は，胴巻板で上下二段に鋲留するという構造上不要な造作を加えている点でむしろ異常といってもよい。そこには製作効率以外の要因が想定できる。

ここで当該資料の胴巻板を考えるときに想起されるのが，第4章で検討した京都府久津川車塚古墳ならびに大阪府七観古墳出土の鋲留衝角付冑である。両者は配列上先行する兵庫県茶すり山古墳例に胴巻板を追加したことで成立した

ものとして位置づけたが，その胴巻板の幅は2.0 cm程度と非常に狭くまた鋲留は一段であった。地板が上下一連である竪矧板を用いる際には鋲は一段あれば十分であり，それが後続する資料の製作の際に上下二段へと改変された背景には，地板に小札を用いる一群の定着とそれらの資料への外見上の接近があったと考えられる。

そのような竪矧板を用いる衝角付冑の変遷を踏まえて改めて竪矧板を用いる眉庇付冑を考えれば，構造上必須ではない胴巻板で上下二段に鋲留する一群は，地板に小札を使用する一群の成立・定着を前提にするといえる。すなわち，眉庇付冑においても，竪矧板を前提としてそれを上下に分割した小札を用いるものが生み出されるという変化の方向性を想定すると，胴巻板の鋲が一段の新開1号墳2号眉庇は，地板に小札を用いる資料が出現する以前の特徴を持つ，竪矧板として最も古相を留めた資料といえる。

3. 庇部文様の検討

(1) 庇部文様検討の前提

続いて庇部文様の変遷を検討するが，小林謙一が述べたように，庇部文様の変遷を検討する場合にはそれぞれの系統差を加味した分析が必要である〔小林1983〕。そこで本章では，確実に同系統とみなしうる庇部文様ごとに相互比較し，前後関係を想定する方法をとる。その上で，別個の文様構成をとる一群についても，個別の文様の要素を比較することで，その相互の関係を考える。

庇部文様の分析は大きく葉文系・三角文系・レンズ文系・無透系の4区分とする。各区分はそれぞれ細分できるが，詳細は以下で述べる。庇部文様の分類模式図を第56図に示す。

(2) 葉文系の検討

絡龍文とされてきたが，橋本達也が改めて葉文として評価した一群である。本章でも文様表現の理解は橋本にならい，葉文系と呼称する。これまでに特に絡龍文とされてきた一群を葉文系A類，その他の一群を葉文系B類とする。両者は葉文を持つ点では共通するが，関連性を想定した場合にも単純な前後関

152　第2部　甲冑の型式学的研究

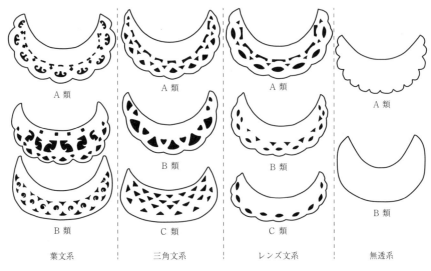

第56図　庇部文様の分類

係は即座には決しがたい。

　A類は大阪府西小山古墳，千葉県祇園大塚山古墳，福岡県月岡古墳から出土しており，絵図のみが伝えられたものであるが，大阪府大仙古墳からの出土も知られる。庇部文様を検討すると，庇部に蹴り彫りで文様を施す西小山古墳例（第57図1・4），祇園大塚山古墳例（同2・5）と，蹴り彫りによる文様がみられない月岡古墳1号冑（同3）と大仙古墳例（同6）に大きく二分できる。ただし，大仙古墳例については絵図に表現されなかっただけという可能性も否定できない。

　A類の庇部文様の構成は，第58図に示したように一対の葉脚を両側に持つ波状文を最小単位文様とし，それが二条交差したものである。おそらくそれを庇部の内縁側から橋脚状に飛び飛びで連結することで，図に示した①・②・③という3種の透かしの形ができあがるのである。

　そういった本来のデザイン構成を念頭に置いて諸例をみると，西小山古墳例（同4）は本来の葉文の構成をかなりよく表現していることがわかる。ただし，透かし③が波状文に接する部分は強く内湾するものの角をなしており，本来の形態からやや変化しているとみることもできる。透かし②についても，波状文から葉脚が突出する本来のデザイン構成とは異なっており，横方向に突出して

第5章　眉庇付冑の系統と変遷　153

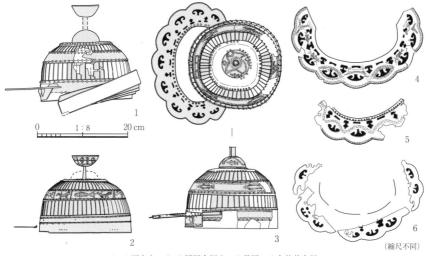

1・4 西小山　2・5 祇園大塚山　3 月岡　6 大仙前方部
(縮尺不同)

第57図　葉文系A類の諸例

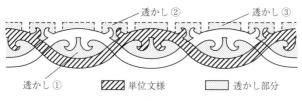

第58図　葉文系A類の単位文様

いるかのような箇所がある。一部施文のない箇所もあるが，蹴り彫りによる波状列点文がレンズ形透かしの上下を交差して巡っており，波状列点文による交差波状文とでも称すべき文様を構成している点は，本来のデザイン構成を踏まえたものであろう。

　一方，同じく蹴り彫りで文様を施す祇園大塚山古墳例（同5）では，透かし①にやや形態的な弛緩がみられるが，左右端は尖っている。しかし，蹴り彫りは透かし①の上下を交差するようには巡らず，また庇部内面の波状列点文は「波状」というよりも「鋸歯状」に近く，文様の硬直化がみられる。透かし②の葉脚も波状文になめらかに接続しておらず，交差波状文からはやや離れてしまっている。ともに最古相の庇部文様とされてきた上記2例においても，明らかに祇園大塚山古墳例では文様が弛緩している。

さらに庇部に蹴り彫りの文様を持たない月岡古墳1号冑（同3）では，透かし①は左右端に丸みを持ち楕円形に近くなっており，交差する波状文の表現から完全にかけ離れてしまっている。また透かし②は，葉脚としての表現すら失われておりむしろ方形透かしと菱形透かしの組み合わせと呼称した方が適切なほどである。透かし③も一辺が弧状をなさず，単純な方形となってしまっているものがある。つまり，月岡古墳1号冑は祇園大塚山古墳例よりも本来のデザイン構成から一層かけ離れているのである。

ちなみに大仙古墳例については，あくまで絵図にすぎないため，実際の形態をどの程度反映しているのかは不明であるが，透かし部の形状には著しい弛緩がみられ，月岡古墳1号冑と同程度もしくはそれ以上の文様の退化を認めることができる。

以上，これまで眉庇付冑の最古型式としてごく短期的な生産が想定されてきた葉文系A類については，庇部文様に明確な退化傾向が指摘でき[3]，各資料の製作段階に一定の時間幅を見込む余地があることがわかった。ではその時間差とはこれまでにも述べられてきたとおり，他の種々の庇部文様すべてに先行する程度のものなのだろうか。それとも，その時間幅の中で後続する別系統の庇部文様が成立し，複数系統が併存するのであろうか。葉文系B類の検討は後におこなうとして，さしあたりこの問題に対する手掛かりを得るため，三角文系を検討する。

(3) 三角文系の検討

三角文系は主に三角形の透かしが庇部文様の主体をなす一群である。内縁側に方形透かし（葉文系A類の透かし③，以下葉文系A類の透かしを指すときのみ「透かし○」とする）を持つものと持たないものがあり，前者を三角文系A類，後者を三角文系B類とする。基本的には庇部外縁側で三角形透かしを交互に配置するが，一部に三角形透かしを交互に配置しないものがある。これらを三

---

3) 橋本達也も庇部文様に着目して，葉文系A類に製作の前後関係を見出している〔橋本2013〕。そこでは蹴り彫りによる施文の巧拙や特定のモチーフの有無から祇園大塚山古墳例が西小山古墳例に先行するとする，筆者とは異なる結論に至っている。筆者には，両冑の間で蹴り彫りによる動物の表現に巧拙の差や種類の多寡に，製作の前後関係とできる明確な理由があるのかどうかはわからない。あくまで一見して明らかな葉文の表現の退化傾向をこそ重視する立場をとりたい。

第 5 章　眉庇付冑の系統と変遷　155

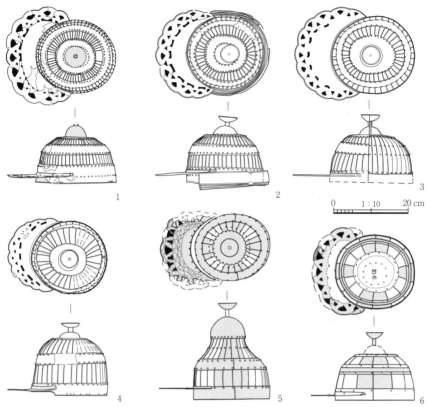

1 小野王塚　2 新開 1 号 4 号眉庇　3 和田山 5 号　4 鶴山　5 五條猫塚 3 号眉庇　6 妙前大塚

第 59 図　三角文系の諸例（1）

角文系 C 類とする。

　三角文系は，橋本達也が指摘したとおり葉文系 A 類の透かし①と透かし②の葉脚を省略することで成立したと考えられる。その一方で，その省略方式を考える上で注目するべき資料として，兵庫県小野王塚古墳例（第 59 図 1）が挙げられる。

　小野王塚古墳例は外縁側が弧状に刳り込まれた非常に整った形の方形透かしを持ち，三角文系 A 類に該当する。外縁側に配される大型の三角形透かしは外縁側一辺が強い弧状をなし，その大型三角形透かしの内側頂点に接する位置に円形の穿孔を持つ。大型三角形透かしの外縁側一辺が強い弧状をなす点は，葉文系 A 類の透かし①の形態を強く受け継いだ古相の特徴といえる。では，

一方の大型三角形透かしの内側に施される円形の穿孔は一体何に由来するのか。

それらは穿孔と表現したが径が 3 mm ほどあり，鋲や歩揺といったもののための通常の穿孔よりもかなり大きく，穿孔というよりも透かしに近い。そう考えて，それらを透かしの一部とみなせば，その透かし自体の形態よりもその周囲に残された部位に着目する必要が生じる。円形の透かしは三角形透かしの内縁側の頂点に隣接しており，その結果，円形透かしと大型三角形透かしの間にごく小型の突起が彫り残される形となる。そしてその小型の突起は透かし①にみられる葉脚に対応するとみることができる。

すなわち，小野王塚古墳例の庇部の透かし彫りは，円形透かしと大型三角形透かしとを組み合わせることで，葉文系 A 類の透かし①の葉脚を表現したものといえる。一方の小型三角形透かしには葉脚の表現はみられず，また円形透かしと大型三角形透かしの組み合わせにより表現される葉脚はもはや一見して葉脚とは言いがたいほどに形骸化しているが，小野王塚古墳例の三角文系 A 類の庇部文様には葉文系 A 類からの直接的な変遷をみることができる。なお，同様の円形透かしと三角形透かしの組み合わせは，長野県妙前大塚古墳例にもある（同 6）。

このように考えると，やや特殊な形状である奈良県五條猫塚古墳 3 号冑（同 5）の透かしの形状についても，円形透かしと三角形透かしの組み合わせによって葉脚付の三角形透かしを表現していたものが，形態的に弛緩したものと評価できる。ただし，五條猫塚古墳 3 号冑は小型三角形透かしにも葉脚の退化表現がみられることから，小野王塚古墳例よりも古相を留めるとみることも可能かもしれない。しかし，ここでは葉脚付三角形透かしからの直接的な退化形態というよりも，円形透かしと三角形透かしを組み合わせたものを前提とした形態的退化として理解しておく。いずれにしろ厳密な位置づけは難しいが，三角文系 A 類の初現資料である小野王塚古墳例にかなり近い位置づけを与えることが可能である[4]。

以上，文様の検討からは外縁側が弧状に割り込まれる方形透かしを持ち，大型三角形透かしの外縁一辺が強い弧状をなし，かつ円形透かしと三角形透かしを組み合わせることで葉脚の表現を試みる例を，葉文系 A 類から派生した三

角文系の初出資料として位置づけうる。すなわち現状では小野王塚古墳例がその第1候補となり，その後さほど間を置かずにB類の妙前大塚古墳例や五條猫塚古墳3号冑が出現すると考える。

では，三角文系の最初期に位置づけられる小野王塚古墳例はその祖形である葉文系A類のどの段階から派生したのか。小野王塚古墳例の大型三角形透かしの左右両端には明確な角があり，そのような特徴を持つのは西小山古墳例と祇園大塚山古墳例である。透かし③は祇園大塚山古墳例ではやや退化がみられ，小野王塚古墳例は西小山古墳例に近い。小野王塚古墳例の地板枚数は上段・下段ともに56枚である点は祇園大塚山古墳例の57枚，月岡古墳1号冑の上段56枚・下段55枚の中間であり，そのことも考え合わせれば，祇園大塚山古墳例と併行，少なくとも月岡古墳例よりも前の段階で小野王塚古墳例は製作されたとするのが妥当である。つまり文様の検討からは，葉文系A類のある段階で三角文系が派生し，両系統の生産は一定期間併行していたといえる。また，三角文系の変遷過程では，ごく早い段階で方形透かしを持つもの（A類）と持たないもの（B類）の二系化が達成されたといえる。

さて，三角文系はごく早い段階でA類・B類の二系化がなされたとみられるが，ともにその後大型三角形透かしの外縁一辺が直線的になり，群馬県鶴山古墳例（第59図4）のように内縁側・外縁側三角形の大きさの区別がほとんどなくなる。その後，兵庫県亀山古墳例（第60図10）のように内縁側にも多数の三角形透かしを配置するものや，宮崎県六野原8号地下式横穴墓例（同12）のように比較的均等な大きさの三角形透かしを交互に配置するという原則が崩れた，三角文系C類とした一群が出現する。

以上から，三角文系の庇部文様の変遷をA類・B類ともに3段階に区分する。方形透かしを持つA類では，庇部外縁側の大型三角形に葉脚の痕跡を残すものをA1類とする。葉脚の痕跡は失われるが，大型三角形の外縁側の一辺や，M字形透かしの外縁側などが弧状をなすものをA2類とする。それら

---

4) 五條猫塚古墳3号冑の透かしの形状に葉脚の痕跡を見出す視点は，橋本達也が提示している〔橋本1995〕。ただし，橋本は五條猫塚古墳3号冑を三角文系の初現として位置づけており，本章における理解とは位置づけがわずかに異なる。葉脚文系A類に直結する三角文系の祖形としては，やはりM字形透かしを持つ三角文系A類の方が妥当であろう。

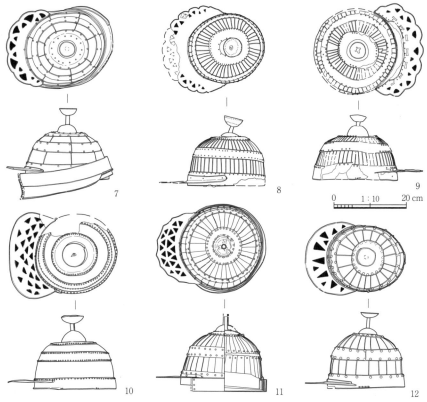

7 新沢139号　8 二本松山　9 御獅子塚　10 亀山　11 池山洞 I-3号　12 六野原8号

第60図　三角文系の諸例（2）

の透かしの各辺が直線的になるものをA3類とする。B類も同様に葉脚を残し透かしの各辺が弧状をなすB1類，葉脚の痕跡が失われるが透かしの各辺が弧状をなすB2類，透かしの各辺が直線的になるB3類に区分する。その上でA3類・B3類に後出する段階として，透かしの配置原則が著しく崩れたC類を設定する。

(4) レンズ文系の検討

　レンズ文系についても，三角文系と同様に方形透かしを持つものと持たないものがある。前者をレンズ文系A類，後者をレンズ文系B類とする。

　レンズ文系も三角文系と同様に葉文系A類から葉脚が省略された形態とし

て評価されてきたが，その成立は葉文系A類のどの段階とできるのか。レンズ文系の庇部文様の成立を考える上で注目できる資料は，福井県向出山1号墳出土例である（第61図1）。

　向出山1号墳例は金銅板製の庇部全体に蹴り彫りによる波状文を施す。レンズ形透かしは左右が明確な角をなし，月岡古墳1号眉庇よりも古相の特徴をよく残している。さらに小型三角形透かしに近接する位置に2孔一対の穿孔が施されており，歩揺を垂下していたことがわかる。葉文系A類の歩揺を配置する位置をみると，最古段階の西小山古墳例のみ庇部に歩揺を配置し，祇園大塚山古墳例・月岡古墳1号冑は腰巻板に，大仙古墳例では胴巻板に配置する。また，金銅製庇部に蹴り彫りで文様を持つのは月岡古墳例よりも前段階の特徴である。以上の点を総合的に評価すれば，向出山1号墳例は葉文系A類のうちでも，西小山古墳例や祇園大塚山古墳例に近い特徴を多く有しており，月岡古墳例にやや先行して位置づけられる。つまり，レンズ文系についても，葉文系A類からの派生ではあるが，両者は一定の併行期間を持って製作されたといえる。

　向出山1号墳例は方形透かしを持たないB類であるが，A類の新開1号墳1号眉庇（第61図3）も，レンズ形透かしの左右に明確な角を持ち，方形透かしの外縁側が弧状をなすことから，月岡古墳例に先行するとみて問題ない。これらのレンズ形透かしが明確な角を持ち，また内縁側の三角形透かしの外縁側二辺が弧状をなすものを古相としてA1類・B1類とする。レンズ形透かしの角が不明瞭になり楕円形に近くなり，また三角形透かしの各辺が直線的になったもの，A類では方形透かしの外縁側の弧状の抉りが弱くなり直線的になったものなどをA2類・B2類とする。なお，大阪府黒姫山古墳4号眉庇（同2）は，内縁側の三角形透かしが失われ，レンズ形透かしのみを配置するとみられ，レンズ文系の透かしの配置原則が乱れている。そういった庇部文様をC類としてA2類・B2類に後出するものと位置づけるが，確認できた例が黒姫山古墳4号眉庇のみであり，またそれも冑鉢本体の様相が不明であり，詳細は確定できない。

160 第2部 甲冑の型式学的研究

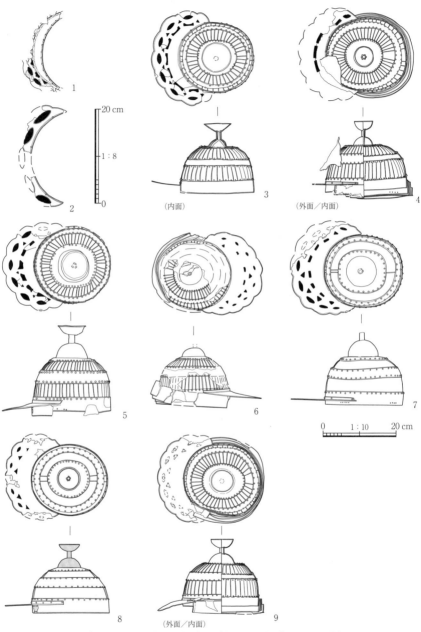

1 向出山1号　2 黒姫山4号眉庇　3 新開1号1号眉庇　4 野中7号冑
5 黒姫山9号眉庇　6 六野原10号　7 豊富大塚　8 稲童21号　9 野中7号眉庇

第61図　レンズ文系の諸例

第5章 眉庇付冑の系統と変遷　161

(5) 無透系の検討

　小林謙一が無文系とした一群であるが，金銅装の庇部に蹴り彫りで文様を施すものや庇部外縁を花弁状にするものも含めることから，無透系とする。その名のとおり，庇部に透かしを持たない一群である。庇部は金銅装とするもの・しないものの両者があり，また庇部外縁を花弁状にするものや非常に細かな鋸歯状にするもの，単なる円弧状のものなど多様な形態があり，群としてのまとまりはやや弱い。そのためこれまでのように文様から前後関係は推定できない。さしあたり，庇部外縁を花弁状や鋸歯状にするなど何らかの加工を加えるものを無透系A類，庇部外縁が単なる円弧状となるものを無透系B類とする。

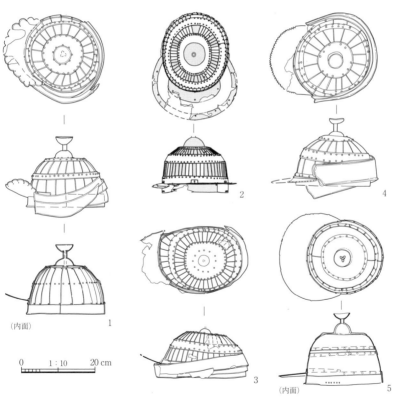

1 新開1号2号眉庇　2 五條猫塚冑2　3 兵家12号　4 後山無常堂　5 永浦4号

第62図　無透系の諸例

(6) 葉文系B類の検討

　続いて検討し残していた葉文系B類を検討する。葉文系B類は，透かしに葉脚を持つ一群である。類例は神奈川県朝光寺原1号墳例（第63図1），佐賀県夏崎古墳例，熊本県マロ塚古墳1号眉庇（同2），新開1号墳3号眉庇（同3）がある。夏崎古墳例は欠損部分が多く確定しがたいが，前三者は双葉形と三角形文の組み合わせを基調としている点で同様の文様構成とみることができよう。一方の新開1号墳3号眉庇は巴文のような透かしを配しており，他例とは様相が異なる。

　いずれも広義の葉文と三角形文から構成されるが，特に三角形透かしに注目すると，朝光寺原1号墳例では庇部外縁側に配置される大型三角形透かしの外縁側一辺が弧状をなしており，交差波状文に由来する古相の特徴を残している。同じく夏崎古墳例でも三角形透かしの外縁側が弧状をなしており，やや古相の特徴を有している。また，外縁側に葉文とは別個の透かしを持つ点も，外縁側に三角形透かしを順逆に配する朝光寺原1号墳例と同様の特徴といえる。一方のマロ塚古墳1号眉庇では内縁側の三角形透かしはいずれの各辺も直線的であり，新しい特徴を有しているといえようか。以上から，朝光寺原1号墳例・夏崎古墳例→マロ塚古墳例という変遷を想定する。

　なお，文様系統がやや異なるため直接の前後関係は比較できないが，新開1号墳3号眉庇についても，外縁側に位置する三角形透かしの外縁側一辺が弧状をなし，また同じく内縁側の二辺は内湾して弧状をなすことから，古相の特徴を示しているといえる。

(7) 小結

　以上，庇部文様の変遷について系統ごとに検討した。その結果，これまで透かしを持つ庇部文様としては一括して最古段階とみられることもあった葉文系A類は，その変遷過程で三角文系・レンズ文系の文様が分化・派生したのであり，三者には一定期間の併行関係が想定されることが明らかとなった。葉文系B類についても，葉文系A類から派生したことは間違いないであろうが，三角形透かしが弧状をなす点を考えれば葉文系A類のうちでも新段階の資料との併行関係は十分想定できる。

第5章　眉庇付冑の系統と変遷　163

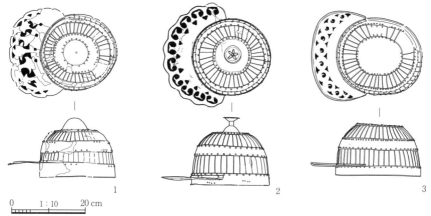

1 朝光寺原1号　2 マロ塚1号眉庇　3 新開1号3号眉庇
第63図　葉文系B類の諸例

　無透系については他の系統との直接的な比較が難しく，庇部文様から葉文系や三角文系・レンズ文系との前後関係は検討できない。文様の省略により透かしを持たない系統が生まれた可能性もあれば，無透系の庇部に透かしを施すことで，葉文系A類が成立した可能性もある。先に地板の配置方式からみた場合，新開1号墳2号眉庇の胴巻板で1列のみ鋲留する竪矧板という構造は最古相を留めるものとしてふさわしいことを述べたが，透かしの採用に伴う弁数の調整・減少という変化により無透系の古相の資料が葉文系A類に先行する可能性もあることから[5]，新開1号墳2号眉庇が葉文系A類に後出する根拠は限りなく少ないと考えたい。

---

[5]　やや根拠の薄弱な想像にすぎないが次のように考えることもできる。すなわち，新開1号墳2号眉庇の庇部外縁は14弁で，葉文系A類では9弁である点から，新開1号墳2号眉庇をプロトタイプとして透かしを採用するにあたって，透かし①などを配するために最低限必要な大きさを確保しようとしたために，外縁の弁数を減少させて全体的な調整を図ったとする考えである。反対に，葉文系A類の外縁9弁から新開1号墳2号眉庇の外縁14弁への変化を想定すると，透かしを省略するという装飾性の減少に対して，弁数を増加させるという装飾性の増加という相反する変化が同時に生じたことになり，説明としてやや苦しい。庇部の形態からは両者のどちらが先行するかは確定しきれないといえる。

4. 眉庇付冑の編年

(1) 配列の前提

　庇部文様の詳細な検討から各系統の変遷・段階設定をおこなった。続いて，先に想定しておいた眉庇付冑を構成する各要素の変遷観とあわせて，眉庇付冑の変遷を明らかにする。分析はさしあたり庇部文様ごとの比較が可能な各文様系統ごとにおこなう。編年のための検討項目として，これまで特に取り上げなかったが，鋲頭径の大きさ，庇部接合端部の形状，地板の枚数，胴巻板・腰巻板の幅についても参照する[6]。

　下記の四つの表で提示した鋲列の項目のうち，伏板の欄は環状配置鋲の有無と配置方式を示し，「○」は伏鉢の固定に寄与するもの，「△」は鋲列を持つが伏鉢の固定には寄与せず装飾に転化したもの，「×」は鋲列を持たないものを表す。同じく腰巻板の項目は，腰巻板鋲列を持つかどうかを表す。先述のとおり腰巻板鋲列は橋本達也が指摘したように〔橋本 2012〕，当初は西小山古墳例などのように装飾用の金銅板を挟み込むためのものであったが，やがて金銅板を配しない段階に至っても鋲列だけが痕跡器官的に遺存したものである。「○」は金銅板を固定するための鋲列を施すもの，「△」は金銅板を用いないが装飾としての鋲列のみが遺存するもの，「×」は鋲列のないものを表す。伏板・腰巻板の鋲列はいずれも「○」→「△」→「×」という順で成立順序を表す。

　鋲頭径は，径が 5 mm 未満のものを小型，それ以上のものを大型とする。庇部接合端部については，庇部と折り返し部分が連続するものと前後に段差を持ってずれるものの2類に区分し，前者を「一連」後者を「段差」とする（第64図）。

　また，配列が編年として有効性を発揮しえているかどうかを検討するために，眉庇付冑とセットを構成する鏃・甲・頸甲についても提示した。鏃は古谷毅による分類〔古谷1988〕をもとに袖鏃を持つものには「(袖)」を，最下段の後頭部下端に抉りを持つものには「(抉)」を付記した。短甲は革綴短甲は阪口英毅

---

6) 鋲頭径の大きさ・庇部接合端部の形状・庇部連接位置については橋本達也による分析視点である〔橋本1995〕。

の分類〔阪口 1998〕を，鋲留短甲は滝沢誠の分類〔滝沢 1991〕による。頸甲は藤田和尊の分類〔藤田 1984〕による。

(2) 葉文系の配列

第 11 表に葉文系の諸例の各要素を挙げた。先述のとおり庇部文様は西小山古墳例→祇園大塚山古墳例→月岡古墳 1 号冑→大仙古墳例という順で変遷したとみられる。

受鉢・伏鉢連接技法は，報告書には記載がないが報告写

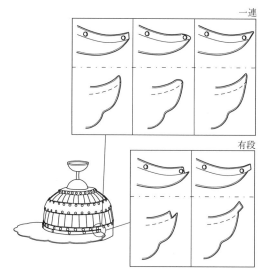

第 64 図　庇部接合端部類型

真ならびに復元品をみる限り西小山古墳例では伏板の環状配置鋲によって伏鉢を固定する割開差込法である[7]。祇園大塚山古墳例は伏鉢を持たないが，環状配置鋲は鋲頭が伏板に密接しているとされており〔村井 1966〕，伏鉢を固定する機能が失われた装飾的なものへと変化しているとみる。月岡古墳例 1 号冑の環状配置鋲も伏鉢を固定する機能を失っているようである。大仙古墳例については，絵図中には環状配置鋲らしき表現はみられない。腰巻板の鋲列は，総金銅製の祇園大塚山古墳例ではそもそも金銅板を別途留める必要がないため，「△」となる。この点からも祇園大塚山古墳例は腰巻板に金銅板を配置する例の最古型式にはなりえないことがわかる。

表には提示していないが地板をみると，西小山古墳例と祇園大塚山古墳例はそれぞれ地板に竪矧板を使用しており，月岡古墳 1 号冑と大仙古墳例では小札を使用している。また，地板の枚数もかなり近似するものの，西小山古墳例で

---

7) 西小山古墳例の復元品では，伏鉢の下端縁を外側に折り曲げて出し，そこを伏板環状鋲の鋲頭で押さえつけることで伏鉢を固定しているようである。報告図版や写真を見る限りそのような伏鉢の加工手法を用いているかどうかは確定できず，復元品の技法の是非は判断できない。そういった伏鉢下端縁を外側に折り曲げ出す手法が事実として確定できるのであれば，伏鉢を固定する割開差込法のうちでも最も精巧な，プロトタイプとしての位置づけが可能となるかもしれない。

第 11 表　葉文系の諸要素

（鉢径の単位は cm）

庇部文様	受鉢・伏鉢連接技法	鋲列		鋲頭径	端部接合形状	庇部接合	金銅装	庇部連接位置	鉢径		帯金合わせ位置		鋲	共伴甲冑	
		伏板	腰巻板						受鉢	伏鉢	胴巻板	腰巻板		甲	頸甲
西小山	葉A	割	○?	○	小	一連	○	腰	6.0	6.1	(不明)	(不明)	DIII	変形鋲	III-a 2
祇園大塚山	葉A	割?	△	△	小	(不明)	○	腰	6.3	—				小札甲	
月岡　1号	葉A	割	△	△	小	一連		腰	—	6.1			DIII?	三鋲？	(不明)
大仙	葉A	割？	×?	(不明)	小	(不明)	(不明)	(不明)	(不明)	(不明)	(不明)	(不明)	DIII?	横鋲 II	
朝光寺原1号	葉B	割？	○	×	小	一連	×	地	—	6.6	後	—	—	三鋲 Ia	
夏崎	葉B	割	△	×	小	一連	×	腰	—	—	後	後	—	変形鋲	
マロ塚　1号	葉B	割	×	×	小	一連	×	腰	(なし)		後	後	DIII(袖)	(横鋲IIc？)	(※)
新開1号　3号	葉B	—	—	×	—	一連	×				右前	—	DIII	三鋲 Ia	

(※) マロ塚古墳出土頸甲は、II-b 式、III-b 2 式、III-d 式の 3 点

庇部文様　葉：葉文系　三：三角文系　レ：レンズ文系　無：無透系
受鉢・伏鉢連接技法　割：割開差込法　伏：伏鉢一連・割開差込法　管：管鋲留法　芯：芯差込法　軸：軸鋲留法
庇部連接位置　腰：腰巻板　地：地板第 2 段

59 枚，祇園大塚山古墳例で 57 枚，月岡 1 号冑では上段が 56 枚・下段が 55 枚である。帯金幅については明確な傾向は見出しがたい。西小山古墳例・祇園大塚山古墳例では胴巻板の幅は 3.0 cm 前後であり，月岡古墳 1 号冑の 3.8 cm へと幅広化したとみてよいのであろうか。

　以上から，庇部文様の変遷と伏板の環状配置鋲，地板の配置方式と枚数はおおむね整合的に変化するといえる。帯金幅についてはやや判然としないが，いくつかの要素が整合的であることから考えて，庇部文様の退化傾向から想定した製作順序は妥当と考えてよかろう。

　一方でセットを構成する甲冑は，様相が不明瞭なものが多いが，最新段階とした大仙古墳前方部例の短甲が滝沢誠によるⅡb 類またはⅡc 類に位置づけられることは〔滝沢1996〕，大仙古墳前方部の甲冑セットを比較的新しい段階の所産と考える理解に整合的であろうか。

　葉文系 B 類は，文様の様相が明らかに異なる新開 1 号墳 3 号眉庇を除く 3 点を比較する。庇部文様からは朝光寺原 1 号墳例・夏崎古墳例が先行し，マロ塚古墳 1 号眉庇がやや遅れるとみた。他の要素では朝光寺原 1 号墳例は伏板環状配置鋲が「○」，夏崎古墳例は環状配置鋲が二重に配置されており明らかに装飾に転化しているため「△」とした。鋲頭径や庇部接合端部では比較できず，また地板枚数では夏崎古墳例が多くなるなど整合しない。帯金幅は胴巻板・腰巻板ともに幅が減じる方向で庇部文様の変遷と整合する。地板枚数は整合しな

第12表 三角文系の諸要素

(鉢径の単位は cm)

庇部文様	庇部文様	受鉢・伏鉢連接技法	鋲列	鋲列	鋲頭部形状	端部接合	金銅装	庇部連接位置	鉢径	鉢径	帯金合わせ位置	帯金合わせ位置	鋲	共伴甲冑	共伴甲冑
			伏板	腰巻板					受鉢	伏鉢	胴巻板	腰巻板		甲	頸甲
小野王塚	三A1	割	△	△	小	一連	○	腰	—	5.9	—	右	CIII（袖）	三鋲IIa/b	II-c
新開1号4号	三A2	割	○	△	小	一連	×	腰	5.0	5.5	右前？	後	DIII（袖）	三鋲Ia	—
雁洞	三A2?	(不明)	△	(不明)	小	(不明)	×	腰	(不明)	(不明)	(不明)	(不明)	CIII?	長革I/III	II?
マロ塚2号	三A?	管	△	×	小	一連	×	腰	—	—	右／左	右／左	BIII	（横鋲IIc?）	(※)
下北方5号	三A2	割	×	×	小	一連	×	腰	—	6.2	後	左	DIII（挟）	三鋲IIa	II-c
和田山5号	三A2	割	×	×	小	一連	×	腰	4.9	6.0	—	—	—	三鋲	I-b(鋲)
鶴山	三A3	割	×	×	小	段差	×	腰	5.0	5.7	後	後	(CIII)	横鋲IIb	III-c
五條猫塚3号	三B1	(割)	(—)	×	小	一連	○	地	—	(9.5)	右／左	右／左	DIII（挟）	小札甲	—
妙前大塚	三B1	管	×	×	小	一連	○	腰	4.7	—	右／左	右／左	B'III（袖）	—	—
新沢139号	三B2	割	×	×	小	一連	×	腰	4.6	4.9	右／左	右／左後	B'III（袖）	三革DI	II-b
伝・蓮山洞	三B2?	管？	△	△	小	一連	×	腰	—	—	右／左	右／左	DIII	—	—
湯山6号	三B2	芯	×	×	小	一連	×	腰	4.4	5.2	(不明)	(不明)	—	三革	—
御獅子塚	三B2	割	×	×	小	一連	○	腰	4.5	5.9	後？	—？	DIII	三革DI	III？
二本松山	三B3	割	×	×	小	一連	×	腰	5.3	5.3	—	—	—	三鋲Ib	I-b(鋲)
亀山	三C	割	×	×	小	一連	×	腰	6.2	6.8	—？	—	DIII（挟）	横鋲IIa	—
池山洞I-3号	三C	軸	○	×	小	一連	×	腰	—	5.8	後	—	DIII	—	—
女塚	三B/C?	(欠失)	×	×	大	(欠失)	×	腰	—	(5.8)	左	(不明)	—	三鋲	—
六野原8号	三C	割	×	×	大	段差	×	腰	5.0	5.3	左	後	—	三革	II-c

(※) マロ塚古墳出土頸甲は、II-b式、III-b2式、II-d式の3点
庇部文様 葉：葉文系 三：三角文系 レ：レンズ文系 無：無透系
受鉢・伏鉢連接技法 割：割開差込法 伏：伏鉢一連・割差込法 管：管鋲留法 芯：芯差込法 軸：軸鋲留法
庇部連接位置 腰：腰巻板 地：地板第2段

いが，おおむね表の上が古相を下が新相を示すとしてよかろう[8]。

　共伴する甲冑の様相もやや比較が難しいが，マロ塚古墳で唯一知られている短甲はIIc式であり，かなり新しい様相を示す。頸甲は3点知られ，II−b式となるならば古相を示すが，他の2例はIII式となるため，新しい段階の組み合わせとしても問題ない。

(3) 三角文系の配列

　三角文系は第12表のとおりである。三角文系A類では，古相のA1類の庇部文様を持つ小野王塚古墳例は伏板には「△」，腰巻板には「△」の鋲列を持

---

[8] マロ塚古墳1号眉庇にみられる特徴として，受鉢の上端が外側に開くように折れ曲がるという点がある。この特徴は黒姫山古墳出土の9号眉庇や13号眉庇にみられる（第61図5）。他に同一の特徴を持つ例はみられず，黒姫山古墳例も新しい段階に位置づけられる例が多いことを考えれば，そういった特徴は比較的新しい段階になって生じたものと考えてよかろう。その点からもマロ塚古墳1号眉庇はかなり新しい段階に位置づけられると考えてよい。

ち，A2類では新開1号墳4号眉庇が伏板に「○」，腰巻板に「△」の鋲列を持つため，伏板の環状配置鋲の様相には逆転がみられる。ただし，小野王塚の環状配置鋲は伏鉢から大きく離れる部分や伏鉢の下に埋もれてしまったかのようなものもあるが，部分的に伏鉢に近接するものもあり，完全に伏鉢の固定強化という目的を喪失してはいないとみたい。さほど大きな差とは認めなくてよいであろう。A2類では宮崎県下北方5号墓例と石川県和田山5号墳例は伏板・腰巻板に鋲列を持たず，新しい様相を示す。A3類の群馬県鶴山古墳例では，庇部接合端部に段差を持ち新しい特徴として整合的である。なお，小野王塚古墳例では地板に小札を用いるが，新開1号墳4号眉庇・和田山5号墳例では地板に竪矧板を用いる。竪矧板の例をより古相とする考え方もありうるが他の要素を優先した。

　表には提示していないが地板枚数は小野王塚古墳例の上下56枚ずつを起点に，新開1号墳4号眉庇が46枚，下北方5号墓例が49枚，和田山5号墳列が40枚とマロ塚古墳2号眉庇の24枚を除けば，鶴山古墳例の35枚まで緩やかに減少する傾向がみてとれる。ちなみにマロ塚古墳2号眉庇については，三角文系A類として表に提示したが，庇部文様は欠失箇所が多く確定できず，むしろ他の特徴から三角文系B類に位置づける方が適当とも考えられる。地板枚数が上下24枚と少ないのもそういった系統上の位置づけに関係しているのかもしれない。詳しくは後述する。帯金幅については小野王塚古墳例の胴巻板3.5 cm，腰巻板5.1 cmを最大としておおよそ減少していく傾向がある。

　以上から庇部文様の変遷と伏板・腰巻板の鋲の有無，庇部接合端部の形状，地板枚数，帯金幅がおおよそ整合的に変化するといえ，これらは製作の順序を示しているとみてよい。

　共伴する甲冑相をみると，古相と考えた小野王塚古墳例や新開1号墳4号眉庇では錣に袖錣が付属し，古相の特徴としてよい。小野王塚古墳の短甲は滝沢誠におけるⅡa式もしくはⅡb式であり，後続する新開1号墳4号眉庇に付属する甲冑相よりも新相を示している[9]。下北方5号墓例は錣の最下段後頭部に抉りを持ち，鶴山古墳例は錣の様相はやや判然としないが頸甲に新しい様相が現れている。セットとなる甲冑相の変遷も眉庇付冑の変遷におおむね整合するといえよう。

三角文系B類では，五條猫塚古墳3号冑・妙前大塚古墳例がB1類の庇部文様である。五條猫塚古墳3号冑はいわゆる蒙古鉢形冑であり，環状配置鋲は構造上存在しえない。妙前大塚古墳例は伏板の鋲列が「△」である。B2類の庇部文様のうち，奈良県新沢139号墳例や韓国釜山伝・蓮山洞出土例は伏板の鋲列が「△」である。蓮山洞例は腰巻板にも鋲列がみられ，他例と比較して最も古相を残すとみることもできる。ただし，蓮山洞出土例は外縁側の大型三角形透かしが台形をなしており，通有の三角文系と直接比較してよいかどうか判断が難しい。大阪府御獅子塚古墳例は「×」となる。B3類の庇部文様では，福井県二本松山古墳例は伏板の鋲列は「△」である。鋲頭径と庇部接合端部の形状では比較ができない。

　地板枚数をみると，五條猫塚古墳3号冑・妙前大塚古墳例・新沢139号墳例では，前方中央と後方中央の1枚ずつを除く左右に配される地板枚数は，五條猫塚古墳3号冑で24枚，妙前大塚古墳例で12枚，新沢139号墳例で6枚となり，順番に地板枚数を半減させている。これら3例については，受鉢・伏鉢連接技法や庇部の連接位置にそれぞれ差異がみられるため，完全な「同工品」としての認定は難しいが，変遷の過程で地板枚数を減少させる方式に一定の規則性があった可能性を指摘できる。3例については金銅装とする部分が徐々に減少する点や，庇部文様の変遷に加えて，地板枚数の減少方式も配列上有効性を認めることができる。

　一方で，伝・蓮山洞出土例以降では地板枚数が増加し，御獅子塚古墳例では上段50枚，下段54枚，二本松山古墳例では上段46枚，下段48枚と上段・下段で地板枚数が一致しなくなる。変化の方向性は一定ではないが，地板枚数が一旦減少した後増加したとみることも可能であろうか。御獅子塚古墳例や二本松山古墳例では上段・下段の地板枚数が異なっており，このことも新相の特徴

9) 小野王塚古墳からは他に長方板革綴短甲が出土している。出土時の状況では，眉庇付冑・三角板鋲留短甲・革綴式頸甲の組み合わせと長方板革綴短甲だけの2セットとされる。眉庇付冑を三角文系の最古相とする本書での理解によれば，製作段階としては眉庇付冑・長方板革綴短甲・革綴式頸甲の組み合わせの方が，他の古墳での組み合わせの出現頻度を考えればしっくりくる。出土状況を否定し資料の形態に基づく理解を優先するのは方法論上やや不適切だが，もし当初の組み合わせとしてそういった上記の組み合わせの想定が許されるのならば，第12表での眉庇付冑の配列と共伴甲冑相も整合することとなる。

としてよいだろう。

　帯金幅については，胴巻板では五條猫塚古墳3号冑で幅3.6 cmとやや幅が広いが，他例では3.0 cm弱とほとんど変化がない。腰巻板では五條猫塚古墳3号冑や妙前大塚古墳例の3.5 cmほどから，新沢139号墳例・湯山6号墳例で4.2 cmと一旦幅広になったのちまた3.0 cm台後半に落ち着くという変化といえないこともない。いずれにしろ，帯金幅についてはあまり積極的な変化の方向性は指摘しがたいようである。

　以上，庇部文様の変化に対して，各種属性の整合的な変化はやや積極的には認めがたいようである。地板枚数や帯金幅が増減のどちらか一方だけでなく，増減の両方を含みつつ配列が可能であるという点を積極的に評価するならば，製作順序としての配列の可能性が指摘できる程度である。大型鋲を用いるものや庇部接合端部に段差を持つものがみられないなどを勘案すれば，現状の資料は製作時期がそれほど長期にはわたらなかった可能性も考えておきたい。

　共伴する甲冑をみると，三角文系B類最古と考えた五條猫塚古墳3号眉庇は錣の最下段後頭部に抉りを有しており，妙前王塚古墳例や新沢139号墳例では袖錣となっており，冑の位置づけに逆転する。庇部文様がB3類となる二本松山古墳例は三角文系B類中では最新の資料と考えたが，共伴甲冑は鋲留短甲の中では古相を示しており，前後関係を確言するのは難しい。他の諸例についても共伴甲冑相に顕著な時期差は認めがたい。共伴する甲冑から考えても，そもそも三角文系B類は存続時間幅が短い可能性が高い。共伴甲冑相から冑の配列の妥当性を追認するのはやや難しい。

　三角文系A類・B類に後出するC類では，宮崎県六野原8号墓例で大型鋲を採用しており，庇部接合端部に段差が認められるなど，庇部文様とあわせて新相を示す。その一方で，韓国高霊池山洞Ⅰ-3号墳例では伏鉢を固定する形で伏板環状配置鋲が施されており，A類・B類よりも新相を示すと考えられるC類としては非整合的である。ただし，軸鋲留法という管鋲留法から派生した可能性がある技法が採用されており，また，地板の枚数が上下で一致しないなど新しい特徴もみられる。池山洞Ⅰ-3号墳例にみられる球形をなす伏板は他には同じく軸鋲留法を採用する佐賀県西分丸山古墳例にしかみられず，池山洞Ⅰ-3号墳例とともにやや特殊な資料として例外的に扱うべきなのかもしれな

い。帯金幅をみると胴巻板は亀山古墳例や池山洞Ⅰ－3号墳例の3.0 cm前後から六野原8号墓例の3.6 cmへと増加し，腰巻板は亀山古墳例の3.1 cmから池山洞Ⅰ－3号墳例・六野原8号墓例の3.7 cm前後へと増加するため，整合的に配列は可能である。しかし，地板枚数がきれいに配列できるわけでもなく，C類3例の配列はかなり心許ない。六野原8号墓例が新相を示すという程度の理解に留めておきたい。

(4) レンズ文系の配列

レンズ文系の様相を第13表に挙げた。古相のＡ1類の庇部文様を持つ新開1号墳1号眉庇は伏板に「△」の鋲列を施しており，古式の特徴として整合する。Ａ2類は資料点数が多いが，いずれも伏板・腰巻板に鋲列を持つものがみられず，いずれの鋲頭径も小型である。山梨県豊富大塚古墳例は庇部接合端部に段差を有しており新相に位置づけることができる。

地板枚数は新開1号墳1号眉庇の40枚から大阪府野中古墳7号眉庇の上段・下段ともに48枚，黒姫山古墳13号眉庇の上段51枚（下段不明），黒姫山古墳9号眉庇の上段53枚・下段50枚までが増加し，黒姫山古墳11号眉庇の8枚，豊富大塚古墳例の3枚と一気に減少する。なお，宮崎県六野原10号墓例は欠失のため詳細は不明だが，地板枚数は50枚を下らないとみられる。ち

第13表　レンズ文系の諸要素

（鉢径の単位はcm）

	庇部文様	受鉢・伏鉢連接技法	鋲列		鋲頭径	庇部接合端部形状	金銅装	庇部連接位置	鉢径		帯金合わせ位置		鋲	共伴甲冑	
			伏板	腰巻板					受鉢	伏鉢	胴巻板	腰巻板		甲	頸甲
新開1号　1号	レＡ1	伏	△	×	小	一連	×	腰	7.6	4.8	後	—	CⅢ(袖)	(不明)	(不明)
野中　7号	レＡ?	割	×	×	小	一連	×	腰	5.2	5.3	—	左前	DⅢ(挟)	三鋲Ⅰa	Ⅲ-c
黒姫山　13号	レＡ2	割	×	×	小	一連?	×	腰	7.3	8.8	—？	—？	(不明)	三鋲Ⅱa/b	Ⅲ-c or Ⅲ-d
黒姫山　9号	レＡ2	割	×	×	小	一連	×	腰	7.9	8.7	—	—	(不明)	三鋲Ⅱa	Ⅲ-c or Ⅲ-d
六野原10号	レＡ2	割	×	×	小	一連	×	腰	—	6.4	(不明)	(不明)	(不明)	横鋲Ⅱa/b	—
黒姫山　11号	レＡ2	割	×	×	小	(欠失)	×	腰	—	9.3	(不明)	(不明)	(不明)	横鋲	Ⅲ-c or Ⅲ-d
豊富大塚	レＡ2	割?	×	×	小	段差	×	腰	—	6.8	—	右	(不明)	横鋲?	Ⅲ-d
向出山1号	レＢ1	割	×	×	小	一連	○	腰	—	—	—？	—？	(不明)	小札甲	Ⅲ-c
稲童21号	レＢ1	割	×	×	小	一連	○	腰	5.7	6.4	—	—	DⅢ(袖)	三鋲Ⅰa	Ⅲ-b1
野中　4号	レＢ?	伏	×	×	小	(欠失)	×	腰	6.1	6.8	—	—	DⅢ(挟)	三鋲Ⅰa	Ⅲ-c

庇部文様　葉：葉文系　三：三角文系　レ：レンズ文系　無：無透系
受鉢・伏鉢連接技法　割：割開差込法　伏：伏鉢一連・割開差込法　管：管鋲留法　芯：芯差込法　軸：軸鋲留法
庇部連接位置　腰：腰巻板　地：地板第2段

なみに，野中古墳7号眉庇は三角形透かしを欠失しており，A1類かA2類かの判断がつかないが，地板の枚数を判断基準として新開1号墳1号眉庇の次に位置づけた。帯金幅は，胴巻板で黒姫山古墳9号眉庇が3.6 cmとやや幅広だが，他は3.0 cm前後で非常によくまとまるため，配列は難しい。一方の腰巻板は，表の上から4例までは4.0 cm前後とやや幅広だが，表の下から3例は3.5 cm前後とやや幅が狭くなっており，配列に有効性が認められる。

　全体的にみれば庇部文様からの細分が難しく，他の要素も配列の根拠としてはやや弱く，提示した配列が製作順序を反映しているかどうかについては問題が残る。しかし，新開1号墳1号眉庇が袖鋲を伴い古相を示し，野中古墳7号眉庇では最古段階の鋲留短甲であるIa式が出土しており，豊富大塚古墳からは最新段階のⅢ−d式の頸甲が出土しているなど，全体としておおむね共伴する甲冑も古相から新相へと変化しており，提示した配列はおおむね製作順を反映していると考えられる。

　レンズ文系B類は資料数が3点であり，また文様の細分が難しいため配列の有効性は評価しがたい。庇部の金銅板に波状列点文を施す向出山1号墳例をより古相に配列できよう。地枚枚数をみると，向出山1号墳例は上段56枚，下段54枚であり，福岡県稲童21号墳例は上段・下段ともに4枚，野中古墳4号眉庇は上段・下段ともに44枚である。そのため地板枚数を考えれば，野中古墳4号眉庇を向出山1号墳例に近く位置づけたいが，その場合帯金幅との変化は整合しない。配列としての有効性はほとんど認めがたいといえよう。なお，共伴する甲冑からみればいずれの資料も比較的古相に位置づけられる可能性が高く，三角文系B類と同じく比較的短期間に生産が終了した可能性がある。

(5) 無透系の配列

　無透系の資料を第14表に挙げた。先述のとおり，無透系は庇部文様から直接的に前後関係を想定できない。

　庇部外縁に何らかの造作を加える無透系A類では，構造的な特徴から新開1号墳2号眉庇が最古相に位置づけられることは先に述べた。新開1号墳2号眉庇と同様に伏板の鋲列が「○」の長野県開き松古墳例が先行し，「△」の奈良県兵家12号墳例が続き，「×」の石川県後山無常堂例や奈良県ベンショ塚古

第5章 眉庇付冑の系統と変遷 173

第14表 無透系の諸要素

(鉢径の単位はcm)

| | 庇部文様 | 受鉢・伏鉢連接技法 | 鋲列 | | 鋲頭板 | 端部接形状 | 庇部接合 | 金銅装 | 庇部連接位置 | 鉢径 | | 帯金合わせ位置 | | 鋲 | 共伴甲冑 | |
			伏鉢	腰巻板						受鉢	伏鉢	胴巻板	腰巻板		甲	頸甲
新開1号2号	無A	割	○	×	小	一連	×		地	4.6	4.7	後	右	CIII(袖)	三革DI	II-c
開き松	無A	割	○	×	小	(欠失)	×		腰	—	5.0	—?	—?	(不明)	(不明)	(不明)
兵家12号	無A	割	△	×	小	一連	×		腰	—	3.2	右/左	左	CIII(袖)?	長革IIIb	I-b
後山無常堂	無A	割?	×	×	小	一連	×		腰	4.0	4.1	—	—	BIII	三革	—
ベンショ塚	無A	(不明)	×	×	小	一連	×		地	(不明)	(不明)	(不明)	(不明)	CIII?	三革DII	—
永浦4号	無A	伏	○	×	小	一連	×		地	4.6	5.0	右/左	後	CIII(袖)	変形鋲	II-b
五條猫塚1号	無B	割	×	×	小	—	○		腰	—	6.6	左	(不明)	DIII(袖)?	三革	III-c
五條猫塚2号	無B	割	×	×	小	(特殊)	○		腰	—	5.8	左	左	DIII(袖)?	三革	—
杜谷43号	無?	(不明)	×	×	大	一連	×		地	(不明)	(不明)	(不明)	(不明)	(不明)	三革	—

庇部文様 葉:葉文系 三:三角文系 レ:レンズ文系 無:無透系
受鉢・伏鉢連接技法 割:割開差込法 伏:伏鉢一連・割開差込法 管:管鋲留法 芯:芯差込法 軸:軸鋲留法
庇部連接位置 腰:腰巻板 地:地板第2段

墳例がやや遅れるとみられる。福岡県永浦4号墳例は受鉢・伏鉢連接技法として伏鉢一連・割開差込法を採用しており,割開差込法の諸例よりも後出するのであろう。

　地板枚数も新開1号墳2号眉庇が21枚,兵家12号墳例が上段・下段ともに38枚,後山無常堂古墳例が18枚,永浦4号墳例が上段・下段ともに2枚と変化が大きく,伏鉢の環状配置鋲の様相とは整合しないようである。帯金幅についても胴巻板・腰巻板ともに明確な傾向は見出しがたい。伏鉢の環状配置鋲の様相は一つの指標とはできるが,その他の様相から積極的に製作段階差を見出すのは難しいようである。

　なお,新開1号墳2号眉庇には腰巻板に鋲列がみられず,古相とするには不整合といえるかもしれない。これは後述するように無透系A類が眉庇付冑への金銅装の導入以前に成立した系統で,当初から腰巻板に金銅板を配置する必要性を持たなかったためであり,古相とする理解に特に問題はない。詳細は次節で述べる。

　提示した無透系A類の配列は製作順序の表示としては適切に機能していないとしたが,当然のことながら,共伴する甲冑相も製作順序を表す配列の妥当性の検討には寄与していない。

　庇部外縁に全く造作を加えない無透系B類は,五條猫塚古墳1号冑・2号冑の2例がある。2例だけのため前後関係の判定は難しい。

なお，庇部先端の形態が不明であるためA類・B類のどちらにも位置づけなかったが，韓国金海杜谷43号墳例は大型鋲を用いており，最終段階に位置づけられる可能性が高い。

(6) 小結

　これまでの検討により，葉文系・三角文系・レンズ文系A類では庇部文様の変遷と他の要素の変遷が比較的整合することが判明した。ただし，変化がきれいに説明できない部分も多く，共伴甲冑との整合性については問題もあるなど，個々の資料の製作順序の追究には達しておらず，配列はおおまかな製作順序を示すといった程度が実際のところであろう。また，レンズ文系B類や無透系は製作順序を明らかにするには至らなかったが，伏板の環状配置鋲の有無や鋲頭径の大小といった各要素からおおよその編年上の位置づけを与えることはできる。

5. 眉庇付冑の系統と変遷

(1) 系統認識の要素

　本来ならば系統の認識の上に製作順序の認定があるべきであり，論述の順序が逆転した感もあるが，ここで眉庇付冑の系統の問題について考えたい。先に庇部文様による4大別とそれぞれの細分に加えて，眉庇付冑を構成する種々の要素の変遷を検討したが，各文様系統内でA類やB類として細分した一群ごとに諸属性の出現傾向をみると，いくつかの興味深い傾向を指摘できる。これまでにみてきた属性に加えて，「金銅装の有無」「庇部連接位置」「受鉢・伏鉢の径」「帯金合わせの位置」について検討する。

　「金銅装の有無」はそのままの意味で，その多寡にかかわらず，金銅装とする部分があるかどうかを示したものである。表中では金銅装のものは「○」，総鉄製のものは「×」とした。「庇部連接位置」は庇部を腰巻板に連接するのか，それとも地板第2段に連接するのかを示す。「受鉢・伏鉢の径」もそのままの意味である。「帯金合わせの位置」は，帯状の鉄板を環状につなぎ合わせて胴巻板や腰巻板を造る際に，その合わせ目を冑のどこに持ってくるかを示す。

例えば後頭部に合わせ目がくる場合には表中で「後」としている。帯状の鉄板2枚を環状につなぎ合わせており合わせ目が2か所ある場合には、例えば合わせ目が左右両側にくるのであれば「右／左」というように示している。

(2) 各系統の様相

葉文系（第11表）では、A類はこれまでにもまとめて扱われてきたように、いずれも金銅装で蹴り彫りによる文様が施され、庇部は腰巻板に連接し、受鉢・伏鉢の径は判明している限り6 cm台前半に収まるという高い規格性を持つ。

葉文系B類はいずれも総鉄製であり、他系統ではあまりみられない庇部を地板第2段に連接する資料が4例中2例もみられる点はかなり特徴的である。受鉢・伏鉢は朝光寺原1号墳例以外不明だが、その伏鉢径は6.6 cmであり葉文系A類よりやや大きい。帯金合わせの位置は、朝光寺原1号墳例・夏崎古墳例・マロ塚古墳1号眉庇はいずれも後頭部に胴巻板の合わせ目があり、夏崎古墳例・マロ塚古墳1号眉庇は腰巻板も後頭部に合わせ目がある点で共通する。一方、文様がやや異なる新開1号墳3号眉庇は帯金合わせの位置も異なっている。

三角文系（第12表）では、A類では最古段階とした小野王塚古墳例のみが金銅装であり、他の6例はいずれも総鉄製である。また、庇部の連接位置はいずれも腰巻板で、受鉢径は5 cm前後に、伏鉢径は5 cm台後半から6 cm台前半にまとまる。帯金合わせの位置は後頭部に合わせ目を持つ資料が胴巻板・腰巻板でそれぞれ2点ずつあり、系統としての特徴を示すのかもしれないが、合わせ目を1か所持ちつつ位置は後頭部や左右にややばらけるといった程度のまとまりであろうか[10]。

---

[10] 三角文系A類で唯一、胴巻板・腰巻板ともに帯金合わせを左右両側とするマロ塚古墳2号眉庇は、管鋲留法という三角文系B類に2例みられる受鉢・伏鉢連接技法を採用する。帯金合わせの位置や受鉢・伏鉢連接技法の特徴から、マロ塚古墳2号眉庇は三角文系A類というよりも三角文系B類に近い製作技法が投入されていることがわかる。同例については庇部の大半を欠失しており、通例の三角文系A類と同様の文様構成を有している確度は低い。唯一遺存する三角形透かしも方形透かしの内側にある可能性があり、特殊な庇部文様であったかもしれない。同例については種々の要素を総合すると三角文系B類の製作系譜の中で考えた方がよい。その場合、三角文系A類の受鉢・伏鉢連接技法は現状で割開差込法だけとなり、系統のまとまりとして一層理解しやすくなる。

三角文系B類では一転して湯山6号墳例と伝・蓮山洞出土例の2点が総鉄製で，他の5例は金銅装であり，金銅装のものが多くA類とは対照的である。庇部連接位置はB類最古の五條猫塚古墳3号冑のみ地板第2段であるが，他は腰巻板である。受鉢径は二本松山古墳例が5.3cmとやや大きいが他は4cm台半ばに収まり，伏鉢径は御獅子塚古墳例が5.9cmとやや大きいが他は5cm前後にまとまる。帯金合わせの位置は胴巻板・腰巻板のいずれも，五條猫塚古墳3号冑，妙前大塚古墳例，新沢139号墳例，伝・蓮山洞古墳例で左右両側に合わせ目を持つという強いまとまりを示す。管鋲留法や芯差込法といった他系統ではみられない技法が多いのも三角文系B類の特色といえる。

　三角文系C類は，受鉢・伏鉢がやや大きく，六野原8号墓例を除くと5cm台後半から6cm台に収まる点は三角文系A類に近い。金銅装のものがない点も，A類に共通する要素といえる。池山洞Ⅰ-3号墳例や六野原8号墓例では帯金合わせの位置が胴巻板では左側にある点で共通しているなど，系統としてのまとまりがみられる。

　なお，三角文系全体の特徴として，伏板の環状配置鋲や腰巻板鋲列を持つものが多い点が挙げられる。これは時期的な要素としても着目してきたが，レンズ文系にはほとんどみられないことから，系統的な特徴としても指摘できる。

　レンズ文系（第13表）では，A類には金銅装の資料は知られず，またいずれも庇部を腰巻板に連接する。新開1号墳1号眉庇の伏鉢径は4.8cmであり，野中古墳7号眉庇は受鉢5.2cm，伏鉢5.3cmといずれも小さいが[11]，他には受鉢径が7cm台のものや伏鉢径が8cm台から9cm台に及ぶものがあるなど，明らかに大型の受鉢・伏鉢を用いている。帯金の合わせ目が確認できない資料が多く，系統としての特徴を示す。

　レンズ文系B類は3例しか挙げていないが，うち2例に金銅装のものがみ

11）　新開1号墳1号眉庇の伏鉢は，伏板を打ち出して造り出す伏鉢一連・割開差込法であり，伏鉢の大きさは製作技法に限定された可能性がある。また，野中古墳7号眉庇は唯一現存する右側頭部側の透かしからレンズ文系A類としたが（第61図4），小野王塚古墳例の同様の箇所の透かしがレンズ形に近くなっているように（第59図1），庇部の左右両端は透かしの形に歪みが生じやすい箇所といえる。野中古墳7号眉庇も本来三角文系A類であった可能性は否定できない。ちなみに三角文系A類として考えた場合，5cm台前半の受鉢・伏鉢径や1か所だけみられる腰巻板の合わせ目といった要素もむしろ他の例に近く，他例の特徴と整合的である。

られる点はA類と大きく異なる。また受鉢径も6cm前後に、伏鉢径も6.5cm前後にまとまる。こちらも帯金の合わせ目を明確に確認できないという特徴を持つ。

　レンズ文系A類・B類ともに管鋲留法や芯差込法といった三角文系に採用されている技法がみられず、対照的に伏鉢一連・割開差込法の例が2例ある点も一つの傾向として指摘できる。また、庇部連接位置がいずれも腰巻板となる点も葉文系B類や無透系との違いを考える上で興味深い。

　無透系（第14表）では、A類には金銅装のものは無く、また6例中3例で庇部を地板第2段に連接する。受鉢径は4cm台に、伏鉢径は5cm以下に収まり、特に兵家12号墳例では伏鉢径が3.2cmと著しく小さい。展示資料の観察ではあるが、ベンショ塚古墳例の伏鉢も小型であり、無透系A類の他の類例と同様の傾向を示す。帯金合わせの位置には明確な傾向は見出しがたいが、レンズ文系とは異なり合わせ目を明瞭に持つものが多いという点は指摘できよう。

　無透系B類の2例はどちらも五條猫塚古墳出土例ではあるが、ともに金銅装、庇部連接位置が腰巻板で、伏鉢径は6.6cmと5.8cmであり、無透系A類とは大きく異なる。帯金合わせの位置もどちらも左側にみられるなど2例はかなり多くの特徴を共有している。

　以上から、文様の細分ごとに、受鉢・伏鉢の連接技法や伏板の環状配置鋲や腰巻板鋲列の有無、金銅装の有無、庇部連接位置、受鉢・伏鉢の径、帯金合わせの位置といった要素におおむねまとまりがあることが判明した。これは配列のための作業として特に是非の検証なしにおこなった庇部文様に基づく分類が、系統としてのまとまりもまた反映しており、分類として有効であることを追認するものといえよう。

(3) 系統のまとまりと系統間の関係

　庇部文様の細分系統ごとに各要素のまとまりがみられたが、ここで御獅子塚古墳例の庇部金銅板の形態に注目したい（第60図9）。御獅子塚古墳例は冑鉢本体に取りつけられた鉄製の庇部は方形透かしを持つ三角文系A類にあたるが、その上に重ねられた金銅板には方形透かしは無く、結果として（少なくとも上からの）外観上は三角文系B類になっている。このことは総鉄造りの冑が

大半を占める三角文系A類と，金銅装の冑が多くを占める三角文系B類という様相の違いに実によく対応している。また，御獅子塚古墳例は伏鉢径が5.9 cmと他の三角文系B類よりも大きく，帯金合わせの位置も胴巻板では後頭部の1か所であり，左右両側での帯金合わせを基本とする三角文系B類とは異なっている。むしろこれらの特徴は三角文系A類に多くみられる特徴である。御獅子塚古墳例は最終的に三角文系B類の庇部の金銅板を取り付けているためにB類としたが，それ以外の特徴を勘案すれば，むしろA類に位置づけた方が適切な資料といえる。庇部文様の違いによって代表される眉庇付冑のまとまりは，金銅装にする／しないという違いや，帯金の合わせ目をどこに配置するかといった製作上の特色に対応するということができよう。

一方で，方形透かしを持たない三角文系B類とレンズ文系B類はどちらも金銅装の資料が多くを占める点から，文様構成は違うが同一のまとまりを構成するといえるかといえばそうでもない。両者では伏板の環状配置鋲の有無や受鉢・伏鉢の径，帯金合わせの位置が全く異なっており，やはり別グループとして理解するのが適当である。金銅装の有無は大きな枠としての系統的なまとまりとは一致せず，作業仮説的なものではあったが，これまでになしてきた庇部文様の細分程度の区分が，眉庇付冑の系統的なまとまりを抽出するのに最も適当といえよう。

また，三角文系に着目すると，C類の受鉢・伏鉢径はB類のそれよりもA類のそれに近く，さらにA類・C類ともに基本的に総鉄製のものが多数を占める点は興味深い。C類は漠然とA類・B類に後出するとしていたが，この傾向を鑑みれば，A類に後続するグループとしてC類を位置づけることも可能である。そのように考えれば，C類の帯金合わせ目が1か所のみという特色も，A類から引き継いだものかもしれない。

ちなみに，検討が可能な資料点数は限られるが，地板第2段に庇部を連接するものが無透系A類と葉文系B類に集中する点も注目できる。受鉢・伏鉢径の比較は不十分だが，両者はともに総鉄製のものだけで占められることを考えれば，葉文系B類は，葉文系A類以上に製作技法上は無透系A類に近似する可能性がある。葉文系B類の帯金の合わせ目が後頭部にあるという特色も，もしかしたら無透系A類最古段階の資料である新開1号墳2号眉庇から引き

継いだものかもしれない。

(4) 二つの系統──総鉄製と金銅装

　庇部文様からは三角文系とレンズ文系は葉文系A類から派生した系統と考えられる。一方でそれらの系統とは直接的な系譜関係が想定できない系統として無透系があり，無透系のうち特にA類には，庇部を地板第2段に連接するものが多い点や，受鉢・伏鉢が4cm台前半のものもあるなど小型である点，帯金幅が2.5〜3.5cm程度に収まる点といった，葉文系A類や三角文系・レンズ文系とは明らかに異なる特徴が多くみられる。

　庇部を地板第2段に連接するものは金銅装の冑では唯一例外として五條猫塚古墳3号眉庇があるが，他はいずれも総鉄製である点は，葉文系A類に代表される金銅装の一群とは異なる製作系譜が持つ特色として考えてよい。受鉢・伏鉢の径については三角文系B類も小さいが，それでも5cm台が散見されるのに対し，無透系A類では4cm台が主流である。帯金幅も胴巻板が3cm前後となる例は他の系統にもあるが，2.5cmほどの非常に狭いものは無透系A類にしかみられず，腰巻板が3cm前後の例は他の系統では非常に少ない。

　ではこれらの特徴はいったい何に由来するのであろうか。それは端的にまとめてしまえば無透系A類が葉文系A類を代表とする金銅装の冑とは別個の論理で成立し展開したことを示す特徴といえる。地板に金銅板を配置する系統では，地板に庇部を連接する際には，金銅板の配置方式によっては鉄地の部分と金銅板の両方に庇部連接の鋲留用に穿孔しなければならないため，地板は腰巻板に連接する方がより合理的な方式となる。総鉄製の冑であればそういった配慮が必要ないため，庇部を地板第2段に連接しようと腰巻板に連接しようと，それほど不都合は生じないのである。

　また，西小山古墳例や祇園大塚山古墳例のように，金銅装の冑の祖形的な事例では受鉢・伏鉢に蹴り彫りで施文しており，受鉢・伏鉢には施文のためのキャンバスとしてある程度の大きさが求められたとみられる。受鉢・伏鉢に蹴り彫りで施文する資料の系譜を継ぐものは，施文がなくなった後にも受鉢・伏鉢の大きさだけは引き継ぎ続けたのであろう。一方で当初からキャンバスとしての使用を想定していなかった無透系A類では大きな受鉢・伏鉢を用いると

いう発想すら生じなかったのである。

　帯金幅についても，葉文系A類では金銅板を帯金に配して時には蹴り彫りで施文するなど，帯金を装飾のためのキャンバスとして用いている。4cmを超える幅広の腰巻板は金銅板を配していた名残といえよう。一方の無透系A類ではやはり当初から金銅装を想定していないため，当然ながら金銅板を配置するための幅広の帯金が導入されることすらなかったのである。

　ちなみに腰巻板に金銅板を配置した際の名残である腰巻板鋲列を持つものは，葉文系A類と三角文系の一部にしかみられないが，これは他の系統がすべてその2系統に後出するということではない。当初から金銅板を配置することを想定していない無透系A類の系統では，腰巻板に鋲を配置するような痕跡器官が残る余地すらないのである。

　以上示したとおり，無透系A類が持つ多くの特徴が，その展開過程で金銅装の例が介在していないがゆえに醸成されたものであることがわかる。一方でそれとは相反する特徴を持つ資料群として葉文系A類以下の系統が挙げられるのである。つまり，眉庇付冑には大きくは無透系A類を祖形とする総鉄製の系統と，葉文系A類を祖形とする金銅装の系統という2大系統があることがわかる。

(5) 総鉄製と金銅装の前後関係

　では，両系統のどちらが先行するのであろうか。両者が完全に独立して成立・展開したとは，受鉢・伏鉢の連接技法の共通性からみても想定できない。どちらかがより先行したか，共通の祖形があると考えられる。ここで想起されるのは，第一には地板の配置構造上最も古相の特徴を示す資料は無透系A類の新開1号墳2号眉庇であるという点である。そして第二に，もし金銅装の一群が祖形となって総鉄製の無透系A類が成立したと仮定した場合，なぜわざわざ庇部を地板第2段に連接する資料が生まれたのか，なぜわざわざ受鉢・伏鉢を小型化したのか，なぜわざわざ帯金の幅を縮めたのかが説明できないという点である。これらの両系統の違いは総鉄製のものから金銅装のものが派生したとした場合には，金銅装とするのに構造上邪魔にならない位置に庇部を連接し，施文するのによりふさわしい大きさの受鉢・伏鉢を導入し，金銅板を貼りつけ

るのによりふさわしい幅の帯金を用いたとして合理的に説明が可能であるが，逆の説明は難しい。そして第三には無透系A類やそれと強い関連が想定できる葉文系B類には，腰巻板鋲列を持つ資料がない点である。これは葉文系A類からの派生を想定するには不利な条件といえる。

　以上から総鉄製の冑が先行し，その後金銅による装飾が導入されることで，葉文系A類の生産がなされたと考えたい。眉庇付冑の生産は，総鉄製のものが先行し，そこから分化する形で金銅装のものが後に成立したのである。

　こうした理解をさらに補強する資料として，宮崎県浄土寺山古墳出土の眉庇付冑について触れておきたい（第65図）。浄土寺山古墳例はすでに現物が失われており検討は不可能だが，唯一例の三角板革綴式の眉庇付冑である。詳細は報告書の写真からうかがうしかないが，おそらく径3cm程度の小型の伏鉢を

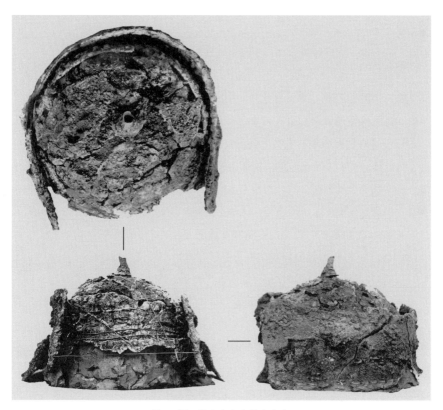

第65図　浄土寺山古墳出土冑

頂部に載せており，また，胴巻板・腰巻板の幅は細く3 cm台には収まりそうである。当初から庇部は存在していなかったとされる特異な資料ではあるが，地板は三角板で連接は革綴技法による点，装着される鋲が古い特徴である先端が鏃状となる一枚鋲である点など，現状で知られるあらゆる眉庇付冑よりも古相の特徴を多く持つ。こうした古相とみなしうる諸要素から，この浄土寺山古墳例を眉庇付冑定型化前のプロトタイプとみることが許されるのであれば，その小型の伏鉢や幅の狭い帯金，そして何よりも総鉄製という特徴から，最古段階の資料は，葉文系A類よりも無透系A類に近い特徴を多く持つとみることができる。この点からも，金銅装のものよりも総鉄製のものの方がより先行すると考えたい。

では，金銅装の有無，庇部の連接位置，受鉢や伏鉢などの部材の規格，胴巻板や腰巻板の合わせ位置といった諸要素がそれぞれ庇部文様の違いに対応する形でまとまりをみせる背景には，どのような理由が考えられるだろうか。その前に，今一度，眉庇付冑全体の変遷を概観しておこう。

(6) 眉庇付冑の変遷

眉庇付冑の変遷は次のようにまとめられる（第66図）。地板の構造上，現状における眉庇付冑の最古段階の資料には無透系A類の新開1号墳2号眉庇があてられる。そしてそれ以降，庇部に透かしを持たず，総鉄造りで受鉢・伏鉢は小型で庇部を地板第2段に連接する場合があるといった特徴を緩やかに共有する一系譜を構成する。一方で，伏鉢を鋲列で固定する割開差込法を採用する点で葉文系A類最古の西小山古墳例も新開1号墳2号眉庇にかなり近く位置づけられ，葉文系A類の出現にもそれほど大きな時間差は想定できない。比較的初期の段階から両系統は併存したと考える。浄土寺山古墳例の存在から，無透系A類とそれに先行する総鉄製の冑のみの段階を想定して，金銅装の導入の前に総鉄製の眉庇付冑のみの段階を明確化することも可能であろう。なお，無透系A類は眉庇付冑の最終段階まで生産は継続せず，比較的早い段階で系統として消滅するとみられる。

葉文系A類のうち後出する月岡古墳1号冑にわずかに先行する段階で三角文系・レンズ文系が成立する。ただし，レンズ文系の成立が三角文系の成立に

第5章 眉庇付冑の系統と変遷　183

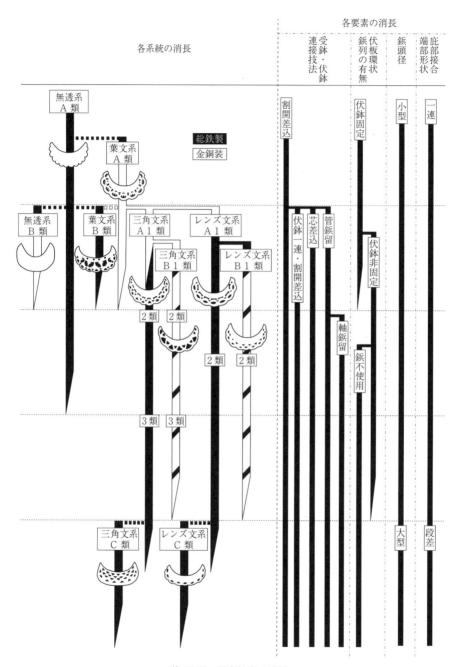

第66図　眉庇付冑の消長

やや遅れる可能性もある。三角文系・レンズ文系は徐々に庇部文様が弛緩し、また伏板の環状配置鋲や腰巻板鋲列が順次みられなくなる。その後A類・B類と入れ替わるようにして文様構成が著しく乱れる三角文系C類・レンズ文系C類が出現し、大型鋲を使用したり、庇部接合端部に段差を持つものが現れる。葉文系B類も三角文系やレンズ文系とほぼ時期を同じくして出現したものとみられる。

　無透系B類の2例は、比較検討材料が乏しく、葉文系A類に先行する最古の金銅装品となる可能性や、多様な金銅装の系統が成立する段階の可能性の両方がある。

6. 眉庇付冑の系統と生産

(1) 眉庇付冑生産の展開

　眉庇付冑は庇部文様を代表として種々の要素のグループ化が可能である。先述のとおり、一部には他系統に含めた方がより適当な資料もあるが、それらも庇部の遺存状態に問題があるなど、基本的には庇部文様の細分上の違いはその他の各要素の違いに対応していると考えてよい。

　眉庇付冑の各要素のまとまりからなるグループの意味を考えるにあたって特に注目できる要素は、受鉢・伏鉢の径である。受鉢や伏鉢は鉄板または金銅板を半球形に造り出したものだが、その製作法は半球形の当て具に鉄板や金銅板を当てて鍛打し、半球形に打ち出す方法と考えられる。であるならば、受鉢や伏鉢の径や大きさが共通する例の製作背景には、共通した大きさの当て具の使用が想定できる。逆に考えれば、受鉢や伏鉢の径が共通する諸例は、当て具という製作道具の一つを共有するグループに相当するということができる。その場合、グループごとにある程度排他的に製作用の道具を使用していたことが想定できる。

　三角文系のA類とC類の受鉢・伏鉢径は近似するが、両者には製作時期差があるため一旦除外すると、庇部文様に代表される各まとまりは、大きくは系統差を表すことは間違いない。そしてそれぞれのグループが、別個の規格の当て具をそれぞれ排他的に使用する状況を積極的に評価すれば、その系統差は「工

房差」程度のまとまりを表すと解釈できる。工房が異なるために，異なる製作道具を使用しており，庇部を腰巻板に連接するかそれとも地板第2段に連接するかといった外見上も製作技法上もさして大きな差とは考えがたいような違いが生じるのである。

また，腰巻板の幅がグループごとにある程度まとまる点についても，各グループが部材製作に際して異なる規格を採用したものとして理解できる。そのように考えると，腰巻板幅の様相からも，各グループが工房に相当するような製作単位の違いを反映しているという理解の妥当性はより高まるといえよう。帯金合わせの位置の違いについても，工房ごとの規範や製作技法・製作工程の共有が背景にあるのだろう。

そして何よりも，受鉢・伏鉢連接技法という，外観上は判別がつきにくい製作技法上の大きな違いがグループごとにある程度のまとまりをみせるという点は，それぞれのグループは製作技法とそれに関する情報の共有を異にする集団によって製作されたものであったという想定を強く支持する。

眉庇付冑の各グループを工房差のような製作集団の違いによるものと読み替えると，眉庇付冑の変遷は次のように理解できる。眉庇付冑は，総鉄製の無透系A類（ないしはそれに先行する革綴冑）を始点として生産が開始されるが，さほど間を置かずに金銅装の葉文系A類を製作する工房が分化する形で別個に編成される。両者は別個の工房で，別個の規格を採用して総鉄製／金銅装という外観上大きな違いを持つ冑の生産にそれぞれ従事する。その後，葉文系A類の製作工房をもとに分化する形で三角文系A類・B類，レンズ文系A類・B類の製作工房が編成され生産量が増大する。ただしすべての工房が葉文系A類の様相を引き継いで金銅装の冑を生産したのではなく，三角文系A類・レンズ文系A類を製作する工房は基本的に総鉄製の冑を生産し，金銅装の冑の生産は三角文系B類・レンズ文系B類を製作する工房が担うことになる。一方で，庇部文様に葉文系や三角文系の影響を受けつつ，無透系A類の工房をもとに葉文系B類の生産工房が成立する。無透系B類も葉文系A類から分化した工房による生産の可能性が高いが，先行する可能性も否定できない。やがて金銅装の冑の生産が減退するが，三角文系A類をもとに三角文系C類の生産が継続する。

以上のように眉庇付冑の生産では，総鉄製の冑と金銅装の冑を製作する工房がかなり明確に分離されており，特定の工房や集団のみが金銅装の技術を駆使して冑の生産に従事した姿を読み取ることができる。新来の金工技術が旧来的な鉄器生産体制に組み込まれていく様相として興味深い[12]。

(2) 眉庇付冑からみる甲冑生産体制の転換

　眉庇付冑生産の比較的初期において，系統の多系化・生産工房数の拡大がおこなわれたこと，そしてそれは，多系化した各工房で総鉄製の冑と金銅装の冑を明確に造り分けるという生産体制であったことが明らかとなった。文様系統からは葉文系A類の姿を最も色濃く受け継ぐ三角文系A類・レンズ文系A類がかえって金銅装の技術を受け継がない点などを考えれば，金銅装の有無にみる住み分けは工人集団の自然発生的な統廃合の結果生じたのではなく，工人集団や工房を統括する上位集団――おそらく畿内倭王権――の意図的な差配によるものであろう。

　眉庇付冑という同一の器物を，保有する技術に格差がある複数の工房で生産させ，結果として明らかに外観に差がある製品を厳格な管理体制の下で生産させるという有り様は，生産に続く流通段階での何らかの分配戦略を背景としたものと考えられ，倭王権周辺が眉庇付冑という器物に対して期待した意図が垣間見えるかのようである。特定の工房で集約的に生産された製品の流通・分配にはそれなりの目的があったのであろう。本章ではその先への考察は保留しておくが，古墳時代中期でも中葉から末にかけてという非常に限定的な時期にのみ生産された眉庇付冑は，倭王権周辺にとっての課題が何であったのかを解くための鍵となりうるといえよう。

　眉庇付冑が多系化する三角文系の成立段階は，衝角付冑の多系化の時期とほ

12）　三角文系A類のうち唯一金銅装の冑であり，同系統の中で最古段階の小野王塚古墳例を葉文系A類に続く三角文系A類・B類共通の祖形として位置づけ，小野王塚古墳例の後に総鉄製のA類と金銅装のB類という系統分化が生じたと考えれば，表の上では金銅装の有無に端的に表される三角文系A類とB類の違いがより明確になるかもしれない。その場合，小野王塚古墳例を工房分化前の最終段階として，後続する総鉄製の三角文系A類と，金銅装を引き継ぐ三角文系B類への分化を多系化段階の開始指標とすることもできる。文様構成の多系化以上に生産工房の分化を重視する立場であり，眉庇付冑生産の段階設定を考えるならば一定の有効性を持つが，ここでは実際の資料として直接判断可能な点を重視して庇部文様の多系化を優位に考えておく。

ぼ一致する。衝角付冑・眉庇付冑ともに当該時期に生産工房数が一気に拡大され，しかもそれぞれの工房で製品の造り分けがみられるようになるのである。金銅装の有無という眉庇付冑に特徴的な要素の検討によって，翻って前章で確認した衝角付冑の系統変遷・多系化は生産工房数の増大・生産量の拡大とともに外観的・技術的に格差のある製品の戦略的な造り分けの一端を担うものであったことが想定されるのである。

　では，こういった動きは鉄製甲冑の主体である甲においてもみられる現象なのであろうか。次章では衝角付冑・眉庇付冑とセットで用いられた主要な甲である短甲の分析をおこなうことで，こういった現象が甲冑全体で生じたことを明らかにしよう。それにより，古墳時代の器物の生産・流通体制の変革と，その背景に存在する社会構造の大転換を武器と武具から描写するためのデータが揃い，日本列島における国家形成過程の一大画期を論じるための論理「武装」が完了するだろう。

第6章　短甲の系統と甲冑セットの再検討

1. 短甲の研究史と本章の視点

(1) 本章の目的

　本章では，鉄製短甲を検討する。短甲は鉄製甲冑研究の主役の一つとして，特に古墳時代中期の相対編年を考える上で，最も重要な役割を果たしてきた。本章では短甲の系統に注目しつつ短甲編年を再検討し，両者を総合することで短甲生産の展開を論じたい。本章での作業と，これまでにおこなってきた冑の検討により，古墳時代における武具生産の様相とその戦略的転回の全体像の素描が完成することになる。

(2) 短甲編年の研究史

　短甲の研究史のうち，特に中期の資料の編年に関する研究史を整理し，本章での検討の指標を得よう。

　現在に継続する体系性を持った短甲研究の始まりは末永雅雄に求められる〔末永1934〕。末永は短甲を「横矧板」や「三角板」などの地板形態の違いと，「革綴」や「鋲留」といった連接技法の組み合わせから分類し，「横矧板鋲留短甲」や「三角板革綴短甲」といった形式名を設定した。それらの形式分類について，北野耕平は前期古墳からは竪矧板や方形板革綴短甲が，中期古墳からは三角板革綴短甲が出土し，さらに遅れて鋲留短甲が加わることを述べ，各形式の出現順序を整理した〔北野1963〕。

　小林行雄はそれまで一体として扱われてきた「横矧板革綴短甲」を，「長方板革綴短甲」と「横矧板革綴短甲」として分離し〔小林行1965〕，長方板革綴短甲から三角板革綴短甲，三角板鋲留短甲を経て横矧板鋲留短甲へと形式が交替することを述べた。そういった地板の形態差に基づく単系的な短甲の変遷観

190 第2部 甲冑の型式学的研究

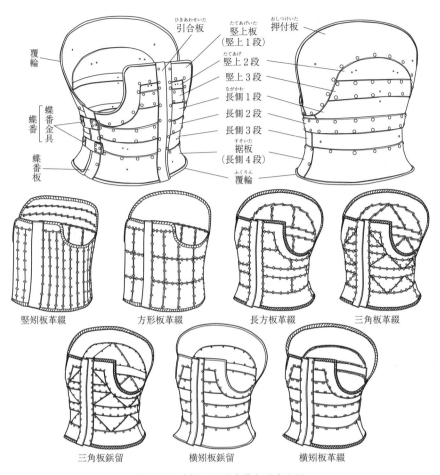

第67図 短甲の部分名称と形式分類

は野上丈助も追認したが〔野上1975〕、小林謙一は長方板革綴短甲が若干先行しつつも三角板革綴短甲と併存し、長方板革綴短甲をもとに横矧板鋲留短甲が出現した可能性を指摘した〔小林謙1974a・1974b〕。吉村和昭も長方板革綴短甲と三角板革綴短甲に併行関係を認める考えを支持している〔吉村1988〕。

地板形式の差異を編年のための絶対的な指標としていた状況に対し、田中新史は鋲数や鋲留手法といった視点から分析を試みた〔田中新1975・1978〕。その視点は、吉村和昭が体系的に取り上げ、鋲留短甲の鋲数・鋲頭径・帯金幅の分析により、鋲数が多いものから少ないものへ、鋲頭径は小さなものから大きな

ものへ，帯金幅が狭いものから広いものへと変化することが明らかにされ，三角板鋲留短甲と横矧板鋲留短甲は別系統であり，併存することが明言された〔吉村1988〕。吉村の視点は滝沢誠によってさらに引き継がれ，鋲留位置・蝶番金具の形態・覆輪技法といった視点が加えられることで，鋲留短甲は細別5段階に編年された〔滝沢1991〕。

革綴短甲の変遷観は，主に鍛造技術の発達に伴って地板枚数を減少させるとの説明がなされており〔高橋1987，田中晋1988，滝沢1988〕，滝沢誠は長方板革綴短甲を，前胴長側1段の枚数から新古に二分できるとした。長方板革綴短甲のうち，滝沢も注目した前胴竪上3段の帯金を持つ例については，吉村和昭は前胴6段構成のものから成立したとしている〔吉村1988〕。小林謙一は，三角板革綴短甲のうち，小型の三角形板を使用するものを古相としたが〔小林謙1974a〕，鈴木一有はそれらが鋲留技法導入後の古墳から出土する例もあることから，すべてを古いとはできず，系統差として理解する必要性を指摘している〔鈴木1996〕。

阪口英毅は長方板革綴短甲と三角板革綴短甲の両者を長側1段の脇部の地板構成から分類し，長方板革綴短甲を細別5類，三角板革綴短甲を小型の三角形板を用いる等角系と用いない鈍角系の2系統に区分した上で，前者を2類，後者を4類に分類した〔阪口1998〕。その上で，長方板革綴短甲が若干先行して出現するが，その後三角板革綴短甲と併存するとした。松木武彦も長方板革綴短甲と三角板革綴短甲をあわせて分析し，帯金の採用は三角板を地板に用いるために導入された工夫であり，三角板革綴短甲が長方板革綴短甲に先行して出現したという，これまでにみられない結論に至っている〔松木2010〕。

以上のように，革綴短甲と鋲留短甲は基本的に別個に検討されてきたが，両者の区分を超えて，三角板を用いる短甲の地板配置に着目して分析を進めたのが鈴木一有である〔鈴木2008a〕。鈴木により三角板短甲の地板の変遷がさらに詳細に論じられたが，その一方で，古相の地板配置のものにも鋲留短甲があることが明確化し，地板配置方式の変遷は一系的には説明できない，かなりの併行関係を持つものであることが明らかになった。

(3) 短甲編年の到達点と課題

　短甲の編年研究は，長方板・三角板・横矧板といった地板の違いを一系的な時期差とみる理解と，長方板・横矧板と三角板という地板の大きな形の違いを系統差とみなして，両者には多寡の差はありつつも併行するという理解に二極化される。編年上で系統差と時期差の問題をどういった要素に着目して明確化していくかが課題となっているのである。一方で形式を限定すれば，長方板革綴短甲や三角板革綴短甲などは地板枚数が減少するとされ，三角板鋲留短甲と横矧板鋲留短甲では，両者を横断する形で鋲数の減少と鋲頭径の大型化傾向が指摘されており，鋲の配置方式や覆輪技法の変遷なども論じられている。

　すなわち短甲の編年研究は，革綴短甲では阪口英毅による地板配置の分析成果を，鋲留短甲では吉村和昭や滝沢誠による鋲数や鋲頭径といった連接技法の分析成果を現在の到達点とできる。また，鈴木一有による三角板革綴短甲と三角板鋲留短甲を一括した地板配置の分類も，阪口の分類と重なり合う部分もあるが，革綴・鋲留短甲両方の細分に寄与しており参照できる。一方で，阪口と吉村や滝沢の研究は，革綴短甲と鋲留短甲を別個に扱う場合にはそれぞれ着目する視点が異なり，独立性が高いため特に問題は生じないのだが，鈴木のように革綴―鋲留という連接技法を超えた地板配置の分析を試みると，他の編年指標との整合性に問題が生じることとなってしまっている。

　鈴木の研究成果により，地板配置の出現順序の詳細が整理されたが，その結果，古相の地板配置のものにも鋲留短甲があることが明らかとなり，長期にわたる存続時間幅の中で個々の資料を厳密に位置づけることが難しくなった。単一の要素に着目した型式学的分析では，個々の型式の出現順序は仮定できるが，併存期間の問題は明らかにできないという，方法論上の問題が根底にある。阪口の研究中にも同様の問題が内包されている。短甲の編年が他の副葬品と比べて最も細かくなってしまい，共伴する他の副葬品の年代的位置づけから短甲の変遷観の検証が難しくなってしまったことも一因である。これらの同一の地板配置方式を採用する資料の新古関係を判別するためには，地板配置とは別個の要素に短甲編年の指標を見出すしかない。

　滝沢による鋲留短甲の編年は，鋲の数や配置箇所，鋲頭径といった独立的な複数の要素から組み立てられており，「出現順序」ではなく「消長」を捉えて

いる可能性が高い。しかし，詳細に検討すると，分類要素として鋲頭径のみしか寄与していないような場合もあるので，すべてを厳密に「消長」としてよいかは他の要素による検討が必要である。革綴短甲・鋲留短甲のいずれにしろ，これまでに編年指標として着目されてきた要素とは異なる分析視点を加えて検討することで，編年の精度を向上させる必要がある。

(4) 短甲の「系統」概念と編年について

　以上のような短甲編年の進展と新たな課題の出現に加えて，1990年代以降の研究により，以前は主に編年指標として注目されていた長方板や三角板，横矧板といった地板形態の差による「形式差」は，それぞれ生産が併行する「系統差」としても捉えられるようになってきた点は注目される。それは主に，吉村和昭や滝沢誠，阪口英毅らの研究により，地板形態以外の要素に短甲編年の指標が求められ，編年の細分化が進んだ成果による。しかしその一方で，地板形態以外の共通する要素から編年を組み上げることで「形式差」を「系統差」として認定したことは，「系統差」を持つ資料群を同一の編年指標で編年できるのかという方法論上の問題を生じさせた。

　また，仮に異なる地板形態の短甲が同時期に「別系統」として併行して生産されたとして，その「別系統」がどういった背景で生じたものであるのかについては，検討が深められたことはなかった。地板形態が異なる資料を同一の工人が造り分けていたのか，それとも複数の工房が併立したのかなど，「系統」の内実の考察を進める必要がある。そういった「系統」の内実を明らかにできれば，第4章や第5章で冑について明らかにしてきたように，短甲生産の具体相に迫る可能性が開かれるだろう。

　これらの問題を考える上で，滝沢誠による短甲の覆輪と蝶番金具の分析研究が注目できる〔滝沢2008〕（第68図）。滝沢は三角板鋲留短甲と横矧板鋲留短甲の覆輪と蝶番金具との相関関係を検討することで，両形式がみられる覆輪・蝶番金具の組み合わせとともに，一方のみがみられる覆輪・蝶番金具の組み合わせがあることを明らかにし，両形式に異なるまとまりを構成するものがあることを示した。短甲の「系統」の認識において地板形態の差のみならず，覆輪と蝶番金具が大きな役割を果たす可能性が明らかになったのである。

194　第2部　甲冑の型式学的研究

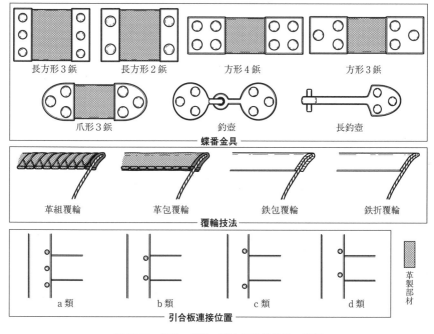

第68図　蝶番・覆輪・引合板連接位置の分類

　最初に述べたように，本章では短甲の「生産」について検討するが，そのためには短甲の「系統」と「変遷」の両者を明らかにする必要がある。編年については重厚な先行研究にいくつかの新たな検討項目を加えることで再整理をおこなう。系統を考えるためには，滝沢による研究に依拠しつつ進めるのがよいだろう[1]。

2. 検討項目

(1) 検討項目の概要

　短甲の製作年代を考える上での検討項目は非常に多岐にわたり，これまでに

---

[1]　古墳時代前期の方形板革綴短甲については資料点数が限られており，また，橋本達也や阪口英毅により詳細な分析がおこなわれており，本章でそれ以上に加えられる点はないため検討対象としない〔橋本1998，阪口2010〕。そのため，検討対象の中心は中期の短甲とするが，まずは特に分析可能な要素が多い鋲留短甲を中心に検討し，革綴短甲については適宜参照するに留めておく。

も細緻な編年が組み立てられてきたが，それは①連接技法（革綴か鋲留か），②地板の形態と配置，③鋲頭径，④鋲の数，⑤鋲の配置，⑥帯金の幅，⑦覆輪技法，⑧蝶番金具，⑨開閉構造に集約できる。ただし，実質的に③～⑨は鋲留短甲のみに限定した検討項目であり，①の部材の連接が革綴技法か鋲留技法かという視点も，革綴短甲と鋲留短甲を大きく区分する最も重要な視点ではあるがそれぞれの内部での細分には寄与できない。②の地板の形態と配置は，先に述べたように三角板と横矧板といった大きな形式差だけでなく長方板や三角板といった短甲内での細分を含む。特にこれまで革綴短甲では地板の配置や枚数は分析されてきたが，鋲留短甲の検討は不十分な上，横矧板鋲留短甲では原則として地板の配置は近似しているため，検討自体がほぼ不可能である。三角板鋲留短甲においても，先行する三角板革綴短甲の段階でほとんどすべての地板配置方式が出揃っているようであり，ほとんど細分は期待できない。また，⑦の覆輪技法と⑧の蝶番金具については，一部で編年指標としても有効であるが，先述のとおり，系統差の認識の際にも大いに参照できる項目である。あるいは，これまで編年項目としてしか注目されてこなかった他の要素についても，系統差を抽出するための要素があるかもしれない。

　また，系統という概念を導入した際に，これまで一元的に編年指標として処理してきた要素についても，その方法論上の是非が問われる必要が生じる[2]。仮に系統差が存在すると考えた場合にも，系統差の影響ができる限り少ないであろう要素こそが，本来は編年項目としてふさわしいはずである。

　本章では上記の編年項目のうち，③の鋲頭径については，これまでの大・小の2区分だけではなく，8mm以上，6mm以上8mm未満，6mm未満という大・中・小の3区分とする。④の鋲の数については，地板形態の差による連接位置の変更の影響を基本的に受けない部分として，前胴竪上3段の鋲数も検討項目に加える。また，⑦の覆輪技法と⑧の蝶番金具については，編年指標と

---

2) 例えば，④の鋲の数については，吉村和昭や滝沢誠が編年指標として特に後胴竪上3段の鋲の数に着目し，三角板鋲留短甲と横矧板鋲留短甲の併行関係を考える上での指標の一つとしたが，それについても検討が必要である。具体的には，後胴竪上3段は上半で竪上2段と，下半で長側1段と連接されるが，その連接対象が1枚の地板からなる横矧板鋲留短甲と複数枚の地板からなる三角板鋲留短甲では，3枚の鉄板を同時に鋲留するいわゆる3枚留めを避ける必要性が生じるか否かという違いがあるなど，用いる鋲の数にも多少の差が出てしまう可能性が考えられる。

しても参照できるが，系統差を示す指標としても有効なことは先に紹介したとおりである。これらの詳細については適宜述べる。⑤の鋲の配置については滝沢誠により分類され，変遷が述べられている〔滝沢1991・2001〕。本章ではそれにならい，第68図に引合板連接位置として示したが，a類→b類→c類への変化としてさしあたり位置づけておく。

　これら，これまでにも編年指標として注目されてきた要素に加えて，⑩蝶番板の配置と枚数，⑪地板の内面形態を参照する。⑩の蝶番板の配置と枚数は，⑨の開閉構造と密接に関わる部分ではあるが，開閉構造を持つ場合に，蝶番板が左右両脇に何枚ずつ用いられているかである。これまでにも明らかにされているように右脇開閉で蝶番板1枚のものが定型的で後出とされる。そのためそこから型式学的に最も離れている，両脇開閉で蝶番板が左右それぞれ2枚ずつの計4枚のものを最古相に，両脇開閉で蝶番板が計2枚のものや片脇開閉で蝶番板2枚のものをそれに続く段階のものとする。⑪の地板の内面形態については説明が長くなるため，次節で詳しく述べる。

(2) 地板裁断の有無とその意義

　各種短甲の内面をみると，地板の端部に明確な角を持ち地板全体として整った三角形や方形をなすものと，端部が丸みを帯びて地板全体が不整形なものがあることがわかる。これは，内面のみえない部分に対する配慮の差であり，製作工程上の手抜き度合いの違いといえ，さらには，鋲留技法の習熟度合いに関連する甲冑の製作工程とも本質的に関わる重要な視点として指摘されている〔田中新1978・古谷1996・滝沢2008・西嶋2012〕。

　革綴甲冑では，基本的には他の部材と重ならない箇所に連接用の穿孔がなされるため，部材同士が3枚・4枚重なる部分がどれほどあろうと，穿孔に際しては特に問題は生じない。一方の鋲留甲冑では，複数の鉄板の同一の箇所に穿孔し，そこに鋲を通して各部材を連接するため，部材が3枚も4枚も重なっている箇所が多ければ多いほど，穿孔に余計な手間がかかる場所が増えることになる。鋲留技法では，特に穿孔する必要がある場所付近では，できる限り各部材同士が3枚以上重なる箇所を少なくすることで製作効率を上昇でき，反対に部材が3枚以上重なる箇所を少なくすれば少なくするほど，容易に鋲を配置で

きる場所の選択肢が増える。そういった製作時の簡略化・省力化を目的として，端部を裁断した地板を用いたり，そもそも端部が丸みを帯びた不整形な地板を用いたりするのである。

このように地板端部の形態差は，鋲留技法を用いた甲冑製作効率の上昇に直結している要素といえ，すなわちそこには鋲留技法の本質的な理解度・習熟度が反映されているとみることができる。そう考えると，例えば鋲留甲冑であるにもかかわらず，地板の端部に明確な角を持ち地板全体が整った三角形や台形となるものは，革綴甲冑の地板の製作技法と連接手法から脱却しきれない段階の所産とみることができる。つまり，古相の鋲留製品を抽出できるのである。反対に，もしも革綴短甲であるにもかかわらず，地板の端部を裁断していたり，端部が丸みを帯びていたりするならば，鋲留技法に対応した地板製作が開始された後の所産の可能性を考えることができる。つまり，新相の革綴製品を抽出できるのである[3]。

また，地板の裁断や不整形化は三角形の地板だけでなく，方形の地板にもみられることから，横矧板鋲留短甲についても分析が可能である。特に前胴竪上2段や後胴竪上2段の両端のように，地板が三角形であろうと方形であろうと形は変わらない箇所があるため，三角板鋲留短甲と横矧板鋲留短甲を共通の指標から編年するための重要な視点となり，両者の編年精度をさらに高めることに寄与する[4]。

---

[3] 衝角付冑を素材に具体例をみると，三角板革綴衝角付冑ではいずれの例でも地板の内面は整った三角形であり，角を裁断したものはない。三角板鋲留衝角付冑でも，珠金塚古墳南槨例（124頁第50図6)・西分丸山古墳例はともに地板の内面は整った三角形で，角が尖っている。一方で，三角板系統の最新の資料とした鞍塚古墳例では（同7)，地板の角を一部わずかにではあるが裁断している。つまり，珠金塚古墳南槨例や西分丸山古墳例では鋲留技法が採用されているものの，地板の形態は革綴冑の方式をそのまま踏襲しているのに対し，鞍塚古墳例では地板同士の不要な重なりを回避しようとする，鋲留技法に特有の地板形態への変化が認められる。これは他の要素から想定できる3資料の新古関係とも整合している。つまり，ここからも地板の角の裁断の有無が，鋲留技法の習熟度合いを表しており，ひいては編年指標として有効であることが確認できる。

[4] ただし，地板形態の分析には短甲内面の検討が必須であり，さらには複数の角度からX線画像を撮影していることが理想的である。内面図まで提示された実測図も一定数存在するが，すべてを網羅できるほどではない。各資料を改めて実見・検討する必要があるが，残念ながらそれには達していない。さしあたり，内面図が提示されているもの，実見できたものをもとに，既存の編年に依拠しつつ地板形態を検討するに留める。

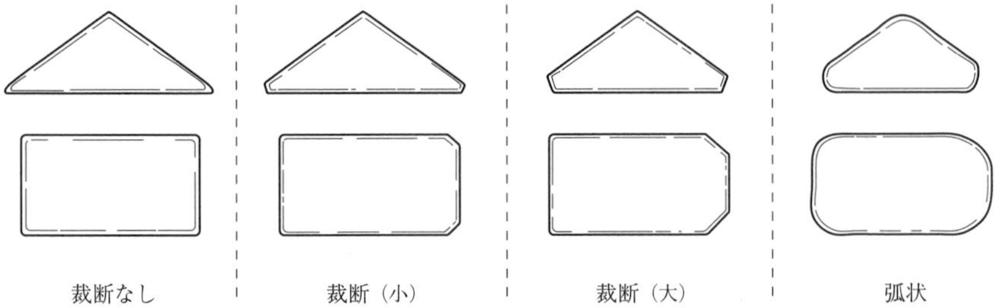

| 裁断なし | 裁断（小） | 裁断（大） | 弧状 |

第 69 図　地板形態の分類模式図

(3) 地板裁断の分類

　短甲の地板の角の裁断・処理方法はおおむね次のように区分できる（第69図）。一つ目は地板の角を裁断せず，地板全体で精美な三角形や矩形となるものである。次に，地板の角を一部裁断するもので，区分の基準はややあいまいではあるが裁断部分が小さいものと大きいものの二つに区分できる。最後に地板の角が裁断されているというよりも，むしろ角が円弧状になるなど地板全体が不整形となるものである。それぞれ順に「(地板裁断) なし」「裁断（小）」「裁断（大）」「弧状」と仮称する。この順で内面の地板の形状をきちんと揃えるという配慮が減少し，また，地板や帯金といった部材同士の不要な重なりを回避する度合いが増大するといえ，鋲留技法への習熟度合いが増すと考えることができる[5]。

---

5) この地板形態の区分については，あらゆる形式の短甲のあらゆる箇所を均等に評価することは適切でない。三角板鋲留短甲と横矧板鋲留短甲では部位によっては地板の全体形が全く異なるため，三角形の地板であれば隅落としをしなければ3枚留めを回避できないような場合にも，方形の地板であれば角をそのままにしておいても3枚留めが回避できるような場合も当然想定できる。つまり，地板形式の違いや配置方式の違いによって，上記の4区分が持つ意味が異なる可能性もある。
　その一方で，先述のとおり，後胴竪上2段（地板）と竪上3段（帯金）が接する箇所の左右両端であれば，地板形式が三角板であろうが横矧板であろうが処理法は同じになるはずなので，均等に評価できる。適切な検討のためにはできるだけそういった，地板形式や配置方式に左右されない箇所の様相を比べる必要があるが，遺存状態等によっては常に良好なデータが習得できるわけではない。そういった観察箇所や形式差・配置方式差による誤差を認識しつつ，全体的な傾向としてデータを参照する。

3. 短甲の系統と編年

(1) 系統と変遷把握の前提

　滝沢誠の研究成果からわかるように，覆輪技法と開閉構造・蝶番金具の違いが短甲の系統差を最も如実に反映している可能性が高いことは先に述べたとおりである。ここではまず蝶番金具の区分ごとに地板配置をはじめとする諸要素との関係性を検討する。そのため，検討は基本的に鋲留短甲に限定されることから，革綴短甲については後に必要に応じて適宜言及する。また，横矧板鋲留短甲については各個体で地板配置に顕著な違いがないため，最初に三角板鋲留短甲を分析対象として概要を把握したのち，横矧板鋲留短甲についても検討する。まずは，系統としてのまとまりの抽出を目的として論を進め開閉構造・蝶番金具の違いに基づく系統区分が妥当であることを示すが，系統としての継続性や併行関係を考えるために，適宜編年指標や出現順序についても言及する。なお，開閉構造・蝶番金具と覆輪技法の組み合わせを第15表に，短甲各個体の要素を第16・17表に示す。

(2) 長方形蝶番金具の三角板鋲留短甲

　蝶番金具が長方形のものは，一般的に2点の鋲で蝶番金具と革帯を固定するが，滋賀県新開1号墳からは3点の鋲で蝶番金具を固定するものが出土している（第70図1）。地板の形態と配置が特殊なため他の例と鋲数では比較できないが，幅5cmを超える蝶番板を計4枚用いるなど開閉構造が定型化する以前の所産と考えられ，蝶番金具の特殊性とあわせて鋲留短甲として最古相を示すものと考える。両脇開閉で蝶番板を計4枚用いるが，蝶番金具を2鋲で固定する福岡県永浦4号墳例が続く（同2）。地板裁断はほとんどみられないが，ごく一部で「裁断（小）」がみられる。前胴竪上3段の鋲数は右前胴6・左前胴5である。また，この段階で鉄包覆輪が出現するようである。東京都御嶽山古墳例も蝶番板4枚だが，後胴竪上3段鋲数が一段につき8で，前胴竪上3段の鋲数も右前胴4・左前胴4と新しい要素も持つため最古相とはいえず，次の段階とするのが妥当であろう。

第15表　蝶番金

覆輪	胴一連	長方形3鋲・長方形2鋲		爪形3鋲・方形3鋲
革組＋革組	▲新開1号(−/a) ▲近代(−/c) ▲随庵(10 ? /b) ▲野中T1(11/c・d) ▲野中T5(10/−) ▲黒姫山T2(8/c) ▲黒姫山T20 ▲黒姫山T24(−/c) ▲五條塚山 ▲島内3号(11/b)◎☆ ▲二本松山(8/b)●	□稲童21号(9/b)☆ □野中T2(9 ? /b)☆ □野中T3(11/b)☆ □野中T4(13/b)☆ □黒姫山T19(−/c)	△御獅子塚　第1主体(13?/c) ▲林畔1号(11/b)● ? ▲和田山5号B(−/b) ▲朝光寺原1号(−/b) ▲宮山(−/a)◎ ▲円照寺墓山T1(−/c) ▲円照寺墓山T2(−/c) ▲松江塚山 □黒姫山T1(6/b) □黒姫山T3(9/c) □黒姫山T21(−/d ?)	□島内76(8/c)
		□六野原10号(9/−) ○新開1号(−/a)		
革組＋革包	(▲後谷(−/a))	▲御嶽山(8/a)◎		
革組＋鉄包		□亀山2号主体(9/c) □御嶽山(9/b)◎		
革組＋鉄折		□黒田長山4号南(7/d)		
革包＋革包	▲珠金塚北槨 　　(12/c・d)☆	▲塚堂T3 ▲後出7号(10/d)◎ ▲法花堂2号(10/b)◎ △西小山T1◎ □若田大塚(9/a)◎		(□新沢510号(7/c))
革包＋鉄包				▲林2号(7/c)
鉄包＋鉄包	▲稲童21号(13/b) ▲四穂田(12/b)	▲校洞3号(8 ? /c) ▲曲2号(7/c) △永浦4号(12/b) ▲宇治二子山南(9/d) ▲新沢115号(9/b) □月坂放レ山5号(13/b) □大谷(12/d) □後出2号T1(9 ? /c) □奥山2号(9/c)● □後出2号T2(7/c) □玉田28号(7/c)	□小木原3号(9/b) □島内62号(9/c)◎ □岡の御堂1号(9/c)◎ □権現3号(8/c) □かって塚(7/c)● □城ノ下1号(−/c) □塚原古墳群(−/c) □八里向山7号(7/c) □望夷山城(7/c) □伝・岡崎(7 ? /c)	□三昧塚(9/c) □川上(8/c)● □東間部多1号(8 ? /c) □西都原4号T2(6/c)◎ □西都原4号T1(6/c)◎ □マロ塚(6/c) □馬場代2号(6/c) □多田大塚4号(5/c) □島内81号(5/c)◎ □大垣内(5/c) □島内1号(5/c)◎
鉄包＋鉄折		□片山9号		□江田船山T1(6/c)●◎
鉄折＋鉄折		□高丸10号(9/c)◎ □高内21号(7/c)◎● □花野井大塚(7/c) □溝下(7/c)● □セスドノ(6/c)	□溝口の塚(7/d) □安黒御山5号(7 +/c)● □長迫(7/c) □金塚(6/c) □カミノハナ3号(−/d)	

【凡例】　　□：横矧板鋲留短甲　　△：三角板鋲留短甲　　○：それ以外の地板　　▲：三・横併用鋲留短甲
　　　　　◎：小鉄板使用　　●：前胴6段構成　　☆：後胴裾板二分割　　○：変形板短甲

第 6 章　短甲の系統と甲冑セットの再検討

具と覆輪の対応

方形 4 鋲		長釣壺	釣壺	覆輪
▲今田 1 号 (□江田船山 T 2（6/−）)		▲黒姫山 T 6 ▲雲雀山 2 号（7/d） ▲小谷 13 号（11/b） ▲野中 T 7 (11/a） ▲黒姫山 T 4（9/a） ▲黒姫山 T 5（−/a） □東耕地 3 号（9/b）◎	▲八重原 1 号 T 1（8/b）	革組 ＋ 革組
▲坊主塚(10/a)				革組 ＋ 革包
				革組 ＋ 鉄包
□供養塚（6/c)				革組 ＋ 鉄折
▲後出 3 号第 2（9/b）◎ □真浄寺 2 号 T 2 (10?/a) □宇治二子山南（−/d) □亀山 1 号主体（8/b） □稲童 8 号（7/c）	□西都原 4 号 T 3（7/c) □下北方 5 号（9/c) □六野原 T B（7/c) □後出 2 号 T 3（9/b）			革包 ＋ 革包
□鶴山 T 1（7/b） □正崎 2 号（6/c) □狐山（7/c) □新沢281号（6/c)	□小木原 1 号（6/c) □扇森山（4/c)		□小田茶臼塚（5/c)	革包 ＋ 鉄包
▲倭文 6 号（−/−) ▲上栖里 □祓川（−/c) □新沢173号（9/c) □塚原 5 号(鎧塚)（9/a) □法蓮40号（10/−) □舟塚山17号（10/b) □生野山（9/c？) □月の木 1 号（8/b) □イヨドノヤマ 3 号（7/c) □池殿奥 5 号（7/c)	□後出 3 号第 1（5/c) □中原 □黒姫山 T 16	▲蓮山洞（−/c) (□高松 3 号)	□真浄寺 2 号 T 1（6/c) □三玉大塚（9/d) (□高屋（8/d)) (□円照寺墓山 1 号（7/c))	鉄包 ＋ 鉄包
				鉄包 ＋ 鉄折
□新沢109号（8/c) (□三珠大塚（6/c)) □武具八幡（6/c）●		□黒田長山 4 号北（8/a) □石ノ形（6/c) □池山洞32号（8/d)	□六野原 T A（11/c) □大寺山（8/c)	鉄折 ＋ 鉄折

古墳名の後に付く括弧内は(後胴竪上 3 段鋲数(上下で異なるものは多い方)/引合板鋲留位置)
網掛けは蝶番金具を金銅装とするもの

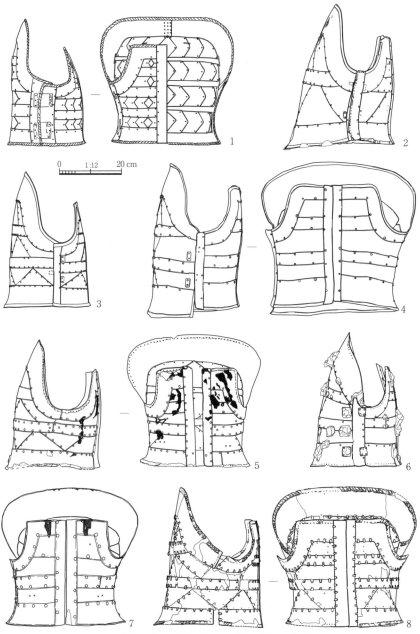

1 新開1号　2 永浦4号　3 新沢115号　4 曲2号
5 島内3号　6 後出3号 第2主体　7 島内21号　8 五ヶ山B2号

第70図　短甲の諸例（1）

第16表　三角板鋲留短甲の諸要素

古墳名	開閉装置			覆輪		鋲頭径	竪上3段鋲数			地板裁断
	蝶番	胴分割	蝶番板	押付板	裾板		後胴	右前胴	左前胴	
珠金塚 北槨	—	一連	—	革包	革包	小	12	6	6	裁断（大）
稲童21号	—	一連	—	鉄包	鉄包	小	13	4	4	裁断
四穂田	—	一連	—	鉄包	鉄包	小	12	6	6	裁断（大）
二本松山	—	一連	—	革組	革組	小	8	●3	●3	
野中 1号短甲	—	一連	—	革組	革組	中	11	4	4	
随庵	—	一連	—	革組	革組	中	10?	4?	4?	
野中 5号短甲	—	一連	—	革組	革組	中	10			
近代	—	一連	—	革組	革組	中	—	4	2	裁断
黒姫山 2号短甲	—	一連	—	革組	革組	中	8	3	3	
島内3号	—	一連	—	革	革組	中	11	2	2	裁断
中八幡	—	一連	右1・左1	革組	鉄包	中	9?	欠	欠	裁断
野中 6号短甲	—	一連	右2	革組	革組	中	9	6?	6	
恵解山1号	—	一連	右1・左欠	革組	欠	小	欠	6	6	
小野王塚	—	一連	右1	革組	革組	中	10	4	4	裁断（大）
黒姫山 7号短甲	—	一連	右1	革組	革組	中	5	4	4	
新開1号（地板形態特殊）	長3	両脇	右2・左2	革組	革組	小				×
永浦4号	長2	両脇	右2・左2	鉄包	鉄包	小	12	6	5	裁断（小）
松江塚山	長2	両脇	右2・左2	革組	革?	小	欠	欠	欠	
西小山 短甲1号	長2	両脇	右1・左1	革組	革包	小	不明	5	5	裁断（大）
御獅子塚 第1主体	長2	両脇	右2・左2	革組	革組	小	13?	4	7	
八重原1号 2号短甲	長2	両脇	右1・左欠	革組	欠	小	欠	6	7	裁断（大）
円照寺墓山1号 1号短甲	長2	両脇	右2・左2	革組	革組	中	11?	4?	4	
円照寺墓山1号 2号短甲	長2	両脇	右2・左2	革組	革組	中	9	4	4	
御嶽山	長2	両脇	右2・左2	革組	革包	中	8	4	4	裁断・弧状
林畔1号	長3	右脇	右2	革組	欠	中	11	欠	欠	裁断（小）
新沢115号	長2	右脇	右1	鉄包	鉄包	小	9	4	6	
後出7号	長2	右脇	右1	革包	革包	小	10	4	4?	裁断
法花堂2号	長2	右脇	右1	革組	革組	小	10	4	4	裁断
宇治二子山南 1号短甲	長2	右脇	右1	鉄包	鉄包	中	8	4	4	
曲2号	長2	右脇	右1	鉄包	鉄包	中	7	2	2	裁断（大）
林2号	方3	右脇	右1	革組	鉄包	大	7	3	3	弧状
野中 7号短甲	長釣	両脇	右2・左2	革組	革組	小	11	6	6	
黒姫山 4号短甲	長釣	両脇	右2・左2?	革組	革組	中	(9)	6?	4	×
小谷13号	長釣	両脇	右1・左1	革組	革組	中	11	4	4	裁断
雲雀山2号	長釣	右脇	右1	革組	革組	中	7	3?	3	
坊主塚	方4	両脇	右1・左1	革組	革包	中	10	4	4	
倭文6号	方4	右脇	右1	鉄包	革包	不明	不明	6?	6?	
後出3号 第2主体	方4	右脇	右1	革組	革包	中	9	2	2	裁断（小）
八重原1号 1号短甲	釣	右脇	右1・左欠	革組	革組	中	8	2?	2?	裁断

【凡例】　竪上3段鋲数に●がつくものは前胴6段構成のため，竪上2段地板の鋲数
　　　　蝶番　長3：長方形3鋲　長2：長方形2鋲　方4：方形4鋲
　　　　　　　爪3：爪形3鋲　方3：方形3鋲　長釣：長釣壺　釣：釣壺
　　　　胴分割　一連：胴一連　両脇：両脇開閉　右脇：右脇開閉

第17-1表 横矧板鋲留短甲の諸要素（1）

古墳名	開閉装置			覆輪		鋲頭径	竪上3段鋲数			地板裁断
	蝶番	胴分割	蝶番板	押付板	裾板		後胴	右前胴	左前胴	
稲童21号	―	一連	―	革組	革組	小	9?	4	6	×
野中4号短甲	―	一連	―	革組	革組	中	13	6	6	
野中3号短甲	―	一連	―	革組	革組	中	11	4?	不明	
月坂放レ山5号	長2	右脇	右1	鉄包	鉄包	中	13	4	4	×
御嶽山	長2	右脇	右1	革組	革組	大	9	4	4	裁断
若田大塚	長2	右脇	右1	革組	革組	大	9	4	4	なし
小木原3号	長2	右脇	右1	鉄包	鉄包	大	9	4?	4	
後出2号 短甲1	長2	右脇	右1	鉄包	鉄包	中	9?	4	5?	裁断（大）
島内62号	長2	右脇	右1	鉄包	鉄包	中	9	4	4	弧状
岡の御堂1号	長2	右脇	右1	鉄包	鉄包	大	9	4?	4	
奥山2号	長2	右脇	右1	鉄包?	鉄包?	大	9	●2?	不明	
八里向山F7号	長2	右脇	右1	鉄包	鉄包	中	7	4	4	弧状
溝口の塚	長2	右脇	右1	鉄包	鉄包	大	7	4	4	弧状
花野井大塚	長2	右脇	右2	鉄折	鉄折	中	7	3	3	弧状
玉田28号	長2	右脇	右1	鉄折	鉄折	大	7	4	4	
黒田長山4号 南棺	長2	右脇	右1	革組	鉄包	大	7	4	4	
高丸10号	長2	右脇	右1	鉄折	鉄折	大	9	2	2	
後出2号 短甲2	長2	右脇	右1	鉄包	鉄包	大	7	欠	2	弧状
かって塚	長2	右脇	右1	革包	革包	中?	7	●2	●2	
金塚	長2	右脇	右1	鉄折	鉄折	大	6	●1	●1	弧状
島内21号	長2	右脇	右1	鉄折	鉄折	大	7	●1	●1	弧状
亀山2号主体	長2	右脇	右1	革組+鉄包	鉄包	中	欠	2	2	裁断（大）
セスドノ	長2	右脇	右1	鉄折	鉄折	大	6	2	2	
黒姫山 1号短甲	長2	右脇	右1	革組	革組	大	6	2	2	
川上	爪3（特殊）	右脇	右1	鉄包	鉄包	大	8	●2	●2	×
島内76号	爪3	右脇	右2	革組	革組	中	8	4	4	裁断
望夷山城	爪3	右脇	右1	鉄包	鉄包	大	7	4	2	
西都原4号 2号短甲	爪3	右脇	右1	鉄包	鉄包	大	6	4	4	
伝・岡崎	爪3	右脇	右1	鉄包	鉄包	大	7?	2	4?	弧状
東間部多1号	方3	右脇	右1	鉄包	鉄包	大	8?	3	3	裁断（大）
馬場代2号	方3	右脇	右1	鉄包	鉄包	大	6	3	3	弧状
マロ塚	方3	右脇	右1	鉄包	鉄包	大	6	3	3	弧状
大垣内	方3	右脇	右1	鉄包	鉄包	大	5	4	4	
多田大塚4号	方3	右脇	右1	鉄包	鉄包	大	5	3	3	弧状
江田船山 1号短甲	方3	右脇	右1	鉄包	鉄折	大	6	●1	●1	弧状
西都原4号 1号短甲	方3	右脇	右1？	鉄包	鉄包	大	6	2	2	
島内81号	方3	右脇	右1	鉄包	鉄包	大	6	3	3	弧状
烏山2号	方3+方4	右脇	右1	鉄包	鉄包	大	5	2	2	裁断（大）
東耕地3号	長釣(特殊)	右脇	右2	革組	革組	大	9	4	4	×
黒田長山4号 北棺	長釣	右脇	右1	鉄折	鉄折	中	8	6	4	
池山洞32号	長釣	右脇	右1	鉄折	鉄折	大	7?	4	4	×
石ノ形	長釣	右脇	右1	鉄折	鉄折	大	6	3	3	弧状

第17-2表　横矧板鋲留短甲の諸要素（2）

古墳名	開閉装置			覆輪		鋲頭径	竪上3段鋲数			地板裁断
	蝶番	胴分割	蝶番板	押付板	裾板		後胴	右前胴	左前胴	
後出2号 短甲3	方4	右脇	右1	革包	革包	大	9	4	4	裁断（小）
亀山1号主体	方4	右脇	右1	革包	革包	中	8	欠	欠	×
新沢173号	方4	右脇	右1	鉄折	鉄折	大	8	欠	4	
新沢281号	方4	右脇	右1	革包	鉄包	大	欠	4	4?	弧状
鶴山 1号短甲	方4	右脇	右1	革包	革包	大	7	4?	4	
宇治二子山南	方4	右脇	右1	革包	革包	中	欠	4	4	
新沢109号	方4	右脇		鉄折	鉄折	中	8	不明	2	×
稲童8号	方4	右脇	右1	革包	鉄包	大	7?	4	4	弧状
真浄寺2号 2号短甲	方4	右脇	右2	革?	革?	大	10?	4	4	弧状
月の木1号 1号木棺	方4	右脇	右1	鉄包	鉄包	大	8	4	4	裁断（小）
塚原5号（鎧塚）	方4	右脇	右2	鉄包	鉄包	大	7?	3	3	
三昧塚	方4	右脇	―	鉄包	鉄包	大	9	3	3	
正崎2号	方4	右脇	右1	鉄包	鉄包	大	7?	3?	3	弧状
狐山	方4	右脇	右1	革包	革包	大	7	3	4	
小木原1号地下式	方4	右脇	右1	革包	革包	大	6	3	3	弧状
池殿奥5号	方4	右脇	右2	鉄包	鉄包	中	7	2	2	弧状
西都原4号 3号短甲	方4	右脇	右1？	革包	鉄包	大	7			
供養塚	方4？	右脇		革組	鉄折？	大	6	2	2	
武具八幡	方4	右脇	右1	鉄折	鉄折	大	6	●2?	●2?	
江田船山 2号短甲	方4	右脇	欠	革組？	革組？	―	6			弧状
後出3号 第1主体	方4	右脇	右1	革包	鉄包	大	5	2	2	裁断（大）
扇森山	方4	右脇	欠	革包	鉄包	中？	4	2	2	
大谷	方4（特殊）	両脇	右1・左1	鉄包	鉄包	大	12	4?	4	
三玉大塚	釣	右脇	右1	鉄包	鉄包	大	9	5	5	
小田茶臼塚	釣	右脇	右1	革包	鉄包	大	5?	4?	不明	弧状
真浄寺2号 1号短甲	釣	右脇	右2	鉄包	鉄包	大	6	2	2	弧状

【凡例】竪上3段鋲数に●がつくものは前胴6段構成のため，竪上2段地板の鋲数
　蝶番　長3：長方形3鋲　長2：長方形2鋲　方4：方形4鋲
　　　　爪3：爪形3鋲　方3：方形3鋲　長釣：長釣壺　釣：釣壺
　胴分割　一連：胴一連　両脇：両脇開閉　右脇：右脇開閉

　続いて，両前胴開閉で蝶番板が左右計2枚の奈良県円照寺墓山1号墳1号短甲・2号短甲や大阪府西小山古墳例，右前胴開閉で蝶番板を2枚用いる長野県林畔1号墳例が位置づけられる。西小山古墳例は前胴竪上3段鋲数は右前胴5・左前胴5とみられ，地板裁断は「裁断（大）」である。千葉県八重原1号墳2号短甲は，欠失により不明な部分が多いが地板裁断は「裁断（大）」である。

　最も定型的な右脇開閉蝶番板1枚のものとして，奈良県新沢115号墳例（同3），奈良県後出7号墳例，京都府宇治二子山南古墳1号短甲，広島県曲2号墳

例（同 4）などがある。これまでに述べてきた諸例はいずれも鋲頭径は「小」であったが、宇治二子山南古墳 1 号短甲と曲 2 号墳例は鋲頭径「中」となる。後胴竪上 3 段と前胴竪上 3 段右前胴・左前胴の鋲数は新沢 115 号墳例で「9・4・6」、後出 7 号墳例で「10・4・4」、兵庫県法花堂 2 号墳例で「10・4・4」、宇治二子山南古墳 1 号短甲で「8・4・4」、曲 2 号墳例で「7・2・2」であり、小型鋲のものよりも鋲数が少ない。

　以上のように、長方形蝶番金具の類例にも蝶番板や鋲頭径・鋲数といった要素に違いがあり、かなりの製作時間差が見込まれることが明らかとなった。その一方で、特に注目できる点として、いわゆる「変形板短甲」〔橋本 2004〕とも称される三角板や横矧板以外の類例の少ない特殊な地板形態・配置のものが多いこと、前胴に三角板を用いないいわゆる「三角板横矧板併用（以下、「三・横併用」）短甲」が多い点が挙げられる。さらにいえば、「変形板短甲」とされる永浦 4 号墳例、西小山古墳例のうち、後者は前胴に三角板を用いない点で「三・横併用短甲」と共通する。長方形の蝶番金具を用いるという共通性を考えれば、これら「変形板短甲」と「三・横併用短甲」は一連の製作系統の中で、継起的に製作された一群として位置づけることが可能であろう。また、円照寺墓山 1 号墳 2 号短甲や林畔 1 号墳では前胴長側 3 段には通例どおり三角板を配置するが前胴長側 1 段には三角板は用いられていない。これも、「三・横併用」の一形態として、他の例と同一の特徴とみることができよう。また、覆輪技法が不明なため表には挙げていないが、長方形蝶番金具の例には地板に小札を用いる「変形板短甲」である、佐賀県西分円山古墳例もある。

　それら、「変形板」「三・横併用」といった特徴的な一群に対して、通例の三角板短甲と同様に、前胴にも三角板を用いる一群も存在する。しかしこれらの一群についても、御嶽山古墳例、後出 7 号墳例、法花堂 2 号墳例のように通常 1 枚の鉄板で形造るような押付板や裾板を複数枚の鉄板で構成するいわゆる「小鉄板使用」の短甲がみられる点は注目できる（第 15 表中◎で示した）。この小鉄板使用の特徴を持つ三角板鋲留短甲は、他には胴一連の宮崎県島内 3 号墓例（第 70 図 5）と、方形 4 鋲の蝶番金具を用いる後出 3 号墳第 2 主体例（同 6）が知られるが、両者とも前胴に三角板を配置しない三・横併用短甲であり、長方形の蝶番金具を用いる一群と高い共通性を持つ。また、新開 1 号墳例や西小

山古墳例では押付板を2ないし3枚の鉄板で構成する点や，永浦4号墳例では押付板の一部に方形の小鉄板を用いている点なども，小鉄板使用短甲と同根の現象とみなすことが可能であろう。

　以上から長方形蝶番金具の三角板鋲留短甲については，いわゆる変形板や三・横併用といった前胴に三角板を配置しないという地板配置上の特徴や，小鉄板使用例が多いという点で強い共通性を有することがわかる。製作段階における一つの高い共通性を持った一群として，長方形蝶番金具を用いる資料はまとめて理解することができるのである。さらに，蝶番板の枚数が順次減ることや，使用する鋲数にも多寡がみられること，鋲頭径にも違いがあることから，このまとまりにはある程度の時期差が内包されていると考えられる。

(3) 長方形蝶番金具の横矧板鋲留短甲

　長方形蝶番金具を用いる三角板鋲留短甲が，地板の形態と配置方式や小鉄板使用の有無に非常に高い共通性を持つことを示したが，続いて長方形蝶番金具の横矧板鋲留短甲の検討により，蝶番金具による系統把握が地板形式の違いを超えて妥当であるかどうかを検討しよう。加えて編年上の基準もあわせて検討することで，三角板鋲留短甲との時間差の問題も考えたい。

　第15表に示した長方形蝶番金具の横矧板鋲留短甲33例のうち7例で小鉄板の使用が認められる。また，特に鉄折覆輪を用いる一群にまとまるが，前胴竪上3段の帯金を欠く前胴6段構成のものが7例ある（第15表中●で示した）。これらの特徴は，長釣壺や釣壺，方形4鋲の蝶番金具を用いる横矧板鋲留短甲では，武吉八幡古墳例が前胴6段構成であるが，それ以外には確認できず，他の蝶番金具を用いる資料群とは明らかに異なる様相といえる。前胴6段構成のものは，長方形蝶番金具の三角板鋲留短甲では，欠失により詳細は確定できないものの長野県林畔1号墳例を確認することができ，三角板鋲留短甲との関係は想定できる。なお，方形3鋲の蝶番金具を用いる類例では17例中6例で小鉄板を使用し，2例で前胴6段構成のものがみられるなど，ほぼ同様の傾向を示している。方形3鋲の類例との関係については後で検討する。

　以上のように，長方形蝶番金具の横矧板鋲留短甲についても，小鉄板使用という点で長方形蝶番金具の三角板鋲留短甲と同様の特徴を持つことがわかる。

ただし，前胴6段構成の横矧板鋲留短甲は鉄折覆輪を多く採用しており，覆輪技法についてもまた系統差を表している可能性がある。長方形蝶番金具の横矧板鋲留短甲の編年的な位置づけから検討しよう。

長方形蝶番金具の横矧板鋲留短甲のうち，比較的古い要素のみで構成される類例としては，島根県月坂放レ山古墳例が鋲頭径中型で，後胴・前胴左右の竪上3段鋲数が「13・4・4」，前胴帯金連接位置がb類〔滝沢1991〕，提示された図面だけでははっきりしないが，地板裁断は「なし」の可能性がある。後胴竪上3段の鋲数13は最古型式の横矧板鋲留短甲に近いが，前胴は4鋲で鋲頭径も中型のため最古段階とは考えない。他にも群馬県若田大塚古墳例は鋲頭径は大型であるが，後胴・前胴左右の竪上3段鋲数が「9・4・4」，前胴帯金連接位置が最古相のa類，地板裁断「なし」である。

これらの例は，長方形蝶番金具の三角板鋲留短甲のうち，前胴にも三角板を配する一群の最新段階である後出7号墳例や法花堂2号墳例と同段階程度の所産とするのが妥当で，曲2号墳例よりも先行して位置づけうる。長方形蝶番金具の横矧板鋲留短甲は，同系統の三角板鋲留短甲の生産の最終段階近くで生産が開始され，急激に生産系統の主流となったとみられる。小鉄板の使用という生産時のクセを持っていた三角板鋲留短甲の製作者達は，速やかに地板に三角板を使用しない短甲の生産に移行したのであろう。その過程で覆輪も革包から鉄包へと変化したとみられる。

鉄包覆輪を用いる類例の多くが後胴竪上3段の鋲数7で，前胴左右ともに4である。これまで鋲頭径は中型であったが，長野県溝口の塚古墳例や奈良県後出2号墳短甲2では径8mmを超える大型鋲が用いられる。後出2号墳短甲2では前胴竪上3段の鋲数が2，地板裁断には弧状の部分がみられ，鉄包覆輪のものの中では最新の様相を示す。一方で鉄折覆輪の類例では千葉県花野井大塚古墳例だけが前胴竪上3段の鋲数が3であるが，他は2（前胴竪上3段帯金が無いものでは1）であり，また後胴竪上3段の鋲数も6のものがみられるようになる。若干の時間的な併行関係は想定できるが，基本的に鉄包覆輪のものが先行し，鉄折覆輪のものへと移行したとみてよいだろう[6]。このことから，鉄包覆輪と鉄折覆輪に多くみられる前胴6段といった特徴は系統差ではなく，同一の系統の中で新しい段階になって出現した特徴であることがわかる。

また，長方形蝶番金具の横矧板鋲留短甲には革組覆輪を用いるものも一定数存在する。詳細はやや判然としないが，大阪府黒姫山古墳3号短甲のように後胴竪上3段鋲数が9のものや，黒姫山古墳1号短甲のように6のものがあるなど，革組覆輪のものもある程度新しい段階になっても引き続き生産されたとみられる。三角板鋲留短甲から鉄包覆輪を用いる横矧板鋲留短甲に移行する段階ごろに生産系統が分化したものか，それとも鉄包覆輪や鉄折覆輪のものが生産される中で少数例のみ革組覆輪が施されたのであろうか。

(4) 長方形蝶番金具系統の変遷

改めて長方形蝶番金具を用いる鋲留短甲の変遷をまとめる。祖形としては蝶番金具の形から新開1号墳例が想定でき，ごく早い段階からいわゆる変形板と呼ばれる特殊な地板を用いるものを生産したとみられる。その中で，通有の三角板を用いるものの生産も継続するが，それとは別に前胴に三角板を用いない「三・横併用」のものが継続的に生産される。通有の三角板を用いるものの系統は小鉄板の使用頻度の高さによって追究できるが，それらは速やかに地板形態を横矧板へと替えて生産が続けられたとみられる。その過程で革包覆輪から鉄包覆輪，最終的に鉄折覆輪へと覆輪技法も変化させたようである。また新しい段階に至って前胴6段構成のものが一定数製作される。さらに，これらとは別の系譜として，革組覆輪を採用し続けるグループが存在した可能性が高い。

以上のように，長方形蝶番金具を用いる短甲の変遷は整理できる。基本的には一つの大きなまとまりとして認識できるが，革組覆輪を用いる類例については，別系統を構成した可能性が高い。

また，これらの長方形蝶番金具を用いる短甲のさらなる祖形の追究も可能である。それは，前胴に三角板を配置しない資料が革綴短甲にもあるためである。

---

6) 現在のところ最新の鉄折覆輪のものにも後胴竪上3段の鋲数5のものはない。6鋲と5鋲という1鋲の違いをどの程度重視するかは難しいが，後述するように方形3鋲の蝶番金具を用いる類例には5鋲のものが一定数認められることから，長方形蝶番金具の系統は方形3鋲の蝶番金具を用いる系統よりも早い段階で生産が終了したとみることもできる。ただし，方形3鋲の蝶番金具の系統は鉄包覆輪を用いる長方形蝶番金具の一群から派生した可能性が高いため，先行して生産が終了したのは鉄折覆輪を採用した一群だけかもしれない。詳しくは方形3鋲の蝶番金具の類例を分析する中で検討したい。

三角板革綴短甲では，静岡県五ヶ山B2号墳例（第70図8），同じく静岡県文殊堂11号墳例，大阪府鞍塚古墳例の3例が前胴長側1段の地板に三角板を使用しておらず，地板の配置方式では長方形蝶番の類例と共通する。小鉄板を使用する京都府ニゴレ古墳例（第71図9）も同系統と考えてよいだろうか。これらの類例の製作集団が鋲留技法をはじめとする種々の技術を習得していく（あるいは習得した工人が編入されていく）過程で，長方形蝶番金具が採用されたと考えられる。長方形蝶番金具を使用する短甲製作集団の系統は，革綴短甲の段階にまで遡りうる可能性が高い。

現状では前胴に三角板を用いない三角板革綴短甲は三角板革綴短甲の中でも比較的新しい段階に位置づけられる。それ以前の段階からこれらの系統を構成するような製作集団が存在しており短甲生産に携わっていたのかどうかは現状では不明であるが，少なくとも革綴短甲の最新段階でのちに長方形蝶番金具を採用する系統が確立したことは想定できる[7]。

(5) 方形3鋲蝶番金具の三角板鋲留短甲・横矧板鋲留短甲

続いて，方形3鋲の蝶番金具を用いる類例を検討する。なお，系統の名称は主流となる蝶番金具の方形3鋲から採用したが，爪形3鋲のものも同系統とみられるため，あわせて検討する。方形3鋲という系統としての分類名称が適切かどうかについては要検討だが，ここでは方形3鋲としてまとめておく。

三角板鋲留短甲は静岡県林2号墳例（第71図10）の1例のみで，大型鋲，竪上3段鋲数「7・3・3」，地板裁断は弧状，引合板連接位置c類と三角板鋲留短甲としては最新の特徴を持つ。また，前胴に三角板を用いない三・横併用の地板配置になっている。

横矧板鋲留短甲では，宮崎県島内76号墓例（第71図11）が唯一中型鋲を使用しており，蝶番板2枚，竪上3段鋲数が「8・4・4」と比較的古相を残す。

[7) 新開1号墳例との関係が想定できる大阪府七観古墳出土の平行四辺形板革綴短甲は，蝶番金具が失われており確定はできないが，特殊な地板配置をなすいわゆる変形板短甲であるため長方形蝶番金具の諸例との関係で考えてもよいかもしれない。その場合，七観古墳例の連接技法は革綴技法であるため，同系統が革綴短甲の生産段階に遡ると考える一つの根拠とできる。ただし，七観古墳例は右脇開閉で蝶番板1枚のみの使用であり，新しい要素も含まれるため，鋲留技法導入後の所産とみることもできる。確定はできないため，類例としての紹介に留めておく。

他例はいずれも大型鋲を使用している。なお、島内76号墓例は蝶番金具の形態が爪形であり、同じく爪形の韓国望夷山城例は竪上3段鋲数が「7・4・2」、伝・岡崎出土例は「7・2・4」と他の方形3鋲の例よりも古相の特徴が多くみられるため、爪形3鋲が先行し、方形3鋲へと変化したものと考えられる。方形3鋲のものでは千葉県東間部多1号墳例が復元値ではあるが竪上3段鋲数「8・3・3」とやや古相を残すが、他は後胴竪上3段鋲数が6ないし5で、前胴も3ないし2と新相を示す。また、静岡県多田大塚4号墳例（第71図12）、宮崎県島内81号墓例、同島内1号墓例、同西都原4号墓例では小鉄板を使用している。

　林2号墳例は三・横併用の地板配置であり、横矧板鋲留短甲には小鉄板使用例が多くみられることから、長方形蝶番金具の系統との強い関連性が想定できる。熊本県江田船山古墳1号短甲や、蝶番金具の形態は他の爪形3鋲のものとはやや異なるが香川県川上古墳列が前胴6段構成である点も長方形蝶番金具の系統との関連を示唆する。方形3鋲の類例のうち、現状で最古段階に位置づけられる島内76号墓例が、長方形蝶番金具系統のうち鉄包覆輪の類例の中でも古段階から中段階のものに併行して位置づけられることも考え合わせれば、方形3鋲の蝶番金具を用いる系統は長方形蝶番金具の系統のうち、鉄包覆輪を用いる一群が成立した段階で分化した一系統とみるのが妥当であろう。

(6) 胴一連の三角板鋲留短甲・横矧板鋲留短甲

　続いて開閉装置を持たない胴一連の鋲留短甲を検討する。胴一連の三角板鋲留短甲のうち、最古段階の特徴を持つ資料は、大阪府珠金塚古墳北槨例（第71図13）で、覆輪は革包覆輪だが、竪上3段の鋲数は後胴・右前胴・左前胴で「12・6・6」で、鋲頭径は小型、長側1段の地板がすべて三角板で収められるのも革綴短甲的な古相の特徴を残すといえよう。また、福井県二本松山古墳例も前胴竪上3段の帯金を持たない前胴6段構成であるが、前胴2段での鋲数は右前胴・左前胴ともに一段で3であり、珠金塚古墳北槨例の二段で6鋲に相当する。小型鋲である点からも古相としてよい。続いて小型鋲を使用し、竪上3段鋲数が「13・4・4」の福岡県稲童21号墳例や、「12・6・6」の福島県四穂田古墳例が位置づけられる。前胴竪上3段の鋲数が4のものでも、大阪府野中古

212　第2部　甲冑の型式学的研究

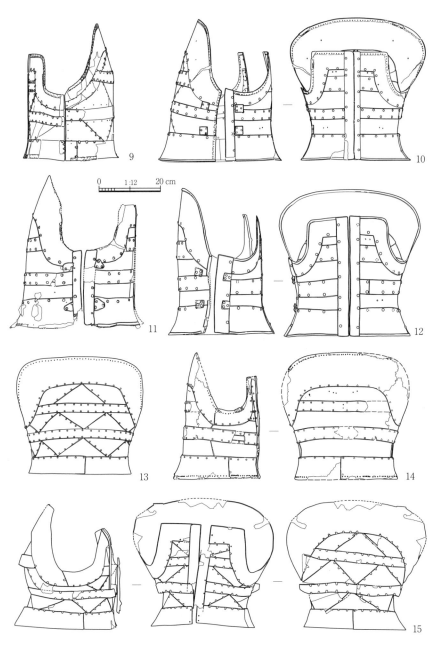

9ニゴレ　10林2号　11島内76号　12多田大塚4号
13珠金塚 北槨　14稲童21号　15新沢139号

第71図　短甲の諸例（2）

墳1号短甲や岡山県随庵古墳例は中型鋲を使用し，後胴竪上3段の鋲数も10前後となっており，一段階新しい。さらに，前胴竪上3段の鋲数が右前胴・左前胴で「4・2」となる三重県近代古墳例，「3・3」となる大阪府黒姫山古墳2号短甲，「2・2」の宮崎県島内3号墓例（第70図5）が最新段階の資料として続く。黒姫山古墳2号短甲は後胴竪上3段の鋲数が8であり，前胴の鋲数と整合的だが，島内3号墓例は後胴の鋲数が11と前胴「2・2」の他例に比べて明らかに多い。前胴の鋲数よりも後胴の鋲数を年代的な位置づけとしては重視した方がよいのかもしれない。

　島内3号墓例の位置づけは保留されるが，それを除いた場合に胴一連の三角板鋲留短甲のうちの最新段階の資料は黒姫山古墳2号短甲といえる。その特徴は先述のとおり竪上3段鋲数が後胴・右前胴・左前胴で「8・3・3」である。その編年的な位置づけは系統差を一旦無視して考えるならば，長方形蝶番金具を用いる類例では宇治二子山南墳例や曲2号墳例といった最終段階とほぼ併行すると考えてよい。すなわち，胴一連の三角板鋲留短甲は，長方形蝶番金具の三角板鋲留短甲とほぼ併行する形で生産されたといえる。鋲留短甲の開閉装置は胴一連のものから両脇開閉に，やがて右脇開閉に収束するとの理解もあったが，それはあくまで出現順序の差であって，胴一連のものは一つの系譜として生産が継続したと考えられる。

　では，「一つの系譜」としたが，果たしてこれは長方形蝶番金具を用いる資料群と同じく独立的な生産系統を構成したものであろうか。そこで横矧板鋲留短甲も含めて覆輪技法に着目すると，第15表に提示した20例中16例が押付板・裾板ともに革組覆輪を採用していることがわかる。また，愛媛県後谷古墳例では裾板には革包覆輪や鉄包覆輪を採用しているものの，押付板には革組覆輪が採用されている。革組覆輪を一切使用していないのは珠金塚古墳北槨例と稲童21号墳例，四穂田古墳例の3点のみであり，胴一連の鋲留短甲と革組覆輪の強い相関性がうかがえる。

　また，珠金塚古墳北槨例や野中古墳2号短甲・3号短甲，稲童21号墳例（第71図14）の横矧板鋲留短甲のように，後胴の中心に裾板の合わせ目を持つものが6点ある（第15表中☆で示した）。こういった特徴は他の開閉構造を持つ一群にはみられず，胴一連の鋲留短甲にみられる強い特色といえる。

以上から，胴一連の三角板鋲留短甲・横矧板鋲留短甲は革組覆輪・後胴裾板二分割という点で強いまとまりを持つことがわかる。ただし，長方形蝶番金具の系統の三角板鋲留短甲のように，特徴的な地板形態や配置を採用する資料はみられず，地板の様相から胴一連の短甲の特徴を抽出することはできない。唯一例外的に島内3号墓例が，後胴中心に裾板の合わせ目がある一方で，小鉄板を採用し，かつ前胴長側1段に三角板を使用しないという長方形蝶番金具の系統との折衷的な様相をみせるが，それ以外に特徴的な地板配置のものはない。あるいは，変形板や三・横併用といった特徴を持たないオーソドックスともいえる地板配置をなすという点が，胴一連の三角板鋲留短甲のまとまりとしての特徴なのかもしれない。

また，革組覆輪については，長方形蝶番金具の系統でも鉄包覆輪や鉄折覆輪を採用していく系列とは別に，一定期間併行して生産されたため，胴一連の短甲のみに限定される特色ではない。しかしそれは，異なる覆輪技法を積極的に採用し，移行することで新たな系列を生み出したりせず，古相の胴一連の構造を踏襲し続けるという「保守的」ともいえる短甲構造への固執として同根の現象とみることもできよう。そういった一群として，胴一連の鋲留短甲についても一つの系統を構成するものとして評価したい。先に述べたオーソドックスな地板配置についても同様に理解が可能である。

では，この胴一連の系統についても革綴短甲の段階に系統として遡るのであろうか。胴一連の鋲留短甲にみられる特徴の一つとして，後胴中心に裾板の合わせ目を持つ点を挙げたが，その特徴は奈良県新沢139号墳出土の三角板革綴短甲（第71図15）にもみてとれる。新沢139号墳からは小札鋲留眉庇付冑が出土しており，鉄鏃は長頸式鏃を含まないⅢ期新段階である。新沢139号墳例を鋲留短甲の成立後のものとみなすことも可能ではあるのだが，さらに先行する類例が今後出土する可能性も含めて，現状では胴一連の鋲留短甲の系統は革綴短甲の最終段階には系統として成立していたと考える。

系統としての終焉については，現状では後胴竪上3段の鋲数が7鋲以下になるものは無く，鋲頭径も大型のものはみられない。それらの要素が他の系統と全く一連で変化したのかどうかは確定できないが，短甲の最終段階以前に系統としての生産は終了していたと考えられる[8]。

(7) 方形 4 鋲蝶番金具の三角板鋲留短甲・横矧板鋲留短甲

　方形 4 鋲の蝶番金具には蝶番金具を鉄地金銅張りで金銅装とするものと通有の鉄製のものがあるが，さしあたり両者をまとめて検討する。

　三角板鋲留短甲には京都府坊主塚古墳例（第 72 図 22）と奈良県後出 3 号墳第 2 主体例（第 70 図 6）がある。前者は両脇開閉で蝶番板は左右ともに 1 枚ずつ，中型鋲を使用し，竪上 3 段鋲数「10・4・4」である。後者は右脇開閉の蝶番板 1 枚で，中型鋲，竪上 3 段鋲数「9・2・2」，地板裁断（大）で裁断なしの部分もあり，前胴竪上 3 段の鋲数は新しい特徴を示すが，他の属性はそれほど新相を示さない。後出 3 号墳第 2 主体例は前胴に三角板を用いない三・横併用の地板配置でさらに小鉄板を使用するなど，長方形蝶番金具系統との強い関係が想定できる。

　横矧板鋲留短甲では中型鋲の兵庫県亀山古墳 1 号主体例や京都府宇治二子山南古墳例（第 72 図 23）が竪上 3 段の鋲数とあわせて考えると比較的古相を示す可能性が高いが，一方で奈良県池殿奥支群 5 号墳例も中型鋲ではあるが，前胴竪上 3 段鋲数が「2・2」となるなど，鋲頭径と使用鋲数の相関性がやや低い。あるいは方形 4 鋲系統では中型鋲が比較的長い間使用され続けたのかもしれない。最新段階の資料としては大型鋲，竪上 3 段鋲数「5・2・2」，地板端部は弧状の奈良県後出 3 号墳第 1 主体例（第 73 図 24）が位置づけられる。滋賀県供養塚古墳例や，埼玉県武具八幡古墳例なども後胴竪上 3 段鋲数が 6 であるが，最新段階の資料であろう。

　なお，横矧板鋲留短甲と同様の部材配置を採るが，革綴技法で部材を連結する横矧板革綴短甲である，福岡県塚堂 2 号石室 1 号短甲，熊本県江田船山古墳 2 号短甲（同 25），西都原 4 号墓 3 号短甲はいずれも方形 4 鋲の蝶番金具を使

---

8) 胴一連の系統に含めるかどうか難しい資料として，野中古墳 6 号短甲や兵庫県小野王塚古墳例（第 72 図 16）のように，蝶番板を持つが蝶番板が前胴・後胴の両方と鋲留されており，開閉構造として機能していない類例がある。これらを他の胴一連の類例と同様に考えてよいかどうかは難しいが，野中古墳 6 号短甲は後胴中心に裾板の合わせ目があり，他の胴一連の短甲と同じ特徴を有している。こうした蝶番板を固定してしまう類例である岐阜県中八幡古墳例，野中古墳 6 号短甲，黒姫山古墳 7 号短甲，小野王塚古墳例はいずれも少なくとも押付板には革組覆輪を採用しており，胴一連の諸例が革組覆輪と強い相関性を持つ点とも共通する。そのため，これらの類例についても胴一連の短甲の中での一亜種として位置づけてよいと考える。あるいは一つの系統を構成するものかもしれない。

用しており，方形4鋲の蝶番金具を用いる系統の中で横矧板革綴短甲が製作されたことがわかる。

以上のように方形4鋲蝶番金具の系統は鋲留短甲の最新段階近くにまで継続したことがわかるが，系統としての初出は現状の資料によるかぎり鋲留短甲の最古段階には遡らず，革綴短甲段階に系統としての祖形を求めることは難しい。特徴的な部材配置のものとして後出3号墳第2主体例が長方形蝶番金具との関係を想定できるが，1点だけでありそうした視点から方形4鋲系統の前提となる系統を想定するのは難しい。特徴的な部材配置方式を採らないという点を積極的に評価すれば，時期的に先行する例もあることから長釣壺系統からの分化を想定してよいかもしれない。その場合千葉県東耕地3号墳例の方形4鋲と長釣壺の折中的な蝶番金具には注目できる（同26）。しかし，長釣壺系統では三角板鋲留短甲は革組覆輪に，横矧板鋲留短甲は鉄折覆輪にまとまり，革包覆輪と鉄包覆輪が多くみられる方形4鋲系統とは異なっている。

革包覆輪は長方形蝶番金具の類例に多くみられる技法であり，方形4鋲のものと共通した特徴といえる。また，後出3号墳第2主体例は三・横併用で小鉄板を使用しており，武具八幡古墳例は前胴6段構成であることから，方形4鋲の一群はやはり長方形蝶番金具の一群との関係の中で成立したと考えるのが妥当であろう。長方形蝶番金具の一群のうち，革包覆輪を用いる類例が生産された段階で系統として分化し，方形4鋲の系統が成立したとみられる。その後，独立した系統として覆輪技法を革包から鉄包，そして鉄折へと変化させていったのであろう。

(8) 長釣壺形蝶番金具の三角板鋲留短甲・横矧板鋲留短甲

長方形や方形3鋲または方形4鋲の蝶番金具が革帯で前胴と後胴を連結するのに対し，長釣壺形蝶番金具や釣壺形蝶番金具は革帯を用いず，先端を鉤状に曲げた前胴と後胴の蝶番金具を連結することで開閉装置とする点で様相が大きく異なる。

長釣壺形の蝶番金具を用いる例では，野中古墳7号短甲と黒姫山古墳4号短甲が両脇開閉で，蝶番板を左右とも2枚ずつ用いており古相を示す。野中古墳7号短甲の竪上3段の鋲数は後胴・右前胴・左前胴で「11・6・6」であり，黒

姫山古墳4号短甲は「9・6・4」とみられるため，野中古墳7号短甲が最古相といえる。続いて，両脇開閉で蝶番板が左右ともに1枚ずつ，竪上3段の鋲数は「11・4・4」の三重県小谷13号墳例（第72図17）が位置づけられる。現状で最新の特徴を持つ三角板鋲留短甲は滋賀県雲雀山2号墳例で，右脇開閉で蝶番板は1枚，竪上3段の鋲数は「7・3・3」とみられる。いずれも鋲頭径は中型である。長釣壺形蝶番金具としてまとめたが，それぞれ少しずつ蝶番金具の形態が異なり，短甲の変化とあわせて形態が変化するようである。

横矧板鋲留短甲では，滋賀県黒田長山4号墳北棺例（同18）が右脇開閉蝶番板1枚で，竪上3段の鋲数「8・6・4」と古相に位置づけられる。竪上3段の鋲数から韓国池山洞32号墳例が続き，静岡県石ノ形古墳例（同19）が最新段階に位置づけられる。どちらも大型鋲を使用する[9]。

三角板鋲留短甲は革組覆輪に集中しており，また，横矧板鋲留短甲は詳細が判明しているものは鉄折覆輪に限定される。部材の配置や形態に特徴的なまとまりはみられない。

横矧板鋲留短甲の黒田長山4号墳北棺例や石ノ形古墳例の蝶番金具は前胴側が突出し，三角板鋲留短甲の小谷13号墳例や雲雀山2号墳例では円形をなしており，時期的に併行する可能性が高い類例をみても，三角板鋲留短甲と横矧板鋲留短甲では蝶番金具の形態が異なっている。そのため，三角板鋲留短甲と横矧板鋲留短甲では，同じ長釣壺系統としたが系統が異なる可能性も想定できる。三角板鋲留短甲と横矧板鋲留短甲で用いる覆輪技法が異なるのはそういったさらに細かな系統差が理由かもしれない。ただし，そのように考えた場合，鉄折覆輪を用いるどういった先行例から長釣壺形蝶番金具を採用する横矧板鋲留短甲が成立したのかは，時期的に先行する鉄折覆輪の系統が判然としないため不明である。

長釣壺形の蝶番金具を用いる鋲留短甲の系統が革綴短甲段階に遡るかどうかは，系統として特徴的な部材の配置方式がみられないため不明である。もちろん，そういった「特徴的でない」一群を祖形と考えることも不可能ではないが，「特徴的でない」点をもって類型としての「特徴」を抽出することは方法論上

---

9) 特殊な地板配置である「変形板短甲」の類例として，佐賀県夏崎古墳例があるが，鋲数など詳細は不明であるため，ここでは細かな検討はおこなわない。

不適切であろうから，確定できない。

ただし，野中古墳7号短甲，黒姫山古墳4号短甲，雲雀山2号墳例という地板配置の詳細が判明する4例中3例で，前胴三角板斜辺の方向が引合板側に向かって，長側1段では下がり長側3段では上がる，合わせて地板配置が「鼓形」〔鈴木2004 b〕となる配置を採っている点は注目できるかもしれない。もちろん，この鼓形の配置は他の蝶番金具の系統にもみられるためこの特徴をもって長釣壺形の系統の特徴とすることはできないが，母数は少ないながら出現率の高さは注目できる。

(9) 釣壺形蝶番金具の三角板鋲留短甲・横矧板鋲留短甲

釣壺形の蝶番金具を用いる類例はさらに少なく，検討が難しい。

三角板鋲留短甲は千葉県八重原1号墳例のみである。欠損部分が多く，確定できない部分も多いが，中型鋲，右脇開閉蝶番板1枚，竪上3段鋲数は「8・2・2」，地板裁断（大）と，三角板鋲留短甲としては比較的新しい特徴を持つ。

横矧板鋲留短甲では広島県三玉大塚古墳例（第72図20），福岡県小田茶臼塚古墳例，福岡県真浄寺2号墳1号短甲（同21）がある。いずれも大型鋲を使用する。三玉大塚古墳例は竪上3段鋲数「9・5・5」と大型鋲の例としては古相を残し，小田茶臼塚古墳例は「5・4・？」とみられる。真浄寺2号墳1号短甲は前胴竪上3段鋲数は「2」と最新相の特徴を持つが蝶番板は2枚である。

長釣壺形蝶番金具を用いる類例には野中古墳7号短甲のように，三角板鋲留短甲全体の中でも古相の特徴を持つものがあったが，現状では釣壺形蝶番金具の類例にはそういった段階の資料はみられない。革帯を用いないで前胴と後胴を連結する点で長釣壺形と釣壺形の蝶番金具が共通することを考えれば，長釣壺形の蝶番金具をもとに釣壺形の蝶番金具が成立した可能性が高い。その一方で，八重原1号墳例については地板配置は前胴に三角板を用いない三・横併用の地板配置であるため，長方形蝶番金具を用いる系統と同様の特徴を持つといえ，長方形蝶番金具から派生した可能性も想定できる。ただし，長方形蝶番金具の系統にみられる小鉄板使用といった特徴はみられないため，八重原1号墳例のみの特徴とせざるをえない。例外的に折衷的な製品として製作されたとみるべきであろうか。

第6章 短甲の系統と甲冑セットの再検討 219

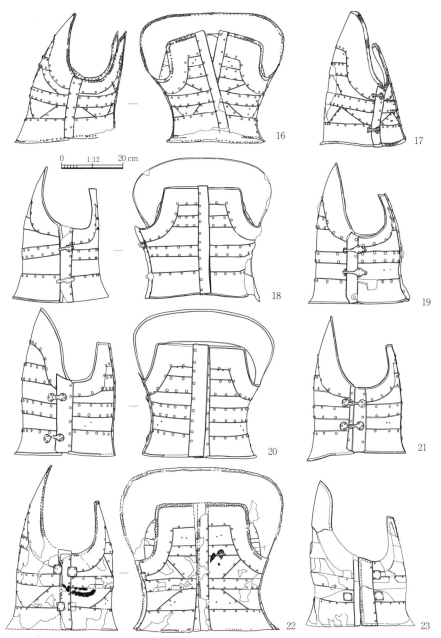

16 小野王塚　17 小谷13号　18 黒田長山4号 北棺　19 石ノ形
20 三玉大塚　21 真浄寺2号 1号短甲　22 坊主塚　23 宇治二子山南

第72図　短甲の諸例（3）

220 第2部 甲冑の型式学的研究

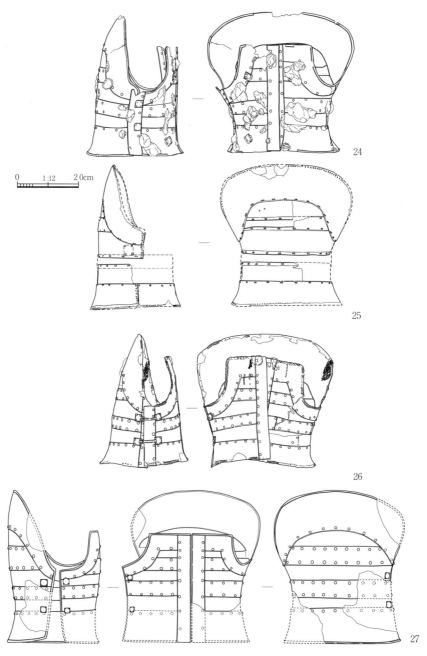

24後出3号 第1主体　25江田船山2号短甲　26東耕地3号　27三昧塚

第73図　短甲の諸例（4）

4. 短甲系統の変遷と冑・頸甲との組み合わせ

(1) 系統の意義と系統変遷

　以上，開閉構造・蝶番金具の形態ごとに部材の配置方式や覆輪技法がある程度まとまること，それぞれの中での変遷が追究でき一定期間にわたって生産が継続したと考えられること，そこから開閉構造・蝶番金具の形態に代表されるまとまりが鋲留短甲の系統を反映している可能性が高いことを示した。

　この「系統」にみられる特徴は一定期間にわたって継続し，生産が続けられるため，工人個人の「クセ」といったものではなく，より大きな生産体制を反映したものと考えられる。ただし，それが同一工房内での幾人かの工人グループによる「流派」のようなものなのか，それとも別個の「工房」によるものなのかは確定が難しい。少数例ではあるが，特定の系統の要素が別個の蝶番金具を用いる資料にみられる点や，鋲頭径の大型化や少鋲化という系統を超えて変化の方向性がある程度共通するとみられる点からは，同一工房内での「流派」のようなあり方も想定できる。ただし，それらは工房間の工人の移動によってもたらされた結果としても想定できるため，「工房」差として考えることも不可能ではない。

　一方で，現存する資料では方形4鋲と方形3鋲の蝶番金具にしか金銅装のものがみられない点は，各系統の生産の実態を考える上で非常に注目できる。なぜならば，それにより特定の系統のみが金工技術を保有し，金銅の入手と金銅装の製品の製作を可能としていた様相が想定できるからである。そういった状況を鑑みれば，一部の系統については素材の入手や特定技術の保有を独立的におこなう特定の「工房」の作によると想定してよいだろう。以上から，各系統が成立した背景として第一に「工房差」の可能性を想定しておきたい。その中で一部の系統については，あるいは工房内での流派の差のようなものが存在したのだろう。

　系統の消長については各系統の説明の中で検討したが，改めて各系統の変遷は第74図のようにまとめることができる。ただし，提示した図と古墳名は各系統内での想定される製作順序ごとに並べたが，各系統間での製作順序は反映

222　第2部　甲冑の型式学的研究

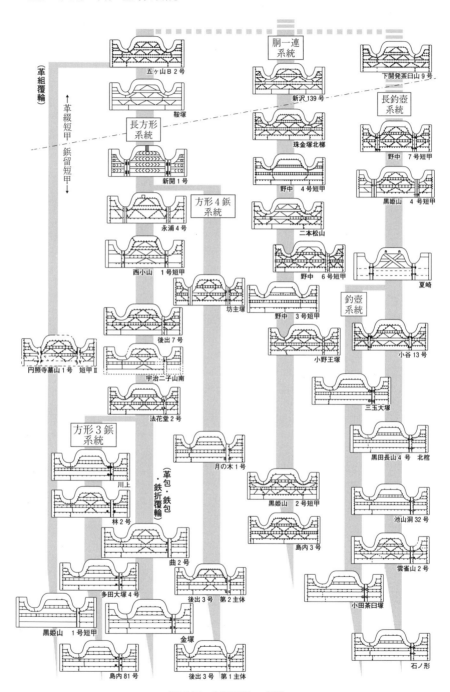

第74図　短甲系統の変遷

第 6 章　短甲の系統と甲冑セットの再検討　223

しない。長方形系統や胴一連系統，長釣壺系統と同様の特徴を持つことから，それらの系統の祖形として挙げた五ヶ山 B 2 号墳例，鞍塚古墳例，新沢 139 号墳例，下開発茶臼山 9 号墳例などの革綴短甲の諸例がいずれも鋲留短甲導入以前の作かどうかは検討の余地が多く確定が難しいが，それらを各系統の祖形と考えた場合，短甲への鋲留技法の導入直前，冑にはすでに鋲留技法が導入されはじめた段階で，別個の「工房」による製作が想定できるような複数の「系統」が成立したことになり，短甲生産の展開の中で非常に大きな画期とすることができる[10]。その後も方形 4 鋲系統や釣壺系統，方形 3 鋲系統の成立など系統の派生はみられるが，現状ではあまり時期的に斉一性の高い現象としては捉えられない。短甲の終焉はこれまでに述べられてきたように各系統でかなり近い段階で一斉になされたようであり，一つの画期として注目できる。ただし，胴一連系統は他系統の終焉以前に生産が終了した可能性もあり，また，系統の異なる諸例の比較の問題があるため，確言はできない[11]。

　短甲には少数ながら金銅装のものが知られるが，大半は蝶番金具のみを金銅装とするものである。先述のとおりそれらは方形 4 鋲・方形 3 鋲の類例に限定され，ほとんどが方形 4 鋲系統にまとまるが，徳島県田浦出土品として絵図が

---

10)　唯一の例外として，奈良県新沢 508 号墳出土例は，前胴に三角板を用いず長方形板を採用している。当該例は三角板革綴短甲の中でもごく初期に位置づけられることから，三・横併用短甲の祖形とみなすことも可能かもしれない。その場合，三角板革綴短甲が成立した初期から三・横併用短甲の系統が存在していたことになり，系統の成立に関する理解に大きな影響を持つ。ただし，現状では当該例と他の三・横併用短甲との間を埋める資料は無く，連続的な変化としては追究できないため，他人の空似の可能性もある。ここでは，当該資料は別個の論理で成立したものと考えておく。

11)　和歌山県大谷古墳出土例（第 75 図）は方形 4 鋲系統としたが，蝶番金具は横長長方形から六角形に近い形態であり，大型鋲でありながら竪上 3 段鋲数が「12・4？・4」，両脇開閉で蝶番板計 2 枚であるなど，他の短甲との変遷観と合わない特徴を多く有している。大谷古墳出土の短甲はより新しい段階の所産とみることも可能である。大谷古墳例から最終段階の短甲の鋲数は再度増えるという可能性を考えると，他にも共伴遺物から古墳時代後期の可能性もある茨城県三昧塚古墳例（第 73 図 27）についても竪上 3 段鋲数が「9・3・3」と多いことから，最新相の短甲と考えることも不可能ではない。

　このように特に方形 4 鋲系統については，他例に比べて長期間にわたって生産が継続した可能性が想定できる。確かに他の系統については現状では比較的高い斉一性をもって生産が終了した可能性が高いが，一部の系統では生産が継続された可能性がある。その中で，滋賀県北山古墳出土例のような資料が少数ながら生産されるのであろう。短甲の生産終了時期についても，今後詳細な検討が必要である。

残される地板を金銅装とする三角板鋲留短甲にも，方形4鋲の蝶番金具が描かれている。ここからも金銅装と方形4鋲系統との強い関係が想定できる[12]。

特定の時期に生産工房を多系化するような動きが生じ，そうして成立した特定の工房のみが金工技術を保持して金銅装の製品を製作するという短甲の有り様は，衝角付冑や眉庇付冑について明らかにしてきた様相と同一の現象であり注目できる。では，これらは時期的に同時期の現象とみなすことができるのであろうか。冑と甲の組み合わせを検討することで明らかにしよう。

(2) 出現期の冑と頸甲について

複数の甲冑が一括で出土した場合，副葬時の組み合わせが生産や入手時の組み合わせを反映しているかどうかは検討できないため，さしあたり短甲1点・冑1点が出土した古墳を中心に検討する。もちろん，短甲1点・冑1点だけが出土した場合にも，それが生産や入手段階の組み合わせが副葬時にまで保持されていたものかどうかは確定できないが，少なくとも複数の甲冑が共伴した場合よりも，組み合わせが入れ替わる確率は低いであろう。

検討対象例を第18表に挙げる。古墳時代前期の短甲を含む革綴短甲については，高橋克壽・橋本達也・阪口英毅らによって検討されておりそれに倣うためここでは特に取り上げない[13]〔高橋1993，橋本1998，阪口1998・2009〕。なお，

---

[12] 大阪府大仙古墳前方部出土とされ絵図が残される金銅製横矧板鋲留短甲には爪形3鋲に釣壺を付けたような形態の蝶番金具が描かれている。絵図であり確定はできないが，釣壺形の蝶番金具であった可能性が高いため，金銅装は必ずしも方形4鋲・方形3鋲系統に限定されないのかもしれない。他に類例が無く，また現物資料による確認が不可能であり，詳細は不明である。

[13] 方形板革綴短甲から長方板革綴短甲への変化の様相は阪口英毅が明確化したが〔阪口2010〕，その後京都府鞍岡山3号墳から出土した短甲により，スムーズに変化が追えるようになった〔大坪2011〕。

鞍岡山3号墳例は，長方板革綴短甲や三角板革綴短甲といった古墳時代中期以降に通有の短甲と同様の形態の後胴押付板と裾板を持つ一方で，帯金を持たず上下の地板同士が直接連接され，また，前胴押付板は「尸」形をなさず扇形に近い部材を用いる。すなわち，方形板革綴短甲的な要素と長方板革綴短甲的な要素が混在しており，両形式の過渡的な形式といえ，鞍岡山3号墳例を参照することで，長方板革綴短甲の成立過程がより具体的に判明した。前胴はいずれも各段地板1枚ずつで構成され，通有の長方板革綴短甲の変化の方向性を考えれば新相の特徴とみることもできる。しかし，後胴に横3枚の地板を配置しそれとは別に脇部に割り込みを持つ2枚の部材によって前胴へと至る点は，阪口英毅が最古の長方板革綴短甲としたⅠ式と同様の地板配置方式である。Ⅰ式が長方板革綴短甲として最古型式である点は，鞍岡山3号墳例からも追認できると考える。

第6章　短甲の系統と甲冑セットの再検討　225

第18表　甲冑の組み合わせ

衝角付冑と短甲・頸甲の組み合わせ

		革綴短甲										鋲留短甲			堅上3段鋲数			頸甲
		方形板	長方板				三角板					蝶番	開閉装置	蝶番板	後胴	右前	左前	
			I	IIa	IIb	IIIa	IIIb	T I	T II	D I	D II	D III	D IV						
冑なし	鞍岡山3号	○																	
	古郡家1号		○																
	石山		○																
横接	佐野八幡山							T II											
	わき塚			○															I-b
	野毛大塚			○															I-b
	安久路2号				○														
	六野原6号																		
	五ヶ山B2号								T II										I-b
上接1	天神山7号					○													I-b
上接2	堂山1号								T II										
	下開発茶臼山9号								T II										
	私市円山　第2主体								T II										
	島内76号													爪3	右脇	右2	8	4	4	
	宇治二子山北					○													I-b
上接3	私市円山　第1主体								T II										II-b
	近代													一連	ー	ー	(不明)	4	2	II-b
	岸ヶ前2号								T II										II-c
	堤当正寺									D I									II-c
	法花堂2号													長2	右脇	右1	10	4	4	III-b1
上下接	宮山													長2	両脇	右2・左2				
	島内21号													長2	右脇	右1	7	(1)	(1)	
上内接	鞍塚																			III-c
	恵解山1号													一連	ー	右1・左?	(欠)	6	6	III-c
	御獅子塚　第1主体													長2	両脇	右1・左1	13	4	7	III-c
内接1	原山西手													方4	右脇	右1	7			III-c
	小木原1号													方4	右脇	右1	6	3	3	III-d
	随庵													一連	ー	ー	10?	4	4	III-c
内接2	青塚								T II										
	新沢115号													長2	右脇	右1	9	4	6	III-b2
	新沢281号													方4	右脇	右1	欠	4	4	
内接3	川上													爪3	右脇	右1	8	(2)	(2)	III-d
	稲童8号													方4	右脇	右1	7	4	4	(小札)
外接	坊主塚													方4	両脇	右1・左1	10	4	4	II-b
	倭文6号													方4	右脇	右1	(不明)	6?	6?	
	小田茶臼塚													釣	右脇	右1	5	4?	(不明)	III-d

眉庇付冑と短甲・頸甲の組み合わせ

		革綴短甲										鋲留短甲			堅上3段鋲数			頸甲
		方形板	長方板				三角板					系統	開閉装置	蝶番板	後胴	右前	左前	
			I	IIa	IIb	IIIa	IIIb	T I	T II	D I	D II	D III	D IV						
無透A	兵家12号					○													I-b
	ベンショ塚								T II										
	永浦4号													長2	両脇	右2・左2	12	6	5	II-b
葉文B	朝光寺原1号													長2	右脇	右1	(不明)	(不明)	(不明)	
三角B	新沢139号								T II										II-b
	二本松山													一連	ー	ー	8	(3)	(3)	I-b (鋲)
	御獅子塚　第2主体								T II										II-c

堅上3段鋲数のうち，括弧付のものは，前胴6段構成で堅上3段の帯金を持たないもので，堅上2段の鋲数

革綴短甲の分類については阪口英毅の成果に従い，頸甲の分類と変遷観は藤田和尊の成果による〔藤田2006〕。

阪口英毅がⅠ式とした最古型式の長方板革綴短甲は鳥取県古郡家1号墳例，大阪府盾塚古墳例，三重県石山古墳例である。このうち，冑や頸甲といった付属具が出土したのは大阪府盾塚古墳例だけであるが，盾塚古墳出土の衝角付冑は，第4章で明らかにしたように，上接2式で地板枚数も少なく，衝角付冑生産が開始されてからしばらく後の段階に位置づけられる。また，盾塚古墳出土の頸甲は藤田和尊によるⅠ-b式であり，これも頸甲の最古型式ではない。

盾塚古墳の甲冑の出土状況をみると（248頁第78図）東から，肩甲・方形板革綴短甲・頸甲・三角板革綴短甲・三角板革綴衝角付冑となっている。まとめられて出土したような状況であるためどこまで出土時の配置を参照してよいのかは難しいが，衝角付冑は本来は三角板革綴短甲とセットであったと考えた方が型式的には整合的である。そう考えると，他例の状況からも最古型式であるⅠ式の長方板革綴短甲と衝角付冑はセットとならないことになる。最古型式の衝角付冑である大阪府交野東車塚古墳例が，三角板革綴襟付短甲と組み合うことを考え合わせれば，長方板革綴短甲が成立した段階では鉄製の冑はまだ出現していないと考えられる。三角板革綴短甲のうち，阪口英毅によって最古型式として位置づけられている滋賀県大塚越古墳でも衝角付冑は出土していないことから，三角板革綴短甲の出現にやや遅れて三角板革綴衝角付冑が成立した可能性も高いといえる。

では，頸甲はどうであろうか。盾塚古墳の甲冑の出土状況を再び参照すると，肩甲は頸甲に装着されるものであるため，両者の間から出土した長方板革綴短甲に伴ったものとみる方が，出土状況からは適当にも思われる。ここで，頸甲の最古型式である藤田和尊分類のⅠ-a式の和泉黄金塚古墳東槨例を考えると，和泉黄金塚古墳東槨出土短甲は三角板革綴短甲であり，長方板革綴短甲の出現に一段階遅れる可能性が高いことから，頸甲の出現も三角板革綴短甲の出現段階かそれにわずかに遅れて出現したと考えることができる。

つまり，盾塚古墳出土甲冑の本来のセットは，「長方板革綴短甲」と「三角板革綴短甲・三角板革綴衝角付冑・頸甲・肩甲」の2セットと考える方が，短甲・衝角付冑・頸甲それぞれの型式学的な位置づけや他古墳での組み合わせの

状況とは整合的といえる。以上から，最初期の長方板革綴短甲の段階には，未だ衝角付冑や頸甲といった鉄製の付属具は成立しておらず，一段階遅れる三角板革綴短甲と同時期かやや遅れて，三角板革綴衝角付冑と頸甲が成立したと考える。いずれにしろ，いわゆる中期型甲冑や帯金式甲冑，定型甲冑とも呼称される長方板革綴短甲の出現の段階では，鉄製付属具の完備といった状況は認められない。長方板革綴短甲の成立・三角板革綴短甲の成立・衝角付冑や頸甲の成立は漸次的に達成された変化といえる[14]。

(3) 衝角付冑・眉庇付冑の画期と短甲の位置づけ

　衝角付冑の顕著な系統分化がみられる段階は，上接3式における鋲留冑の成立後，上下接式・上内接式・内接1式の成立段階といえる。その後も内接2式・内接3式・外接式が成立するなど多系化は進展するため，もう少し後の段階までを含めてもよいが，それらはいずれも内接1式を起点に成立するため，その前段階の多系化とは別と考え，さしあたり内接1式までを検討対象としておく。

　上接3式のうち鋲留技法によるものでは京都府岸ヶ前2号墳例，福岡県堤当正寺古墳例があり，どちらも組み合う短甲は三角板革綴短甲で，前者はDⅠ式，後者はDⅡ式である。岸ヶ前2号墳出土の三角板革綴短甲には地板裁断（小）がみられるため，DⅠ式の三角板革綴短甲の中では比較的新しい段階に位置づけられる。上下接式最古の兵庫県宮山古墳例は三角板鋲留短甲と共伴するが，両脇開閉で左右合計4枚の蝶番板を用いる最古相の鋲留短甲である。上内接式の大阪府鞍塚古墳例はDⅡ式の三角板革綴短甲と，徳島県恵解山1号墳例は前胴竪上3段鋲数が「6・6」となる比較的古相の三角板鋲留短甲と，大阪府御獅子塚古墳第1主体例は両脇開閉で竪上3段鋲数「13・4・7」の三角板鋲留短甲と共伴する。鞍塚古墳出土の短甲は前胴長側1段に三角板を使用しな

14）　最古の衝角付冑である東車塚古墳例に共伴する短甲は三角板革綴襟付短甲であり，襟付短甲は機能的に頸甲を兼ねるため，衝角付冑と頸甲のどちらが先に出現するのかはわからない。続く豊中大塚古墳1号冑も同じく襟付短甲とセットを構成しており，検討不可能である。他の横接式の段階では，三重県わき塚1号墳や東京都野毛大塚古墳第1主体でⅠ-b式の頸甲が出土している。一方で，最古の頸甲が出土した和泉黄金塚古墳東槨からは三角板革綴衝角付冑が出土したとされている。以上を考えると三角板革綴衝角付冑は頸甲よりも先に出現した可能性が想定できるが，類例の少ない襟付短甲が介在する少ない資料数からの検討であり確定できない。

いもので，長方形の蝶番金具を用いる系統の祖形と位置づけうる。内接1式の最古例は岡山県随庵古墳例と考えるが，共伴する三角板鋲留短甲は竪上3段鋲数「10・4・4」である。

以上から，衝角付冑の多系化の段階は，短甲における革綴短甲から鋲留短甲への移項段階にあたることがわかる。特に，鞍塚古墳例のように，革綴短甲ではあるが地板の配置から長方形の蝶番金具を採用する系統の前段階に位置づけられる資料がある点は注目できる。

眉庇付冑は成立のごく初期の段階から多系化がみられるが，最初期の資料である無透系A類では，奈良県兵家12号墳例は長方板革綴短甲のうち最新のⅢb式と，奈良県ベンショ塚古墳例はDⅡ式の三角板革綴短甲と，福岡県永浦4号墳例は両脇開閉で蝶番板を左右合計4枚用いる古相の鋲留短甲と共伴する。葉文系B類の神奈川県朝光寺原1号墳例は共伴する三角板鋲留短甲の様相はやや不明瞭だが，滝沢誠により最古型式のIa式とされている。三角文系B類の奈良県新沢139号墳例は三角文系B2類であり，同系統の最古相ではないが，DⅠ式の三角板革綴短甲と共伴している。この短甲は先述のとおり後胴裾板を二分割するもので，鋲留短甲における胴一連の系統の初出と位置づけられる。

眉庇付冑は衝角付冑と比較して編年精度が落ちるため，また初期の資料に複数の甲冑類と共伴するものが多いため，共伴関係の検討が難しい[15]。しかし，初期の眉庇付冑は革綴短甲のうちでも鋲留短甲の出現期に非常に近い段階で成立したことがわかる。眉庇付冑についても，多系化段階（≒成立の直後）は衝

---

15) 参考として初期の眉庇付冑のうち複数の甲冑と共伴したものをみておくと，大阪府西小山古墳からは両脇開閉で蝶番板計4枚，前胴竪上3段鋲数「5・5」，地板裁断（大）の短甲1号と，詳細は不明であるが右脇開閉とみられ地板裁断（大）の短甲2号が出土している。いずれも，蝶番板合計4枚で地板裁断（小）の永浦4号墳例よりも新しく，葉文系A類のうち最古相を示す西小山古墳例よりも無透系A類が先行して出現するという第5章での理解と矛盾しない。なお，西小山古墳からは藤田和尊によるⅢ式の頸甲が出土しており，永浦4号墳からはⅡ-b式の頸甲が出土している点も他の新古関係と一致する。

兵庫県小野王塚古墳からは阪口英毅によるⅡa式の長方板革綴短甲と中型鋲で竪上3段鋲数が「10・4・4」で地板裁断（大）の三角板鋲留短甲が出土している。眉庇付冑が西小山古墳例に後出することを考えれば，三角板鋲留短甲との組み合わせとしたならば冑と甲の変遷が一致する。ただし，小野王塚古墳からはⅡ-c式の頸甲が出土しており，西小山古墳例に先行する。長方板革綴短甲と頸甲の組み合わせを有意とみる考え方もあるが，それに眉庇付冑まで組み込むと西小山古墳との矛盾が生じる。

第6章　短甲の系統と甲冑セットの再検討　229

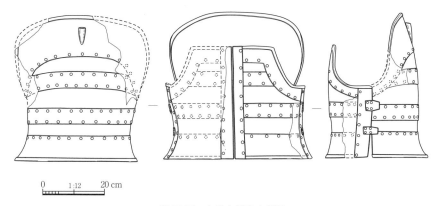

第75図　大谷古墳出土短甲

角付冑と同じく，短甲の鋲留化直前＝系統分化の段階に一致するのである。

(4) 短甲・頸甲の終焉

　短甲の製作時期が異なるとみなせる例外的な一群を除けば，上内接式までの衝角付冑は，鋲留短甲のうち大型鋲のものとの共伴はみられない。内接1式の随庵古墳例や京都府原山西手古墳例は，比較的古相の短甲と共伴している。内接2式・内接3式・外接式の比較的古段階には竪上3段鋲数が「5・2・2」に近いような最終段階の短甲は出現していないようである。内接式ははっきりとした傾向はつかみにくいが，外接式では地板の枚数が上段・下段ともに1枚ずつとなる段階に前後して最新段階の短甲が出現したとみる。頸甲の最終段階であるⅢ-d式の出現も，やや先行する可能性はあるが，それとほぼ同段階としてよいだろう。

　和歌山県大谷古墳出土の横矧板鋲留衝角付冑は冑下半が失われており，衝角底板の連接型式は不明である。大型鋲を用いるため，かなり新しい段階の所産として間違いないが，そうすると，大型鋲を用いる衝角付冑としては唯一の短甲との共伴例となる。大谷古墳の短甲（第75図）は蝶番金具の形態が特殊であり，鋲頭径は大型にもかかわらず鋲数が多いなど全体的に他例と異なる特徴を多く持っており，いわゆる最終段階に位置づけられる他の短甲よりもさらにもう一段階新しい特徴を有していると考えることもできる。一方の眉庇付冑では，大阪府女塚や宮崎県六野原8号墓から大型鋲を使用する例が出土しており，

短甲と共伴する。衝角付冑と眉庇付冑での大型鋲の採用を全くの同段階とみなしてよいかはにわかには決しがたいが，以上から冑での大型鋲の採用は，多数の短甲が生産を停止する段階に先行すると考える。そうすると，眉庇付冑の消滅も，多数の短甲の系統が生産を停止する段階とほぼ同時と考えても問題は生じない。

(5) 甲冑生産の画期

多少の幅は見積もる必要があるが，革綴短甲から鋲留短甲への過渡期にみられる短甲の多系化が，衝角付冑や眉庇付冑の鋲留技法定着後に生じた多系化と，かなり近しい段階に生じた現象であることを確認した。これにより，甲冑にみられる多系化，すなわち複数の生産工房の併存と，金工技術の有無といった技術的格差を持つ各工房での造り分けという状況が，当該時期における甲冑生産の全体的な様相であったことが明らかとなった。

金工技術を駆使した特定の系統品を特定の工房で集約的に生産し，そういった技術を持たない工房では格が落ちるとみられる総鉄製の製品を生産するという様相は，眉庇付冑について想定したように，工人集団の自然発生的な統廃合や流動の結果生じたものではないだろう。そこには，そういった工人集団を統括するより上位の集団が，最先端技術の粋である金工品の生産・流通を戦略的に差配し，そういった状況を意図的に創出した姿を想定できる。さらにいえば，工人集団を統括するより上位集団には，甲冑の分布が近畿地方に集中することから考えて，最終的には畿内倭王権あるいはその周辺を想定してよいであろうし，戦略的な差配状況は彼らにとっての政治的な課題への何らかのアプローチを反映している可能性も高い。

さらに，第1部でおこなった矢鏃の検討結果を加えて考えれば，甲冑生産の画期は矢鏃の生産・流通の最大の画期であるⅢ期からⅣ期への転換期にもほぼ一致するのである。古墳時代の武器・武具両者の最大の画期が，古墳時代中期中葉とされるこの段階に同時的に生じているのであり，当該時期は武器・武具の生産・流通の並々ならぬ画期であったことがわかる。

古墳時代中期中葉に古墳時代を通じて最大級の武器・武具の生産・流通の一大転換があったことがおぼろげながら明らかとなってきたが，それはあくまで

モノの詳細な分析に立脚した「生産」の様相に近い部分からの理解でしかない。しかし，論を先取りすれば，そういった画期は単純なモノの生産だけにおける画期ではなく，より広汎な社会的な状況の違いを生み出しているのである。あるいは逆説的に，社会的な構造が大きく転換したからこそモノの生産や流通の方式にも大きな影響が与えられたと考えられるのである。

　そのような視点に基づき，続く第3部では，上記の武器・武具生産における画期がより大きな社会構造の画期と連動するものであったことを明らかにしていこう。これまでの遺物に対する過剰なまでに詳細な分析からやや視点を変えて，実際に遺物が出土した状態や遺跡内での位置づけがどのようなものであったのかを様々な方法で検討することで，この画期が「量差システム」から「質差システム」への転換という語によって象徴される，日本列島における国家形成過程の上で最大級の転換点であることを論じる，すべての理論的な「武器」が揃うであろう。

第3部

武器・武具からみた古墳時代の社会構造

　第1部・第2部とおこなってきたモノ自体の詳細な分析により，武器・武具生産の変遷や生産工房の展開が明らかとなった。日本列島各地の有力者間で授受された武器・武具の生産の大きな画期は，モノを媒介とする有力者間関係の大きな画期を反映していることが予測される。

　しかしその一方で，「生産」は武器・武具を媒介とした社会的な諸相の始点にすぎない。武器・武具が古墳時代社会において重要な役割を果たしていたとするならば，その最も重要なタイミングは，ある個人や集団と別の個人や集団との交換や授受の時であり，武器・武具の一次的な機能である暴力が発揮され武威が顕示された時であり，あるいは儀礼の中で一構成要素として位置づけられた時であろう。それら「流通」や「入手」「保有」「廃棄」の実態こそが器物の社会的な価値の評価基準として重要であり，「生産」はそういった目的に沿ってなされたはずである。

　モノを媒介として社会を描くならば，生産に続く「流通」「入手」「保有」「廃棄」といった諸相を明らかにしなければならないし，翻ってそれらが判明することで「生産」の本質的な意義が具体的に考察できるだろう。

　古墳出土の武器・武具を検討対象とする場合，「廃棄」は「副葬」とほぼ同義であり，「出土状況」から副葬の様相は復元が可能である。その一方で「流通」「入手」「保有」は考古学的な痕跡が残らない事象であり，それらへのアプローチは甚だ難しい。第3部では，わずかに残された考古学的な痕跡からそれらの諸相を考察していくことで，古墳時代社会において武器・武具が果たした社会的機能の全貌を明らかにしていこう。

第7章　一括資料にみる武器・武具の入手と保有

1. 一括資料の分析——製作段階差について

(1) 一括資料分析の意義

　本章では，武器・武具の流通や入手・保有を考察する。これらは考古学的な痕跡をほとんど残さない事象であり，具体像を明らかにするのは難しい。その一方で，それらの事象の始点である生産についてはこれまでの矢鏃や甲冑の分析から明らかになってきたし，終点である廃棄の様相は副葬状況にある程度反映されていると考えられる。であるならば，生産と廃棄の両者を検討することで，その間におこなわれた「何か」の痕跡を見出すことは可能なはずである。

　そこで，一つの埋葬施設に副葬された一括資料の状況に着目したい。第1部・第2部での分析により，矢鏃や甲冑については生産段階や生産工房の違いを弁別することがある程度可能となったが，これにより，そういった違いが副葬時にどのように表れてくるのか，あるいは表れてこないのかが検討できるようになった。そこから生産と副葬の間に何がおこなわれていたと考えるのが最も妥当であるのかを検討していこう。

(2) 衝角付冑・眉庇付冑・短甲の複数共伴例について

　はじめに，詳細な情報が判明している甲冑について，同一の施設から複数個体が出土した事例を検討する。

　大阪府豊中大塚古墳第2主体東槨（248頁第78図）　衝角付冑が複数例共伴した最古の例は豊中大塚古墳第2主体東槨である。1号冑は横接式で腰巻板を有さない特異な構造であり衝角付冑の最初期の資料である。一方の2号冑は上接2式である。両者は地板配置の系統が異なり地板枚数の直接的な比較は難しいが，1号冑の錣には革組覆輪が伴うが，2号冑の錣には革組覆輪がないなど，

冑の型式差とあわせてある程度の製作時期差を見積もることができる。

　これら 2 例の冑にはそれぞれ 1 点ずつの三角板革綴襟付短甲が伴っているが，その型式学的分析はいまだ不十分である。詳細はここでは述べないが，もう 1 点出土している長方板革綴短甲は前胴裾板が長く後胴側にまで回り込む形態をなしており，長方板革綴短甲の中でも古相の特徴を持つ。対する 2 点の襟付短甲は前胴裾板の回り込みがほとんどみられず，後胴裾板との合わせ目が側面にあり，長方板革綴短甲よりも新しい特徴を持つ。そのため，「長方板革綴短甲—頸甲」のセットが古く，「三角板革綴襟付短甲—三角板革綴衝角付冑」の 2 セットが新しい可能性が高い。

　兵庫県茶すり山古墳第 1 主体　三角板革綴衝角付冑と竪矧板 A 系統の鋲留衝角付冑が出土した。三角板革綴衝角付冑は横接式であるが，地板配置が特殊でありまた地板枚数も比較的少ないため，その位置づけはやや難しい。横接式であることや，腰巻板に覆輪を施す点から古相に位置づけるのであれば，上接 2 式の竪矧板鋲留衝角付冑とは一定程度の製作時期差を見積もることができ，反対に地板枚数が少ない点を重視すれば，2 点の冑の時期差は小さくなる。

　三角板革綴衝角付冑に伴うのは三角板革綴襟付短甲で，竪矧板鋲留衝角付冑には長方板革綴短甲が組み合っている。一方が襟付短甲であり，両者の厳密な比較は難しい。

　京都府久津川車塚古墳　冑は三角板革綴衝角付冑が 2 点，竪矧板（A 系統）鋲留衝角付冑が 1 点，小札鋲留衝角付冑が 2 点出土した。三角板革綴衝角付冑はいずれも菱形系統とみられ，地板枚数が上段 9 枚・下段 11 枚のものと，上段 7 枚・下段 9 枚のものである。いずれも三角板革綴衝角付冑の中では新しい段階の所産であり，竪矧板 A 系統の衝角付冑に先行するか少なくとも併行する。その一方で，小札鋲留衝角付冑は久津川車塚古墳出土の竪矧板鋲留衝角付冑に後出する七観古墳例よりもさらに後出であるのは確実である。以上から，久津川車塚古墳出土の 5 点の衝角付冑については製作段階に時間差がある資料が多く共伴していることがわかる。

　短甲には三角板革綴短甲 5 点と小札甲 1 点があるが，詳細は不明である。

　大阪府七観古墳　1913 年出土品には三角板革綴衝角付冑 4 点と竪矧板鋲留衝角付冑 1 点があり，うち詳細が判明する三角板革綴衝角付冑 3 点はいずれも地

板配置が菱形系統で上段 9 枚・下段 11 枚であり，さらに二段鋲を採用する点でも共通する。また，短い革紐を使用し，かつ革組みの方向も一致するなどの非常に高い共通性を持っているなど，三角板革綴衝角付冑についてはかなり一括性が高いといえる。

奈良県五條猫塚古墳竪穴式石槨内　眉庇付冑 2 点，三角板革綴短甲 2 点が出土した。他に小札甲が存在した可能性もあるが詳細は不明である。眉庇付冑 2 点は当該古墳出土例以外に類例の無い無透系 B 類であり，非常に共通性が高い。短甲の詳細は不明である。

大阪府珠金塚古墳南槨（250 頁第 79 図）　上接 2 式の三角板鋲留衝角付冑と上内接式の小札鋲留衝角付冑 2 点が出土した。三角板のものは鋲留式だが，上接 2 式である点に加えて地板枚数や帯金幅からも三角板衝角付冑の最終段階とはならず，小札鋲留衝角付冑 2 点とは製作段階に時間差がある。小札鋲留衝角付冑 2 点は，現状ではほぼ等しい段階の所産といえる[1]。

短甲は三角板革綴短甲が 2 点と三角板鋲留短甲 1 点，形式不明の革綴短甲が 1 点出土したが，細部が不明なものが多く比較検討は難しい。

滋賀県新開 1 号墳　冑は上接 2 式の三角板革綴衝角付冑 1 点と，4 点の眉庇付冑が出土した。2 号眉庇は眉庇付冑初出の資料であり，レンズ文系 A1 類の 1 号眉庇，葉文系 B 類の 3 号眉庇，三角文系 A1 類の 4 号眉庇はそれにやや遅れるものの，比較的初期段階の所産である。三角板革綴衝角付冑は 2 号眉庇とほぼ同段階と考えてよいが，その出現に葉文系 A 類からの派生を想定する必要がある 1 号・3 号・4 号眉庇については，製作時間差を想定できる。

短甲は，長方板革綴短甲・三角板革綴短甲・三角板鋲留短甲・変形板鋲留短甲がみられるが，比較可能な要素が少なく製作時期差がどの程度のものかは明言できない。出土状況から各冑と短甲のセット関係を考えると，三角板革綴衝角付冑は変形板鋲留短甲と組み合い，2 号眉庇付冑は三角板革綴短甲と組み合う。3 号眉庇付冑と 4 号眉庇付冑は三角板鋲留短甲の中にまとめて入れられて

---

[1]　珠金塚古墳南槨の遺物の配置状況からは二人の被葬者の存在が想定されている〔末永（編）1991〕。甲冑の出土状況からも少なくとも 1 セットずつは各人に帰属する形で副葬されているとみられるが，他の 2 セットについては副葬位置をどの程度有意とみるのかによってその解釈が大きく変わる可能性がある。

おり，1号眉庇付冑は4点の短甲の間にあり，厳密な組み合わせがわからない。衝角付冑と眉庇付冑の厳密な前後関係は追究できないため，眉庇付冑だけで比べると，最古相の2号眉庇付冑が革綴短甲に，それに後続する3号・4号眉庇付冑が鋲留短甲に伴う点は，冑の製作順と短甲の製作順に一致しているようにもみえる。しかし，短甲が4点に対して冑が5点と冑の方が多いため，すべての出土時の組み合わせが製作段階の甲冑セットをきちんと反映している可能性は低い。

福岡県月岡古墳 8点の眉庇付冑が出土したが，1号眉庇を除けばいずれも庇部を欠損しており，その分類や位置づけには問題が残る。ただし，1号・2号・3号・4号眉庇には伏板の環状配置鋲が認められ，5号・6号眉庇には認められない。7号・8号眉庇については欠損のため不明である。

報告書中でも触れられているが，1号・3号・5号眉庇は伏鉢の径がおよそ6.0 cm前後，2号・4号・6号眉庇は伏鉢の径がおよそ5.0 cm台前半である。伏鉢の径が6.0 cm前後となるものは葉文系A類や三角文系A類が多く，伏鉢の径が5.0 cm台前半となるものは三角文系B類が多い。庇部欠損のため1号眉庇を除き確定はできないが，伏鉢の径から考えると月岡古墳から出土した眉庇付冑はいずれも葉文系A類（1号眉庇に限られる可能性が高い），三角文系A類・B類の3系統のいずれかに限定される可能性が高い。

そうした前提に立てば，三角文系では伏板の環状配置鋲の有無は編年指標としてかなり有効であることから，環状配置鋲の有無から月岡古墳出土の眉庇付冑8点についてはある程度の時間的位置づけをおこなうことが可能になる。すなわち，環状配置鋲を持つ資料は比較的古相の，それらを持たない資料はやや新しい段階の所産として，複数段階にわたって生産されていた資料が集積されている可能性が高い。大型鋲を使用するものはないため，眉庇付冑最終段階のものは無い。

同じく8点出土している短甲については，詳細な位置づけが難しいが，三角板革綴短甲4点，三角板鋲留短甲2点がある。革綴短甲と鋲留短甲の併行期間は冑のそれよりも長い可能性があり，短甲中にも時間差として想定するべき資料が含まれているか否かは確言できない。少なくとも鋲留短甲の中でも新相に位置づけられる大型鋲を使用するものや少鋲式のものはみられない。また頸甲

についても革綴式のものと鋲留式のものがあり，報告文中で時間差の存在が想定されているように，型式学的には時間差を想定するべき資料が存在する可能性がある。

　以上のように，月岡古墳からは非常に多くの甲冑類が出土しているが，遺存状態が良好ではないためそれぞれの詳細な位置づけは確定しがたい。しかし，眉庇付冑をはじめとして若干の時間差を見込んでよさそうである。

　大阪府野中古墳　11点の甲冑セットが出土した。通有の三角板鋲留短甲5点と横矧板鋲留短甲3点には計8点の眉庇付冑が組み合い，三角板革綴襟付短甲3点には3点の革製衝角付冑が伴う。眉庇付冑のうち4号眉庇は庇部の大半が失われており，庇部文様の位置づけは確定できない。2号眉庇と5号眉庇はレンズ文系A類，3号眉庇と6号眉庇はレンズ文系B類である。

　短甲にはかなり注目すべき状況がみられる。2号・3号・4号・6号短甲は胴一連系統で後胴裾板が中心で二分割される胴一連系統に特徴的な造作がみられ，他にも1号・5号・11号短甲はそういった造作はみられないが胴一連系統である。唯一の例外が7号短甲で，長釣壺系統である。このように，野中古墳の甲冑は，レンズ文系A類・レンズ文系B類の眉庇付冑と胴一連系統の短甲がまとまってみられるなど，甲冑の構成は特定の系統にかなり集中していることがわかる。11点という多数の甲冑が出土したが，その構成は複数の工房で生産されたものの雑多な集積ではなく，ある程度限定された工房で生産されたものの集積であったことがわかる。

　福岡県稲童21号墳　眉庇付冑1点，短甲2点が出土した。短甲は三角板鋲留短甲と横矧板鋲留短甲であるが，どちらも胴一連系統である。竪上3段鋲数は前者が「13・6・6」で後者が「9・4・6」と製作時期差が想定できる。

　福岡県真浄寺2号墳　横矧板鋲留短甲2点が出土した。1号短甲は釣壺系統で竪上3段鋲数「6・2・2」，2号短甲は方形4鋲系統で竪上3段鋲数「10・4・4」とみられ，系統・製作段階ともに異なる。

　大阪府黒姫山古墳　24点という最多の甲冑セットが出土した古墳として知られる。

　冑の内訳は，衝角付冑11点，眉庇付冑13点である。衝角付冑には上下接式の7号衝角，外接式の1・3・4・5・8号衝角があり，いずれも横矧板鋲留衝角

付冑である。外接式5例のうち，5号衝角は外接式中では古相で，1・3・8号衝角は5号衝角よりもやや新しい特徴を持ち，ほぼ近しい段階の製作である。3点の中で製作時期差を積極的に論じることはやや難しい。4号衝角は地板枚数が上下ともに1枚ずつであり，また帯金幅が幅広であり明らかに新しい特徴を持つ。上下接式の7号衝角は他例との直接的な比較は難しいが，地板枚数が上段1枚・下段2枚であることを評価すれば，1・3・8号衝角よりも新しく，4号衝角よりも古い段階の所産であろうか。いずれにしろ，最古の5号衝角から最新の4号衝角までにはある程度の製作時間差が存在する。

　眉庇付冑は全貌が把握できる資料が少ない。地板枚数が多様であり，一見して雑然とした集積状況といえそうだが，詳細が判明したものの庇部文様はいずれもレンズ文系A2類で，また受鉢の上端が外湾するという特徴を持つ例が多く，全体としてかなりまとまりの強い資料群といえる。ただし，レンズ文系C類の4号眉庇の存在から，ある程度の製作時間差は想定できる。

　短甲では，16号短甲は方形4鋲系統だが，2号・19号・20号・24号短甲は胴一連系統で，1号・3号・21号は長方形2鋲系統のうちでも革組覆輪を用いる一群であり，4号・5号・6号はいずれも三角板鋲留式で長釣壺系統である。報告書中でも述べられているように，24点の短甲中17点が革（組？）覆輪で，4点が鉄覆輪とされており，革（組）覆輪の異常なまでの集中がみられる〔末永・森1953〕。

　このように24点という膨大な甲冑セットにもかかわらず，衝角付冑は外接式に集中しており，眉庇付冑はいずれもレンズ文系である。短甲は例外もあるが胴一連系統・長方形2鋲系統（革組覆輪），長釣壺系統の大きく三つに集約できるなど，決して雑多に各系統が集められたというような状況ではない。ある程度の製作時間差が想定できるため，いくらかの期間にわたって特定の少数の工房で生産された製品が集積されたことがわかる。

　なお，衝角付冑と短甲のセット関係をみる限り，衝角付冑の製作順序が新しくなるのに従って，短甲の型式学的位置づけも古いものから新しいものへと変化している。両者のセットとしての関係は，おおむね製作順序の新古関係を保持したまま副葬に至ったことがわかる。

京都府宇治二子山南古墳　衝角付冑1点と短甲2点が出土した。短甲の蝶番

金具は三角板鋲留短甲は長方形2鋲，横矧板鋲留短甲は方形4鋲と別系統であり直接の比較には問題が残る．横矧板鋲留短甲の遺存状態がやや悪く詳細は確定できないが，鋲数が多く鋲頭径もやや小ぶりである横矧板鋲留短甲が先行する可能性がある．

東京都御嶽山古墳　短甲2点が出土した．三角板鋲留短甲と横矧板鋲留短甲という違いはあるが，どちらの蝶番板も長方形2鋲でありしかも小鉄板使用という点も共通する．三角板鋲留短甲は中型鋲，横矧板鋲留短甲は大型鋲と製作時間差がある可能性があるが，連接鋲数の変化などは鋲頭径の違いとは一致せず，確定できない．

(3) 複数甲冑の共伴例の傾向

　以上のように検討してきた一括資料としての甲冑の共伴関係には，何らかの有意な傾向を指摘できるだろうか．

　一部の甲冑には同系統で細部の形態や技法が一致する「同工品」や「連作品」と評価できる資料があるが，そういった資料には別個の古墳から出土するものが多数である一方で，ごく一部では同一古墳で共伴する例が存在する．例えば，七観古墳の1913年出土資料では同工品といえるような衝角付冑3点が共伴している．眉庇付冑では五條猫塚古墳竪穴式石槨内出土の2例が各種の要素において近似する．詳細は不明だが月岡古墳の眉庇付冑もかなり近い資料の集積の可能性が高い．つまり，「同工品」や「連作品」といった型式学的に著しい近縁関係にある資料は常に共伴するわけではなく，遠隔地の古墳で共有される場合も多いものの，複数セットの甲冑が出土した場合に一部共伴することがあることがわかる．

　野中古墳や黒姫山古墳では，甲冑の組み合わせにある程度の時期差が含まれているが，そうした時期差の存在にもかかわらず出土した甲冑はいくつかの系統にまとまる傾向が強い．時期的な問題もあるが短甲の系統が最大で7系統に分化することから考えると，黒姫山古墳の短甲がほぼ3系統に集約されることは，単なる偶然ではなく有意な集中と考えられる．野中古墳の短甲や月岡古墳の眉庇付冑についても有意な集積とみなしてよいだろう．2点程度の短甲が共伴した古墳では，両者の系統が一致する場合もあればしない場合もあり，あま

り顕著な傾向はつかみがたいが，2点の系統が一致する場合が稲童21号墳や御嶽山古墳のようにある程度の頻度でみられる点から，系統の全体数を考えれば，複数の甲冑が共伴した場合には系統も同一となる割合が高いとしてもよいのかもしれない。

さらに，いずれの古墳においても形態的な分析からすべて単一段階の資料群だけで構成される一括資料はほとんど抽出できず，基本的に，いくらかの製作時期差が含まれていることが指摘できる。複数セットの甲冑が集積する場合には，一般的にいくらかの製作時期差が想定できる資料群がまとめられているのである。ただし，そのような「時間幅」には「伝世」に該当するような世代をまたぐほどの長期間は想定できない。時間幅を持ちつつもある程度の範囲内にまとまるという，表現上はやや矛盾したような有り様といえる。

では，このようなある程度の時間幅を持つ一括資料はどのような過程を経て構成されたのであろうか。副葬品が最終的な副葬の場にもたらされるまでの経緯は要検討だが，単純化して考えると，そのような構成が生じる段階を①被葬者ないしその周辺が甲冑を入手する以前，とみるか，②被葬者ないしその周辺で構成された，とみるかの2通りの考え方がある。より模式的に示すと，①は甲冑生産と流通の起点と考えられる倭王権周辺で甲冑が一定期間保管され，異なる段階で生産された甲冑が組み合わされてまとめて被葬者のもとへともたらされたとする考えである。②は生産から流通までの間に①のように時間差を見込まず，生産された甲冑はすみやかに流通したと考え，被葬者ないしその周辺がある程度の年代差をもって何度かにわたって甲冑を入手したために，時間幅を持つ一括資料構成が成立したとする考えである。

ただしこれは，最終的に副葬に供された甲冑をその被葬者ないし周辺の人物の所有物であったとする前提に立った上での考察である。本来ならば，副葬品の保管・入手・所有といった種々の行為の「主体者」が誰であったのかを明らかにした上で論じるべき問題である。そのような入手・保有主体もしくは武具の帰属主体については論順が逆転する感はあるものの，本章次節以降ならびに次章でさらに考察を深めることとしたい。

この疑問に答えるために，続いて矢鏃と甲冑の共伴関係を分析する。ただし，鉄製甲冑の副葬は鉄鏃編年のⅡ期以降に限定されるため，分析はⅡ期以降，特

にⅢ期を中心とする。

(4) 矢鏃と甲冑の共伴状況

　Ⅲ期・Ⅳ期における主要鏃形式の製作年代観を考慮すると，同時に入手されたと理解するのがやや難しい一括資料がある。すなわち，Ⅲ期に主体となる柳葉C式鉄鏃（鳥舌鏃）や短頸B式・短頸C式鉄鏃といったいわゆる短頸式と，Ⅳ期に主体となる長頸A式・B式鉄鏃といったいわゆる長頸式が共伴する事例である。これらの事例のうち，特に複数の甲冑セットが出土した古墳に着目する。

　群馬県鶴山古墳（第76図）「長方板革綴短甲」と「横矧板鋲留短甲―小札鋲留衝角付冑」「横矧板鋲留短甲―小札鋲留眉庇付冑」の計3セットの甲冑が出土した。長方板革綴短甲は阪口英毅による分類のⅢa式であり，鏃編年ではⅢ期にあたる。横矧板鋲留短甲はどちらも後胴竪上3段鋲数が7であり，鏃編年Ⅳ期に相当する。長方板革綴短甲は，型式学的位置づけから，2点の横矧板鋲留短甲に対して著しく古相を示している。

　鉄鏃にはⅢ期の短頸C2式鉄鏃と，Ⅳ期の長頸B2式鉄鏃・片刃B2式鉄鏃がある。短頸C式鉄鏃と長方板革綴短甲，長頸B2式鉄鏃・片刃B2式鉄鏃と横矧板鋲留短甲はそれぞれ盛行年代が一致し，鶴山古墳の一括資料からは，新古2段階に分離可能な武具のセット関係を抽出できる。

　兵庫県小野王塚古墳（第77図）　長方板革綴短甲と三角板鋲留短甲の短甲2点と，小札鋲留眉庇付冑と頸甲があり，計2セットの甲冑といえる。セット関係の問題は一旦保留するが，長方板革綴短甲は阪口による分類のⅡa式に，三角板鋲留短甲は竪上3段鋲数が「10・4・4」で地板裁断（大）である。鉄鏃は短頸C式鉄鏃と長頸A2式鉄鏃・B2式鉄鏃が出土している。鶴山古墳と同じく，Ⅲ期とⅣ期に位置づけられる鏃と甲冑のセットが抽出できる。

　滋賀県新開1号墳　先述のとおり4点の短甲と5点の冑が出土した。甲冑の厳密な組み合わせは不確定な部分が多いが，革綴短甲から鋲留短甲へと変化する段階の複数段階にまたがるセットとみてよい。鏃は，短頸B式鉄鏃と長頸B式鉄鏃が出土しており，鉄鏃も2段階に区分できる。Ⅲ期とⅣ期にまたがる複数段階の鏃と甲冑のセットが抽出できる。

244　第3部　武器・武具からみた古墳時代の社会構造

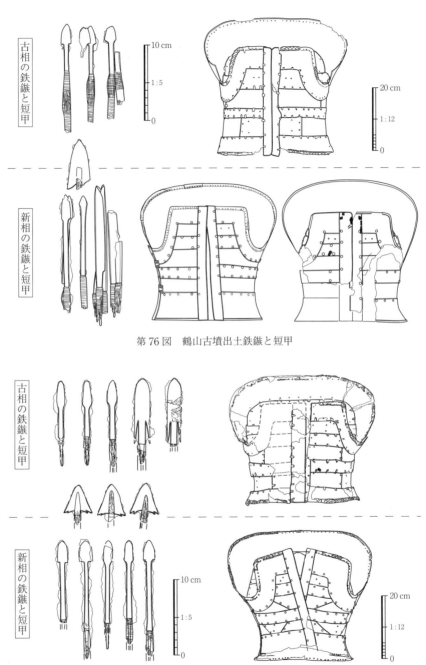

第76図　鶴山古墳出土鉄鏃と短甲

第77図　小野王塚古墳出土鉄鏃と短甲

大阪府野中古墳　三角板襟付短甲・三角板鋲留短甲・横矧板鋲留短甲があり，襟付短甲の編年が確立していないため，短甲の製作時期の小差は検討しがたい。革綴と鋲留という違いを有意とみなせば，時期差としてもよいかもしれない。鉄鏃もⅢ期の短頸Ｃ式鉄鏃とⅣ期の長頸Ｂ式鉄鏃が出土しており，鉄鏃の時期差の方が甲冑の時期差よりも明確である。

　以上の諸例からは，Ⅲ期とⅣ期の鉄鏃が共伴する場合には，同様に複数段階にまたがる甲冑が共伴することがわかる。異なる段階で製作され，かつそれぞれ年代的に対応する矢鏃と甲冑が最終的には一括して副葬されることがあるのである。

　ここから考えられることは以下の二つである。一つ目は，「鏃と甲冑の中には武具のセットとしてあわせて流通したものがあった可能性がある」という点である。一括資料の中にⅢ期相当の鉄鏃と甲冑，Ⅳ期相当の鉄鏃と甲冑があるという点からは，両者がそれぞれ何らかの有意なまとまりを構成していた可能性を想定することは，決して荒唐無稽ではないだろう。ただし，ある程度の時間幅の中で鏃や甲冑が一緒にではないものの何度かに分けて順次集積されたために，このような最終的なセットが成立したことも，もちろん考えられる。二つ目は，「生産された武器・武具は必ずしもすぐさま副葬されたのではなく，生産と副葬の間には，保管や所有といった現象が想定できる」という点である。生産と副葬の間に保管や所有が想定しえないならば，一括資料として確認できる同一器種は，同一型式または少なくとも型式学的に連続する型式のみが共伴するはずだからである。

　よって，甲冑のみならず矢鏃も含めて，古墳に副葬された武具には先に①もしくは②として想定したように，副葬以前の段階で一定期間保管や所有がなされたものがあると考えてよい。では，その一定期間の保管や所有とは具体的にどのようなものであったのだろうか。

　まず，生産後しばらくの間モノの長距離移動がなされず，最終的に副葬の場にそのモノが到達する前に一定期間が経過したと想定する「(生産地に近い場所での) 保管」の是非を考えてみよう。そのような「保管」を是とした場合，「生産された武器・武具は，ある時期のセットが維持されたまま保管され，型式変化が明確に抽出できるほどの時間が経過したのちに，新たに生産された武具

セットとあわせて流通した」ことになる。あるいは新しい武具セットは別個のタイミングで入手されたのかもしれない。しかし,古墳の築造と葬送儀礼に伴う副葬行為が,不断にかつ継続的に営まれていた古墳時代社会において,そうした一時的な「留め置き」のような現象が生じた理由を合理的かつ単純に説明するのは難しい。したがって,そのような考えはとらない。

とすると,副葬品一括資料として確認できる,異なる段階で製作された武器・武具のセットが集積される保管は,武具が生産され各地に流通したのちに,それを入手した古墳被葬者の膝下で生じたと考えることができる。

ここで検討した例はⅢ期・Ⅳ期に限定されるが,このような有り様は当該時期に特有のものだったのだろうか。Ⅰ期からⅡ期にかけての鏃の変化は,Ⅲ期とⅣ期との間の変化とは異なり緩やかであるため,製作時期差がある鉄鏃の共伴関係は抽出しにくい。また,甲冑についても単数副葬を基本とするため,一括資料内での分析は難しい。しかしⅡ期では唯一例外的に,奈良県上殿古墳で方形板革綴短甲と方形板革綴襟付短甲の2点が共伴している。短甲の編年上の位置づけは方形板革綴短甲の詳細な分析をした橋本達也の分類によるとC類とE類とされており製作時期差が想定されている〔橋本1998〕。

すなわち,Ⅱ期で唯一複数の短甲が共伴した上殿古墳においても,すでにⅢ期やⅣ期と同様に2点の短甲間に型式学的な時間差が想定できるのである。Ⅱ期とⅢ期・Ⅳ期の短甲の間には大きな飛躍が存在すると論じられてきたが,その生産から流通・入手そして副葬に至る経緯については,両者に大きな差異はないのかもしれない。

(5) 複数甲冑セットの構成

同一古墳から出土した複数の甲冑セットには基本的に製作時の時間差がみられること,その場合に同じく製作時の時間差を持つ矢鏃が共伴する例があり,複数の段階にわたって武器・武具が入手されるような行為がなされていた可能性を示した。

ここで視点を若干変えて,同一古墳内での複数の甲冑セット間の新古関係とセット構成を検討する。甲冑セット間の新古関係とセット構成とは,短甲・冑・頸甲・肩甲(他に草摺・籠手・脛当などがあるが,出土古墳数が少ないためここで

は検討しない）がすべて揃うものと，冑を欠くもの，短甲だけのものといった違いが，型式学的な分析から想定される製作（入手）順序とどのように関連するのかという視点である。

　甲冑セットの構成については，藤田和尊が短甲・冑・頸甲がすべて揃うフルセットのものと一部を欠くものの関係を，セットとしての優劣の差とみなして，時期的・地理的偏差を検討している〔藤田1988〕。藤田の研究はセット構成の優劣の差に加えて，最新のセット構成を持つものと一部を古いもので補うものの間にも優劣を想定するなど，分析視点として非常に参考になる。ただし甲冑の新古関係の認定については，藤田の研究が初めて提示された後に，編年がさらに細分化されており，その成果に基づいた分析が必要である。本書での編年とそれに基づく新たな組み合わせの変遷観に基づいて，改めて新古関係を検討する必要がある。

　また，藤田の研究は，甲冑セットの相違が倭王権との地理的・政治的距離関係とどのように関連するのかを明らかにする点に主眼があった。武器・武具を軍事的職能の象徴とみなし，その背景に軍事的機構への編入を想定する，これまでの武器・武具研究の常道によるものであった。本章では，そういった前提に囚われずに甲冑の入手や保有方式といった，純粋にモノとしての有り様を分析するために，同一古墳から複数の甲冑セットが出土した例を取り上げて，甲冑の型式学的編年上の製作順序差と甲冑セットの構成との関連を検討する。議論を単純化するために特に2点の短甲と1点の冑という，どちらかのセットが明らかに劣るような組み合わせをみせるいくつかの古墳の様相を素材にして，検討を進める。

　大阪府盾塚古墳（第78図）　報告書によると肩甲・長方板革綴短甲・頸甲・三角板革綴短甲・三角板革綴衝角付冑の順で並べられていたとのことである。配置状況を最優先としてセット関係を復元するのはやや難しいが，肩甲と頸甲は組み合うためそれらは長方板革綴短甲とセットをなし，三角板革綴短甲と三角板衝角付冑が組み合うのであろうか。長方板革綴短甲が三角板革綴短甲・衝角付冑よりも古相をなすと考えるが，頸甲と冑の優劣は不明で，新古の間にセットとしての優劣は見出しがたい。ただし，前章で述べたように，型式的位置づけを優先すると，長方板革綴短甲はそもそも冑や頸甲が成立する以前に位置づ

248　第3部　武器・武具からみた古墳時代の社会構造

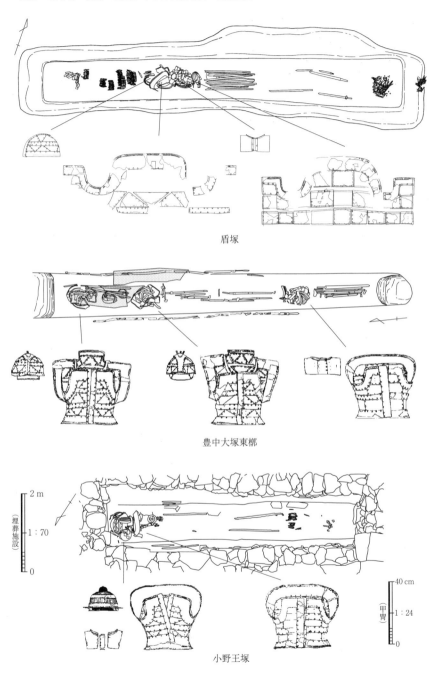

第78図　甲冑の出土状況（1）

けられるため，新相の三角板革綴短甲のセットが優れる可能性もある。

兵庫県小野王塚古墳（第78図）　長方板革綴短甲と三角板鋲留短甲の2点の短甲が出土したが，三角板鋲留短甲は中型鋲で，胴一連で引き合わせ板は1枚，竪上3段鋲数「10・4・4」と三角板鋲留短甲の中では古相とはならない。眉庇付冑は三角文系最古相であるため，同じく三角文系の下北方5号墓出土の眉庇付冑を参照すると，それと組み合う三角板鋲留短甲の方が小野王塚古墳で眉庇付冑と組み合う短甲よりも新しい方が，他古墳も含めた組み合わせとしては望ましい。そのため，小野王塚古墳の三角板鋲留短甲は，冑との組み合わせ上「新しすぎる」といえる。長方板革綴短甲が鋲留短甲の成立後どの程度残り続けるのかが不明瞭なため検討が難しいが，「長方板革綴短甲─小札鋲留眉庇付冑─頸甲」と「三角板鋲留短甲」という新古二相のセットに復元することができるであろうか。そうすると，古相のセットの方が充実しており，新相のセットの方が劣ることになる。ただしその場合，副葬時の組み合わせと，甲冑の形態から想定できる製作順序とは一致しない[2]。

長野県溝口の塚古墳（第79図）　三角板鋲留短甲と横矧板鋲留短甲，横矧板鋲留衝角付冑，頸甲が出土した。三角板鋲留短甲は中型鋲で竪上3段鋲数「11・4・4」，横矧板鋲留短甲は大型鋲で竪上3段鋲数「7・4・4」と三角板鋲留短甲の方が古相である。横矧板鋲留衝角付冑は内接3式の中でも古相であり，三角板鋲留短甲と時期的に近いだろうか。頸甲も同様の時期としてよい。甲冑編年からは古相のセットとして「三角板鋲留短甲─横矧板鋲留衝角付冑─頸甲」を，新相に「横矧板鋲留短甲」という，二つの甲冑構成が復元できる。出土状況もこの想定に一致している。構成としての充実度は，古相が優勢で，新相は劣勢となる。

京都府宇治二子山南古墳　三角板鋲留短甲と横矧板鋲留短甲，横矧板鋲留衝角付冑，頸甲2点が出土した。この他に小札甲もあるが，ここでは便宜的に除

---

2) 古相の甲冑構成が優れ，新相のものが劣るという様相は，短甲2点に冑1点よりも多い甲冑セットが出土した古墳ではみられない。例えば，3点の短甲が出土した鶴山古墳では古相の長方板革綴短甲は付属具を持たず，新相の横矧板鋲留短甲2点はそれぞれ眉庇付冑と頸甲，衝角付冑と頸甲を備えており，新相の甲冑構成が充実している。3点以上の甲冑セットが出土した古墳では，短甲と冑の数量が揃うことが多く，そもそも甲冑セットの入手に際して扱いが異なった可能性が高い。

250 第3部 武器・武具からみた古墳時代の社会構造

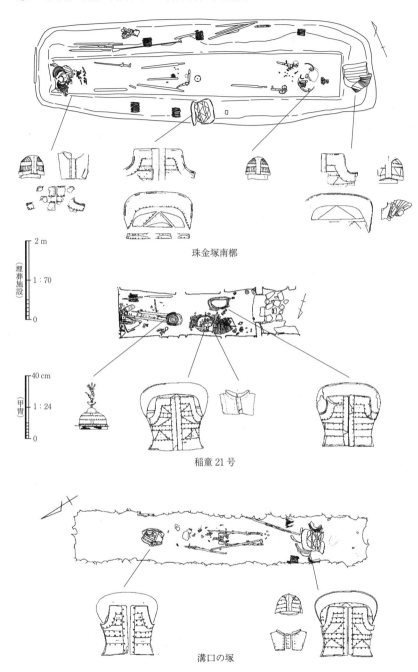

珠金塚南槨

稲童21号

溝口の塚

第79図 甲冑の出土状況 (2)

外して考える。先述のとおり短甲はどちらも遺存状態があまり良好でなく，詳細な検討が難しいが，前胴の帯金連接用の鋲配置を参照すると横矧板鋲留短甲の方が古いだろうか。横矧板鋲留衝角付冑は外接式の中ほどに配列され，どちらの短甲と時期的に近接するかは確定しがたい。出土状況では，衝角付冑は横矧板鋲留短甲の中に収められており，副葬時には組み合わせられていたことがわかる。ここではそれを重視して，古相のセットとして「横矧板鋲留短甲—横矧板鋲留衝角付冑—頸甲」を，新相のセットとして「三角板鋲留短甲—頸甲」を想定する。頸甲も前者のセットの方が古相とみられる。型式学的位置づけと副葬時の状況の両方から考えて，構成としての充実度は，古相が優勢で，新相が劣勢となる。

福岡県稲童21号墳（第79図）　三角板鋲留短甲と横矧板鋲留短甲，横矧板鋲留眉庇付冑，頸甲が出土した。眉庇付冑は比較的古相であり，短甲は三角板鋲留短甲が小型鋲で竪上3段鋲数「13・4・4」で，横矧板鋲留短甲が小型鋲で竪上3段鋲数「9・4・6」とみられ三角板鋲留短甲の方が古い。出土状況では三角板鋲留短甲と頸甲は組み合うが，眉庇付冑は明確なセットを構成せず少し離れて配置されている。ここでは位置が接近することから三角板鋲留短甲に組み合うものと想定する。そうするとセット関係は「三角板鋲留短甲—横矧板鋲留眉庇付冑—頸甲」が古相，「横矧板鋲留短甲」が新相として復元できる。一部出土時の位置関係がやや不明瞭な部分もあるが，構成としての充実度は古相が優勢で，新相が劣勢となる。

宮崎県下北方5号地下式横穴墓　三角板鋲留短甲と横矧板鋲留短甲，小札鋲留眉庇付冑，頸甲が出土した。短甲は三角板鋲留短甲が後胴竪上3段鋲数が「12」，横矧板鋲留短甲は「9」と，三角板鋲留短甲を古相，横矧板鋲留短甲を新相としてよい。小札鋲留眉庇付冑は三角文系A2類で他例をみると三角板鋲留短甲と時期的に近接するだろうか。頸甲の段階も眉庇付冑に近く，三角板鋲留短甲と同時期としてよい。以上から型式学的な位置づけから古相のセットとして「三角板鋲留短甲—小札鋲留眉庇付冑—頸甲」が，新相に「横矧板鋲留短甲」の構成が復元できる。出土状況からも，小札鋲留眉庇付冑と頸甲はともに三角板鋲留短甲に伴うとされる。構成としての充実度は，古相が優勢で，新相が劣勢である。

以上短甲2点と冑1点という甲冑が出土した古墳を中心にみた。甲冑の型式学的編年からだけではセットを確定できないものについては，一部で出土状況を参照してセットを復元するというダブルスタンダードをとったものがあり，方法論上の課題があるが，一般的な傾向として古相のセットの方がセット内容が充実しており，新相のセットの方が劣るという例が多いことがわかる。ただし，盾塚古墳では優劣を決めがたい。

　短甲を3点出土した古墳では甲冑の詳細な情報と出土状況が判明する良好な例は少ないが，先述のとおり大阪府豊中大塚古墳では（第78図），「長方板革綴短甲―頸甲」「三角板革綴襟付短甲―三角板革綴衝角付冑」「三角板革綴襟付短甲―三角板革綴衝角付冑」の3セットの甲冑が出土している。襟付短甲は機能的に頸甲を兼ねるため，セットとしては襟付短甲と衝角付冑の2セットが優勢とみることもできる。甲冑の製作時期については難しいが，長方板革綴短甲の方が古相となる可能性があり，その場合古相のセットの方が劣るとみることもできる。

　以上のように盾塚古墳と豊中大塚古墳をみる限り，革綴甲冑段階（鉄鏃編年Ⅲ期）では，甲冑の新古関係と構成の優劣には相関性がなさそうともいえる。甲冑セットの優劣と新古関係については，革綴甲冑段階と鋲留甲冑段階（鉄鏃編年Ⅲ期とⅣ期）で異なっていた可能性もある。

(6) 金銅装の有無と製作順序

　複数の甲冑セットが同一の埋葬施設に収められた場合，少なくともⅣ期以降古相の甲冑の方がセットとして優れていることが一般的であることを示した。他にも甲冑の優劣の指標として，金銅装の有無が挙げられる。そこで次に，金銅装の甲冑を含む複数の甲冑セットが出土した場合の，金銅装の有無と甲冑の型式学的な新古関係を検討しよう。ただし，金銅装の甲冑のうち，詳細が検討可能な金銅装の眉庇付冑が複数出土した古墳はごく限られてしまうため，短甲の蝶番金具の金銅装の有無を中心に検討することにする。

　京都府宇治二子山南古墳　三角板鋲留短甲と横矧板鋲留短甲が出土している。先述のとおり短甲の前後関係の詳細はやや確定しがたいが，金銅装の蝶番金具を用いる横矧板鋲留短甲が古相の可能性が高い。

福岡県真浄寺2号墳　横矧板鋲留短甲が2点出土しており，2号短甲に金銅装の蝶番金具が用いられている。1号短甲は竪上3段鋲数が「6・2・2」とみられ，2号短甲は「10・4・4」と2号短甲の方が古相を示す。

群馬県鶴山古墳　先述のとおり，長方板革綴短甲1点と横矧板鋲留短甲が2点ある。長方板革綴短甲を別にすると，横矧板鋲留短甲のうち1号短甲が竪上3段鋲数「7・4・4」で2号短甲が「7・3・?」と，金銅装の蝶番金具を採用する1号短甲が古相になる可能性が高い[3]。

　類例は限られるが，同一古墳から蝶番金具を金銅装とする短甲と総鉄製の短甲が出土した場合，蝶番金具を金銅装とする短甲の方が，古相を示すことがわかった。ちなみに小札甲ではあるが，千葉県祇園大塚山古墳出土の2点の小札甲のうち，型式的に古相となるものには金銅装の小札が用いられており，新相のものには鉄製の小札が用いられている。小札甲にも「古―優」「新―劣」という関係がみてとれる。先のセット関係の比較とあわせて，甲冑の形態から想定できる製作時期の前後関係を入手時期の前後差とする前提に立つと，先に入手したものの方が優勢であるのに対し，その後に入手したものは格が劣ることが明確になったといえよう。

　さらに前提に前提を重ねるようだが，甲冑構成の優劣が倭王権周辺による評価づけをある程度反映しているとするならば，最も高い評価が与えられるのは最初の甲冑入手のタイミングであって，次回はそれほどの厚遇を受けなかったことになる。関係の更新よりも創出が重視されたといえるのだろうか。想像を逞しくすれば，長期間にわたる良好な関係の維持によって評価が上昇することはなく，当初の関係を構築した時点での状況こそが評価対象のすべてであったのかもしれない[4]。金銅装の有無は甲冑生産工房の違いとも関連し，そこには戦略的な造り分けという生産体制がとられていたことは第6章で明らかにした

---

3)　この他に金銅装の蝶番金具を持つ短甲と総鉄製の短甲を出土した古墳として，宮崎県西都原4号墓と福岡県塚堂古墳がある。西都原4号墓では，横矧板鋲留短甲2点と横矧板革綴短甲1点があり，鋲留短甲の1号短甲は竪上3段鋲数「6・2・2」，同じく2号短甲は「6・4・4」，蝶番金具を金銅装とする横矧板革綴短甲の3号短甲の同部位の連接数は「7・?・?」である。横矧板鋲留短甲と横矧板革綴短甲の連接数を直接比較して良いのかどうかに問題が残るが，金銅装の3号短甲が古相となる可能性がある。

　塚堂古墳では横矧板革綴短甲，横矧板鋲留短甲，三角板鋲留短甲が1点ずつ出土しており，横矧板革綴短甲が蝶番金具を金銅装とするが，詳細は不明である。

ところだが，こういった金銅装甲冑の入手や所有に一定の規則があったことを考えると，甲冑のセット関係の優劣に加えて金銅装の有無は，分配者側の意図や論理に従って戦略的に決定され，配布されていた可能性が想定できよう。

2. 武器・武具の入手と流通戦略の画期

(1) 矢鏃の履歴と甲冑の履歴

　最後に，配布者側の論理であるセット関係の優劣や系統・生産工房の差が副葬という方式にどのように影響していたのかを考えておこう。

　矢鏃の配置の意味を考えるにあたっては，再び茶すり山古墳第1主体東区画の鉄鏃出土状況が注目できる（67頁第28図）。第2章では茶すり山古墳第1主体東区画の鉄鏃の出土状況から分離式鏃には矢を装着しないままで流通したものがあることを示した。ここではそれに加えて，なぜ2群に分けて配置することになったのかを考察する。

　南北に分け置かれた鏃群は根挟みの形の違いから，製作集団や製作地といった製作単位が異なるものと考えられる。つまり，副葬の段階では製作単位の違いがきちんと認識されており，その認識に従ってそれぞれのまとまりで副葬されたと考えられる。つまり，両群の矢鏃の配置箇所が異なる最大の違いは，「鏃の見た目」でもなければ「どちらかを重視していた」などといったことでもなく，矢鏃の所有者や保有集団が認識していた「矢鏃の履歴」の違いであった可能性が指摘できる。異なる契機で入手したものだから，異なる箇所に配置したのである。

　その場合，茶すり山古墳第1主体東区画出土の鉄鏃が，被葬者あるいは被葬者が所属する集団が所有していたものと考えるならば，矢鏃の保管状況は，入

---

4) ここまでの分析は2点の短甲を出土した古墳を中心としており，検討データに偏りがある可能性も想定できる。あるいはフルセットの甲冑セットを受領でき，さらにその後に甲冑を入手する機会に恵まれた人物という，条件を同じくする特定のグループの様相を捉えているのかもしれない。そういったグルーピングがあるとすれば，それ以上の甲冑が出土した古墳は，黒姫山古墳や野中古墳に代表されるように，単一の時期に複数の甲冑を入手することができる階層として，甲冑の入手パターンからも弁別できる可能性がある。なお，データの偏りについての反証としては，月岡古墳出土の金銅装の葉文系A類の眉庇付冑が，伏板環状鋲列の様相から同古墳出土の眉庇付冑の中で最も古相を示しているという点を挙げることは可能である。

手後すべてをごちゃまぜにしてしまうようなものではなく，入手した単位ごとにまとめ置かれていたと復元できる。モノとしての履歴の違いが認識され，それに従った保管の仕方がなされており，副葬時にもそれがきちんと踏襲されているのである。

鏃の配置箇所が鏃の形式ごとに異なることが多いことはこれまでにも指摘されてきた。鏃の形式の違いは生産単位の違いを反映している可能性が高いが，鏃の形式によって副葬位置が分けられることが矢鏃の副葬方式として普遍的であることから，矢鏃の履歴の違いが社会的に重要視されていたといえる。

つまり，矢鏃に限っていえば，葬送行為・副葬行為の執行者にとって，矢という機能上の同一性よりも，モノとしての履歴の違いを保持し続けることが重要と認識されていたのであろう。生産の画一性と流通の広域性は時期によって違うが，基本的にあらゆる時期に矢鏃が多元的に生産され，多様な関係性の中で流通していた背景には，そういった「授受の履歴」が重視される社会的な状況があったとみてよい。

その一方で，これまでに検討してきたような甲冑セットの優劣や金銅装の有無といった違いは，同一の埋葬施設内でも「特別扱い」をするような形では現れてこない。2点の甲冑であれば棺の小口両端にそれぞれ配置したり，あるいは並べて置いたりするなど，甲冑が持つ優劣は副葬時の扱いの差には影響していないのである。甲冑には製作時期差がみられるものが集積する場合があるが，古相・新相といった違いも特に配置には影響していないようである。少なくとも中期中葉以降では甲冑については多元的な生産体制がとられていたことは第2部で明らかにしたが，そうした多元的生産は系統の分化の様子や全体的なスタイルの統一性から，畿内倭王権周辺である程度集約的・戦略的になされたものとみられる。そのため，矢鏃のように各地の集団との関係を表象するようなものとはならなかったため，「履歴」としては，重視されずまとめて扱われたのであろうか。

あるいはこれは，甲冑の配布者側の論理が葬送儀礼執行者にまで徹底していなかったことを意味しているのかもしれない。または，そういった論理が徹底していたとしても配布者と入手者（＝被葬者？）との間であって，葬送儀礼執行者にまではそういった論理は及んでいなかったのであろうか。配布者・入手

者・葬送執行者それぞれの論理があったとみられ，確定は難しい。

(2) 武器・武具の入手と流通戦略の画期

　矢鏃と甲冑の生産は，おおよそ矢鏃編年のⅢ期からⅣ期に至って多系化や技術差を持つ工房の分化などの画期を迎える。それは，武器・武具の生産者・流通起点側の意図を大きく反映した変革であり，さらには素材の確保が各工房でおこなわれた可能性を考えると，材料入手とそのための対価拠出，さらには人的編成までも含めた一大刷新であっただろう。

　その一方で，流通や入手に着目すると，まずⅣ期における分離式鏃の衰退と代替形式である有頸平根Ｂ式の出現は，それまでの「鏃」のみでの流通形態が「矢」すなわち武器としての流通に変わった点で大きな変換点といえる。さらにそれに伴い，Ⅳ期以降矢鏃の全体組成と個別組成が類似し，同一古墳出土の鉄鏃が類似形式にまとまる（あるいは少数の有頸平根式が一つの束に含まれる）ような傾向が強まる点は，それまでの授受関係を表象するような履歴を重視した副葬方式からの変化として注目できる。「鏃」自体が交換財としての機能を有していた段階から，財としての価値が低下し純粋な武器へと転換していき，それに適した形での流通・入手方式が採用されるようになったことがわかる。

　甲冑については，生産工房の多系化がありつつもそれらの生産品が意図的に造り分けられている点から，生産工房は畿内倭王権中枢付近で戦略的に配置されて，流通起点や経路も集約されていたとみられる。革綴甲冑段階では不明瞭だが，鋲留甲冑段階では最初に配布するものがセット関係や金銅装の有無などで優れており，その後の配布はそれに劣ることから，少なくとも鋲留甲冑段階には生産方式と連動した分配・流通戦略が確立したのであろう。あるいはそういった戦略的な分配や流通戦略を遂行するために，金工技術の保有に格差がある複数工房での多元的な生産体制が達成されたとも考えられる。ただし，副葬時の履歴にはそれらの違いが顕著に現れてこないため，配布者側の論理として戦略的な分配があったとは考えられるが，入手者側や葬送執行者側にとってもそれだけにはよらない入手や保有の論理があったとみられる。

　そういった流通起点の画期にもかかわらず，鉄鏃編年Ⅱ期段階の上殿古墳からⅣ期に至るまで，複数段階の入手やそれらのまとまった副葬といった原則は

変わっておらず，被葬者側の入手方式や副葬方式には大きな変化はなかったといえる。詳細は次章で述べたいが，そこには一貫した個人的な活動結果による器物の入手という原則が働いていたと考えられる。逆説的に考えるならば，そういった入手者・副葬者側の「ルール」は大きく変わらないことから，副葬品から流通や入手・副葬の動態を復元する際にも「時期差」による副葬方式の変化は想定しなくてよいだろう。純粋に各時期の様相を比較すればよいのである。

　以上，かなり漠然とした議論となってしまったが，本章では一括資料の分析から副葬品はおそらく被葬者の生前の活動の中で複数段階に渡って入手されたものの集まりであることを示した。これにより古墳の副葬品は単なる葬具ではなく，その生産・分配者と所有者（≒被葬者）の活動の履歴を読みとることは方法論上妥当であるといえる。また，甲冑の優劣と入手順序，鏃を含めた副葬時の配置方式から，武具の配布者側と入手者側の論理を明らかにしうることを示した。それにより，矢鏃・甲冑のいずれとも入手や保有の原則は大きくは変わらなかったが，Ⅳ期（鋲留甲冑段階）には分配や流通方式に大きな変化が生じていた可能性がみえてきた。ただしそれは，矢鏃については財としての価値低下に伴う変化であり，甲冑については戦略的な生産・流通体制の確立といえるもので，両者の変化の背景を同一とみなしてよいのかには問題が残っている。結論を先取りすれば，両者は同根の現象として，古墳時代社会の構造転換をそれぞれ別の角度から照射したものであるのだが，その議論は終章に残しておき，次章では武器・武具の入手や所有についてさらに広い視点から考察を深めることとしよう。

第8章　武器・武具の入手と階層構造

1. 武器・武具の入手と帰属主体について

(1) 本章の目的

　前章では一括資料として同一の古墳の同一の埋葬施設から出土した資料の構成を分析した。その過程で，武器・武具の入手が複数回にわたることがあり，そういった入手の様相には前期や中期といった時期的な違いによる変化はみられないことを想定した。

　さて，ここまで「入手」という語を用いてきた中で不問としてきたが，そもそも副葬品として今日我々が目にしている武器・武具の入手・所有の主体とは一体誰であったのだろうか。古墳副葬品として「廃棄」される以上，最終的な帰属は被葬者ないし葬送儀礼の執行者（達）であったことは間違いない。しかし，副葬品が被葬者に個人的に帰属していたと考えるのと，集団に帰属しその代表たる人物の死に際して供献されたと考えるのとでは，武器・武具の社会的な位置づけを考える上では大きな違いがある。まして，前章では流通起点として想定できる倭王権がⅣ期には甲冑を戦略的に分配していた可能性を想定した以上，その戦略の対象が個人であるのか，集団であるのかは大きな問題である。もちろん，どのような個人もその背景としての集団や組織との関係なしには存在しえないであろうし，集団は個人によって代表されることもあるから，個人と集団は究極的には不可分であるが，そのウエイトがどちらにあったのかを考えるのは重要であろう[1]。

　本章では，こういった「個人」と「集団」の関係に焦点をあてて武器・武具の入手や所有の実態を考察していくことで，古墳時代の器物の入手や所有がどのような原則でおこなわれ，それが有力者とその集団の構造維持にどのように寄与したのかを考えてみたい。

(2) 方法論

上記の目的——器物の入手と所有の復元——のために，同一古墳内の複数の埋葬施設から出土した武器・武具と，同一古墳群内の複数の古墳の埋葬施設から出土した武器・武具を分析する。同一古墳ないし同一古墳群内に埋葬された被葬者は，いずれも同一の集団を背景として生前に活動していた可能性が高い。少なくとも，全く別の地域・別の時代に埋葬された被葬者同士を比較するよりはずっと妥当性が高い。同一古墳内に営まれた複数の埋葬施設の被葬者は，田中良之や清家章らの作業により，古墳時代前期から中期にかけては基本的にはキョウダイ関係を中心とする血縁的な関係者によって構成されることが判明している〔田中 1995，清家 2010〕。そのため，同一古墳に埋葬された被葬者たちは，血縁関係を前提として共通の経済基盤や生活基盤を有していたと考える[2]。

同一古墳群内に埋葬された被葬者間の関係を追究する手段は乏しく，出自が同じであろうといった半ば常識論的な判断以上のものは提示できない。少なくとも墓域を共にするという形での「同一集団」であったのだと強弁することも可能である。

いずれにしても，検討対象を同一古墳内・同一古墳群内に限定することで，器物の入手・所有主体の候補の一つである集団をある程度固定して分析をおこなうことができる。集団差や地域差といった相対化が困難な「ノイズ」を極力排除した分析が可能になり，これによって初めて埋葬施設ごとに現れる違いを被葬者個々人に付帯された属性の違いとして読み解くことができるだろう[3]。

---

1) 単純化して考えるならば「入手」は「流通」の終点であり「所有」の始点とできる。「入手」という語を用いると，入手者の主体性が大きく関与しているようにも感じられるが，そこには同時に贈与者が存在しているはずだから，贈与と入手は単一の行為の表裏にすぎない。贈与者と入手者のどちらに主体性があったのかは重要な問題であり，きちんと弁別して分析する必要がある。ただし，逐一「贈与／入手」などといった語を用いると著しく煩雑になるので，本章では単に入手と記載する。贈与と入手を明確に弁別して論じる場合には，逐一その旨を記載する。

2) 同一古墳中で夫婦の埋葬が確認されないのは，死後に「帰葬」がおこなわれたからだという考えも成り立つ。帰葬先でキョウダイ関係の者と同一の古墳に埋葬された場合も，キョウダイ関係を原則とした埋葬方式となる。そうすると，同一古墳に埋葬された被葬者たちがキョウダイ関係にあることが，生前に同一の集団や経済単位では生活したことの傍証とはならなくなる。武器・武具を一定数副葬する古墳の被葬者は原則として成年男性に限られることが明らかにされているが〔清家 1996・1998〕，本章での分析が被葬者の性別を男性に限定したものである可能性を考えれば，帰葬の有無を考慮する必要性は低くなるかもしれない。ただし，当時の婚姻形態も不明であるため，決定打とはならない。

また，古墳副葬品から被葬者の（生前の）活動を読み取ろうとする際に必ず問題となる点として，副葬品が生前に集められた器物のうちの一体どれぐらいの部分を占めているのかという点が挙げられる。それを知る術はないが，生前に集積された器物に対して「一定の」選択が働いた上で副葬に供されるとしたならば，その「一定」という部分の変数は，同一集団や同一古墳に埋葬された者同士を比較するならば小さく見積もることが可能になるかもしれない。その意味でも，同一古墳内・同一古墳群内に分析対象をしぼることは有効性が高いといえる。

2. 同一古墳内複数埋葬の分析

(1) 概要

第19表として，検討対象古墳を挙げる。形式と数量の両者から比較可能なため，矢鏃を中心に検討する。表に示した古墳は，同一古墳内の複数の埋葬施設から矢鏃などの武具が出土した古墳のうち，盗掘などを受けておらず本来の組成を保持しているもの，あるいは盗掘を受けていた場合でも，組成の一端が判明しており相互の比較検討が可能なものである。

同一古墳内での各埋葬施設の提示順は，墳丘内での位置（中心に近いかどうか）と埋葬施設の構造・規模から，優位とみられるものを上に，劣位のものを下に配置した。ただし，ほとんど埋葬施設間で格差が想定できないものも一定数含まれている。

表中の項目である「鏃類型」は，それぞれの主体部から出土した銅鏃・鉄鏃の形式の関係を示している。鏃形式の比較は，関係を二者間に限定すると，それぞれの形式組成が完全に一致する「一致」，それぞれの組成の一部が一致する「重複」，それぞれの組成が全く異なる「相違」，一方の組成が他方の組成に包含される「包含」の四つに類型化できる。ただしこの類型は数量比は問題と

---

3) 本章が分析方法として採用する同一古墳内の複数埋葬出土遺物の比較検討は，親族構造の分析を目的とする研究が一つの主流をなしてきた〔下垣2008〕。そこでは，鏃や甲冑・長大な刀剣類が基本的に男性に伴う器物であることが明らかにされている。そのため，先に述べたように，本章で対象とする事例が成人男性間の関係のみを前提とすることを示している〔森1965，川西・辻村1991ほか〕。これは，本章のみならず本書の限界点を指し示している。

第19表　複数の埋葬施設出土の武器・武具

古墳名	時期	墳形(全長m)	主体部名	主体部種類・規模	銅鏃	鉄鏃	刀	剣	槍	鉾	甲	冑	鏃類型
広島県 石鎚山	Ⅰ	円(20)	1号主体	竪石(2.8)		14							相違
			2号主体	竪石(2.5)	5	27		1					
香川県 快天山	Ⅰ	方円(100)	1号石棺	竪石(3.0)		20	4?	5					相違
			3号石棺	粘棺(2.9)		1		1					
福島県 会津大塚山	Ⅱ	方円(114)	南棺	木直(8.4)	29	47	3	7					重複
			北棺	木直(6.5)	4	41	1	5					
京都府 瓦谷1号	Ⅱ	方円(51)	第1主体	粘棺(6.8)		(46)		1+	3		1	1	重複
			第2主体	木直(4.8)	1	30	2	1	4	2			
大阪府 和泉黄金塚	Ⅲ	方円(85)	中央槨	粘棺(10.0)		4?	9	11					(註)
			東槨	粘棺(9.8)		(110)	2	4	3	1	1	1	
			西槨	粘棺(5.1)	1	(110)	3	3			1	1	
東京都 野毛大塚	Ⅲ	帆(82)	第1主体	木直(8.1)		40	13	4			1	1	重複
			第3主体	木直(4.1)		203	13	3	13	4			
千葉県 小川台1号	Ⅲ	円(30)	第1主体	木直(4.8)		2		1	1				相違
			第2主体	木直(4.0)		2		1					
			第3主体	不明		3		2					
岡山県 旗振台	Ⅲ	方(27)	中央石室	竪石(3.0)		(17)	3+	2+		2+			相違
			北粘土槨	粘棺(3.4)		51	1	2	1		1	1	
			南粘土槨	粘棺(3.7?)		5	4	4					
静岡県 千人塚	Ⅲ	造円(60)	第2主体	木直(3.7)		75	2	1					相違
			造出中央	不明		106+	5	2					
奈良県 兵家6号	Ⅲ	方(13)	東主体	竪石(4.9)		11+	1	4			1	1	一致?
			西主体	木直(3.7)		18+	3	1					
京都府 奈具岡北1号	Ⅲ	方円(60)	第1主体	木直(4.0)		61		4		1			包含
			第2主体	木直(2.8)		4							
京都府 私市円山	Ⅲ	造円(80)	第2主体	木直(4.0)		60	3				1	1	相違
			第1主体	木直(3.8)		38					1	1	
			第3主体	木直(1.9)		41							
兵庫県 茶すり山	Ⅲ	円(90)	第1主体	木直(8.7)		389	30	19	15	19	2	2	相違
			第2主体	木直(4.8)		14	2						
大阪府 御獅子塚	Ⅲ・Ⅳ	方円(55)	第1主体	粘棺(5.2)		30					1	1	相違
			第2主体	木直(4.4)		170					1	1	
大阪府 珠金塚	Ⅲ・Ⅳ	方(28)	南槨	粘棺(5.0)		160	3+	11+			4	3	相違
			北槨	粘棺(3.8)		76	2	3			1		
静岡県 文殊堂11号	Ⅳ	円(18)	第1埋葬施設	木直(4.7+)		22	2	2			1		相違
			第2埋葬施設	木直(2.7+)		1		1					
			第3埋葬施設	木直(2.6+)		12+	1	1					
静岡県 林2号	Ⅳ	円(16)	第1埋葬施設	木直(3.4)		4	1	2			1		相違
			第2埋葬施設	木直(3.9)		4	1	3					
奈良県 野山支群11号	Ⅳ	円(10)	東棺	木直(3.0)		24	1						相違
			西棺	木直(2.3)		11	1	1					
奈良県 池殿奥支群5号	Ⅳ	方円(23)	後円部南棺	木直(2.4)		2+							重複
			後円部北棺	土壙(1.7)		2							
			前方部北棺	木直(3.0)		37							
			東裾木棺	木直(1.8)		12	1						
奈良県 後出3号	Ⅳ	円(13)	第1主体	木直(5.0)		20+	1	2					相違
			第2主体	木直(4.1)		60+	4	1	1				
奈良県 後出20号	Ⅳ	円(15)	第1主体	木直(3.4)		21+	3	2	1				相違
			第2主体	木直(2.9)		31+	1						
奈良県 見田・大沢1号	Ⅴ	方方(28)	中央墓壙北棺	木直(3.9)		20	2						相違?
			中央墓壙南棺	木直(3.8)		29	2						
			北墓壙	木直(1.8)		6							
			南墓壙	木直(2.9)		15							
			張出部	土壙(2.5)		2							

時期の表記は鏃配列による5段階に相当。略号は次の通り。
墳丘　方円：前方後円墳，方円：前方後方墳，円：円墳，方：方墳，造円：造出付円墳，帆：帆立貝形。
主体部種類　竪石：竪穴式石槨，粘棺：粘土槨，木直：木棺直葬，土壙：土壙墓。規模の単位はm。
(註)和泉黄金塚　中央槨―東槨：包含　中央槨―西槨：包含　東槨―西槨：重複

しておらず，あくまで鏃形式による比較である。また，同一形式に分類される鏃についても，埋葬施設ごとにそれぞれの大きさが異なり，有意な重なり合いがないと判断した場合にも，ここでは鏃形式が「異なる」とした。同一古墳から鏃が出土した埋葬施設が三つ以上検出された場合，類型の表示は上記の類型で示せない場合にのみ，各施設間の関係を註で示した。

表を一見して，鏃組成が全く異なる「相違」の鏃類型が非常に多いことがわかる。その一方で，完全に鏃組成が一致する古墳は表中にはほとんど現れていないことも特徴であろう。続いて，何例かの古墳に注目して，その組成相互の様相を詳細に検討する。

(2) 各古墳における具体的様相

広島県石鎚山 1 号墳（第 80 図）　第 1 主体からは定角 A 式鉄鏃のみが，第 2 主体からは圭頭 A 式鉄鏃，方頭 A 式鉄鏃，柳葉 B 式鉄鏃，柳葉 E 式銅鏃が出土しており，両主体部の鏃組成は完全に異なる。墳丘の中心に位置し斜縁神獣鏡が出土している第 1 主体が主要埋葬施設だが，鏃の形式数・数量ともに第 2 主体が優位である。第 2 主体からは鉄剣も出土しており，それも第 2 主体の武具組成の優位性を示す。武器の組成とその他の要素の優劣に逆転がみられる。

福島県会津大塚山古墳（第 81 図）　南棺と北棺出土遺物の比較はすでに藤原妃敏・菊地芳朗がおこなっている〔藤原・菊地 1994〕。藤原・菊地は，北棺出土銅鏃は南棺出土銅鏃に数量的に劣るが形式が一致することから，「北棺の男性が南棺の男性の所有品である銅鏃を少数選んで保持したことが想定され（中略）北棺の男性は独自に銅鏃を入手していないことになろう」としている。指摘のように，北棺出土の銅鏃は，南棺出土銅鏃と同時に南棺の被葬者または両被葬

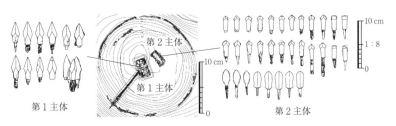

第 80 図　石鎚山 1 号墳の埋葬施設と出土鏃

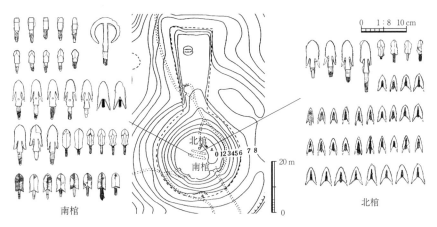

第81図　会津大塚山古墳の埋葬施設と出土鏃

者が帰属する集団によって入手された可能性がある。

　一方で，両棺から出土した穿孔を持たない腸抉柳葉Ｃ式鉄鏃の腸抉先端の形態には異なる点もある。南棺出土例には北棺出土例よりも鏃身部がやや短いものが含まれており，また鏃身下半部が茎側に向かって緩やかに開く。両者の形態差については，南棺出土例が北棺出土例に対して相対的に古相を示すとみることもでき，これは他の副葬品の傾向とも一致する。しかしその一方で，同形式に採用された矢柄先端の形状は，第３章で述べたように両棺出土例ともに楕円筒形であり，類例の少ない形態にもかかわらず一致している。これらの様相を積極的に評価すると，穿孔を持たない腸抉柳葉Ｃ式鉄鏃は，両棺出土例ともに生産主体が同じだが，南棺出土例が先に製作・入手され，その後北棺出土例が製作・入手されたとすることもできる。

　上記２形式以外の鉄鏃形式は共通しない。北棺から無茎三角Ｂ式鉄鏃が出土したが，南棺出土の短茎長三角Ｂ式とは鏃の形態も根挟みの形状も大きく異なる。これらの様相を総合すれば，南棺・北棺の鏃組成は，同時に入手された可能性が考えられる銅鏃を除き，異なる来歴によるものや，異なる段階で生産された資料群から構成されるといえる。

　京都府瓦谷１号墳（第82図）　主要埋葬施設である第１主体からは大型圭頭Ｅ式鉄鏃，圭頭Ｃ式鉄鏃，柳葉Ｂ式鉄鏃，短茎長三角Ｂ式鉄鏃が出土した。副次的な埋葬施設である第２主体からは圭頭Ｃ式鉄鏃，柳葉Ｂ式鉄鏃，柳葉

第8章 武器・武具の入手と階層構造 265

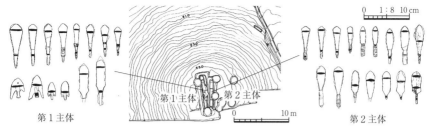

第82図 瓦谷1号墳の埋葬施設と出土鏃

E式銅鏃が出土した。厳密に両者の形態を比較すると，両者で共通する形式は圭頭C式鉄鏃のみで，他は全く異なる。

矢鏃の点数と方形板革綴短甲・小札革綴冑が出土している点は第1主体が優勢だが，剣刀・鉄槍・鉄鉾の点数では第2主体が勝り，すべての要素で第1主体が優位ではない。

東京都野毛大塚古墳（第83図）　主要埋葬施設の第1主体出土鉄鏃は40点なのに対し，それよりも劣位の第3主体出土鉄鏃は203点と，かなりの差がある。第1主体出土鉄鏃の組成は柳葉C式（鳥舌式）鉄鏃と短頸C式（短頸柳葉式）の2形式だが，それらは細別10形式を下らない第3主体出土鉄鏃の組成に含まれるとみることもできる。ここでは，さしあたり短頸柳葉式鉄鏃の形態が異なる点から，両者の出土鉄鏃は，柳葉C式（鳥舌式）のみが共通する，重複の関係とみておく。

なお，第1主体からは1領分の甲冑セットが出土しており，その点では第3主体に勝る。一方で他の武器では，刀剣の点数は両者間で拮抗するが第1主体にはない鉄槍・鉄鉾が第3主体では多くみられ，第3主体が勝る。武器の点数では第3主体が優位であり，武具全体の組成や数量の優劣は，単一の視点のみからは決められない。

京都府奈具岡北1号墳（第84図）　主要埋葬施設の第1主体からは柳葉D式鉄鏃，短頸C式（短頸柳葉式）鉄鏃，腸抉柳葉D式（二段腸抉式）鉄鏃，短茎長三角B・C式鉄鏃の計61点が出土した。副次埋葬施設の第2主体からは腸抉柳葉D式（二段腸抉式）鉄鏃，短茎長三角式鉄鏃の計4点が出土した。第2主体から出土した鉄鏃はやや遺存状態が悪く詳細は不明だが，すべて第1主体出土鉄鏃と同形式であろう。数量・形式数ともに第1主体出土鉄鏃が優位で，

266 第3部 武器・武具からみた古墳時代の社会構造

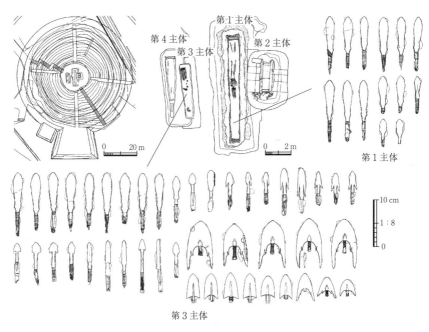

第83図 野毛大塚古墳の埋葬施設と出土鏃

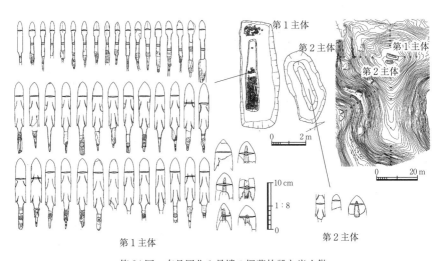

第84図 奈具岡北1号墳の埋葬施設と出土鏃

第 8 章　武器・武具の入手と階層構造　267

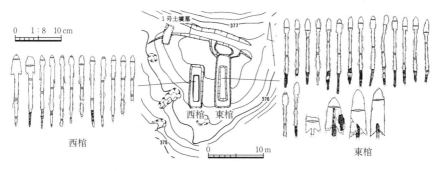

第 85 図　野山支群 11 号墳の埋葬施設と出土鏃

かつ第 2 主体出土鉄鏃の組成は第 1 主体出土鉄鏃の組成に包含される。会津大塚山古墳出土の銅鏃のように，第 2 主体出土鉄鏃は第 1 主体出土鉄鏃と一括で生産され，最終的にそれらの大半が第 1 主体に，一部が第 2 主体に副葬されたと考えてもよい。その際に，埋葬施設の格差にあわせてかなり明確に数量差がつけられている。また，第 1 主体からは鉄剣 4 点と鉾 1 点が出土しており，他の武器がみられない第 2 主体に対して一層の優位性を示している。

　奈良県野山支群 11 号墳（第 85 図）　東棺からは長頸 A 式（長頸三角式）鉄鏃と短茎長三角 B 式鉄鏃の計 24 点が，第 2 主体からは別造り片腸抉を持つ長頸 A 式（長頸三角式）鉄鏃と，有頸平根 B 式鉄鏃が計 11 点出土しており，両者は全く異なる鏃形式である。墓壙・木棺の規模からは東棺が優位であり，鉄鏃の点数もそれに整合する。

　奈良県池殿奥支群 5 号墳（第 86 図）　合計 4 基の埋葬施設から鉄鏃が出土した。後円部北棺・前方部北棺・くびれ部東裾木棺からは長頸 C 式（長頸腸抉片刃式）鉄鏃が出土しており，それらの様相に顕著な差異はない。その一方で，後円部南棺・前方部北棺・くびれ部東裾木棺から出土した有頸平根 B 式鉄鏃は，一部遺存状態が不良であり判然としないが，それぞれ腸抉先端の形態がやや異なる。鉄鏃の出土はないが，前方部南棺からは横矧板鋲留短甲が出土しており，鉄鏃の点数とあわせて後円部に対して前方部の武具副葬が卓越することが指摘できる。くびれ部東裾木棺出土鉄鏃の点数は 12 点とやや多く，これは武器の点数で勝る前方部側の脈絡で解釈するべきであろうか。全体としてやや特殊なあり方を示しており，他例との比較が難しい。

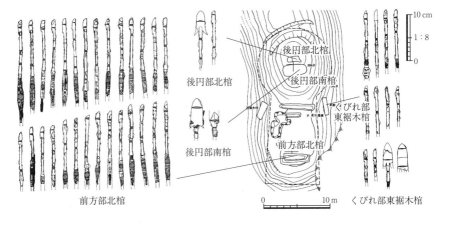

第 86 図　池殿奥支群 5 号墳の埋葬施設と出土鏃

奈良県見田・大沢 1 号墳（第 87 図）　5 基の埋葬施設から鉄鏃が出土した。鉄鏃の出土点数は中央墓壙南棺が最多の 29 点で，中央墓壙北棺が 20 点，南墓壙が 15 点，北墓壙が 6 点，張出部土壙墓が 2 点と，原則として鏃の出土点数と埋葬施設の位置・規模の格差が良好に整合する。

　鉄鏃の組成は，中央墓壙北棺・南棺がどちらも 6 形式で，形式数も優位である。北墓壙・南墓壙は 3 形式，張出部は 1 形式であり，数量とともに形式数でも中央墓壙の 2 棺出土例に劣る。五つの埋葬施設に納められた鉄鏃の形式はそれぞれ非常に類似するが，それぞれの埋葬施設内での共通性・類似性はさらに高く，各埋葬施設に副葬された鉄鏃がすべて一括で生産され，それが最終的に分配されて埋葬されたとはいえない。埋葬施設ごとに異なる単位で生産されたと想定できる。

(3) 武器・武具の入手主体

　同一古墳内における複数の埋葬施設から出土した鉄鏃の様相は，埋葬施設ごとに全く異なることが一般的であることがわかった。たとえ形式が同一であっても，兵庫県茶すり山古墳のように，第 2 主体出土鉄鏃の唯一の形式である柳葉 C 式（鳥舌式）が第 1 主体からも出土しているにもかかわらず，それぞれの鏃の大きさが全く異なるような例もある。形式差以外の点からも鏃の様相に明確な相違を認めることが可能である。形式にしろ，大きさにしろ，あるいは腸

第8章 武器・武具の入手と階層構造 269

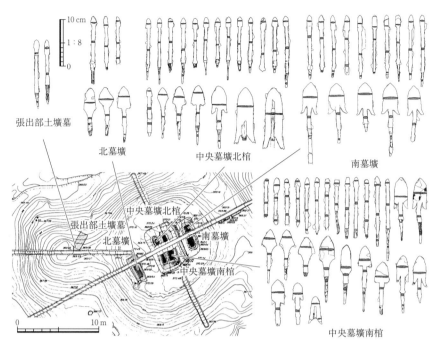

第87図　見田・大沢1号墳の埋葬施設と出土鏃

挟先端の微妙な造りの違いにしろ，埋葬施設ごとに違った様相を示す例が大半を占めている。

　このような全体的な傾向の解釈については，①それぞれの埋葬施設に副葬された武器・武具は同一の契機でもたらされたが，埋葬施設ごとに異なる形式を選択して副葬した，とする考えと，②それぞれの埋葬施設に副葬された武器・武具は異なる単位でもたらされた，とする二つの考えが挙げられる。

　解釈①については，より優位にある有力者または集団が武器・武具を入手し，その集団内秩序に従ってそのセットを分割し，最終的に副葬したとする考えにつながる。埋葬施設の位置や構造の違いによって表示される相対的な格差と，武器・武具の副葬点数の相対的な格差はおおむね正の相関にあるため，集団内の秩序に基づく矢鏃の分割の可能性は確かに否定しきれない。しかしその一方で，第1部で指摘したように，鏃の形式差は製作単位の違いを反映する可能性を考えると，なぜそれを「形式ごとに」分けたのかという点は説明ができない。また，前章で指摘したように，矢鏃の副葬時の配置には矢鏃が持つ履歴の違い

が重視され反映されていると考えられ，そういった副葬原理を考えると一括で入手された矢鏃を形式ごとに分有したとは考えにくい。

であるならば，埋葬施設ごとに鏃組成が全く異なるという事象の背景としては，②を想定する方がよりシンプルに全体を説明することができる。

埋葬施設ごとにそれぞれ異なる背景から武器・武具がもたらされたとするならば，当然その理由としては被葬者の違い以外は想定できないであろう。つまり，それぞれの埋葬施設に納められた武器・武具は，それぞれの被葬者の個人的な差異，より具体的にいえば被葬者の生前の活動の差異によって最終的に異なる集積結果に至ったと考えることができる。そして当然のことながら，そのような活動とは，生前における器物の入手行為とそれを始点とする所有という行為のことを示している。

このように，埋葬施設間にみられる鏃組成の差異を，被葬者の生前の活動の違いによるものと考えるならば，少数ながら存在する，埋葬施設の位置や構造によって表された優劣と副葬された矢鏃の点数の優劣が一致しない例についても，被葬者の生前の活動の違いに理由を求めることができる[4]。

そのように考えた場合，各埋葬施設で共通する形式をどのように解釈するべきなのかというのが問題となる。ここまで武器・武具には基本的に個人的な入手活動（および所有）がその前提として存在しており，集団に帰属する形での所有は明確に確認できないことを示してきたが，そうであるならば，会津大塚山古墳と奈具岡北1号墳の矢鏃の入手・所有とその分割の背景にも，集団を想定するべきではないだろう。とすると，それぞれの矢鏃は，優位の被葬者である会津大塚山古墳における南棺被葬者と，奈具岡北1号墳における第1主体の被葬者がその個人的な活動に基づき一括して入手したものであり，その後に優位の被葬者から，劣位の被葬者である北棺被葬者と第2主体の被葬者へと再分

---

[4] そのような被葬者の完全に独立的・個人的な活動のみでは説明しきれない事象が，先にも注目した会津大塚山古墳や奈具岡北1号墳である。ただし，両古墳の様相には明確な違いもある。会津大塚山古墳北棺では，南棺にはみられない形式の鉄鏃も含まれており，あくまで南棺・北棺それぞれの被葬者が個別的な活動をおこなった結果，それぞれの組成が構成されたとする前提は変わらない。一方の奈具岡北1号墳では，第2主体出土の鉄鏃は第1主体出土鉄鏃の組成に完全に包含されており，第1主体と第2主体の鉄鏃に同様の背景を想定するならば，第2主体の被葬者には完全な意味での個人的な活動を読み解くことはできない。

配されたと考えることができる。ただし，各被葬者が別個に活動した結果，同じ形式の鏃を入手した可能性も否定できない。

その再分配行為については，受領する側の主体性がどれほど働いていたのかは明言できず，重点を贈与者と受領者のどちらに置くかによっては，再分配行為の評価自体が大きく変わってしまう。ただし，会津大塚山古墳北棺の被葬者については，南棺被葬者との活動時期の差を認める余地はあるが，独自の形式の入手もみられるため，南棺の被葬者から銅鏃が分与されたことに決定的な意味は見出せない。奈具岡北1号墳第2主体の被葬者については，他に副葬品を持たないため，第1主体の被葬者との関係のみがその活動の限界であった可能性がある。

しかしいずれにせよ，類例の出現頻度も考え合わせると，集団内において優位者から劣位者へと器物が再分配されることで劣位者が器物を入手するという行為は決して一般的ではないといえる。このような再分配行為については，あくまでそれらは各被葬者が個別的・独立的に活動する中で，その活動の一部としてなされたと評価しておきたい。

ちなみに，埋葬施設の優劣と鏃や刀剣槍鉾の数が一致しない例は多く見られるのに対して，甲冑については埋葬施設の優劣と甲冑の有無はかなり良好に対応する。唯一の例外が大阪府和泉黄金塚古墳であるが，これは中央槨の被葬者が「女性」であり，性差に由来する可能性がある。そうすると矢鏃や刀剣槍鉾と甲冑では位置づけがやや異なることも考えうる。

(4) 複数埋葬における特殊な様相——後出3号墳例について

同一古墳における複数の埋葬施設から武器・武具が出土した事例のうち，奈良県後出3号墳はそれら出土した武器・武具の帰属主体を考える上で注目できる。後出3号墳では，長さ5.0mの割竹形木棺直葬の第1主体と，長さ4.1mの割竹形木棺直葬の第2主体が検出されており，墓壙の切り合い関係から第1主体が先行するとされる（第88図）。

第1主体からは，Ⅳ期新段階の長頸B2式鉄鏃が出土している。一方で，第2主体からは長頸B1式鉄鏃・長頸B2式鉄鏃・長頸C式鉄鏃が出土しており，Ⅳ期古段階と新段階の鏃が共伴する。第1主体・第2主体ともにⅣ期新段

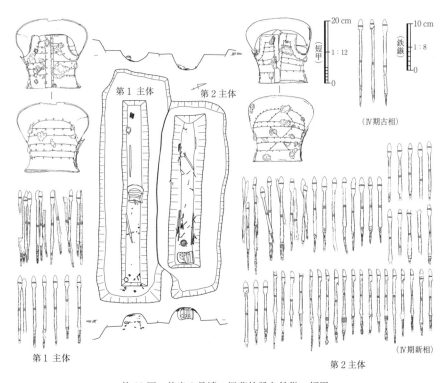

第88図 後出3号墳の埋葬施設と鉄鏃・短甲

階の鉄鏃を含むが，第2主体には形態上古相を示す長頸B1式鉄鏃が含まれている。その差異を有意とみなすならば，鏃の製作年代は第2主体（古相）→第1主体・第2主体（新相）となり，主体部の構築順序と逆転する。

　また，第1主体，第2主体ともに短甲が出土している。第1主体の短甲は横矧板鋲留式で大型鋲を用い，竪上3段鋲数は「5・2・2」，地板裁断（大）であり，第2主体の短甲は三角板鋲留式で中型鋲を用い，竪上3段鋲数は「9・2・2」，地板裁断（小）である。どちらも蝶番金具は方形4鋲であり，系統が一致することから種々の要素を編年指標として直接比較しても問題なく，第2主体の短甲が相対的に古相，第1主体のものが新相ということができる。すなわち短甲についても主体部の構築順序と型式学的な前後関係が逆転する。

　このように，後出3号墳では鉄鏃と短甲に与えられる相対年代と主体部の構築順序が逆転し，矢や短甲の製作（・入手）順序と副葬順序が一致しない。こ

の現象が生じた背景には様々な可能性が想定できるが，ここでは矢や甲冑の帰属主体が被葬者個人にあったためにこのような現象が生じたという理解を示したい。矢や甲冑が集団に帰属し，保管されていたのであれば，器物が入手された順序のままに「古いものから順番に」副葬がなされる蓋然性が高まると考える。すなわち逆説的に，矢や甲冑は，入手から副葬まで一貫して被葬者個人に帰属していたために，「古いものから順番に」副葬されないような事態が生じたのである。

　武器・武具の入手だけでなく，所有も被葬者個人によるものであったことを示す一証左として評価しておきたい。

3. 同一古墳群内における出土鏃の様相

(1) 概要

　続いて同一古墳群内の別個の古墳から出土した武器・武具の様相を検討することで，その入手・帰属主体が集団ではなく被葬者個人であったことをより一層明らかにしよう。詳細な検討対象としてⅡ期の奈良県池ノ内古墳群，Ⅲ～Ⅳ期の大阪府桜塚古墳群，Ⅳ期の奈良県後出古墳群を挙げる。

(2) 各古墳群における様相

奈良県池ノ内古墳群（第89図）

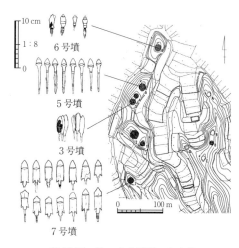

池ノ内古墳群では3号墳，5号墳，6号墳，7号墳から鉄鏃が出土した。3号墳からは柳葉B式鉄鏃が，5号墳からは短頸B式（短頸三角式）鉄鏃が，6号墳からは定角A式鉄鏃が，7号墳からは腸抉柳葉C式鉄鏃が出土しており，それぞれ副葬された鉄鏃の形式は全く異なる。なお，5号墳は鏃編年Ⅲ期の副葬品構成であり，6号の定

第89図　池ノ内古墳群の出土鏃

角A式鉄鏃がやや古相を示すことから，池ノ内古墳群の築造は比較的長期間にわたる可能性がある。そのためそれぞれの鏃組成の違いは，単純に世代差や時間差などの要因による可能性があり，入手パターンを論じるべき材料としては不適切かもしれない。鏃形式がそれぞれ異なることから，世代が異なるそれぞれの被葬者が順次鏃を入手したとみてよいだろうか。

大阪府桜塚古墳群（第90図）豊中大塚古墳第1主体，豊中大塚古墳第2主体西槨，御獅子塚古墳第1主体，御獅子塚古墳第2主体，狐塚古墳，北天平塚古墳，南天平塚古墳，女塚古墳から鉄鏃や甲冑が出土した。同一古墳内でも複数の埋葬施設から武器・武具が出土しており，非常に良好な分析対象であるが，残念ながら全貌が不明で詳細に検討できない古墳が多い。そのため様相が判明

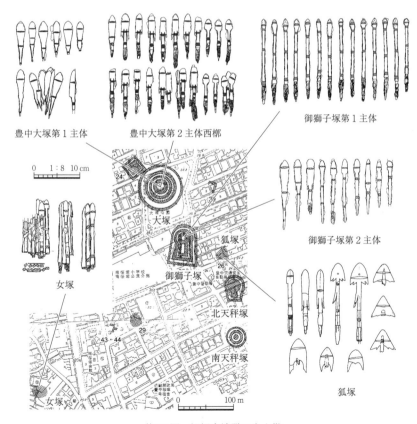

第90図　桜塚古墳群の出土鏃

している豊中大塚，御獅子塚，狐塚のみを対象とする。

　豊中大塚古墳は一部で盗掘を受けているが，第1主体からは柳葉C式（鳥舌式）と片刃B式鉄鏃が，第2主体西槨からは柳葉C式（鳥舌式）・腸抉柳葉C式鉄鏃・短頸B式（短頸三角）鉄鏃が出土した。第1主体と第2主体西槨で柳葉C式（鳥舌式）が共通するものの，その他の鏃形式は異なる。なお，第2主体西槨の盗掘坑内から片刃B式鉄鏃が出土した。これを第2主体西槨に帰属するものと考えるならば，片刃B式鉄鏃についても第1主体と第2主体西槨の共通形式とすることも可能である。ただし，盗掘坑内出土片刃式鉄鏃は第1主体出土のものとは形態が異なり，両者は別個のものとみることもできる。

　御獅子塚古墳第1主体からは長頸B式（長頸柳葉式）鉄鏃が，第2主体からは柳葉C式（鳥舌式）鉄鏃，短頸B式（短頸三角式）鉄鏃，短頸C式（短頸柳葉式）鉄鏃，腸抉柳葉C式鉄鏃，片刃B式鉄鏃が出土した。埋葬施設の位置関係が上下にあることからもわかるように，両埋葬施設の鏃形式の間には時間差が認められる。ただし，第1主体出土の長頸柳葉式鉄鏃は長頸式鉄鏃の中でも最古段階に位置づけられ，埋葬施設間の時間差はそれほど大きくはない。

　狐塚古墳からは，短頸B式（短頸三角式）鉄鏃，腸抉柳葉C式鉄鏃，有頸平根A式鉄鏃と短茎長三角C式鉄鏃，短頸三角B式鉄鏃が出土した。

　御獅子塚古墳の二つの埋葬施設と狐塚古墳はかなり近い時期の副葬品構成をなす。御獅子塚古墳第1主体と狐塚古墳からはともに衝角付冑が出土したが，どちらも上内接式で時期が近接する。ただし，御獅子塚古墳第1主体例は小札鋲留衝角付冑で，狐塚古墳例は竪矧板（A系統）鋲留衝角付冑のため，前後関係の詳細は確定できない。

　御獅子塚古墳第2主体と狐塚古墳出土の鉄鏃には同形式が多くみられる。短頸B式（短頸三角式）鉄鏃や腸抉柳葉C式鉄鏃は直接の比較検討が可能だが，狐塚古墳のものの方が長身で，両古墳の様相はやや異なる。狐塚古墳の短頸C式（短頸三角式）鉄鏃の方が御獅子塚古墳第2主体のものよりも長身という点を積極的に評価すれば，鉄鏃組成からみた新古関係は御獅子塚古墳第2主体→狐塚古墳→御獅子塚古墳第1主体となる。

　鉄鏃組成の違いを優位とすれば，御獅子塚古墳の二つの埋葬施設の間に狐塚古墳が入ることになり，それぞれの埋葬施設の被葬者の武具の入手のタイミン

グを考える上で興味深い[5]。つまり，単一の古墳に埋葬されるすべての被葬者の活動が終了する前に，別個の古墳に埋葬される被葬者の活動が開始されていた可能性が考えられる。ただし，この現象については，被葬者ごとの器物の入手パターンの問題に加えて造墓契機の問題も絡んでくるため，また狐塚古墳については不明な点が多いためここではこれ以上詳細に立ち入ることは避ける。さしあたってここでは桜塚古墳群においても，どれほど近しい時期に営まれた埋葬施設・古墳であろうと，それぞれの古墳・埋葬施設ごとに異なる武器・武具組成を持つことを確認するに留めておく。

奈良県後出古墳群（第91図） 12古墳15主体から鉄鏃が出土した。いずれもⅣ期に位置づけられる。はじめに長頸式以外の様相をみると，8号墳と20号墳第1主体出土の有頸平根B式鉄鏃の形態は共通するが，それを除けばすべての古墳で異なった形式が出土している。8号墳と20号墳の有頸平根B式についても，8号墳のものの鏃身部が幅広なのに対し，20号墳の2点は鏃身部が幅狭であるなど様相が異なる。

次に長頸式をみる。長頸式については古墳・埋葬施設ごとに，鏃長（鏃身部長+頸部長）と鏃身部の形態の関係をまとめた（第92図）。

長頸C式（長頸腸抉片刃式）鉄鏃からみると，1号墳では12.2〜13.7 cmで，およそ13.0 cmあたりに分布の中心がある。2号墳では1点だけ8.8 cmと短いものがあるが，他の分布は9.8〜13.3 cm程度で，中心は11.3 cmあたりにある。3号墳第2主体では9.4〜10.8 cmに分布し，1点だけ13.1 cmのものがあるが，分布の中心は10.3 cmほどである。これらは特に長頸C式（長頸腸抉片刃式）鉄鏃を多く出土した埋葬施設であるが，2号墳出土資料の分布がやや幅広く一部で重なり合いがあるが，それぞれ異なった分布の中心域を示し，各埋葬施設で様相が異なる。6号墳，13号墳，20号墳第2主体からは数点ずつ出土した。

5）御獅子塚古墳について現状で最も豊富な情報を提示している『豊中市史』によれば，御獅子塚古墳第2主体には人体埋葬がおこなわれなかった可能性が指摘されている。第2主体に人体埋葬が無い場合，なぜ甲冑にしろ鉄鏃にしろ，下層の第2主体には第1主体よりも古相の資料が揃って埋納されたのかという疑問が残る。古くに入手した武器・武具を下層の副葬品埋納施設に納め，新たに入手した武器・武具を被葬者とともに第1主体に納めたのだろうか。早くに武器・武具を入手し早くに埋葬された第2主体被葬者と，遅れて武器・武具を入手し遅れて埋葬された第1主体被葬者と考えた方が，理解はしやすい。

第 8 章 武器・武具の入手と階層構造 277

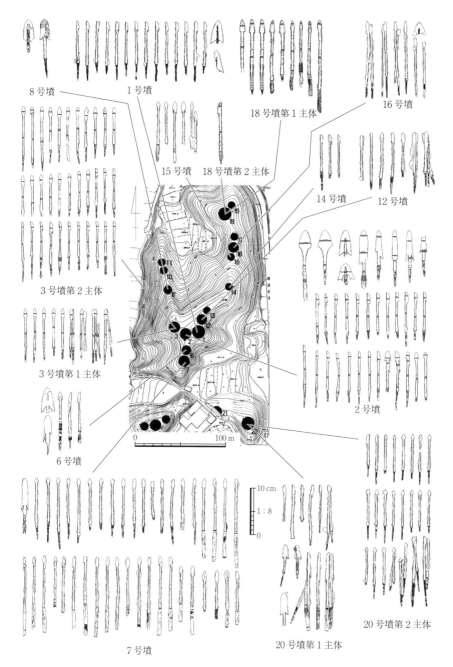

第 91 図 後出古墳群の出土鏃

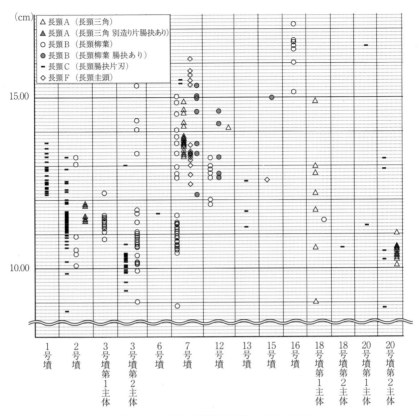

第92図　後出古墳群出土鏃の形式と鏃長

点数が少なく分布の中心域は明確でないが、いずれも基本的には前記3埋葬施設の分布域に含まれる。一方で7号墳、20号墳第1主体では15.0cmを超える長身の資料が出土しており、これまでにみた他のものとは異なっている。

　長頸B式（長頸柳葉式）鉄鏃では、少数の例外はあるが、おおよそ10.0～12.0cmほどに収まる一群と、12.5～15.5cmほどに収まる一群、16.0～17.0cmほどに収まる一群の3群に区分できる。これらをそれぞれ仮に短い方からA群・B群・C群とすると2号墳・3号墳第2主体・7号墳・12号墳ではA群・B群の両群がみられ、3号墳第1主体は基本的にA群から、16号墳はC群のみから構成される。12号墳はA群・B群の中間的な一群がやや多く、また16号墳は長身のC群からなり、この2例については他の埋葬施設とは分布の中心域

が異なっている。しかし，他の埋葬施設については，それぞれの組成に顕著な違いは認められず，様相が比較的近似する。

長頸A式（長頸三角式）鉄鏃では，7号墳出土例すべてが13.0～14.0cmに収まるのに対し，20号墳第2主体ではおおむね11.0cm以下に収まるなど両埋葬施設間で明確な相違がある。18号墳第1主体ではややばらつきは大きいものの，おおむね11.5～13.0cmに中心があり，やはり中心域が異なる。12号墳では14.2cmと7号墳出土例に含まれる資料が1点あるが，鏃身部が著しく短小であり様相が若干異なる。

以上，比較的点数が多く出土した形式に着目したが，同一形式が一定数出土した埋葬施設それぞれでは，長頸B式（長頸柳葉式）鉄鏃の3号墳第1主体・第2主体・7号墳でのA群が比較的近似することを除けば，鏃長の分布・中心域は明確に異なる。少数出土例では，他の埋葬施設から多量に出土した一群の分布域に含まれる場合があるが，そのような例の解釈を保留すれば，長頸式以外の形式が埋葬施設ごとに明らかに異なることとあわせて，後出古墳群の埋葬施設間では鉄鏃の形式や形態に共通性は認められないといえる。古墳ごと・埋葬施設ごとに異なる鏃組成を持つのである。

(3) 古墳群内における武器・武具の入手と所有

以上，築造時期の異なる三つの古墳群を検討したが，古墳ごと・埋葬施設ごとに異なる鏃組成を持つことが一般的なことが明らかになった。池ノ内古墳群や桜塚古墳群では古墳ごとに鏃形式に一定の時間差を見出すことも可能であり，その背景には当然ながら被葬者の活動時期の差，より突き詰めた語を用いるならば「世代差」ともいえる違いが存在していた可能性は高い。しかしその一方で，御獅子塚古墳と狐塚古墳の鏃組成の関係が，御獅子塚第2主体→狐塚→御獅子塚第1主体となる可能性があることを示したように，非常に近接した時期に位置づけられる鉄鏃についても，基本的には古墳ごと・埋葬施設ごとに異なる様相を示すことがわかった。

桜塚古墳群は，清家章によれば父系的な継承原理により世代ごとに古墳の築造がなされたとされる〔清家2009〕。鉄鏃の時期差を被葬者の活動時期の差と考え，さらにそれと古墳築造時期の差を等しくみるという仮定に仮定を重ねる

ならば，御獅子塚古墳第1主体の最終的な埋葬完了前に，すでに狐塚古墳の築造が開始されたこととなり，首長権の継承と造墓契機の問題なども含めて非常に興味深い事例となる。この事象については，あまりに不確定要素が多くまた副葬品の全貌が不明なためこれ以上の考察を進めることはできないが，少なくとも「首長権継承→器物の入手→造墓→埋葬→後継者の首長権継承→器物の入手→…」といった，常に特定の一人だけが器物の入手を伴う活動を展開でき，その者の死後になって初めて後継者が器物の入手を伴う活動を開始できるような，対外的に活動する代表者が完全に一人の個人に限定される集団の有り様は復元できない。御獅子塚古墳と狐塚古墳の有り様からは，同一集団内でも複数の有力者がそれぞれ個人的に活動を展開していたと考えることができる。

　後出古墳群は，Ⅳ期のごく短期間にある程度併行して築造されたと考えられるが，鉄鏃からは，一つの埋葬施設にみられる鏃形式・形態の凝集性の高さと，それと表裏をなすそれぞれの埋葬施設間での明確な差異を読み取ることができる。このような有り様が生じた背景として，矢鏃の集団的な入手・所有と，その後の各古墳での葬送行為にあわせて異なる形式・異なる大きさの矢鏃のみを選択的に副葬したという，集団所有からの「再分配」を復元することも可能かもしれない。しかし，外見的にもわかりやすく，また象徴性の問題とも関係するような異なる形態や形式ならばともかく，わずか2.0 cmほどの鏃長の違いをもって，それが分有される状況を復元するのも難しい。

　また，例えば7号墳出土の長頸F式（長頸圭頭式）鉄鏃が，鏃長12.5～13.5 cmほどの短身の一群と鏃長15.4～16.2 cmの長身の一群の2群に分けられる点は，鏃長の違いに基づいて「再分配」がなされたという理解を否定する。他の形式では古墳ごとにある程度のまとまりをもって「再分配」する形をとったのにもかかわらず，なぜ7号墳の長頸圭頭式の2群は「分配」されずにどちらも7号墳に埋葬されたのかが整合的に説明できないためである。

　確かに6号墳や15号墳のように，鏃が少量しか出土しなかった埋葬施設出土例の鏃長は，他の古墳や埋葬施設にみられる鏃長分布の中心域に位置することがあり，そのような例については一方の被葬者から他方の被葬者への再分配を想定することも可能である。また，先述のとおり2号墳や3号墳第2主体，7号墳では長頸B式（長頸柳葉式）にはA群・B群とした長さの異なる2群の

両方があることから，それらの被葬者間での分有を考える余地は残る．しかし，そのような可能性を残しつつも，やはり基本的には各古墳に納められた矢鏃は被葬者それぞれが個別的に入手した結果を反映していると考える方が，より全体の様相を整合的に説明できる．たとえ二次的な分配が存在したと考えた場合でも，そのような行為はあくまでそれぞれの個人的な入手活動を前提としてなされたのであり，決して一般的なものではなかったといえる．

　また，短甲の系統についてもみておくと（200-201頁第15表），後出古墳群では2号墳からは長方形2鋲系統のものが2点と方形4鋲系統のものが1点，3号墳からは先述のとおり第1主体・第2主体どちらも方形4鋲のものが1点ずつ，7号墳からは長方形2鋲のものが1点出土している．計6点の短甲が2系統にまとまっており，特定の系統が選択された可能性が考えられる．後出古墳群の被葬者あるいは集団は，方形4鋲系統と長方形2鋲系統の短甲を生産する工房ないしはその統括者との関係性の中で短甲を入手したのだろうか．武器・武具の入手が個人的な活動によってなされたとはいえ，その被葬者の活動は所属する集団内での論理を完全に無視して展開されたものではなく，集団という制限の中で遂行されたものといえる．個人的なという表現は，属人性が著しく高いといった程度の意味とするのが妥当といえる．

　そうした一つの古墳群から出土する短甲がいくつかの系統にまとまるという傾向は他にも奈良県新沢千塚古墳群や宮崎県島内地下式横穴墓群でもみられる．新沢千塚古墳群から出土した鋲留短甲のうち，蝶番の形態がわかるもの5点は，方形4鋲3点，長方形2鋲1点，方形3鋲1点となる．5点が3系統ではまとまりとしてやや弱くみえるが，510号墳出土の方形3鋲系統は長方形2鋲系統から派生した系統であり，長方形2鋲の新沢115号墳例は方形3鋲系統が成立する前段階に位置づけられることから，510号墳例の方形3鋲と115号墳の長方形2鋲については同一系統とみることもできる．そのように考えると，5点は2系統にまとまることになり，系統が有意にまとまるといえよう．

　島内地下式横穴墓群では6点の短甲のうち長方形2鋲のものが2点，方形3鋲のものが3点，胴一連のものが1点である．胴一連の島内3号墓例については，「小鉄板使用」「後胴裾板二分割」の「三・横併用」短甲であり，長方形2鋲系統のものと著しい近縁関係にある．そうすると，島内地下式横穴墓群出土

の短甲も，長方形2鋲系統と方形3鋲系統という，大きく二つの系統にまとまると考えることも可能である。

また，韓国出土の鋲留短甲のうち開閉構造・蝶番金具のわかる7例は長方形2鋲4点，胴一連1点，長釣壺2点と，やはり系統にまとまりがある。同一の古墳群ではないが，対外的な交流の実態を考えるうえでも注目できる。

一つの古墳群から系統が確定できる短甲が多数出土する例は限られるためこれ以上の分析はやや難しい。しかし現状の資料による限り，一つの古墳群から出土する短甲の系統はあらゆる系統から雑多に集められたようなものではなく，ある程度限定された特定の甲冑の生産系統との関係の中で集積されたものと考えることができる。一方で，こうして各地の集団と短甲の生産系統に結びつきが想定できることから，逆説的に各系統を生産工房の違いとして認識した理解をさらに妥当なものとできる。なぜならば，系統の違いを同一工房内での「流派」の差といったものとして考えるならば，なぜそうした「流派」といった小さな単位が，各地の集団との関係にまで持ち込まれるのかが説明できないからである。このことからも系統の違いは工房ひいてはその差配者たる上位集団の違いを反映していると考えることができる。

(4) 武器・武具生産の画期と集団間関係

古墳被葬者は同一古墳に埋葬されるような関係にある者であっても，基本的にそれぞれが個別的に活動することで武器・武具を入手しており，その結果として武器・武具は集積されていたとみられることを示した[6]。その中で，ごく少数例だが，優位の被葬者が入手した物の中から再分配を受けることで，器物の個人的な所有を果たしていた被葬者が存在する可能性は高い。ただし，そう

---

6) それぞれの被葬者の活動を「個人的な活動」としたが，同一古墳内で武器・武具が多く出土した埋葬施設とそうでない埋葬施設がある場合，被葬者の「職掌」の違いという説明がなされることも多い。同一集団内で，複数の有力者によって戦略的にそれぞれ別個の活動が推し進められており，「職掌」に該当するような活動内容の違いを分有していた可能性は確かに否定しきれない。
　しかしその一方で，特にそういった理解は，武器・武具の有無から「軍事的職掌」や「司祭者的な役割」などといったイメージとともに導き出されてきたが，これまでにみてきたように，同一古墳内で複数の埋葬施設から武器・武具が出土した例もかなり多く，「職掌の分有」が普遍的に存在したとは考えられない。「職掌」などと称されるようなものも，あくまで個人的な活動のベクトルの違いとして理解しておく。

いった被葬者個人の活動も帰属する集団に大きく依拠していたとみられ，帰属する集団ごとにある程度，武器・武具の生産工房（さらにいえばそれを掌握する分配者）との関係が限定されていた，あるいは特定の分配元としか授受は不可能であったとみられる[7]。

　前章では，野中古墳や黒姫山古墳といった甲冑を多量に集積する古墳では，甲冑の系統がランダムに集積されているのではなく，ある程度の系統にまとまることを指摘したが，そういった現象も古墳群単位の検討から指摘したように，いくつかの特定の集団とのみ関係を強く持つような集団間関係の一面を示していたものにすぎないことがわかる。属する集団の論理に規定されるために，一つの古墳内での武具の集積状況もまとまりがみられるのであろう。

　そのように考えると，第2部で明らかにしてきた甲冑の生産工房が分化する現象は，単に器物の生産体制の変革だけを意味するものではないことがわかってくる。なぜならば，各地の集団は分化した諸工房（ないしはそれを掌握する分配者）のうち，特定のいくつかとのみ関係を持ち，武具の授受を果たしていたことになるからである。甲冑生産の一大画期は，単なる生産体制としての画期だけではなく，そこを起点とする各地の諸集団との関係の再編までを含んだより大きな画期であったと考えることができるのである。

　第1部・第2部において遺物の詳細な分析から明らかにした武器・武具生産の様相は，単にモノの生産体制の問題だけに限られたものではなく，有力者個人・集団内・諸集団間の相互関係と密接に関わり合う重要な論点であることがここに明らかになった。延々と論じてきたが，ここに本書の試みに必要な材料はほぼ出揃った。終章では，それらを総合することで日本列島における古代国家成立過程の最大級の構造転換の具体的な姿と歴史的な意義を明らかにしよう。

7）　武器・武具の授受がある程度限定された生産・分配元としか可能でなかった理由には，分配者側による各地の集団との交渉・分配戦略といった集団間関係に起因する可能性や，さらに上位組織としての倭王権による調整や規制の可能性，受領者側の交渉チャンネルの有無の問題など様々な理由が想定できる。単一の理由というよりは，受領者（各地の集団），生産者（分配者とは異なる可能性もある），差配者といった武器・武具の生産から流通，授受に関係する各集団の意図が反映されているのだろう。

終章　武器・武具からみた古墳時代社会の構造転換

1. 武器・武具埋納量の変遷と展開

(1) 武器・武具埋納量分析の意義

　第1部・第2部・第3部と，主に矢鏃と甲冑を中心として，細かな遺物の分析により形態や技術論から生産組織の復元をおこない，一括資料のあり方や同一古墳内・同一古墳群内の様相を検討することで流通や入手・所有原理を解明してきた。古墳に副葬された武器・武具の小から大に至るデータがほぼ出揃ったことになる。

　本章ではそれらにより明らかにしてきたデータから古墳時代社会の構造転換の様相を描写するが，そのための最後にして最大の視点に基づく1ピースとして，まずは古墳時代における武器・武具の出土量とその分布の変遷を日本列島規模で明らかにする。集団間関係にまで影響した武器・武具生産と流通の画期は，実際に副葬された武器・武具の量や分布にどのように影響したのかを明らかにするためである。

　本章では特に多様な鉄製甲冑が存在し分析が可能である，鉄鏃編年Ⅳ期までを中心に武器・武具を出土した古墳を網羅的に検討する[1]。ただし，詳しくは後で述べるが，膨大な数の武器出土古墳を対象とするため，例えば鉄鏃1点といった古墳までを検討対象に含めるのは現実的な作業効率上断念した。不十分との批判は甘んじて受けるが，特に本章での中心作業となる分布図の作成においては一定数以上の武器を出土した古墳のみをプロットした。

---

1)　Ⅴ期については横穴式石室の導入と普及後は追葬や副葬品の片づけなどが多く想定できることから，竪穴系の埋葬施設における一回的な埋納量の分析との間に本質的な違いが生じるであろうと予測されることとも関係している。ただし，現時点での集成作業の現実的な限界とも無関係ではない。なお，その場合検討対象時期に含まれる初期の横穴式石室については分析に含めるという，建前と実作業との間にダブルスタンダードが生じることになるが，それは了とされたい。

時期区分は基本的に鉄鏃による編年のⅠ～Ⅳ期に依拠する。検討対象は鉄刀・鉄剣・鉄鏃・銅鏃・鉄鉾・鉄製甲冑とする[2]。出土点数の集計は，単一の埋葬施設や埋納施設ごとにおこなった。石室に一連で造り付けられた副室や同一の木棺内において仕切られた範囲などは，まとめて一つの施設と判断しあわせて集計したが，特定の埋葬施設に併設された副葬品用の箱などについては別個に集計した。人体埋葬を伴わない副葬品専用の埋納施設についても，特に区別なく集計している。つまり上記の条件付けから，実際には「一度にまとめて納められた武器の量」を分析していることとなる。

(2) Ⅰ期（前期前半）の様相

鉄刀・鉄剣（第93図）　2点以上が出土した古墳をプロットの対象とした。鉄剣出土古墳の方が分布数が多くやや広域・面的に展開する。ただし鉄刀の方が西では九州北部や鹿児島県に，東では長野県や千葉県にまで展開しており，点的な広がりとしては鉄剣よりもむしろ広域に及ぶ。

中国地方東部・四国北部からいわゆる「畿内」地域までに多くの出土古墳が集中するが，いわゆる「畿内」地域がそれほど抜きん出た状況は示さない。明確な分布の中心地が存在するというよりも各地域が並立する状況に近いであろうか。また，それらの地域では鉄剣・鉄刀の分布に顕著な違いはみられず，東海・中部以東での鉄剣を中心とした広がりや九州での鉄刀のみのプロットとは様相が異なる。

鉄刀については単一の施設からの出土点数が多い古墳を第20表に示したが，奈良県黒塚古墳で16点とやや飛び抜けた感があるが，2位の京都府椿井大塚山古墳での7点以下はそれほど大きな差はない。一方の第21表に示した鉄剣では兵庫県西求女塚古墳で37点という群を抜いた出土がみられるが，以下香川県高松茶臼山古墳の15点，岡山県浦間茶臼山古墳の12点と続くなど，それほど顕著な差異はみられなくなる。また，表では「畿内」地域に所在する古墳

---

2)　剣身については装具や出土状況から鉄剣・鉄槍のいずれかと確定できるものもあるが，判断ができないものも多いため，鉄槍を含めて諸刃のものはすべて鉄剣とした。武器としての機能を考えれば，鉄刀・鉄剣をひとまとめとし，鉄槍・鉄鉾をひとまとめとするのが適切かもしれないが，今後の課題としておく。

終章　武器・武具からみた古墳時代社会の構造転換　287

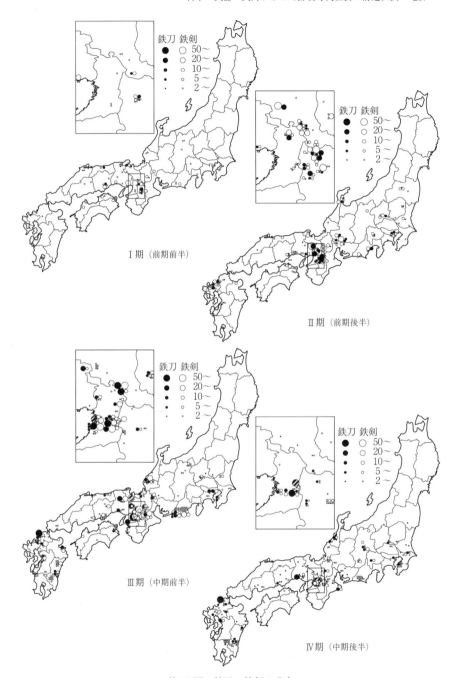

第93図　鉄刀・鉄剣の分布

第20表　鉄刀の多量出土古墳

	Ⅰ期（前期前半）		Ⅱ期（前期後半）		Ⅲ期（中期前半）		Ⅳ期（中期後半）	
1	黒塚	16	紫金山	41	恵解山	147	野中　第4列	145
2	椿井大塚山	7	マエ塚	24	七観　第3槨	132	津屋崎41号	41
3	蛭子山1号	6	新沢500号	23	アリ山　北施設	77	宮山　第2石室	29
4	北山1号	6	園部垣内	23	奴山5号	63	大仙　前方部	20?
5	浦間茶臼山	5	東大寺山	20	久津川車塚	50	城ノ山	18
6	元稲荷	4	衛門戸丸塚	18	西墓山　東列	45	黒姫山　前方部	14
7	備前車塚	4	新山	16	雲部車塚	34	江田船山	14
8	快天山　第1主体	4	佐味田宝塚	15	津堂城山	30	おじょか	12
9	円満寺山	3	鳥居前	13	茶すり山　第1主体	30	塚堂	9
10	大和天神山　ほか	3	寺戸大塚　後円部	12	西小山	23	カンス塚	9

網掛けは畿内地域に所在の古墳

第21表　鉄剣の多量出土古墳

	Ⅰ期（前期前半）		Ⅱ期（前期後半）		Ⅲ期（中期前半）		Ⅳ期（中期後半）	
1	西求女塚	37	メスリ山	217	西墓山　東列	196	野中　第4列	13
2	高松茶臼山	15	マエ塚	119	百舌鳥大塚山　5号槨	86	フネ　東槨	11
3	浦間茶臼山	12	園部垣内	73	恵解山	63	黒姫山　前方部	10
4	黒塚	11	ヒル塚　第1主体	49	西墓山　西列	56	城ノ山	9
5	椿井大塚山	10	ヒル塚　第2主体	40	石山　中央槨	44	高畠	9
6	元稲荷	9	紫金山	32	アリ山　中央施設	40	林畔1号	9
7	雪野山	8	北谷11号	27	茶すり山　第1主体	34	宮山　第2石室	9
8	象鼻山1号	6	東大寺山	25	七観　第3槨	30	後出7号	8
9	権現山51号	6	鳥居前	23	堂山1号	29	朝光寺原1号	8
10	蛭子山1号	6	佐紀猫塚	22	月岡	26	亀山1号石室　ほか	7

は網掛けとしたが，出土点数上位に入る古墳にいわゆる「畿内」地域以外の古墳が多く目立つことも先に分布図から見出した様相を裏付けており，各地域が並立している状況がうかがわれる。

　鉄鏃・銅鏃（第94図）　10点以上をプロットの対象とした。九州北部から山陽地方，四国北部に比較的多数の出土がみられる古墳が点在し，近畿地方から岐阜県西部がその終着点といった様相をみせる。対して東日本からの出土は低調である。鉄剣・鉄刀とは異なり山陰地方から近畿地方の日本海側にはほとんど分布がみられない。鉄鏃と銅鏃の分布傾向にもそれほど大きな違いはないよ

終章 武器・武具からみた古墳時代社会の構造転換　289

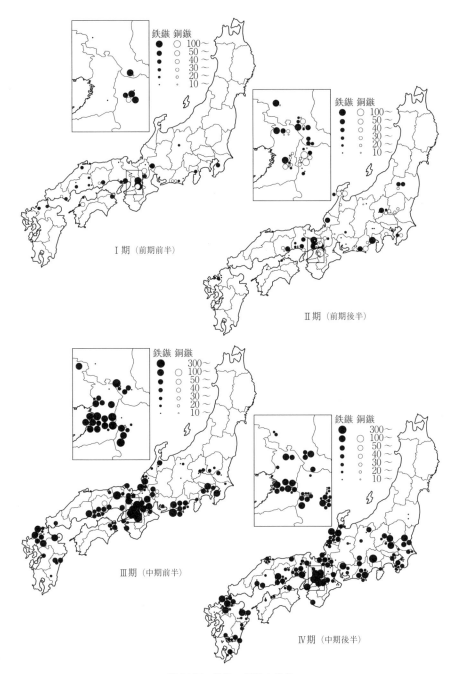

第94図　鉄鏃・銅鏃の分布

第 22 表　鉄鏃の多量出土古墳

	Ⅰ期（前期前半）		Ⅱ期（前期後半）		Ⅲ期（中期前半）		Ⅳ期（中期後半）	
1	椿井大塚山	248	紫金山	165	アリ山　北施設	1542	野中　第2列	629
2	黒塚	170+	長法寺南原	123	恵解山	472	豊富大塚	400?
3	桜井茶臼山	124	園部垣内	121+	堂山　1号棺	428	勝浦14号	300+
4	ホケノ山	73+	三池平	100±	茶すり山　第1主体	389	城ノ山	270
5	西求女塚	65	鼓山1号	90	盾塚	388	五條塚山	267
6	象鼻山1号	53	前橋天神山	74	五條猫塚　石室外	362+	長持山	255+
7	雪野山	43	東大寺山	70+	月岡	254+	埼玉稲荷山　第1主体	200
8	西山谷2号	43	花光寺山	56	石山　東槨	209	高井田山	160
9	浦間茶臼山	42	庭鳥塚	55	野毛大塚　第3主体	203	勝浦井ノ浦	160
10	神門4号	41	宇治丸山　ほか	50	堂山　1号	198	三昧塚　石棺外	160

第 23 表　銅鏃の多量出土古墳

	Ⅰ期（前期前半）		Ⅱ期（前期後半）	
1	雪野山	96	東大寺山	261
2	ホケノ山	57+	メスリ山	236
3	朝日谷2号　A主体	44	妙見山　後円部	110
4	新豊院山D2号	28	松林山	80
5	竹島御家老屋敷	26	庭鳥塚	80
6	浦間茶臼山	21	国分尼塚1号	57
7	権現平山7号	21	雨の宮1号	52
8	椿井大塚山	17	潜塚　2号棺	47
9	岩滝丸山	14	上殿	41
10	聖陵山	13	真土大塚山　主槨	39

うであるが，出土点数では鉄鏃の方がかなり多い。

鉄鏃の出土点数の多い古墳を第 22 表に示した。鉄鏃では椿井大塚山古墳の 248 点が最も多く，黒塚古墳の 170 点以上，奈良県桜井茶臼山古墳の 124 点が続く。以下，奈良県ホケノ山古墳，西求女塚古墳と「畿内」の古墳が続くが，岐阜県象鼻山 1 号墳の 53 点，滋賀県雪野山古墳の 43 点，徳島県西山谷 2 号墳の 43 点と各地域の古墳とそれほど大きな差はみられない。第 23 表に示した銅鏃では各地域優勢の傾向はさらに顕著で，出土点数 1 位は雪野山古墳の 96 点で，かろうじてホケノ山古墳が 57 点以上と 2 位につけるが，以下愛媛県朝日谷 2 号墳の 44 点などと各地域の古墳が上位につける。単純にいわゆる「畿内」地域の優位性がうかがえるという状況はなく，鉄鏃では「畿内」地域の上位 3 古墳をはじめとする特定少数の古墳にだけ大量に集積した状況であり，銅鏃ではむしろ「畿内」地域は各地域の中に完全に埋もれてしまっている。

終章　武器・武具からみた古墳時代社会の構造転換　291

第95図　鉄鉾の分布

第24表　鉄鉾の多量出土古墳

	Ⅰ期・Ⅱ期（前期）		Ⅲ期（中期前半）		Ⅳ期（中期後半）	
1	松林山	12	茶すり山　第1主体	19	新原・奴山10号	11
2	元稲荷	3	百舌鳥大塚山　5号槨	17	黒姫山　前方部	9
3	タニグチ1号	2	堂山　第1号棺	6	女塚	9
4	忍岡	2	五ヶ山B2号	6	高井田山	6
5	瓦谷1号　第2主体	2	宮山　第3石室	5	後出2号	5
6	清成	2	老司　3号石室	4	大谷	5
7	以下1点ずつ出土		亀山1号	4	宮山　第2石室	5
8			五條猫塚　石室内	4	下北方5号	4
9			御獅子塚　第2主体	4	城ノ山	4
10			七観　第3槨　ほか	4	江田船山・稲童8号　ほか	3

　鉄鉾（第95図）　出土点数自体が少ないため，Ⅰ期・Ⅱ期をまとめてプロットした。1点以上出土したすべての古墳を検討対象とした。四国北東部からいわゆる「畿内」地域にある程度まとまり，他地域での出土は非常にまばらである。分布も東海地方にまでしか及ばず，愛知県白山藪古墳と静岡県松林山古墳のどちらもⅡ期の古墳であるため，Ⅰ期には西日本に限定される。

　第24表に示したとおりⅡ期の松林山古墳で12点と最大の出土点数となるが，他は京都府元稲荷古墳の3点以下顕著な集積はみられない。Ⅱ期に大量埋納が始まり，分布域もより東方へ展開した可能性もあるが，現状では資料数が限定的であり積極的な評価は難しい。

　甲冑（第96図）　Ⅰ期には小札革綴冑の出土が知られる。武具ではなく冠とする説もあり，また出土点数も限定的なため，Ⅱ期とあわせて分布の提示に留めておきその積極的な読み取りは避けておく。

（3）Ⅱ期（前期後半）の様相

　鉄刀・鉄剣　依然鉄剣の方が出土点数・分布の広がりともに優位である。九州北部に分布のまとまりがみられるが，中国・四国地方西部では少なく，東部から近畿地方までに分布の核が形成される。特にいわゆる「畿内」地域の多くの古墳から多量に出土しており，地域として「畿内の優位性」が顕在化する。さらに東海地方から関東・南東北にまで一定数の出土がみられる古墳が点在す

終章　武器・武具からみた古墳時代社会の構造転換　293

Ⅰ期・Ⅱ期（前期前半・前期後半）

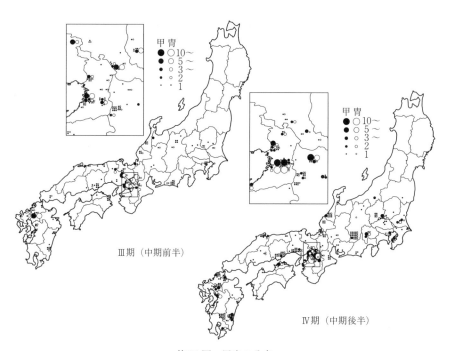

Ⅲ期（中期前半）

Ⅳ期（中期後半）

第 96 図　甲冑の分布

るようになり，東日本でのはっきりとした展開がみてとれる。その一方でⅠ期には一定数の分布がみられた中国地方から近畿地方の日本海側での分布が低調となる。全体として九州北部を除いて「畿内」を核として東日本に面的に展開するといえよう。

　鉄刀では大阪府紫金山古墳で41点，奈良県マエ塚古墳で24点が出土しており，以下「畿内」地域の古墳が上位10古墳すべてを占める。鉄剣では奈良県メスリ山古墳で217点，マエ塚古墳で119点，京都府園部垣内古墳で73点と大量に出土しており，まさに鉄剣副葬の最盛期といえる。なお，鉄剣についても「畿内」地域の古墳が上位10古墳のうち9古墳を占めている。分布傾向と単一施設からの出土点数のどちらからみても，「畿内」地域の一人勝ちといってもよい状況である。

　鉄鏃・銅鏃　九州北部に一部分布が集中するが，そこから東ではほとんど顕著な副葬はみられず，間を空けて山陽地方東部・四国北東部から「畿内」地域にかけて分布の核が形成される。中でも「畿内」地域での出土はかなり卓越している。東日本では東海から関東・南東北まである程度の出土量の古墳が点在する。「畿内」地域を中核として東日本に偏重する傾向をみてとることができ，鉄鏃・銅鏃の分布状況も鉄刀・鉄剣の分布状況とほぼ同じとみてよい。

　分布図からわかるとおり，全国的な出土総量・出土古墳数は増加しているが，同一の施設から出土した鉄鏃の点数では紫金山古墳の165点が最大となるなどⅠ期よりも減少している。ただし京都府長法寺南原古墳の123点，園部垣内古墳の121点以上，静岡県三池平古墳の約100点が続くなど，特定少数の古墳に集中する傾向はみられなくなり，上位が平準化された感が強い。一方の銅鏃は奈良県東大寺山古墳の261点が全時代を通じた最大点数の埋納となり，メスリ山古墳の236点，妙見山古墳後円部の110点，松林山古墳と大阪府庭鳥塚古墳の80点が続く。200点を超える東大寺山古墳・メスリ山古墳が群を抜いた感があるが，以下の古墳の出土量もかなり多く，特定少数の古墳に集中するという傾向もやや薄れている。また，Ⅰ期に比べて「畿内」地域の古墳が上位に多くみられるようになるなど，鉄鏃と同様の傾向を示すとみてよい。

　甲冑　Ⅰ期からの小札革綴冑に加えて，竪矧板革綴短甲と方形板革綴短甲が加わる。出土点数が限定的で，分布の意義がどれほど安定的なものかはやや心

許ないが,「畿内」地域にある程度集中し東西日本への広がりにはそれほどの差がみられない。なお, 奈良県上殿古墳でのみ2点が出土しており, 他は1点のみの副葬となる。

(4) Ⅲ期 (中期前半) の様相

鉄刀・鉄剣 全体的な分布傾向として, 鉄刀と鉄剣の分布域・量が, ともにかなり接近してくる。Ⅱ期と同じくいわゆる「畿内」地域, 特に古市・百舌鳥古墳群での出土が圧倒的に卓越し, 分布の核を形成する。一方で, 九州地方では面的・広域的に分布がみられるようになり, さらに山陰地方東部から近畿地方北部, 北陸地方南部に集中的な分布がみられるようになる。東日本での分布は, 静岡県西部にかなりの集中がみられるほかはⅡ期の様相に近似する。

単一施設からの出土点数では, 鉄刀では京都府恵解山古墳で147点と全時代を通じた最大点数となり, 大阪府七観古墳第3槨の132点がそれに肉薄する。以下大阪府アリ山古墳の77点, 福岡県奴山5号墳の63点, 京都府久津川車塚古墳の50点と, 他の時期であれば第1位となるような古墳が続く。まさに鉄刀副葬の最盛期といえる。一方の鉄剣は大阪府西墓山古墳東列の196点, 大阪府百舌鳥大塚山古墳5号槨の86点, 恵解山古墳の63点と続く。Ⅱ期ほど顕著ではないものの鉄刀・鉄剣ともに「畿内」地域の古墳が上位10古墳のうち半数以上を占めるなど, 出土古墳数とあわせて「畿内地域の優位性」は動かない。

鉄鏃・銅鏃 Ⅲ期前半段階の一部の古墳を除き, 銅鏃の副葬がみられなくなる。九州北部, 中国地方東部, 近畿地方の中部から北部, 静岡県西部, 南関東といったあたりに集中的な分布がみられ, 全体的な出土傾向は九州南部でやや低調なほかは鉄刀・鉄剣の分布とほぼ同じとみてよい。

鉄鏃では単一施設からの出土点数はアリ山古墳北施設の1542点が全時代を通じて最大となり, 恵解山古墳の472点, 静岡県堂山古墳1号棺の428点が続く。いわゆる「畿内」地域の古墳が上位10古墳の半数を占めるが, 一方で兵庫県茶すり山古墳第1主体の389点, 福岡県月岡古墳の254点以上, 三重県石山古墳東槨の209点, 東京都野毛大塚古墳第3主体の203点など, 各地でそれに準ずる古墳がみられるのも特徴的である。

鉄鉾 鉄刀・鉄剣・鉄鏃に比べると出土古墳数がかなり限定されるが, 全体

第 25 表　短甲の多量出土古墳

	Ⅲ期（中期前半）		Ⅳ期（中期後半）	
1	月岡	8	黒姫山　前方部	24
2	久津川車塚	6	円照寺墓山1号　粘土槨	11
3	七観（1913年出土）	5	野中　第1列	10
4	雲部車塚	5	北天平塚　第2主体	5
5	百舌鳥大塚山　2号施設	4	塚堂　2号石室前方部	3
6	新開1号　南遺構	4	後出2号	3
7	珠金塚　南槨	3	津頭西	3
8	豊中大塚　第2主体東槨	3	西都原4号地下式	3
9	以下2点ずつ出土		鶴山	3
10			以下2点ずつ出土	

的な分布傾向は近似する。ただし、鉄刀・鉄剣・鉄鏃では「畿内」地域の古墳が最大出土古墳の座にあったが、「畿内」からは外れた茶すり山古墳第1主体が19点と全時代を通じた最大埋納となる。百舌鳥大塚山古墳5号槨の17点が続くが、卓越した出土量をみせる古墳はこの2古墳のみであり、以下やや間をおいて堂山古墳1号棺・静岡県五ヶ山B2号墳の6点が続く。鉄鉾についてはそもそも大量集積の対象とされなかったとみるべきか、全体的な流通量が少なかったためにこういった傾向が現れたのか、判断が難しい。ただし、分布傾向を考えると他の武器類との明らかな違いは主張しにくいであろう。流通量が少ないゆえの様相とみておきたい。

　甲冑　出土点数が大幅に増加し、それに伴い分布範囲も拡大する。衝角付冑とそれに遅れて眉庇付冑も登場するが、基本的にセット関係として短甲が主となるので、分析はさしあたり短甲を中心とする。分布範囲は基本的に鉄刀・鉄剣・鉄鏃の分布とほぼ同じで中国地方西部での分布はかなり希薄であり、また東日本では山梨県・埼玉県・長野県南部といった空白地帯を囲うように展開する。第25表に示した単一施設からの出土点数をみると、2点以上出土する古墳は近畿地方とその周縁に集中し、一部九州地方などで部分的にみられる程度である。いわゆる「畿内」地域が出土古墳数や複数点数出土古墳ともに優勢だが、福岡県月岡古墳の8点が最大の出土点数で、京都府久津川車塚古墳の6点、七観古墳や兵庫県雲部車塚古墳の5点が続く。

(5) Ⅳ期（中期後半）の様相

鉄刀・鉄剣　Ⅲ期段階と比べて明らかに大量埋納古墳の数が減少し，少数を埋納する古墳が広域的に展開するようになる。特に中国地方東部，「畿内」を除く近畿地方，東海地方にその傾向が顕著であり，ある程度の数量を出土する古墳は九州地方や関東甲信越地方に展開するというこれまでにない特徴をみせる。なお，近畿地方で多くの出土をみせる大阪府野中古墳第4列や兵庫県宮山古墳第2石室はⅣ期としたが，どちらもⅢ期に近い中期中葉の古墳であり，上記の傾向は分布図から受ける印象以上に顕著であったかもしれない。鉄刀と鉄剣の出土古墳数にはそれほど顕著な差はみられず，ほぼ均衡している。

単一施設からの出土量では，鉄刀では野中古墳第4列が145点と明らかに群を抜いている。ただし先述のとおり野中古墳はいわゆる中期中葉の古墳であり，本章でのⅣ期の中でも最古相の古墳となることから，Ⅲ期の様相を色濃く示している可能性が高い。続いて福岡県津屋崎41号の41点，宮山古墳第2石室の29点，大阪府大仙古墳前方部の20点前後，大阪府城ノ山古墳の18点が続く。Ⅲ期と比べて明らかに出土点数が減少していることがわかる。出土点数の減少は鉄剣でより一層顕著で，野中古墳第4列の13点，長野県フネ古墳東槨の11点，大阪府黒姫山古墳前方部の10点が続くなど，前段階までのいかにも大量埋納といった様相は完全に失われる。一方で5点以上を埋納した古墳は九州地方や石川県・長野県・千葉県など分布の縁辺部にやや集中する傾向があり，近畿地方を中心とした少数埋納地域とは異なった様相を示している。Ⅲ期までにみられた上位に軒並み「畿内」地域の古墳がランクインする傾向が弱まり，単一施設からの出土点数でも野中古墳を除外すると各地域の古墳が第1位になるなど「畿内の優位性」は主張できず，各地域が並立する状況である。

鉄鏃　Ⅳ期には銅鏃の出土はみられない。鉄鏃の分布域はⅢ期からさらに広がり，鹿児島県や四国北部・広島県西部・島根県東部といったこれまで分布が希薄もしくはみられなかった地域にも広がる。石川県南部や千葉県南部などにも分布の集中地がみられるようになり，北関東でも一定数のまとまった出土古墳がみられるようになる。全体として30点以上を出土した古墳が面的・広域的に展開するといえ，南は鹿児島県から北関東まで汎列島的に埋納がなされるようになる。

そういった全国的な出土古墳数の増大に対し，単一施設から出土した点数は先述のとおり時期帰属の手続き上にやや課題の残る野中古墳第2列が629点と最大で，山梨県豊富大塚古墳が約400点，福岡県勝浦14号墳が300点以上，城ノ山古墳が270点と続く。他にも埼玉県埼玉稲荷山古墳第1主体の200点，福岡県勝浦井ノ浦古墳の160点，茨城県三昧塚古墳石棺外の160点など各地域の古墳が多く上位に入っている。野中古墳を除外すれば各地域の古墳が出土点数第1位に収まるなど，これまでに一貫してみられたいわゆる「畿内」地域の優位性は低下している。

鉄鉾 Ⅲ期までのやや心許ない分布数とは様相が変わり，出土点数が増加し面的・広域的な分布がみられるようになる。分布域は鉄刀・鉄剣・鉄鏃とほぼ同じだが，3点以上出土した古墳の数はⅢ期とほとんど変わっておらず，出土古墳数の増大を考え合わせれば複数点数の埋納自体は減退したかのような印象を受ける。複数点数が出土した古墳が福岡県・熊本県・宮崎県・近畿地方にまとまる様相は，鉄刀・鉄剣の分布の様相にかなり近い。ただし鉄刀・鉄剣にみられた東日本での分布縁辺部での集積はみられず，単数副葬を基本とするなど異なる点もある。

単一施設への埋納量では福岡県新原・奴山10号墳で11点と減少し，大阪府黒姫山古墳前方部と大阪府女塚古墳の9点，大阪府高井田山古墳の6点が続く。2位以下は「畿内」の古墳が続くが，それを含めても鉄鉾は全時代を通じてそれほど「畿内」地域での出土点数が優位にならないといえる。

甲冑 分布の範囲は鉄刀・鉄剣・鉄鏃・鉄鉾にかなり近く，広島県西部や山梨県・埼玉県・長野県南部といったこれまでに分布の空白が目立った地域での出土がみられるようになるなど，分布域の拡大というよりは空白地の減少といった様相を示す。Ⅲ期に比べてより面的・平準化された分布といえる。

単一施設からの出土点数をみると，黒姫山古墳前方部で24点という全時代を通じた最大埋納がなされ，奈良県円照寺墓山1号墳粘土槨の11点，野中古墳第1列の10点が続くなど，一見して「畿内」地域における甲冑副葬の最盛期ともみてとれる。ただし，繰り返し述べているとおり野中古墳については中期中葉に位置づけられ，円照寺墓山1号墳にも襟付短甲ではあるが，革綴短甲が出土しておりすべての短甲をⅣ期のものとみなしてよいかに問題が残る。Ⅳ

期でも新しい段階に位置づけられる黒姫山古墳は，大阪府北天平塚古墳第2主体で5点の出土があるとはいえ，むしろ孤立的な様相といえるかもしれない。それら10点以上出土した古墳を除けば，他の単一施設からの出土量はⅢ期とほとんど変わらない。合計出土点数が増え各地域から多数出土するようになっているのに対し，上位の出土点数の傾向が（最上位を除けば）それほど変わらない数で推移しているのは甲冑集積の意味の変遷を考える上で興味深い。東日本では新潟県・群馬県・茨城県・千葉県といった分布の縁辺に近い地域で複数点数の出土がみられる。九州地方においても複数点数出土古墳が分散的に広がるが，それについても東日本と同じ傾向として理解可能であろう。それに対して中国地方や「畿内」を除く近畿地方，東海地方では単数での副葬が目立つなど，分布縁辺部とは様相が異なる。

(6) 武器・武具埋納の変遷

　これまで各種武器・武具の出土点数の分布を時期ごとにみてきた。品目により若干の相違はあるが，複数の品目にわたって共通する時期的な特徴を抽出できる部分もある。

　Ⅰ期では，鉄刀・鉄剣では中国地方東部から兵庫県・京都府北部・香川県・徳島県に一定数の分布がみられ，奈良県の古墳についてもそれほど数量的に卓越するわけではなく，一定の出土数がみられる各地域は平準的な関係にあると理解するのが適当であろう。鉄鏃・銅鏃については鉄刀・鉄剣と異なり日本海側での分布が希薄であるが，九州北部から近畿へと至る瀬戸内海沿岸地域に集中して分布する。椿井大塚山古墳・黒塚古墳・桜井茶臼山古墳での大量集積は，そういった分布網を背景とした特定少数古墳への集中として理解するべきで，面的な地域としての「畿内」の卓越性についてはこの段階では全くみてとることができない。また，全体的にみれば西日本に偏重した分布傾向を示している点も看過できない。

　Ⅱ期になると様相は一変する。鉄刀・鉄剣・鉄鏃・銅鏃ともに「畿内」地域で面的に数多くの古墳から大量に出土するようになり，「畿内地域の卓越性」という言葉にふさわしい状況を示す。この集中域には岡山県東部・香川県・徳島県までは含まれているとみることも可能であるが，狭義には出土点数・出土

古墳数からみて「畿内」地域の卓越性は圧倒的である。しかし「畿内」から福岡県西部・佐賀県北部の集中域までの間には空白地帯が存在するなど，西日本では特定地域への偏在傾向が顕著となる。一方で東日本へと目を転じると岐阜県西部から静岡県を経て北関東，南東北に至るまで点々と一定数を出土する古墳がみられるようになる。全体的にⅠ期には西日本に偏重していた分布が，東日本に偏重する形へと変化したといえる。これらの傾向は鉄刀・鉄剣・鉄鏃・銅鏃いずれにおいても共通する現象であるため，武器流通の実態を比較的的確に捉えていると考えられる。なお，単一施設への埋納量では，銅鏃と鉄剣で全時代を通じて最大となる。

　Ⅲ期には鉄刀・鉄鏃・鉄鉾で単一施設への埋納量が最大となる[3]。いずれも近畿地方での埋納量は出土点数・出土古墳数ともにさらに増大し，圧倒的な分布の核を形成する。その一方で九州でも分布域が広範に及ぶようになり，出土点数も増加する。しかしやはり相変わらず中国地方西部と四国西部での分布はかなり希薄であり，空白地帯に近いような状況となる。京都府北部から福井県にも集中域がみられるようになる一方，静岡県から関東地方にも一定数が分布し，分布が希薄な岐阜県東部，長野県南部，山梨県を囲うように展開する。九州南部での鉄剣の分布を別にすれば鉄刀・鉄鏃・鉄鉾・甲冑ともに同様の傾向を示しているとみてよいが，鉄鏃が南九州に現れていないのは最小プロット点数との兼ね合いもあるかもしれない。

　Ⅳ期には武器にみられたこれまでの「畿内地域の卓越性」と「単一施設出土点数の増大」という傾向が一変する。鉄刀・鉄剣の単一施設からの出土点数は激減し，鉄鏃も激減とはいわないまでも出土古墳数と全国的な出土量の増加とは裏腹に単一施設からの出土点数はやや減少する。鉄鉾についても出土古墳数が増加するのに対して単一施設からの出土点数は減少しているとみてよい。ただし甲冑についてはⅣ期で最大の出土点数となるが，各地域でも多く出土するようになり，分布の上では「畿内」地域への集中は弱まっている。武器・武具ともに「畿内」地域の出土点数上位の独占状態が崩れ，「畿内」地域以外の古墳が多く名を連ねるようになり，広域的に出土点数が平準化する。Ⅲ期には分

---

[3]　是非の判断は難しいが，鉄刀と鉄剣を同じ白兵武器と考えまとめてしまい，鉄鏃と銅鏃を同じ矢として考えまとめてしまうならば，いずれもⅢ期が埋納量で最大とすることもできる。

布に空白が目立った広島県西部・島根県東部・愛媛県北部にも一定数の出土がみられるようになり，同様に東日本では岐阜県北部・長野県南部・山梨県・埼玉県にも分布がみられるようになる。鹿児島県から北関東までの分布上の空白地が減少し，より広域に平準的な分布が達成される。

(7) 武器・武具埋納の画期

　各段階における武器・武具出土量の変遷をみてきたが，時期的な変遷からはⅡ期とⅢ期の相似性という大きな特徴を指摘できる。Ⅰ期は基本的には西方偏重の様相を示し，東日本では点的に分布するだけである。また，近畿地方の特定少数の古墳への鉄器埋納の集中はみられるが，それを面的な広がりをもった地域としての「畿内」の優位性とみるのは難しい。一方，Ⅱ期になると，武器の出土古墳は九州北部を除けば明らかに東方に偏重する。また，「畿内」地域に大量出土古墳が濃密に分布するようになり，明確な分布の核を形成する。そういった特徴はⅢ期も同様である。鉄刀と鉄剣，鉄鏃と銅鏃をいっしょくたにしてしまえば，単一施設からの武器の出土量自体もⅡ期から順調に増加し，Ⅲ期にピークを迎えるとみることも可能である。武器の埋納という行為に着目すれば，Ⅱ期からⅢ期は地域的な展開と量的な増加というベクトルにおいて，一連のものと評価できる。

　それに対し，Ⅳ期にはすべての武器類でⅡ期からⅢ期にかけての展開方式が大きく変わる。「畿内地域の優位性」は低下し，東方偏重の傾向も失われ，広域的に平準化された分布の様相へと変化するのである。鉄鏃ではやや緩やかではあるが，特に鉄刀・鉄剣を中心として単一施設からの出土量が激減する。鉄鏃・鉄鉾では出土古墳数が明らかに増大することから，流通量自体は増加していると考えられるが，それに対し上位の古墳からの出土点数は減少しているため，結果として上位の古墳による「占有率」は急激に低下している。これらのことからⅡ期やⅢ期とは全く異なるベクトルで武器埋納が展開したといえよう。すなわち，少なくともⅣ期までに限っていえば，古墳への武器埋納の最大の画期はⅢ期からⅣ期の間にあるのである。ただし，甲冑については他の武器類とは若干様相が異なり，依然として「畿内」地域の優位性が一定程度みられる。ただしこれは先述のとおりⅢ期の資料を一部含むとみられる野中古墳や円

照寺墓山1号墳の時期区分上の帰属の問題による可能性も高い。いずれにしろ，分布の縁辺域でまとまった出土がみられるようになる傾向はすべての武器で共通しており，Ⅲ期とⅣ期の分布上の大きな違いを示しているといえよう。

　こういったⅢ期からⅣ期の間にある武器・武具埋納量と分布上の画期を，以下では記述の簡便化のために「中期中葉の画期」と呼称するが，中期中葉の画期はおそらく鉄製武器・武具にだけみられるものではないであろう。鉄製農工具類については，詳細な分布の変遷を論じるだけのデータを準備していないが，西墓山古墳やアリ山古墳で古墳時代全期間を通じた最大量埋納がされるなど，基本的な傾向は鉄刀・鉄剣や鉄鏃と同じとなる可能性が高い。

　なお，Ⅳ期にみられた「畿内」地域の相対的な優位性の低下と広域的で平準的な展開の様相は，Ⅴ期にも継続するものとみられる。筆者には現在その詳細を論じる準備はなく今後の課題ではあるが，古墳への武器埋納の展開を考える限りⅣ期とⅤ期の違いはそれほど大きなものとは思われない。

2．武器・武具の画期とその意義

(1) 武器・武具生産の変遷と価値転換

　以上，各地から出土した武器・武具の点数と分布の変遷から，武器・武具埋納には中期中葉の画期と呼称するべき大きな転換点があることが明らかとなった。古墳に埋納された武器・武具の数を当時流通していた武器・武具の全体像をおぼろげながら反映したものとして読み替えるならば，中期中葉の画期は，古墳時代における武器・武具の流通や分布の一大転換点として理解することができる。第1部・第2部で明らかにしてきたように矢鏃や甲冑の生産体制の転換点は基本的にⅢ期とⅣ期の間にあるが，それは流通や分布の画期とも一致するのである。

　第1部でみてきたように，矢鏃ではⅢ期までには主要系統の生産系統の画一化が進められる一方で，根挟みを用いる分離式が鏃のままで流通していたなど，矢鏃が交換財として社会的に高い価値を持っていたと考えられる。しかしそうした状況はⅣ期・Ⅴ期には減退し武器以上の価値を失っていったものとみられる。そのような財としての価値低下があったからこそ，先に分布からみてきた

ようなⅢ期までの畿内地域への集中状況が，Ⅳ期には流通量自体は増加しているのに，畿内への集中が弱まり各地での分布が平準化するような状況が生み出されたのであろう。分布の様相も，Ⅲ期からⅣ期にかけての矢鏃の社会的価値の転換を反映しているのである。

　形態や製作技術の詳細な分析はおこなえなかったが，鉄刀・鉄剣についても鉄鏃・銅鏃と同様の分布傾向を示していることから，同じくⅢ期からⅣ期にかけて，交換財としての高い価値を喪失し，単純な武器としての価値のみが先鋭化していったものと考えることができよう。

　一方の甲冑については，第2部でみてきたようにⅢ期とⅣ期にかけて冑・短甲の両方で生産工房が多元化される。Ⅳ期における出土量の増大はそれを反映したものであろう。そうした生産量・出土量の増大の中で，黒姫山古墳・円照寺墓山1号墳・野中古墳への大量集積が生じたと考え，Ⅳ期での多元化と増産は畿内地域での卓越をもたらしたとみることもできる。しかし，再三述べたように円照寺墓山1号墳では5点以上の革綴襟付短甲が，野中古墳では3点の革綴襟付短甲が含まれることを差し引いて考えれば，黒姫山古墳を除いてⅢ期の大量埋納古墳とそれほど最大値は変わらないことになる。黒姫山古墳の突出は事実だが，それは「畿内地域での卓越」といった状況というよりも，黒姫山古墳の特殊性として理解されるべきである。分布図をみても，畿内地域への集中はむしろ弱まり，各地域に広く，多く分布するようになったことがわかる。

　これを矢鏃や鉄刀・鉄剣と同じく，甲冑の財としての価値低下とみなしてよいかには一考の余地がある。しかし，工房の増加による多元生産の確立と生産量の増大，そしてそれによってもたらされる流通量の増大は，一般的にモノの財としての価値を低下させたとみてよいだろう。さらに甲冑についていえば，眉庇付冑や短甲で明らかにしたように，Ⅲ期からⅣ期にかけて金銅装のものと総鉄製のものが別個の工房で造り分けられるようになるなど，甲冑の中での差異化も図られるのである。それを考え合わせれば，少なくとも総鉄製の甲冑についてはⅢ期段階と比べてⅣ期段階には財としての価値低下が生じたと考えてよい。

　これまでの甲冑に基づく軍事的機構の研究では，甲冑出土古墳の性格をあらゆる時期を通じて「倭王権との軍事的同盟関係を有していた」などと一元的に

評価し，その理解に則って中期後葉から末の短甲出土古墳の増加を「軍事組織の裾野を担う首長層の増大」などとみなしてきた。しかし，甲冑の生産量が非常に限定的なⅡ期からⅢ期と，甲冑自体の社会的な価値が低下したⅣ期では，同じ甲冑出土古墳でも同様の評価はできない。鉄鏃と同じく，鉄製甲冑はそもそも単なる武具以上の社会的な意義を失った可能性すらある。

中期中葉の画期は，武器・武具の生産・流通そして集積という現象にとっての大きな価値の転換点であったのである。

(2) 古墳時代全期間を通してみた中期中葉の画期

中期中葉の画期により，武器・武具の財としての価値が大きく転換したが，多くの武器で副葬量のピークがⅢ期にあるという点も，そういった武器・武具の「財」としての価値との関連で理解できる。

つまり，Ⅲ期までは武器・武具自体に「財」としての高い価値があったため，それらを多量に入手し保有することには大きな社会的な価値があったのである。それゆえ個人的な活動の結果，生前に多くの武器・武具を入手できた人物は，それらとともに埋葬されることで死後もそれを独占し続けたのであろう。武器・武具を多量に入手し保有することが，社会的な評価や位置づけに密接に結びついていたと考えられ，それゆえ多くの被葬者がこぞって独自に活動し，武器・武具を入手したと考えられる。武器・武具の入手・保有の数量的な多寡が，社会的な価値基準とされていたのである。よって，倭王権近在の畿内地域での武器・武具の集積が，各地域に対して圧倒的に卓越するのである。

一方，Ⅳ期以降には武器・武具は財としての価値が低下したため，純粋に武器・武具としての機能がより顕在化したとみられる。そのため武器・武具としての必要以上の入手や保有が追究されなくなったと考えられる。Ⅳ期までの短甲とⅤ期の小札甲の大きな違いとして，短甲は複数点数が共伴する例が多くある一方で小札甲は1点ずつの副葬を原則とするということがこれまでにも指摘されてきたが，その現象についても，Ⅴ期には小札甲を多量に保有することに社会的な価値が見出されなくなっていたためとして理解できる。

例えばⅤ期でも有数の厚葬墓として知られる奈良県藤の木古墳の副葬品をみると（第26表），石棺外からは小札2721点（小札甲2点分）や，馬具3セット

第26表　藤の木古墳の出土遺物一覧

藤の木古墳

【石棺内】

分類	品名	数量
金属製装身具	金銅製冠	1
	金銅製履	4(2対)
	金銅製大帯	1
	金銅製筒形品	1
	金銅製半筒形品	2(1対)
	金銅製剣菱形飾金具	11以上
	銀製剣菱形飾金具	20以上
	銀製垂飾金具	2(1対)
	銀製垂金具	25
	銀芯金貼耳環	2(1対)
	銅芯金貼耳環	2(1対)
	銀製鍍金梔子形空玉	54
	銀製鍍金大型空玉	24
	銀製鍍金有段空玉	48
	銀製半球形空玉	57
	銀製鍍金小型空丸玉	47
	銀製鍍金空勾玉	127

分類	品名	数量
ガラス玉類	ガラス小玉	11058以上
	ガラス玉（北）	4000以上
	ガラス丸玉（小）	34
	ガラス丸玉（大）	34
	ガラス粟玉	103以上
	ガラス玉（南）	795以上
	ガラス棗玉	10
	ガラス足玉	18
金銅製花弁形・円形製品	金銅製花弁形飾金具	1
	金銅製花弁形歩揺（大）	463以上
	金銅製花弁形歩揺（小）	340以上
	金銅製円形飾金具	200以上

分類	品名	数量
鏡鑑	獣帯鏡	1
	環状乳画文帯神獣鏡	1
	仿製画文帯仏獣鏡	1
	仿製神獣鏡	1
刀剣類	大刀	5
	剣	1
	刀子	6
その他	管玉形装飾品	11
	撥形木製品	2
	繊維	一括

【石棺外】

分類	品名	数量
武器	鉄刀	1
	鉄鏃	809
	盛矢具（金具）	2
	弓飾金具	10
武具	挂甲と付属具（小札）	2721
馬具 Aセット	心葉形鏡板付轡	1
	円形飾金具	1
	辻金具	2
	金銅製鞍金具　前輪	1
	〃　後輪	1
	障泥	2
	鐙	2
	棘葉形杏葉	17
	歩揺付尻繋飾金具	46
	竜文飾金具	8
	心葉形飾金具	4
	帯先金具（尾錠含む）	10
	革帯飾金具・革帯	21
	金銅製鉸具	10

分類	品名	数量
馬具 Bセット	鐘形鏡板付轡	1
	鉄地金銅張鞍金具　前輪	1
	〃　後輪	1
	居木飾金具	2
	木芯鉄板装三角錐形壺鐙	1対
	鐘形杏葉	10
	鉄地金銅張辻金具	13
	鉄地金銅張雲珠	1
	革帯飾金具	約50
馬具 Cセット	鉄製環状鏡板付轡	1
	鉄地金銅張鞍金具　前輪	1
	〃　後輪	1
	鉄地金銅張辻金具	2
	鉄地金銅張雲珠	1
	鉄製鉸具（B・Cセット）	11
ミニチュア農工具	鉇	20
	斧	19
	刀子	21
	鑿	27
	鎌	7
	鋤	2

分類	品名	数量
その他の金属製品	金銅製飾金具	1
	両頭棒状鉄製品	2
	鉤状鉄製品	6
	針	約17
	釘	11
	棒状鉄製品	6
玉	滑石製臼玉	204
土器	須恵器	40
	土師器	11
その他の遺物	木製品	1
	土師皿	約40

第27表　綿貫観音山古墳の出土遺物一覧

綿貫観音山古墳

分類	品目	数量		分類	品目	数量		分類	品目	数量
鏡鑑	獣帯鏡	1		武器・武具	鉄鏃	493以上		馬具	銅製環鈴	3
	神獣鏡	1			弓一両頭金具	10(10)			金銅製鋲具	2
装身具その他	銀地鍍金空玉	30			冑	1			鉄製鋲具	29前後
	ガラス玉類	54			挂甲	2			鉄地銀板張製留金具	3
	耳環	13			胸当	1			鉄地金銅張製留金具	4
	（銅芯金張製耳環）	(10)			籠手	1双以上			金銅製留金具	12
	（中空純銀製耳環）	(2)			臑当	1双			鉄製留金具	6
	（細身純銀製耳環）	(1)			轡	4		工具	鑿	3
	金銅製半球形服飾品	117以上(8)			（鉄地金銅張心葉形鏡板付轡）	(1)			鉇	1
	金銅装鈴付太帯	1			（金銅製環状鏡板付轡）	(1)			銅製水瓶	1
	櫛	1			（鉄製環状鏡板付轡）	(1)		容器	須恵器	19
	銅製筒形金具	2			（鉄製鑣轡）	(1)			土師器	2
	鑷子	1			金銅製鞍橋表飾板	1		自然遺物	ハマグリ	1
武器・武具	頭椎大刀	1			鐙	2			桃果核	1
	捩り環頭大刀	1			（鉄製壺鐙）	(1対)			人骨	
	三累環頭大刀	1		馬具	（木胎漆塗壺鐙）	(1対)			石室吊手金具	4
	直刀	1			金銅製心葉形杏葉	3				
	小刀	3			金銅製花弁形鈴付雲珠	1				
	その他刀装具	4			金銅製花弁形鈴付辻金具	3				
	刀子	20			金銅製円板形座金具	8				
	（銀装）	(5)			金銅製歩揺付飾金具	77				
	（鹿角装）	(6)			鉄製雲珠	1				
	（刀子）	(9)			鉄製辻金具	2				
	鉄鉾	9(1)			鉄地金銅張製革帯当金物	11				
	石突	5			鉄製革帯当金物	31				

などが出土している。石棺内では冠が1点，履が2対などが出土している。刀剣類は石棺内で合計6点，石棺外で1点とやや多いが，これもいわゆる多量集積といった趣ではない。石棺外の鉄鏃の点数が809点である点が，唯一多量集積と称していいようにみえるが，そもそも矢鏃は数の多さが武器としての機能に直結するため甲冑や馬具など二重・三重の装着が不可能なものとは直接的に比較できない。藤の木古墳の被葬者は二人であるため，一人分で考えるとほとんどの器物で一人1セット，せいぜい2セット程度であったことがわかる。数の多い刀剣でも単純に2で割れば3点となる。藤の木古墳では副葬品の種類は非常に豊富だが，同一品目を大量に保有していた様子はみられず，数の集積に価値を見出すような副葬形態は想定できない。

同じく，Ⅴ期の厚葬墓として知られる群馬県綿貫観音山古墳出土の副葬品についても（第27表），頭椎大刀などの刀剣が7点（うち3点は小刀），小札甲が2点であり，馬具では轡は4点だが鐙は2点である。鉄鏃は493点以上で鉄鉾が9点以上とやや多いが，綿貫観音山古墳についても追葬のため被葬者は二人であったと考えられるため，個人ごとに帰属する副葬品の量は単純に考えれば半分となる。副葬品の品目は非常に多様だが，Ⅲ期までの大量保有・大量副葬と比べれば数量的には貧弱である。

Ⅴ期でもより新しい段階にやや偏った例ではあったが，Ⅴ期においても副葬品の出土量・質が非常に優れた古墳であっても，同一品目を大量に保有していた様子はみられない。Ⅴ期には武器・武具の数量的な集積によって，被葬者の社会的地位を表象する体制は全くみられないといってよい。Ⅳ期の様相はⅤ期にも継続しているのであり，中期中葉の画期は古墳時代を大きく二分する最大の画期であることがわかる。

(3) 武器・武具の量差と質差

では，武器・武具の数量的な格差が価値基準としての役割を失いつつあったⅣ期段階では，一体どういったものが社会的な評価や位置づけの基準の役割を担ったのであろうか。

Ⅲ期からⅣ期にかけては，須恵器や馬具，帯金具や耳飾りといったそれまで日本列島にはみられなかった多くの器物が導入される大きな技術的革新の時代とされてきた。ただし，須恵器については出現年代が大きく引き上げられ，Ⅲ期前半には日本列島で生産が開始されていたと考えられており，馬具についても日本列島最古の出土例はⅢ期前半の兵庫県行者塚古墳の段階とされ，より早くから日本列島に搬入されていたことが明らかとなった〔諫早 2010〕。一方で，金銅装の武具や馬具，装身具などの出現をⅢ期とⅣ期の間とする理解には依然として大きな変更の必要がなく，当該時期の器物の最大の特徴としてもよい。

眉庇付冑や短甲のうちの金銅装のものは，旧来的な総鉄製のものをもとにして新たに分化・創出された特定の工房だけで集約的に生産されていた。つまり金銅装の甲冑は生産段階から総鉄製のものとは区別されていたことになるが，とすると金銅装の甲冑には当初から総鉄製の甲冑とは異なる社会的な役割が期

待されていたと考えられる。そしてその異なる社会的な役割とは，総鉄製の甲冑との差異化であったといえよう。

Ⅲ期からⅣ期にかけて甲冑は量産態勢に入り流通量が激増し，結果として社会的な価値が低下したことは繰り返し述べてきたが，そういった状況に対して価値が低下した総鉄製の甲冑のさらに上位の価値を持つ一群として，金銅装の甲冑が導入された。あるいは，金銅装の甲冑の導入によって新たな上位の価値基準が確立されたため，総鉄製の甲冑の価値が低下し量産化が志向された可能性もあるが，それは同一の現象を表裏から説明しただけかもしれない。いずれにしろ，新たに金銅装の甲冑が上位の価値を与えられ，いわば上位階層の身分標識としての機能が与えられたと考えられる。

金銅装の甲冑に，新たな身分標識としての機能が与えられたと考えると，同様に中期中葉に導入される帯金具や馬具といった他の金銅製品にも同様の性格が想定できよう。そのように考えると，初期の金銅装の器物が高い共伴率を示すことは，それらがまとまって特定の階層に，その標識として授与された可能性を強く示唆する。例えば奈良県五條猫塚古墳では金銅装の眉庇付冑に頸甲，帯金具，それに金銅製の飾金具が出土しており，金銅装の器物のまとまりが強い。月岡古墳でも眉庇付冑，帯金具，馬具と金銅装のものがあり，やはりまとまりが強い。そういった金銅装のものという「質」の違いによって，総鉄製の一群との格差づけが試みられたといえよう[4]。

つまり，金銅装の甲冑や装身具，馬具が新たに中期中葉に導入されることで，金銅装／総鉄製といった質的な差異によって，所有者の社会的位置づけや身分格差を表示するシステムが成立したのである。金銅装の器物が導入される中期中葉において，社会的な評価や位置づけの基準と表示の役割を果たしたのは，鉄と金銅のような質的な差異であったのである。

4) さらに初期の金銅装の器物が出土した古墳をみると，例えば金銅装の眉庇付冑が出土した西小山古墳や金銅装の馬具が出土した滋賀県新開1号墳，帯金具が出土した大阪府七観古墳，眉庇付冑に金銅製の冠が取り付けられていた佐賀県西小山古墳など，特殊な地板を配置したいわゆる「変形板短甲」〔橋本2002〕が出土した古墳が多いことも注目できる。変形板短甲については職掌の違いを反映するなどといった理解も提示されていたが，金銅装の有無と同じく，社会的な格差を表示していた可能性がある。ただし，変形板短甲については，長方形2鋲の蝶番金具を用いる系統・工房によって製作されたため，特定の工房やその掌握者との関係を反映している可能性が高い。社会的な格差と器物の生産工房，生産体制の関係を考える上で注目できる。

中期中葉の画期以前の段階では，武器・武具が担った社会的価値の基準は数量差であった。その後，中期中葉の画期以降，武器・武具が担った社会的価値の基準は質的な差となったのである。

そういった「質的な格差が所有者の身分的格差を表象する」という理解に立てば，なぜⅣ期の大仙古墳出土とされる甲冑が金銅装のもの1セットだけであり，同様の埋葬施設を持つ他の長持形石棺埋納古墳のように多量の甲冑の副葬がみられなかったのかについても説明が可能になる。つまり，当該時期にはすでに数量差によって保有者（＝被葬者）の優位性を示す方式が失われつつあり，金銅装の甲冑1セットによって保有者（＝被葬者）の社会的な位置づけが表示される方式が導入されていたのである。金銅装の甲冑が1セットあれば，なにも10セットもの甲冑を入手し，保管し続け，そして埋納する必要がなかったのである。

ただし，すべての金銅装の甲冑が1セットだけで副葬されたわけではない。月岡古墳では金銅装の眉庇付冑が3点あったとされているし，五條猫塚古墳では竪穴式石室から2点と石室外から1点の計3点金銅装の眉庇付冑が出土した。また，Ⅳ期にも2点・3点の甲冑セットが出土した古墳は一定数あることから，すべての価値基準がきっちりと質的差違に移行したとは言いきれない。しかし，Ⅴ期には冑が複数点出土した古墳が知られないため，単数副葬の原則すなわち質的差違によって格差を表彰する方式にかなり高い程度まで移行したとみてよい。

(4) 量差システムと質差システムの提唱

中期中葉までには同一品目の武器・武具の数量的な集積が，個人の社会的地位の表象の役割を担っていたと考えた。嚙み砕いていえば，多くのものを集めていればいるほど，優れた人物とみなされた。あるいは，集めたものの多寡によって社会的身分の格差が表されていた。こういった器物の入手や保有に対する価値体系と，それを前提として推し進められる器物の生産・流通体制を，「量的格差表象システム」略して「量差システム」と呼称しよう。

その後，同一品目中の金や鉄（有機質製という下位区分もあったかもしれない）などの材質の違いなどによる同一品目中の質的な差違によって，個人の社会的

地位を表象する体制が開始される。こういった器物の入手や保有に対する価値体系と，それを前提とした器物の生産・流通体制を「質的格差表象システム」略して「質差システム」と呼称する。

　量差システム・質差システムという概念はどちらも，有力者の社会的階層差を表示する方式のことだけを示すものではない。それは器物の生産や流通方式といった器物のライフサイクル全体を包含した，モノの授受・交換にまつわる社会体制全体を指し示す概念である。生産工房の多元化といった生産体制の改変は，当然ながら生産工房の人的編成，それぞれの工房での材料入手のためのルートの確保とそのための諸集団との関係の調整，またそれに対する対価拠出といったあらゆる方向に影響を与える。また，第8章で明らかにしたように，少なくとも短甲においては質差システムの成立の前提となる格差を持った多元的な生産体制が確立された後は，各地の有力集団はそのうちのいくつかの生産工房やその掌握者とのみ関係を持ち，甲冑を入手していた。甲冑の生産体制の転換は生産に続く流通形態やそこに介在する集団間関係とも密接に関連しており，むしろ器物の授受を巡る集団間関係を大きく再編させた可能性すらあるのである。量差システムから質差システムへの転換は，有力者同士の結びつきによって構築される古墳時代社会の構造全体の大きな転換なのである。

　量差システムにおいては，ある程度均質なものがその価値を暴落させない程度の数量で生産され続けている必要があり，流通も大量入手を可能とする範囲でなされる必要がある。量差システムによって社会的階層差が顕示される社会は，当然ながらそれを成り立たせる器物の生産・流通体制がとられていなければならない。量差システムに則る器物は，社会的にある程度の飢餓感が醸成されていなければならないが，入手があまりに困難すぎるためにただの稀少品になってしまってもよくない。誰もが気軽に同じものをいくらでも手に入れられる状況も，誰も手に入れられない状況も，どちらも量差システムの成立条件を満たさない。そういう「絶妙な」生産量・生産体制・流通体制を含めての量差システムである。

　質差システムの最大の特徴は，質的な差異を持った器物の授受と身分秩序の生成・再生産を一体として運用する点と，さらにそれに則った器物の階層的な生産体制が構築されている点にあり，身分秩序の生成のみならず器物の生産に

はじまるヒトとモノの関係の総体を指す語と定義できる。質差システムに組み込まれた器物の生産・流通はある程度画一化された機構によって統制・管理されている必要があり，それによってこそ器物の配布者の意図による格差づけが比較的高い程度まで貫徹される。結果として，その管理機構を頂点とした身分秩序の創出をもたらす。第7章でみたように，一括資料中で金銅装の短甲と総鉄製の短甲が共伴した場合に，基本的に金銅装のものの方が古く先に入手されていたことなどは，配布者側の戦略的な配布の論理が存在していたことを示している。ただし，いわゆる「服制」などと比べると，「豪華な」器物の有無によって格差が表象される点で，いわゆる「威信財システム」的な様相を強く残している。また，実際には格差を表象する器物が一本化されておらず，体系性・制度化に限界がある。

　質差システムの前提として，金や鉄，有機質といった質的な違いごとに価値にも差違があると認められていなければならない。いずれの品も生産量が同じではよくなく，高い価値を持つものほど生産量が少なく，流通が制限されていなければならない。質差システムはそういった生産量・生産体制・流通体制上にのみ成り立つ。

　質差システムに則った器物とは，先に述べたように甲冑や馬具の金銅装の有無による違いが最もわかりやすい。初期の帯金具には，変形板短甲に結びつけられた大阪府七観古墳例や初期の小札甲に連接された五條猫塚古墳例があるが，初期の帯金具が特殊な甲冑に伴うことを考えると，帯金具と甲冑をあわせて質差システムに則って機能させていた可能性も考えうる。大刀も，金銅装の装飾付大刀と装具に金属製部材を用いるもの，装具をすべて有機質で賄うものなど質的な格差を顕在化させやすい[5]。

　以上のように，古墳時代の武器・武具は前半期には量差システムに則ったライフサイクルを持っており，中期中葉の画期を経て，後半期には質差システムによって社会的な機能を果たしていたといえる。その中で，身分秩序の表象機能を喪失し，単なる武具として，生産・流通し，入手・保有されるようになったものもあったといえる。

3. 量差システム・質差システムと古墳時代の社会構造

(1) 前期から中期への展開

　それでは，武器・武具の分析から明らかにした，量差システムから質差システムへの転換は，古墳副葬品全体の中でみるとどのように位置づけられるのだろうか。

　古墳時代前期（I期・II期）の副葬品で最も代表的な器物は銅鏡とされる。実に多種多様な鏡種があるが，それらは無秩序に存在していたのではなく，一定の社会的機能を果たしていたと論じられている。例えば，前期の銅鏡の代表格である三角縁神獣鏡は，倭王権中枢からの分配が想定されているが，奈良県黒塚古墳や京都府椿井大塚山古墳の30面以上を最大として，桜井茶臼山古墳でも20面以上が確認されており，多量の集積例も多く，数量的な差違による格差づけをみてとれる。三角縁神獣鏡は基本的に大型鏡であり，面径に顕著な差異は認められないが，一方で倭製鏡は大小の造り分けがなされ，倭王権から面径差に基づく格差づけによって分配されたと論じられる。銅鏡の他にも鍬形石・車輪石・石釧といった腕輪形石製品は，鍬形石を最上位，石釧を最下位として格差づけがなされているとされる。種々の器物で倭王権中枢からの地理的・政治的距離に応じて格差づけを目的とした分配戦略がとられていたとされる〔下垣 2011〕。

　これらの器物による格差づけにおいて注目すべき点は，下垣仁志が指摘するように，その格差づけが単に中央―地域といった集団間だけでなく，同一古墳

---

5) ただし，すべての金銅製品が質差システムに則っていたわけではない。III期後半に出現する胡籙金具には初期の段階では総鉄製のものがなく，また京都府私市丸山古墳や福井県天神山7号墳，月岡古墳などいわゆる畿内地域とは離れた地域から出土する例が多く，他の金銅製品とは分布の様相が異なる。そのため畿内地域を経由しない個別の事情で流通していた可能性が高く，他の金銅装の武器・武具とは導入の経緯が異なっていたと考えられる。ただし，後期には鉄製のものもみられるようになり，畿内地域にも分布するようになるため質差システムに則って生産・流通したと考えられる。

　冠や履は金銅よりも下位に位置づけられる材質製のものがなく，有無自体で格差が表象されており「質差」と表現するのは必ずしも適切ではないかもしれない。ただし，量差システムに則った器物のように多量に保有・副葬されることはないため，質差システムの中で考える。

内での複数の埋葬施設の間でも銅鏡の多寡や面径，腕輪形石製品の数量・種類といった格差づけが反復されているという点である。すなわち，埋葬施設の構造や墳丘内での位置といった要素に加えて，副葬品の有無や数量という点においても，各地域内での格差づけが貫徹していく有り様がみられるのである。

そのような前期段階の器物については，腕輪形石製品は器種によって流通範囲が異なり大型古墳ほど鍬形石が出土しやすい傾向があるため，器種ごとにいわば質的なランク付けがなされていたとみることができる。しかし一方で，鍬形石や大型鏡は上位の古墳では大量に副葬されることも多く，数量的な差が格差づけの一つの根拠とされている。つまり，前期段階の中央―地域間での器物の再分配による格差づけシステムは，品目ごとに多少の振れ幅はあるが，巨視的にみれば数量的な差異化を最大の根拠としていたとみてよい。

腕輪形石製品の器種による格差づけが貫徹しているならば，最上位古墳層に鍬形石を2～3点も副葬すれば十分なはずである。奈良県島の山古墳では鍬形石21点，車輪石80点，石釧31点という膨大な量の腕輪形石製品が出土したが，それは腕輪形石製品を数多く入手することが所有者にとってこの上なく重要なことであり，ひいてはそれが所有者の社会的な成功や評価に直結していたことを示している。岐阜県矢道長塚古墳では石釧だけが76点出土しており，腕輪形石製品3種の流通圏の違いと器種間のランク差とをあわせて考えるとこの数量の解釈は難しいが，いずれにしろ数の集積が大きな目的であったことは間違いない。つまり，器種や流通圏でランク差が定められていたとされる腕輪形石製品であっても，第一義的には大量に集積するべき目標物であって，集積量の多寡が所有者の社会的な評価に反映されていたといえる。

倭製鏡についても，奈良県新山古墳では22点が，岡山県鶴山丸山古墳では17点が出土しているなど，数量的な集積も大きな目的とされていた。倭製鏡の大小の造り分けが格差づけを意図したものであったとしても，数を多く入手することに心血が注がれていたことは間違いない。数量の多寡が所有者の社会的な評価に直結し，格差づけの大きな根拠として機能していたとみて間違いない。また，倭製鏡の面径差が格差づけのために重視されていたとしても，小型鏡は別としても，大型鏡と中型鏡を別個の工房で造り分けるような，生産体制と格差づけの論理が一体的に運用されたとは考えられない点も，質差システム

とは異なる点である。

　他にも特に石製品を中心に大量埋納現象は顕著に確認できる。三重県石山古墳からは刀子形石製品が多量に出土しており，中央槨では52点，西槨では60点，東槨では124点に及ぶ。斧形石製品は中央槨から39点，西槨から19点，東槨から11点が出土している。岐阜県遊塚古墳前方部からは刀子形石製品137点が，大阪府カトンボ山古墳からは刀子形石製品360点が出土している。ただし，すべての品目の石製品が大量保有・大量副葬の対象となるわけではない。

　倭製鏡の面径差や腕輪形石製品の器種差による格差づけの原則は，生産や流通に大きな影響を持ったと考えられる畿内倭王権の意図に基づく。一方で，それらの大量保有・大量集積は受領者側，つまり各地の有力者が最終的に活動した結果である。器物の質的な差異による格差づけと所有量の多寡による社会的評価という，同一のものを対象としても存在する「ずれ」は，畿内倭王権と各地の有力者の活動における目的意識の違いを反映しているのかもしれない。つまり，畿内倭王権は器物に（数量差を含む）格差を与え，分配することで各地の有力者の序列化を図ったが，一方で各地の有力者は器物を大量に入手・所有することで集団内と集団間の関係の中で自らの社会的評価を高めようと試みたといえる。両者の目的には「ずれ」があるが，それでも並び立つ程度の「ずれ」であって両者は互いの目的のために互いを利用していたと考えられる。

　ただし，畿内倭王権による器物の配布戦略中に，器物の質的な差による格差づけが含まれていたとしても，畿内倭王権内部がその質的な差を原則として格差づけを貫徹させていたわけではない。近年の再調査により，奈良県桜井茶臼山古墳には80点以上の銅鏡が副葬されていたことが知られたが，桜井茶臼山古墳の墳丘規模を考えれば畿内倭王権のナンバー2までもが数量的な集積に心血を注いでいたことがわかる。倭王権の最上位層から各地の有力者層まで，器物の数量的な集積量が社会的な評価の根拠とされ，器物の大量入手が目的とされて活動が繰り広げられていたといえる。社会全体の価値基準として，器物の保有量の多寡を重視していたのである。つまり，古墳時代前期においても，品目は異なるが量差システムが機能していたのである。

(2) 量差システムと器物の更新

　古墳時代前期に量差システムの中で運用されていた器物として，銅鏡や腕輪形石製品を挙げた。銅鏡のうち三角縁神獣鏡は中国魏晋鏡と考えられており，対して倭製鏡や腕輪形石製品は日本列島製である。それぞれ生産地が異なり，日本列島での流通方式も違っていた可能性が高いが，それでもともに量差システムを構成したのである。

　ここで，三角縁神獣鏡の同一古墳での多量集積例をみると，黒塚古墳，椿井大塚山古墳，桜井茶臼山古墳はいずれも前期前半段階に収まり，前期のすべての段階にまたがって顕著な多量集積例がみられるわけではない。一方で，腕輪形石製品の多量集積は前期後半に顕在化するが，三角縁神獣鏡の多量集積は低調となる。前期後半から中期にかけては鉄製武器・武具が多量集積の対象物となるが，中期の武具と一部で共伴しつつも腕輪形石製品の多量集積は下火になり，やがて腕輪形石製品自体が副葬されなくなる。量差システムを特徴づける多量集積器物は銅鏡から腕輪形石製品，鉄製武器・武具へと順次入れ替わっていく。

　ただし，前期後半には三角縁神獣鏡はいわゆる舶載鏡群から仿製鏡群へと変化し，流通量自体が低下していた可能性があり，また，腕輪形石製品の生産開始は古墳時代の開始にやや遅れるため，上記のそれぞれの器物の盛行時期の違いは，生産開始時期の違いに起因する可能性もある。一方で，鉄製武器・武具はそれぞれ前期前半からみられるが，多量集積が圧倒的に顕在化するのは前期後半から中期前半になってからである[6]。必ずしも生産可能であればすぐさま量差システムを構成する形で生産・流通したのではない。ただしこれは鉄素材の日本列島への流入量に制限されたものかもしれない。

　上記の様相をまとめると，古墳時代はそのごくはじめの段階から量差システムに則って，各地の有力者は器物の生産・流通・入手行為を展開したとみてよい。器物の品目の入れ替わりはあるものの，器物の生産や流通方式，それを規定する価値体系は中期中葉に起こる質差システムへの転換までは変化していなかったといえる。武器・武具に限らず，古墳時代を二分する大きな違いが，量

---

6) 銅鏃の最大集積は，前期後半のⅡ期になされる。素材の違いを考えれば，銅鏃は他の鉄製武器と量差システム上での位置づけや生産ピークが異なっていた可能性もある。

差システムから質差システムへの転換なのである。

　ただし，量差システムや質差システムを，器物の生産体制から規定するものと考えると，日本列島で生産されていなかった三角縁神獣鏡を量差システムに含めて考えていいのかという問題は残る。量差システムの定義を多少広げるか，三角縁神獣鏡は特殊例として強引に含めてしまうかだが，三角縁神獣鏡が量差システムを成り立たせるための多すぎもせず少なすぎもしない流通量を維持していたために，生産地が日本列島外にあったとしても特に問題にはならなかったのであろう。

　また，被葬者の階層性を顕示する資料として，前期段階には小札革綴冑や玉杖形石製品などの，流通量が非常に少なく，ほとんど大型前方後円墳からしか出土しないいわば「超高級品」もある。これらは各地の最上位階層の間でのみ流通し，中位の有力者程度にとっては手の届かない「高嶺の花」であり，そもそもこぞって入手を試みるようなものではなかったと考えられる。多くの器物を入手・集積し，社会的な成功を収めたとみなされた有力者が，結果的に入手したことはあっても，その入手を最初から目的として活動したことはなかったと考える。これらの器物は最上位層の動向を考える上では有効だが，古墳に副葬されるような有力者階層全体を検討対象とするにはあまり適切でない。さらにいえば，これらの器物の有無によって格差が表象されたとしても，格差はあくまで有無によるものであって，材質や形態を造り分けることで質的な階層性を幅広い階層に行き渡らせるようなものでもなく，当然質差システムを構成した器物でもない。

　古墳時代前半期の有力社会層全体を包含した社会システムとしては，量差システムであったとしてよい。

4. 量差システムから質差システムへの転換の歴史的意義

(1) 量差システムと質差システムの交錯期

　当初から量差システムによって展開してきた古墳時代社会は，中期中葉に至って質差システムが導入されることにより，素材の入手方式から器物の生産・流通体制や入手・保有状況，葬送儀礼での副葬方式さらにはモノの授受を

巡る集団間関係といった社会構造上の多くの面を変革させる。

　その一方で，質差システムの導入により速やかに量差システムが駆逐されたかといえば，必ずしもそうではない。Ⅳ期には，甲冑の最大埋納墳である黒姫山古墳があるし，Ⅴ期の小札甲が追葬を別にすれば 1 点ずつ副葬されることに比べれば，Ⅳ期には 2～3 点の甲冑が共伴する例も一定数あり，量的な集積の面からは違いがある。野中古墳からは 8 点，黒姫山古墳からは 14 点という大量の眉庇付冑が出土したが，その中に金銅装のものが無く，また他にも帯金具や金銅装の馬具といった質差システムを構成する副葬品が一切みられないことを考えれば，両古墳の有り様は量差システムに則ったものとみてもよい。

　野中古墳からはⅢ期の鉄鏃とⅣ期の鉄鏃が出土しており，五條猫塚古墳や月岡古墳といった質差システムの代表的な副葬品組成をもつⅢ期新段階の古墳よりも新しい様相を含んでいることから，質差システム導入後の量差システムによる古墳としてもよい。黒姫山古墳はさらに後出する。つまり，質差システム導入後すべての古墳の様相が質差システムに速やかに移行したのではなく，Ⅳ期には両システムは一部で併存していたと考えられる。旧来的な量差システムが完全に失われ，社会構造が質差システムに一本化されるのはⅤ期段階を待つ必要があるかもしれない。質差システムの導入という，古墳時代を通じた最大の画期は中期中葉にあるが，その後のⅣ期は量差システムと質差システムが併存した可能性があり，古墳時代全期間をみても非常に特殊な時代であったといえよう。

(2) 倭の五王の朝貢と質差システム

　では，質差システムへの転換はなぜ生じたのか。中期中葉は馬具や須恵器に基づく年代観の検討から，実年代としては 5 世紀前葉から中葉とみてよい〔諫早 2010 ほか〕。当該時期には，いわゆる倭の五王による中国南宋への朝貢が開始されたことが『宋書』倭国伝に記されている。倭の五王の朝貢の目的は，対高句麗戦略を意図した倭王・将軍への除正と倭王権の正当性の承認であった。また，倭王自身とともに，「倭隋等十三人に平西・征虜・冠軍・輔国将軍号を除正せんことを望む」や「幷に上る所の二十三を軍郡に除す」などとあるように，倭王配下についても将軍への除正が申請され，叶えられている。倭の五王

の時代は，倭国内の有力者の序列化方式として，中国官爵が導入されていた特異な時代であった。

河内春人は倭の五王が中国南朝の冊封体制に参加していた時代の倭王権構造を，旧来的な畿内地域の王族層と各地の有力者層に加えて，南朝の冊封体制への参加によって新たに成立した府官層の二重構造であったとする〔河内2010〕。中国官爵の援用により，倭国内での序列化が試みられ，府官制が採用されていたと理解するのである。しかしその後，倭王武による遣使を最後に対南朝外交が途絶えることから，南朝の冊封体制から離脱し，皇帝の権威と中国官爵を利用した「中国的序列規制が倭国内における有効性を失」ったとする。それに伴い，府官制が解体され，新たにウヂの秩序や人制，国造といった支配システムの構築が模索されるとする。つまり，倭の五王による，日本列島内への中国官爵の導入と離脱というプロセスが倭王権の専制化に重要な役割を果たしたと結論付けている。

中期中葉に導入される質差システムは，それまでの量差システムという多様な品目の器物による錯綜した非制度的な身分表示方式とは異なり，より明確に器物の所有者の格差づけを反映する方式といえる。質差システムの導入は，それを構成する器物の生産と流通を差配する畿内倭王権によってなされたが，旧来的な量差システムとは異なる方式によって，日本列島広域にわたる身分秩序の構築を目指したものである。そのように質差システムの導入を新たな身分秩序の創出と同根の現象とみなすならば，質差システムの導入期と倭国内での中国官爵の導入期が一致する点は非常に興味深い。

器物の生産・流通方式の変化とモノを巡る集団間関係や中心―周縁関係の刷新，さらには新たな価値体系・身分秩序の創出という，質差システムの語で示す社会構造の総合的な変革が，中国官爵の導入と表裏の現象と考えるならば，質差システムに則った器物の入手・保有方式を採用した古墳被葬者は，中国官爵への除正者，すなわち倭の五王とともに将軍に封じられた階層に近いものと考えてもよいであろう。

一方で，Ⅳ期にかけては，引き続き量差システムに則った器物の入手・保有方式も一定数存在したとみられる。そのことは，質差システムという新たな身分秩序体系が全国的に速やかに成立したのではなく，両者が併存する状況で

あったことを示している。つまり，量差システムと質差システムが併存するⅣ期は，各地の有力者の社会的評価・身分秩序，あるいは価値体系が二重構造状態にあったといえる。この二重構造状態も，河内が指摘した旧来的な王族層・各地の有力者と，新来の府官層という二重構造に通じるものがある。

5世紀末から6世紀以降，Ⅴ期に入ると量差システムは完全に駆逐され質差システムがかなりの水準で完遂されたことが副葬品の様相からわかる。この段階に至って，倭国内の身分秩序構造が一本化されたといえる。そしてそれは，倭王権による各地の有力者の支配方式が，より専制的なものへと変化し，新たな段階へと進んだことを示している。

ただし，先にも質差システムの定義の箇所で述べたように，質差システムは器物の視覚的な「豪華さ」の度合いに依拠して格差を表象しており，また質差システムを構成する器物は最後まで単一のものに統合されなかったことから，身分格差表象の方式としては体系性・制度化の点で大いに弱点を有していた。前段階の量差システムが価値基準とした，「いいものを持っている」という，価値ある財が身分秩序の根拠とされるようなニュアンスを，引き続き質差システムも含んでいたといえる。そういった，質差システムの様相自体が，質差システムに依拠した当該時期の身分秩序の不徹底さを示している。より専制的で体系化・制度化された身分秩序を想定するには，7世紀の服制の確立を待たねばならない。

(3) 量差システム・質差システムと国家形成過程

量差システムと質差システムという概念は，これまでの器物の種類の移り変わりや大王墓の移動によって古墳時代を区分する方式とは異なり，器物の生産に始まるヒトとモノの関係を総体的に理解するもので，古墳時代の社会構造の特質をより明確に捉えたものと考える。量差システムから質差システムへの移り変わりこそが，古墳時代社会に生じた最大の構造転換であり，日本列島における国家形成過程を考える上でも重要な転換点といえる。

量差システムは互酬的な器物の分配・流通による経済方式上に成立した格差表象のシステムであり，競覇的に器物の集積が試みられる点はいわゆる「威信財システム」に通じる。中国製の三角縁神獣鏡や，日本列島内での製鉄がおこ

なえないという技術的な限界があった鉄製武器・武具では，日本列島内での流通量が制限されるため，一種の飢餓感が量差システム的な器物の集積行為を助長したとみてよい。しかし，石製品については日本列島内で生産されており，生産量の制限という視点だけでは量差システムの必要条件は説明しきれない。器種ごとの生産・流通条件の違いを含めた分析も今後必要であろう。

一方，遅くとも6世紀後半には日本列島内での製鉄が開始される。また，それ以前に日本列島内での鉄器の流通量は相当数に上っていたとみてよい。そのため鉄器については，古墳時代の幕開け以来，量差システムの主要品目としての役割を担っていたが，その後徐々に日本列島内での流通量が量差システムを崩壊させる程度にまで増加してしまい，「財」としての価値が低下したと考えられる。そういった量差システムの飽和状態もまた，新たな身分秩序の表示方式の模索，すなわち質差システムへの転換に寄与したのであろう。

古墳時代の社会構造の大きな画期は，古墳副葬品の分析により，量差システムから質差システムへの転換期にあるとしたが，視点をやや広げて古墳にまで及ぼせば，システムの転換期に近い中期中葉から後葉にかけて，大阪府大仙古墳や誉田御廟山古墳といった，古墳時代史上最大規模の大王墓が築造されている。厳密な同時期性には問題があるかもしれないが，多くの鉄器の副葬量が最大となる当該時期に，最大規模の古墳が築造されたことはあながち無関係ではなかろう。器物の数量が多いことがいいことだと考える量差システムの価値体系は，古墳の規模が大きいことがいいことだという価値体系にもつながる。社会全体の価値体系・雰囲気がそういった「インフレ」状態にあったのかもしれない。

当該時期には岡山県造山古墳・作山古墳が築造される。少なくとも古墳の規模に関しては，畿内倭王権が他を圧倒する状況ではなく，前段階の大王墓を凌ぐ規模の古墳が他地域に築造されるのを止めることができていない。数や大きさが価値基準となる社会状況では，そういった事態は当然生じうる。一方で，質差システムにみられるような，倭王権からの一元的な評価体系が確立してしまえば，そういった事態は生じなくなる。各地での大型古墳の築造が下火になる現象の背景としても，質差システムの広がりによる序列化と中央―地方関係の成立，中央の専制化を想定できよう。

5. おわりに

　これまでの武器・武具研究は最終的に軍事的機構の様相の描写を目的としており，古墳に副葬された武器・武具をそのまま軍事力あるいは軍事力の表象物として捉える傾向が強くみられた。本書の検討により，武器・武具の大量集積もまた，古墳時代前半期の量差システムの現れ方の一面にすぎないことが明らかとなった。武器・武具研究を軍事研究の素材ではなく，古墳時代を分析するための単なる器物として扱うという，本書の課題は果たせたといえよう。

　最後に本書で明らかにできなかった課題を数点提示したい。

　主に鉄製武器・武具の分析から，量差システム・質差システムの存在を想定し，それが銅鏡や石製品といった他の器物の様相とも整合的であることを示した。しかし，鉄・銅・石といった素材の違いや生産地の違いは，当然のことながら流通形態の違いに直結する。そういった違いを内包しつつも，どれもが量差システムとして機能しえた条件とは何であったのかにまでは考察を及ぼせなかった。それぞれの生産体制などから解きほぐす必要があり，大きな課題といえる。

　また，古墳副葬品の中には大量保有の対象物とならないものも多くあるが，なぜ，ある器物が量差システムへと組みこまれるのに対し，別のものはそうならないのか，選択の背景には考察を及ぼすことができなかった。また，大型古墳からしか出土しないような，上位の有力者間だけで流通した器物もあるが，そういった器物が量差システムと併存する状況の解明も不十分であった。生産や流通体制のいかなる違いが，その後の社会的機能の違いにつながるのかを考察する必要があるだろう。

　質差システムを構成する代表的な器物としては，金銅装の甲冑を詳細な分析対象としたが，他にもⅣ期の金銅装の器物には馬具などもある。さらにⅤ期の種々の資料の分析は不十分であり，それらを含めて金銅装のものと総鉄製のものに生産系統の違いがあるのかどうかを解明する必要がある。

　特に量差システムにおいて，大量集積の対象物が常に同一の品目ではなく，徐々に入れ替わる理由についても考察できなかった。銅鏡や石製品の大量集積

をもって呪術性が重視された時代とし，武器・武具の大量集積から軍事力が重視された時代とする，短絡的な理解では不十分である。数量的な飽和状態を一つの理由として考えたが，そもそも多様な器物は古墳に埋納されることで廃棄されており，古墳時代という厚葬墓の時代と副葬行為によって流通量の調整はなされていたはずである。それぞれの時代で多様な品目が大量集積の目的物となっており，量差システムというより包括的な視点から分析することが求められる。

　そして何よりも，量差システムから質差システムへという，社会構造の転換を明らかにしたが，何故そのような転換が生じねばならなかったのかという根本的な問題についての考察は不十分であった。量差システムに限界性が内包されていようとも，その転換のきっかけが何なのかは，社会構造上説明しきれていない。また，量差システムの帰結は常に質差システムであるのかどうかも不明である。これは日本列島での分析だけでは解決できない問題だが，それゆえに大きな課題である。

　武器・武具の検討についても，まだまだ不十分な点が多い。副葬品総体となれば一層であり，古墳文化，古墳時代となればもはや到達すら不可能に感じられる。本書ではわずかな分析から，全貌を捉えようとあまりに無謀な試みをした感がある。せめて，今後研究を進めるための指針となることを祈りたい。

図版出典
(括弧内は所蔵・保管機関)

第1図　筆者作成
第2図　筆者作成
第3図　筆者作成
第4図　筆者作成
第5図　筆者作成
第6図　筆者作成
第7図　筆者作成
第8図　筆者作成
第9図　筆者作成
第10図　1〔田中新1977〕より再トレース，2筆者実測（小郡市教育委員会），3筆者実測（富田林市教育委員会所蔵の資料を再実測），4筆者実測（東近江市教育委員会），5筆者実測（京都文化博物館），6筆者実測（静岡市文化財課），7筆者実測（関西大学考古学研究室），8筆者実測（大牟田市教育委員会），9筆者実測（京都大学総合博物館），10筆者実測（佐賀県立博物館），11・12〔河上ほか編1996〕より再トレース，13〔近藤編1991〕より再トレース，14〔河上編1999〕より再トレース，15〔（財）京都府埋蔵文化財調査研究センター1992〕より再トレース，16〔兵庫県教育委員会1993〕より再トレース
第11図　17筆者実測（さぬき市教育委員会），18筆者実測（京都大学総合博物館），19筆者実測（関西大学考古学研究室），20〔河内2006〕より再トレース，21筆者実測（京都市），22〔西藤1996〕より再トレース
第12図　23筆者実測（堺市博物館），24筆者実測（藤井寺市教育委員会提供），25筆者実測（福知山市教育委員会），26筆者実測（京都大学総合博物館），27筆者実測（えびの市教育委員会），28筆者実測（世田谷区教育委員会），29筆者実測（福岡市埋蔵文化財センター）
第13図　30筆者実測（神戸市教育委員会），31・34筆者実測（大阪大学考古学研究室），32筆者実測（京都大学総合博物館），33筆者実測（福島県立博物館），35筆者実測（京都大学総合博物館），36〔中井ほか2011〕より転載，37筆者実測（関西大学考古学研究室），38筆者実測（田川市教育委員会）
第14図　筆者作成
第15図　1〔鈴木2003b〕より再トレース，2〔森・寺沢1990〕より再トレース，3筆者実測（徳島県教育委員会），4〔小嶋1978〕より再トレース，5〔中井ほか2011〕より転載，6筆者実測（三咲町教育委員会）
第16図　筆者作成
第17図　筆者作成
第18図　筆者作成
第19図　1筆者実測（広島大学考古学研究室），2筆者撮影（広島大学考古学研究室），3筆者実測（京都大学総合博物館）
第20図　1〜3〔中井ほか2011〕より転載，4筆者実測（京都大学総合博物館），5〔寺田・三浦1999〕より再トレース，6筆者実測（長浜市教育委員会）
第21図　1〔大和久1974〕より実見の上改変再トレース，2〔森・寺沢1990〕より再トレース，3〔瀬田・久保田ほか2008〕より再トレース

324　図版出典

第22図　〔大和久1974〕より再トレース
第23図　1〔阪口編2006〕より作成, 2〔岩崎ほか2012〕より作成, 3〔末永編1992〕より作成, 4〔網干1962〕より作成
第24図　1〔福永・杉井編1996〕より作成, 2〔森・寺沢1990〕より作成, 3〔沼沢・栗本1975〕より作成, 4〔福山1983〕より作成
第25図　1〔小林1951〕より改変再トレース, 2・3〔森・寺沢1990〕より再トレース
第26図　1〔中井ほか2011〕より作成, 2〔寺田・三浦編1999〕より再トレース, 3〔原ほか1995〕より再トレース, 4〔小野ほか1977〕より再トレース, 5〔小田木・藤原編2010〕より再トレース, 6〔石崎1999〕より再トレース, 7筆者実測（京都市）, 8〔河内2010〕より再トレース
第27図　1・2筆者実測（長岡京市教育委員会）, 3・4〔中川・高野2007〕より再トレース, 5〔柴尾編1991〕より再トレース
第28図　〔岸本編2010〕より作成
第29図　筆者作成
第30図　筆者作成
第31図　1筆者実測（都城市教育委員会）, 2筆者実測（宮崎県教育委員会）, 3〔中井ほか2011〕より転載
第32図　1筆者撮影（都城市教育委員会）, 2筆者撮影（宮崎県教育委員会）, 3筆者撮影（京都大学総合博物館）, 4筆者撮影（三咲町教育委員会）
第33図　筆者作成
第34図　1筆者撮影（都城市教育委員会）, 2筆者撮影（福井市立郷土歴史博物館）, 3筆者撮影（筑紫野市教育委員会）, 4筆者撮影〔中村編1999〕p.104 第102図 T 86
第35図　筆者実測・撮影（広島市教育委員会）
第36図　1〜9〔福永・杉井編1996〕より転載, 10〜16筆者実測（京都大学総合博物館）, 17〜20筆者実測（佐賀県立博物館）, 21〜24筆者実測（長浜市教育委員会）, 25〜33〔岡林・水野編2008〕より転載
第37図　1〜6筆者実測（筑紫野市教育委員会）, 7〜14筆者実測（福島県立博物館）, 15〜19〔阪口編2005〕より転載
第38図　1〜10〔寺田・三浦編1999〕より転載, 11〜15筆者実測（倉敷考古館）
第39図　1・2筆者が資料をもとに作成〔中村編1999〕p.104 第102図 T 86・p.103 第101図 T 81, 3・4筆者実測（姫路市教育委員会）, 5〜9筆者実測（宇治市教育委員会）, 10〜13筆者実測（茨城県立歴史館）
第40図　〔八尾市歴史民俗資料館1994〕より転載
第41図　筆者作成　鏃の実測は各報告書より転載
第42図　〔末永1934〕をもとに筆者作成
第43図　筆者作成
第44図　筆者作成
第45図　筆者作成
第46図　1〔樟本1990〕をもとに資料実見の上改変再トレース（福井市立郷土歴史博物館）, 2〔阪口編2010〕より再トレース, 3筆者実測・作成（総社市教育委員会）, 4〔村井1974〕をもとに東京国立博物館展示資料観察の上改変再トレース, 5〔三浦ほか2004〕より再トレース, 6・7〔鈴木2004 b〕より再トレース, 8〔村井1978〕より再トレース
第47図　筆者作成
第48図　筆者作成

図版出典　　325

第49図　筆者作成
第50図　1〔鍋田ほか1989〕より再トレース，2〔吉田・藤井2001〕より再トレース，3〔豊田ほか2006〕より再トレース，4〔奥野ほか2000〕より再トレース，5〔柳本編1987〕より再トレース，6・7〔末永編1992〕をもとに資料実見の上改変再トレース（関西大学考古学研究室）
第51図　1〔松本ほか1986〕をもとに資料実見の上改変再トレース（姫路市教育委員会），2〔阪口編2010〕より再トレース，3〔清喜1997〕より再トレース，4〔柳本2005〕より再トレース，5〔中野2009〕より再トレース，6〔右島1987〕より再トレース
第52図　1〔中野2001〕〔片山2010〕より再トレース，2筆者実測（宮崎県立西都原考古博物館），3〔三木1971〕をもとに資料実見の上改変再トレース（宮内庁書陵部），4筆者実測（加賀市教育委員会），5〔山田・持田2010〕より再トレース，6〔杉本ほか1991〕より再トレース，7〔村井1974〕より再トレース，8〔鈴木2010〕より再トレース，9〔村井1974〕より再トレース，10〔横須賀2007〕より再トレース
第53図　筆者作成
第54図　筆者作成
第55図　筆者作成
第56図　筆者作成
第57図　1・4〔梅原1932〕より再トレース，2・5〔村井1966〕より再トレース，3〔児玉編2005〕より再トレース，6〔堺市博物館1985〕より作成
第58図　筆者作成
第59図　1〔阪口編2006〕より再トレース，2〔西田・鈴木・金関1961〕より再トレース，3〔吉岡・川村編1997〕より再トレース，4〔右島1987〕より再トレース，5〔網干1962〕より再トレース，6〔佐藤1972〕より再トレース
第60図　7〔伊達編1981〕より資料実見の上改変再トレース（奈良県立橿原考古学研究所附属博物館），8〔斉藤1979〕より再トレース，9〔柳本2005〕より再トレース，10〔立花・森・菱田2006〕より再トレース，11〔嶺南文化財研究院2004〕より再トレース，12〔宮崎県総合博物館1979〕をもとに資料実見の上作成（宮崎県総合博物館）
第61図　1筆者実測（敦賀郷土博物館），2筆者実測（写真提供，堺市立みはら歴史博物館，甲冑は堺市指定有形文化財），3〔西田・鈴木・金関1961〕をもとに資料実見の上作成（滋賀県立安土城考古博物館），4〔北野1976〕をもとに資料実見の上作成（大阪大学考古学研究室），5〔末永・森1953〕より再トレース，6〔宮崎県総合博物館1979〕をもとに資料実見の上作成（宮崎県総合博物館），7〔柳沢ほか1993〕より改変再トレース，8〔山中編2005〕をもとに資料実見の上作成（行橋市教育委員会），9〔北野1976〕をもとに資料実見の上作成（大阪大学考古学研究室）
第62図　1〔西田・鈴木・金関1961〕〔橋本1995〕より資料実見の上作成（滋賀県立安土城考古博物館），2〔吉澤ほか2010〕より再トレース，3〔伊藤1978〕より資料実見の上作成（奈良県立橿原考古学研究所附属博物館），4〔宮下1989〕より再トレース，5〔甲斐編2004〕より再トレース
第63図　1〔橋本1995〕より再トレース，2〔杉井・上野編2012〕より再トレース，3〔西田・鈴木・金関1961〕より再トレース
第64図　筆者作成
第65図　〔鳥居1935〕より転載
第66図　筆者作成
第67図　上段は〔杉井・上野編2012〕より再トレース，中下段は筆者作成

第 68 図　筆者作成
第 69 図　筆者作成
第 70 図　1〔西田・鈴木・金関 1961〕より改変再トレース，2〔甲斐編 2004〕より再トレース，3〔伊達 1981〕より再トレース，4〔山澤 2011〕より再トレース，5〔宮崎県総合博物館 1983〕より再トレース，6〔西藤・吉村・佐々木編 2003〕より再トレース，7〔中野 2001〕より再トレース，8〔鈴木 1999〕より再トレース
第 71 図　9〔西谷・置田 1988〕より再トレース，10〔田村編 2008〕より再トレース，11〔片山 2010〕より再トレース，12〔静岡県教育委員会文化課 2001〕より再トレース，13〔末永編 1992〕より再トレース，14〔山中編 2005〕より再トレース，15〔伊達編 1981〕より改変再トレース
第 72 図　16〔阪口編 2006〕より再トレース，17〔伊藤ほか 2005〕より再トレース，18〔田中ほか 1981〕より再トレース，19〔白澤ほか 1999〕より再トレース，20〔桑原ほか 1983〕より改変再トレース，21〔横田 2001〕より再トレース，22〔亀岡市史編さん委員会 2000〕より再トレース，23〔杉本編 1991〕より再トレース
第 73 図　24〔西藤・吉村・佐々木編 2003〕より再トレース，25〔西田編 2007〕より再トレース，26〔江原編 2013〕より再トレース，27〔斎藤・大塚ほか 1960〕より改変再トレース
第 74 図　筆者作成
第 75 図　〔樋口ほか 1959〕より改変再トレース
第 76 図　〔右島 1989・1996〕より改変再トレース
第 77 図　〔阪口編 2006〕より改変再トレース
第 78 図　盾塚〔末永編 1992〕より作成，豊中大塚〔柳本編 1987〕より作成，小野王塚〔阪口編 2006〕より作成
第 79 図　珠金塚〔末永編 1992〕より作成，稲童 21 号〔山中編 2005〕より作成，溝口の塚〔佐々木・澁谷ほか 2001〕より作成
第 80 図　〔高倉編 1981〕より作成
第 81 図　〔藤原・菊地 1994〕より作成
第 82 図　〔石井・有井編 1997〕より作成
第 83 図　〔寺田・三浦編 1999〕より作成
第 84 図　〔河野 1997〕より作成
第 85 図　〔井上・仲富 1988〕より作成
第 86 図　〔井上・仲富 1988〕より作成
第 87 図　〔亀田編 1982〕より作成
第 88 図　〔西藤・吉村・佐々木編 2003〕より作成
第 89 図　〔泉森編 1973〕より作成
第 90 図　〔柳本 2005〕より作成
第 91 図　〔岡林 1993〕〔西藤・吉村・佐々木編 2003〕より作成
第 92 図　筆者作成
第 93 図　筆者作成
第 94 図　筆者作成
第 95 図　筆者作成
第 96 図　筆者作成

表は，第 1 表〜第 26 表まで，すべて筆者作成

報　告　書

〔岩手県〕

上田蝦夷森1号：室野秀文ほか1997『上田蝦夷森古墳群・大田蝦夷森古墳群発掘調査報告書』
　　盛岡市教育委員会

〔福島県〕

会津大塚山：伊東信雄ほか1964「会津大塚山古墳」『会津若松市史』別巻一
　─────：藤原妃敏・菊地芳朗（編）1994『会津大塚山古墳の時代』福島県立博物館
勿来金冠塚：横須賀倫達2005「勿来金冠塚古墳出土遺物の調査Ⅰ─古墳の概要と竪矧広板革綴
　　式衝角付冑─」『福島県立博物館紀要』第19号
　─────：横須賀倫達2007「勿来金冠塚古墳出土遺物の調査Ⅲ─装身具類・土器類・武具類（追
　　加）と古墳の評価─」『福島県立博物館紀要』第21号
七軒2号：福島雅儀1983『七軒横穴群』矢吹町刊行会
四穂田：菊地芳朗ほか2014『四穂田古墳　出土遺物調査報告書』中島村文化財調査報告書第7
　　集，福島県西白河郡中島村教育委員会

〔茨城県〕

岩瀬狐塚：西宮一男1969『常陸狐塚』岩瀬町教育委員会
桜山：小泉光正1990『桜山古墳』竜ヶ崎ニュータウン内埋蔵文化財調査報告書20，茨城県教育
　　財団
三昧塚：斎藤忠・大塚初重ほか1960『三昧塚古墳─茨城県行方郡玉造町所在─』茨城県教育委
　　員会
武具八幡：武者塚古墳調査団1986『武者塚古墳─武者塚古墳・同二号墳・武具八幡古墳の調査
　　─』新治村教育委員会

〔栃木県〕

駒形大塚：三木文雄1986『那須駒形大塚』小川町教育委員会
佐野八幡山：村井嵩雄1974「衝角付冑の系譜」『東京国立博物館紀要』第9号
山王寺大桝塚：前沢輝政1977『山王寺大桝塚古墳』藤岡町教育委員会
七廻り鏡塚：大和久震平1974『七廻り鏡塚古墳』大平町教育委員会
益子天王塚：山田琴子・持田大輔2010「益子天王塚古墳出土遺物の調査（3）─衝角付冑─」『會
　　津八一記念博物館研究紀要』第11号，會津八一記念博物館

〔群馬県〕

井出二子山：若狭徹2009『井出二子山古墳　史跡整備事業報告書』高崎市文化財調査報告書第231
　　集，高崎市教育委員会
山王金冠塚：松本浩一1989「金冠塚古墳」『日本古墳大辞典』東京堂出版
十二天塚：志村哲1991「十二天塚古墳の築造年代」『群馬県史研究』29
諏訪神社：末永雅雄1934『日本上代の甲冑』岡書院
鶴山：右島和夫1989・1996「鶴山古墳出土遺物の基礎調査Ⅱ・Ⅳ・Ⅵ」『群馬県立歴史博物館調
　　査報告書』3・5・7

前橋天神山：尾崎喜左雄 1968『前橋天神山古墳発掘調査概報』
―――― ：尾崎喜左雄 1971「後閑天神山古墳」『前橋市史』第 1 巻
綿貫観音山：徳江秀夫（編）1999『綿貫観音山古墳Ⅱ　石室・遺物編』群馬県埋蔵文化財調査事業団発掘調査報告書第 255 集，群馬県教育委員会

〔埼玉県〕
稲荷山：斎藤忠・柳田敏司ほか 1980『埼玉稲荷山古墳』埼玉県教育委員会
永明寺：栗原文蔵・塩野博 1969「埼玉県羽生市永明寺古墳について」『上代文化』第 38 輯，國學院大学考古学会
大宮：村井嵓雄 1974「衝角付冑の系譜」『東京国立博物館紀要』第 9 号
小見真観寺：田中広明・大谷徹 1989「東国における後・終末期古墳の基礎的研究（1）」『研究紀要』第 5 号，埼玉県埋蔵文化財調査事業団
四十塚：駒宮史朗ほか 2005『四十塚古墳の研究』岡部町史資料調査報告第 2 集
将軍山：斎藤忠・柳田敏司ほか 1980『埼玉稲荷山古墳』埼玉県教育委員会
東耕地 3 号：江原昌俊（編）2013『東耕地遺跡（1 次～5 次）・東耕地 3 号墳』東松山市発掘調査報告書第 30 集，東松山市教育委員会

〔千葉県〕
姉崎二子塚：内山敏行 2004「武具」『千葉県の歴史』資料編，考古 4，千葉史料研究財団
稲荷台 1 号：上総国分寺台遺跡調査団 1974『東間部多古墳群』上総国分寺台遺跡調査報告Ⅰ，早稲田大学出版部
小川台 1 号：浜名徳永・椙山林継（編）1975「小川台第一号墳・第一号墳出土遺物」『下総小川台古墳群』芝山はにわ博物館
祇園大塚山：村井嵓雄 1966「千葉県木更津市大塚山古墳出土遺物の研究」『ミュージアム』189
金鈴塚：滝口宏ほか 1952『上総金鈴塚古墳』早稲田大学考古学研究室
神門 4 号：田中新史 1977「市原市神門 4 号墳の出現とその系譜」『古代』63，早稲田大学考古学会
椎名崎 A 支群 2 号：沼沢豊・栗本佳弘 1975『千葉東南部ニュータウン 1 ―椎名崎古墳群（第 1 次）―』首都圏宅地開発本部・千葉県都市公社
城山 1 号：内山敏行 2004「武具」『千葉県の歴史』資料編，考古 4，千葉史料研究財団
内裏塚：杉山晋作 1975「内裏塚古墳の再検討」『史館』5
椿 3 号：高梨俊夫 1992「椿古墳群三号墳の調査について」『研究連絡誌』36，千葉県文化財センター
手古塚：杉山晋作 1973「千葉県木更津市手古塚古墳の調査速報」『古代』56
東間部多 1 号：上総国分寺台遺跡調査団 1974『東間部多古墳群』上総国分寺台遺跡調査報告Ⅰ，早稲田大学出版部
布野台 A 区埋葬施設：横浜市歴史博物館特別展 2004『ヤマトとアヅマ』横浜市歴史博物館
法皇塚：小林三郎・熊野正也ほか 1976『法皇塚古墳』市立市川博物館
真々塚：神山崇 1986「真々塚古墳」『飯塚遺跡群発掘調査報告書』第Ⅰ分冊，八日市場市教育委員会
村上 1 号：天野努ほか 1974『八千代市村上遺跡群』房総考古資料刊行会
八重原 1 号：杉山晋作・田中新史 1989『古墳時代研究Ⅲ―千葉県君津市所在八重原 1 号墳・2 号墳の調査―』古墳時代研究会

〔東京都〕
野毛大塚：寺田良喜・三浦淑子（編）1999『野毛大塚古墳』世田谷教育委員会・野毛大塚古墳調査会
御嶽山：松崎元樹 1997「世田谷区御嶽山古墳出土遺物の調査」『学習院大学史料館紀要』第 9 号

〔神奈川県〕
吾妻坂：北川吉明 1993『吾妻坂古墳』厚木市教育委員会
加瀬白山：柴田常恵・森貞成 1953『日吉加瀬古墳』考古学・民族学叢刊第 2 冊
真土大塚山：日野一郎 1961「真土・大塚山古墳」『平塚市文化財調査報告』三
―――――：本村豪章 1974「相模・真土大塚山古墳の再検討」『考古学雑誌』第 60 巻第 1 号
朝光寺原 1 号：赤星直忠・岡本勇（編）1979『神奈川県史』資料編 20，考古資料
―――――：横浜市歴史博物館特別展 2004『ヤマトとアヅマ』
物見塚：南舘則夫 1997『物見塚古墳発掘調査報告書』小田原市文化財調査報告書第 63 集，小田原市教育委員会

〔山梨県〕
大丸山：仁科義男 1931「大丸山古墳」『山梨県史跡名勝天然記念物調査報告』第 5 輯
豊富大塚：仁科義男 1931「大塚古墳」『山梨県史跡名勝天然記念物調査報告』第 5 輯

〔長野県〕
一時坂：宮坂光昭ほか 1988『一時坂』諏訪市教育委員会
大星山 2 号：土屋積 1996「大星山古墳群」『大星山古墳群・北平 1 号墳』長野県教育委員会
倉科将軍塚：木下正史・滝沢誠・矢島宏雄ほか 2002『更埴市内前方後円墳範囲確認調査報告書―有明山将軍塚古墳・倉科将軍塚古墳―』更埴市教育委員会
弘法山：斎藤忠（編）1978『弘法山古墳』松本市教育委員会
桜ヶ丘：大場磐雄 1966『信濃浅間古墳』本郷村
―――――：滝沢誠 1988「長野県松本市桜ヶ丘古墳の再調査」『信濃』第 40 巻第 10 号
土口将軍：大塚初重ほか 1987『長野県史跡土口将軍塚古墳―重要遺跡確認緊急調査―』長野市・更埴市教育委員会
溝口の塚：佐々木嘉和・澁谷恵美子ほか 2001『溝口の塚古墳』飯田市教育委員会
妙前大塚：佐藤甦信 1972『妙前大塚（3 号墳）古墳発掘調査報告書』飯田市教育委員会
森将軍塚：森将軍塚古墳発掘調査団（編）1992『史跡森将軍塚古墳―保存整備事業発掘調査報告書―』更埴市教育委員会

〔静岡県〕
赤門上：浜北高校史学クラブ（編）1966『遠江赤門上古墳』浜北市教育委員会
安久路古墳群：中嶋郁夫 1993「安久路古墳群」『磐田市史』資料編Ⅰ
―――――：中嶋郁夫 1990「安久路古墳群」『静岡県史』資料編 2
石ノ形：袋井市教育委員会 1999『石ノ形古墳』
各和金塚：平野吾郎・植松章八・岩井克允 1981『各和金塚古墳』掛川市教育委員会
五ヶ山 B 2 号：鈴木一有（編）1999『五ヶ山 B 2 号墳』浅羽町教育委員会
松林山：後藤守一ほか 1939『松林山古墳発掘調査報告書』
―――――：橋本達也 2005「古墳時代中期甲冑の出現と中期開始論―松林山古墳と津堂城山古墳

から―」『待兼山考古学論集―都出比呂志先生退任記念―』大阪大学考古学研究室，pp.539-556
新豊院山D2号：佐口節司・森下章司ほか 2006『新豊院山遺跡発掘調査報告書Ⅲ　新豊院山古墳群D地点の発掘調査』磐田市埋蔵文化財センター
千人塚：鈴木敏則 1998『千人塚古墳・千人塚平・宇藤坂古墳群』浜松市教育委員会
高尾山：池谷信之（編）2012『高尾山古墳発掘調査報告書』沼津市文化財調査報告書第104集，沼津市教育委員会
高草6号：八木勝行・池田将男 1981『原古墳群谷稲葉支群高草地区』国道1号藤枝バイパス（藤枝地区）埋蔵文化財発掘調査報告書5，静岡県教育委員会
多田大塚古墳群：韮山町教育委員会 1978『韮山町多田・妹ヶ窪遺跡発掘調査概報』
――――：川江秀孝 1990「多田大塚古墳群」『静岡県史』資料編2
堂山：原秀三郎・柴垣勇夫・遠藤才文ほか 1995『遠江堂山古墳』磐田市教育委員会
林2号：田村隆太郎（編）2008『森町円田丘陵の古墳群』静岡県埋蔵文化財調査研究所調査報告第186集，静岡県埋蔵文化財調査研究所
馬場平：辰巳和弘（編）1983「引佐町の古墳文化Ⅲ」『引佐町史編纂室報告』3
原分：井鍋誉之（編）2008『原分古墳』静岡県埋蔵文化財調査研究所調査報告第184集，静岡県埋蔵文化財調査研究所
三池平：内藤晃・大塚初重ほか 1961『三池平古墳』庵原村教育委員会
文殊堂11号：田村隆太郎（編）2008『森町円田丘陵の古墳群』静岡県埋蔵文化財調査研究所調査報告第186集，静岡県埋蔵文化財調査研究所

〔愛知県〕
大須二子山：伊藤秋男 1978「名古屋市大須二子山古墳調査報告」『小林知生教授退職記念考古学論文集』
岩場：今川泰明・久永春男・池上年・後藤守一ほか 1957『岩場古墳』
――――：鈴木敏則 1994「岩場古墳の鉄製品」『ホリデー考古』10
経ヶ峰1号：斉藤嘉彦・山口豊ほか 1981『経ヶ峰1号墳』
五砂山：三田敦司 2006「五砂山古墳」『愛知県史』資料編3 考古3 古墳，愛知県史編さん委員会
志段味大塚：京都大学総合博物館 1997『王者の武装』
――――：澤村雄一郎 2006「志段味大塚古墳」『愛知県史』資料3 考古3 古墳，愛知県史編さん委員会
東之宮：白石太一郎ほか（編）2005『史跡東之宮古墳発掘調査報告書』犬山市埋蔵文化財調査報告書第2集
――――：渡邉樹・鈴木康高・森下章司（編）2014『史跡・東之宮古墳』犬山市埋蔵文化財調査報告書第12集，犬山市教育委員会

〔岐阜県〕
遊塚：中井正幸ほか 2011「遊塚古墳群出土遺物報告」『大垣市史』考古編
円満寺山：網干善教・笠井保夫 1968「岐阜県南濃町円満寺古墳調査報告」『関西大学考古学研究年報』2
象鼻山1号：宇野隆夫・田中幸夫・山崎雅恵（編）1988『象鼻山1号古墳―第2次発掘調査の成果―』養老町埋蔵文化財発掘調査報告書第2冊，養老町教育委員会・富山大学人文学部考古学研究室

中八幡：横幕大祐ほか 2005『中八幡古墳資料調査報告書』池田町教育委員会
冬頭王塚：大野政雄・紅村弘・増子康真ほか 1971『冬頭王塚発掘調査報告』
船来山古墳群：船来山古墳群発掘調査団 1999『船来山古墳群』
矢道長塚：中井正幸 2011「矢道長塚古墳出土遺物報告」『大垣市史』考古編
龍門寺古墳群：楢崎彰一 1962『岐阜県長良龍門寺古墳』岐阜市教育委員会

〔三重県〕

石山：京都大学文学部博物館 1993『紫金山古墳と石山古墳』思文閣出版
―――：筒井正明（編）2005『第 24 回三重県埋蔵文化財展　石山古墳』三重県埋蔵文化財センター
近代：豊田祥三ほか 2006『天童山古墳群発掘調査報告書　附編近代古墳発掘調査報告書』三重県埋蔵文化財調査報告 275, 三重県埋蔵文化財センター
琴平山：鈴木一有 2010「古墳時代後期の衝角付冑」『待兼山考古学論集Ⅱ―大阪大学考古学研究室 20 周年記念論集―』大阪大学考古学研究室
佐久米大塚山：下村登良男 1978「佐久米古墳群」『松阪市史』2 資料篇考古
―――：伊勢野久好 1993「佐久米大塚山古墳」『甲冑出土古墳にみる武器・武具の変遷』第Ⅳ分冊
八重田古墳群：下村登良男 1981『八重田古墳群発掘調査報告書』松阪市文化財調査報告 2, 松阪市教育委員会
わき塚 1 号：森浩一ほか 1973「三重県わき塚古墳の調査」『古代学研究』第 66 号, 古代学研究会

〔富山県〕

関野 2 号：宇野隆夫ほか 1987『関野古墳群』富山大学人文学部考古学研究室
谷内 21 号：伊藤隆三 1992『谷内 21 号墳』小矢部市教育委員会

〔石川県〕

雨の宮 1 号：中屋克彦（編）2005『雨の宮古墳群』鹿西町教育委員会
後山無常堂：宮下幸夫 1989「後山無常堂古墳の調査」『後山無常堂古墳・後山明神 3 号墳』小松市教育委員会
国分尼塚 1 号：和田晴吾 1984「石川県国分尼塚一・二号墳」『月刊文化財』254
下開発茶臼山 9 号：三浦俊明ほか 2004『下開発茶臼山古墳群Ⅱ』辰口町教育委員会
吸坂丸山 5 号：萩中正和 1991『吸坂丸山古墳群』加賀市教育委員会
長坂二子塚：小嶋芳孝 1978『金沢市長坂古墳群の研究』石川県立郷土資料館・石川考古学研究会
八里向山古墳群：下濱貴子（編）2004『八里向山遺跡群』小松市教育委員会
和田山古墳群：吉岡康暢・河村好光（編）1997『加賀能美古墳群』寺井町教育委員会

〔福井県〕

鼓山 1 号：沼弘 1965『鼓山古墳発掘調査報告』
―――：沼弘 1990「鼓山古墳群」『福井市史』資料編 1 考古
天神山 7 号：樟本立美 1990「天神山古墳群」『福井市史』資料編 1 考古
西谷山 2 号：青木豊昭・久保智康 1984『西谷山古墳群』福井県立博物館建設準備室

西塚：清喜裕二 1997「福井県西塚古墳出土品調査報告」『書陵部紀要』第 49 号，宮内庁書陵部
二本松山：斉藤優 1979『改訂松岡古墳群』松岡町教育委員会
向出山 1 号：中司照世ほか 1978「向出山古墳群出土の副葬品」『北陸自動車道関係遺跡調査報告』13，福井県教育委員会

〔滋賀県〕
安土瓢箪山：梅原末治 1938「安土瓢箪山古墳」『滋賀県史蹟調査報告』7
入江内湖：瀬口眞司・久保田ひかるほか 2007『入江内湖遺跡』Ⅰ，一般国道 8 号米原バイパス建設に伴う発掘調査報告書 1，滋賀県教育委員会
追分：草津市教育委員会 1984『草津市文化財調査報告書』8
北谷 11 号：中司照世・川西宏幸 1980「滋賀県北谷 11 号墳の研究」『考古学雑誌』第 66 巻第 2 号
黒田長山古墳群：田中勝弘ほか 1981『北陸自動車道関連遺跡発掘調査報告書』Ⅵ，滋賀県文化財保護協会
小松：黒坂秀樹（編）2001『古保利古墳群第一次確認調査報告書』高月町教育員会
新開 1 号：西田弘・鈴木博司・金関恕 1961「栗東町安養寺古墳群」『滋賀県史跡名勝天然記念物調査報告』第 12 冊，滋賀県教育委員会
雲雀山古墳群：直木孝次郎・藤原光輝 1953「滋賀県東浅井郡湯田村雲雀山古墳群調査報告」『大阪市立大学文学部歴史学教室紀要』1
雪野山：福永伸哉・杉井健（編）1996『雪野山古墳の研究』八日市市教育委員会

〔京都府〕
青塚：京都府教育委員会 1964『埋蔵文化財調査概報』
愛宕山：奥村清一郎 1983『愛宕山古墳発掘調査概要』京北町教育委員会
恵解山：山本輝雄ほか 1981「恵解山古墳第三次発掘調査概要」『長岡京市文化財調査報告書』第 8 冊，長岡京市教育委員会
井ノ内稲荷塚：寺前直人・高橋照彦（編）2005『井ノ内稲荷塚古墳の研究』大阪大学文学研究科考古学研究報告第 3 冊，大阪大学稲荷塚古墳発掘調査団
今林 6 号：引原茂治・福島孝行 2001「今林古墳群」『京都府遺跡調査報告』第 97 冊
宇治二子山北・南：杉本宏（編）1991『宇治二子山古墳』宇治市文化財調査報告第 2 冊，宇治市教育委員会
内和田 5 号：京都府埋蔵文化財調査研究センター 1992『京都府遺跡調査概報』第 49 冊
産土山：梅原末治 1955「山城に於ける古式古墳の調査」『京都府文化財調査報告』21
カヤガ谷古墳群：八瀬正雄 1994『カヤガ谷古墳群』福知山市文化財報告書第 24 集，福知山市教育委員会
瓦谷 1 号：石井清司・有井広幸（編）1997『瓦谷古墳群』京都府遺跡調査報告書第 23 冊，京都府教育委員会
私市円山：鍋田勇ほか 1989「私市円山古墳」『京都府遺跡調査概報』第 36 冊 1，京都府埋蔵文化財調査研究センター
岸ヶ前 2 号：門田誠一ほか 2001『園部岸ヶ前古墳群発掘調査報告書』佛教大学
久津川車塚：梅原末治 1920『久津川古墳研究』
――――：城陽市史編さん委員会 1999『城陽市史』第三巻
鞍岡山 3 号：大坪州一郎 2011「京都府精華町鞍岡山 3 号墳の調査」『考古学研究』第 58 巻第 1

黒田：森下衛・辻健二郎ほか 1991『船阪・黒田工業団地予定地内遺跡群発掘調査概報』園部町文化財調査報告書 8 集

左坂古墳群：石崎善久 1999「左坂古墳群」『京都府遺跡調査概報』第 89 冊

城谷口：中川和哉・高野陽子 2007「城谷口古墳群発掘調査概要」『京都府遺跡調査概報』第 125 冊，京都府埋蔵文化財調査研究センター

園部垣内：森浩一・寺沢知子（編）1990『園部垣内古墳』同志社大学文学部考古学調査報告第 6 冊，同志社大学文学部文化学科

椿井大塚山：樋口隆康 1998『昭和二八年椿井大塚山古墳発掘調査報告』山城町教育委員会

長法寺南原：都出比呂志（編）1992『長法寺南原古墳の研究』大阪大学文学部考古学研究報告第 2 冊

寺戸大塚：向日市埋蔵文化財センター 2001『寺戸大塚古墳の研究』向日丘陵古墳群調査研究報告第 1 冊

徳雲寺北古墳群：辻健二郎（編）1997「徳雲寺北古墳群」『園部町小山東町土地区画整理事業に伴う発掘調査報告書』園部町文化財調査報告第 13 集，園部町教育委員会

奈具岡北 1 号：河野一隆 1997「奈具岡北古墳群」『京都府遺跡調査概報』第 76 冊，京都府埋蔵文化財調査研究センター

ニゴレ：西谷眞治・置田雅昭 1988『ニゴレ古墳』京都府弥栄町文化財調査報告第 5 集，弥栄町教育委員会

西山古墳群：樋口隆康ほか 1999「西山古墳群」『城陽市史』第三巻，城陽市史編さん委員会

原山西手：末永雅雄 1933『日本上代の甲冑』岡書院

平尾城山：山口大学人文学部考古学研究室（編）1990『京都府平尾城山古墳』

ヒル塚：桝井豊成 1990『ヒル塚古墳発掘調査概報』八幡市教育委員会

坊主塚：亀岡市史編纂委員会 1960『亀岡市史』上巻

妙見山：梅原末治 1955「向日町妙見山古墳」『京都府文化財調査報告』第 21 冊，京都府教育委員会

元稲荷：梅本康広（編）2014『元稲荷古墳』向日市埋蔵文化財調査報告書第 101 集，向日市教育委員会

物集女車塚：秋山浩三・山中章（編）1998『物集女車塚』向日市埋蔵文化財調査報告書第 23 集，向日市教育委員会

湯舟坂 2 号：久美浜町教育委員会 1983「湯舟坂 2 号墳」『京都府久美浜町文化財調査報告』7

〔奈良県〕

池殿奥：井上義光・仲富美子（編）1988『野山遺跡群 I』奈良県史跡名勝天然記念物調査報告第 56 冊

池ノ内古墳群：泉森皎（編）1973『磐余・池ノ内古墳群』奈良県史跡名勝天然記念物調査報告第 28 冊

市尾墓山：河上邦彦 1984『市尾墓山古墳』高取町文化財調査報告第 5 冊，高取町教育委員会

市尾今田 1 号：今尾文昭 1982『高取町市尾今田古墳群発掘調査概報』

今井 1 号：藤井利章 1984「今井 1 号墳」『大和を掘る―1983 年度発掘調査速報展―』奈良県立橿原考古学研究所附属博物館

上殿：伊達宗泰 1966「和爾上殿古墳群」『奈良県史跡名勝天然記念物調査報告』第 23 冊

後出古墳群：岡林孝作 1993『宇陀郡大宇陀町後出古墳群―18 号墳―』奈良県文化財調査報告書

第69集,奈良県立橿原考古学研究所
────:西藤清秀・吉村和昭・佐々木好直（編）2003『後出古墳群』奈良県史跡名勝天然記念物調査報告第61冊,奈良県教育委員会
円照寺墓山1号:佐藤小吉・末永雅雄1930「円照寺墓山第1号古墳調査」『奈良県史跡名勝天然記念物調査報告』第11冊,奈良県教育委員会
鴨都波1号:御所市教育委員会2002『鴨都波1号墳調査概報』学生社
櫛山:上田宏範ほか1961『桜井茶臼山及び櫛山古墳』奈良県史跡名勝天然記念物調査報告19
黒塚:河上邦彦（編）1999『黒塚古墳調査概報』奈良県立橿原考古学研究所編,学生社
桜井茶臼山:上田宏範ほか1961『桜井茶臼山及び櫛山古墳』奈良県史跡名勝天然記念物調査報告19
五條猫塚:網干善教1962『五条猫塚古墳』奈良県史跡名勝天然記念物調査報告第20冊,奈良県教育委員会
────:吉澤悟ほか2010「奈良国立博物館所蔵　五條猫塚古墳出土資料の再整理とその新知見」『鹿園雑集』第12号,奈良国立博物館
佐味田宝塚:梅原末治1921『佐味田及新山古墳研究』
城山2号:橿原考古学研究所1974『馬見丘陵における古墳の調査』奈良県史跡名勝天然記念物調査報告第29冊
新山:河上邦彦（編）2002『馬見古墳群の基礎資料』橿原考古学研究所研究成果第5冊
石光山古墳:河上邦彦ほか（編）1976『葛城・石光山古墳群』奈良県史跡名勝天然記念物調査報告第31冊
タニグチ1号:西藤清秀1996『タニグチ古墳群（付タニグチ墳墓群）発掘調査報告』高取町教育委員会
塚山:北野耕平1957「塚山古墳」『奈良県文化財調査報告書』第1集,奈良県教育委員会
東大寺山:金関恕（編）2010『東大寺山古墳の研究　初期ヤマト王権の対外交渉と地域間交流の考古学的研究』
富雄丸山1号:泉森皎（編）1973「富雄丸山古墳」『奈良県文化財調査報告書』19
中山大塚:河上邦彦ほか（編）1996『中山大塚古墳附篇葛本弁天塚古墳・上の山古墳』奈良県立橿原考古学研究所報告第82冊
新沢古墳群:伊達宗泰（編）1981『新沢千塚古墳群』奈良県史跡名勝天然記念物調査報告第39冊,奈良県立橿原考古学研究所
野山支群4号:井上義光・仲富美子（編）1988『野山遺跡群』Ⅰ,奈良県史跡名勝天然記念物調査報告第56冊,橿原考古学研究所
藤ノ木:勝部明生ほか1986『斑鳩藤ノ木古墳』斑鳩町
兵家古墳群:伊藤勇輔（編）1978『兵家古墳群』奈良県史跡名勝天然記念物調査報告第37冊
ホケノ山:岡林孝作・水野敏典（編）2008『ホケノ山古墳の研究』奈良県立橿原考古学研究所研究成果第10冊,奈良県立橿原考古学研究所
牧野:河上邦彦1987『史跡　牧野古墳』広陵町文化財調査報告第1冊,広陵町教育委員会
見田・大沢1号:亀田博（編）1982『見田・大沢古墳群』奈良県史跡名勝天然記念物調査報告第44冊
メスリ山:伊達宗泰（編）1977『メスリ山古墳』奈良県史跡名勝天然記念物調査報告第35冊
大和天神山:小島俊次（編）1963『大和天神山古墳』奈良県史跡名勝天然記念物調査報告第22冊

〔和歌山県〕
大谷：樋口隆康ほか 1959『大谷古墳』和歌山市教育委員会
岩内 3 号：岩井顕彦（編）2014『岩内 3 号墳―日高川流域の中期古墳―』『岩内 3 号墳』刊行会

〔大阪府〕
愛宕塚：八尾市歴史民俗資料館 1994『河内愛宕塚古墳の研究』
アリ山：北野耕平 1964『河内における古墳の調査』大阪大学文学部国史研究室研究報告第 1 冊
和泉黄金塚：末永雅雄・嶋田暁・森浩一 1954『和泉黄金塚古墳』
―――：田中新史 2004「古墳時代中期前半の鉄鏃（三）」『土筆』第 8 号
板持 3 号：北野耕平 1967『富田林市板持古墳群発掘調査概報』富田林市教育委員会
―――：北野耕平 1985『富田林市史』1 巻，富田林市
御獅子塚：柳本照男 2005『御獅子塚古墳』『新修　豊中市史』第 4 巻考古，豊中市
久米田貝吹山：南部裕樹（編）2013『久米田古墳群発掘調査報告 1―貝吹山古墳の調査―』岸和田市埋蔵文化財発掘調査報告書 11，岸和田市教育委員会
久米田風吹山：虎間英喜 2014『久米田古墳群発掘調査報告 2―風吹山古墳・無名塚古墳・持ノ木古墳の調査―』岸和田市埋蔵文化財発掘調査報告書 12，岸和田市教育委員会
交野東車塚：奥野和夫ほか 2000『交野東車塚古墳〔調査編〕』交野市埋蔵文化財調査報告 1999―Ⅰ，交野市教育委員会
寛弘寺 75 号：上林史郎 1991『寛弘寺古墳群発掘調査概要Ⅹ』大阪府教育委員会
狐塚：柳本照男 2005「狐塚古墳」『新修　豊中市史』第 4 巻考古，豊中市
―――：野上丈助 1975「甲冑製作技法と系譜をめぐる問題点・上」『考古学研究』第 21 巻第 4 号，考古学研究会
鞍塚：末永雅雄（編）1991『盾塚　鞍塚　珠金塚古墳』由良大和古代文化研究協会
黒姫山：末永雅雄・森浩一 1953『河内黒姫山古墳の研究』大阪府文化財調査報告第 1 輯，大阪府教育委員会
心合寺山：吉田野乃・藤井淳弘 2001『史跡　心合寺山古墳発掘調査概要報告書』八尾市文化財調査報告 45
紫金山：阪口英毅（編）2005『紫金山古墳の研究―古墳時代前期における対外交渉の考古学的研究』京都大学大学院文学研究科
七観：末永雅雄 1933「七観古墳とその遺物」『考古学雑誌』第 23 巻第 5 号，日本考古学会
―――：樋口隆康ほか 1961「和泉国七観古墳調査報告」『古代学研究』第 27 号，古代学研究会
―――：阪口英毅（編）2014『七観古墳の研究――九四七年・一九五二年出土遺物の再検討―』京都大学大学院文学研究科
珠金塚：末永雅雄（編）1991『盾塚　鞍塚　珠金塚古墳』由良大和古代文化研究協会
将軍山 2 号：若杉智宏（編）2008『将軍山古墳群Ⅱ―考古学資料調査報告集 2―』新修茨木市史史料集 12
城ノ山：小森牧人・鈴木康高 2009「同志社大学所蔵堺市城ノ山古墳出土資料調査報告（1）」『同志社大学歴史資料館館報』第 12 号
高井田山：安村俊史・桑野一幸 1996『高井田山古墳』柏原市文化財概報 1995-Ⅱ，柏原市教育委員会
盾塚：末永雅雄（編）1991『盾塚　鞍塚　珠金塚古墳』由良大和古代文化研究協会
玉手山 10 号（北玉山）：森浩一（編）1963『北玉山古墳』関西大学文学部考古学研究室紀要 1
津堂城山：藤井利章 1982「津堂城山古墳の研究」『藤井寺市史紀要』第 3 集

豊中大塚：柳本照男（編）1987『摂津豊中大塚古墳』豊中市文化財調査報告第20集，豊中市教育委員会
堂山1号：三木弘（編）1994『堂山古墳群』大阪府文化財調査報告書第45輯，大阪府教育委員会
土保山：陳顕明1960『土保山古墳発掘調査概報』高槻叢書第14集，高槻市教育委員会
長持山：京都大学総合博物館1997『王者の武装―5世紀の金工技術―』京都大学総合博物館
西小山：梅原末治1932「淡輪村西小山古墳とその遺物」『大阪府下に於ける主要な古墳墓の調査（其一）』大阪府史蹟名勝天然記念物調査報告3，大阪府教育委員会
西ノ山：吉岡哲1977「八尾市西ノ山古墳・中ノ谷古墳出土の遺物について」『古代学研究』83
西墓山：藤井寺市教育委員会1989『石川流域遺跡群発掘調査報告』IV
庭鳥塚：河内一浩2006「庭鳥塚古墳」『古市遺跡群XXV II』羽曳野市埋蔵文化財調査報告書56
野中：北野耕平1976『河内野中古墳の研究』大阪大学文学部国史研究室研究報告第2冊
――――：高橋照彦・中久保辰夫2014『野中古墳と「倭の五王」の時代』大阪大学出版会
真名井：北野耕平1964「富田林真名井古墳」『河内における古墳の調査』大阪大学文学部国史研究室研究報告第1冊
南塚：川端眞治・金関恕1955「摂津豊川村南塚古墳調査概報」『史林』第38巻第5号
――――：小林行雄（編）1959『世界考古学大系』第3巻日本III古墳時代，平凡社
宮林：中辻亘1985『中野遺跡・宮林古墳発掘調査報告概要』富田林市埋蔵文化財調査報告13，富田林市教育委員会
百舌鳥大塚山：森浩一2003「失われた時を求めて―百舌鳥大塚山古墳の調査を回顧して―」『堺市博物館報』第22号，堺市博物館

〔兵庫県〕
池尻2号：島田清ほか1965『印南野』加古川市文化財調査報告3，加古川市教育委員会
市条寺古墳群：中村弘（編）1999『向山古墳群・市条寺古墳群・一乗寺経塚・矢別遺跡』兵庫県文化財調査報告第191冊，兵庫県教育委員会
内場山：兵庫県教育委員会1993『多紀郡西紀町内場山城跡』近畿自動車道舞鶴線関係埋蔵文化財調査報告書21
梅田1号：菱田淳子（編）2002『梅田古墳群』I，兵庫県文化財調査報告240，兵庫県教育委員会
奥山大塚：武藤誠1935「奥山古墳」『兵庫県史蹟名勝天然記念物調査報告書』11，兵庫県
小野王塚：阪口英毅（編）2006『小野王塚古墳　出土遺物保存処理報告書』小野市文化財調査報告第27集，小野市教育委員会
亀山：立花聡・森幸三・菱田哲郎ほか2006『玉丘古墳群II』加西市埋蔵文化財調査報告57
雲部車塚：阪口英毅（編）2010『雲部車塚古墳の研究』兵庫県立考古博物館研究紀要第3号，兵庫県立考古博物館
権現山51号：近藤義郎（編）1991『権現山五一号墳』権現山五一号墳刊行会
新宮東山2号：岸本道昭1996『新宮東山古墳群』龍野市文化財調査報告16，龍野市教育委員会
聖陵山：渡辺九一郎ほか1927「聖陵山古墳とその遺物」『考古学雑誌』第17巻第8号
茶すり山：岸本一宏（編）2010『史跡　茶すり山古墳』兵庫県文化財調査報告第383冊，兵庫県教育委員会
天坊山：松本正信ほか1970「天坊山古墳」『加古川市文化財調査報告』5
年ノ神6号：長濱誠司（編）2002『年ノ神古墳群』兵庫県教育委員会

西野山3号：楢崎彰一ほか 1952『兵庫県赤穂郡西野山第三号墳』有年考古館研究報告第1輯, 有年考古館
西求女塚：安田滋（編）2004『西求女塚山古墳発掘調査報告書』神戸市教育委員会
法花堂2号：松本正信ほか 1986『法花堂2号墳』香寺町文化財報告1, 香寺町教育委員会
万籟山：宝塚市教育委員会 1975『摂津万籟山古墳』
火山古墳群：中川渉（編）2005『火山古墳群・火山城跡・火山遺跡』兵庫県文化財調査報告第283冊, 兵庫県教育委員会
松田山：松本正信・中溝康則・今里幾次 1989「考古学からみた太子町」『太子町史』第1巻, 太子町
丸山1号：山本三郎ほか 1977『丸山古墳群』山南町
宮山：松本正信・加藤史郎 1973『宮山古墳発掘調査概報』姫路市文化財調査報告Ⅰ, 姫路市教育委員会
向山古墳群：中村弘（編）1999『向山古墳群・市条寺古墳群・一乗寺経塚・矢別遺跡』兵庫県文化財調査報告第191冊, 兵庫県教育委員会
養久山1号：近藤義郎（編）1985『養久山墳墓群』揖保川市教育委員会
龍子三ツ塚1号：岩本崇・河野正訓・奥山貴（編）2010『龍子三ツ塚古墳群の研究』大手前大学史学研究所オープン・リサーチ・センター研究報告第9号, 大手前大学史学研究所
森尾：梅原末治 1925「出石郡神美村の古墳」『兵庫県史跡名勝天然記念物調査報告』第2冊, 兵庫県教育委員会
─────：瀬戸谷晧 1981「森尾古墳の再検討」『北浦古墳群』豊岡市教育委員会

〔岡山県〕
浦間茶臼山：近藤義郎・新納泉（編）1991『浦間茶臼山古墳』浦間茶臼山古墳発掘調査団
王墓山：村井嵓雄 1974「衝角付冑の系譜」『東京国立博物館紀要』第9号, pp.1-216
金蔵山：西谷真治・鎌木義昌 1959『金蔵山古墳』倉敷考古館研究報告第1冊, 倉敷考古館
花光寺山：梅原末治 1937「近畿地方古墳墓の調査二」『日本古文化研究所報告』4
─────：西川宏 1986「花光寺山古墳」『岡山県史』第18巻・考古資料
随庵：鎌木義昌ほか 1965『総社市随庵古墳』総社市教育委員会
正崎2号：宇垣匡雅・高畑富子（編）2004『正崎2号墳』山陽町文化財調査報告第1集, 山陽町教育委員会
月の輪：近藤義郎（編）1960『月の輪古墳』月の輪古墳刊行会
長畝山北古墳群：行田裕美・木村祐子 1992『長畝山北古墳群』津山市埋蔵文化財発掘調査報告第45集, 津山市教育委員会
橋本塚1号：平岡正宏（編）2003『橋本塚古墳群』津山市埋蔵文化財発掘調査報告第73集, 津山市教育委員会
旗振台：鎌木義昌 1957「旗振台古墳」『岡山市史』古代編, 岡山市
法蓮40号：村上幸雄 1987『法蓮40号墳』総社市埋蔵文化財発掘調査報告4, 総社市教育委員会
日上天王山：近藤義郎ほか（編）1997『日上天王山古墳』津山市埋蔵文化財発掘調査報告第60集, 日上天王山古墳発掘調査委員会
湊茶臼山：安川満ほか 2013『湊茶臼山古墳』岡山市教育委員会
用木1号：神原英朗 1975『用木古墳群』山陽町教育委員会

〔広島県〕
石鎚山1号：高倉浩一（編）1981『石鎚山古墳群』広島県教育委員会
大迫山1号：潮見浩ほか 1989『大迫山第1号古墳　発掘調査概報』広島県東城町教育委員会，広島大学文学部考古学研究室
亀山1号：桑原隆博（編）1983『亀山遺跡―第2次調査概報―』広島県教育委員会
弘住3号：石田彰紀（編）1983『弘住遺跡発掘調査報告』広島市の文化財第25集，広島市教育委員会
中小田2号：広島市教育委員会・広島大学文学部考古学研究室 1980『中小田古墳群』
中出勝負峠8号：向田裕始 1986「第8号古墳」『蔵ノ神遺跡群・中出勝負峠墳墓群』
吹越5号：高倉浩一（編）1981『石鎚山古墳群』広島県教育委員会
曲2号：山澤直樹 2011『中国横断自動車道松江線建設に伴う埋蔵文化財発掘調査報告（16）　曲第2～5号古墳』広島県教育事業団発掘調査報告書第39集，広島県教育事業団

〔鳥取県〕
古郡家1号：亀井煕人 1983『新修鳥取市史』1
里仁33号：山桝雅美 1985「里仁33号墳」『里仁古墳群』鳥取県教育文化財団
倭文6号：山田真宏 2004『鳥取市倭文所在城跡・倭文古墳群』鳥取市文化財団
長瀬高浜10号：清水真一ほか 1981「長瀬高浜遺跡発掘調査報告書Ⅲ」『鳥取県教育文化財報告書』8
伯耆国分寺：岩本崇 2006「伯耆国分寺古墳」『大手前大学史学研究所紀要　オープン・リサーチ・センター報告』第6号，大手前大学史学研究所
湯山6号：久保穣二郎（編）1978『湯山六号墳発掘調査報告書』福部村教育委員会

〔島根県〕
上塩冶築山：松本岩雄（編）1999『上塩冶築山古墳の研究―島根県古代文化センター調査研究報告書4―』島根県古代文化センター
神原神社：蓮岡法璋ほか 2002『神原神社古墳』加茂町教育委員会

〔山口県〕
国森：乗安和二三（編）1988『国森古墳』田布施町教育委員会
天神山1号：中村徹也ほか 1979『天神山古墳』山口市埋蔵文化財調査報告第8集
長光寺山：山陽町教育委員会 1977『長光寺山古墳』

〔徳島県〕
恵解山古墳群：森浩一ほか 1966『眉山周辺の古墳』徳島県文化財調査報告書第9集，徳島県教育委員会
―――：村井嵓雄 1978「古墳時代の冑―衝角付冑の新形式を中心として―」『法政考古学』第2集，法政考古学会
大代：菅原康夫・原芳伸（編）2005『四国横断自動車道建設に伴う埋蔵文化財発掘調査報告』徳島県埋蔵文化財センター調査報告書第62集
西山谷2号：菅原康夫・原芳伸（編）2005『四国横断自動車道建設に伴う埋蔵文化財発掘調査報告』徳島県埋蔵文化財センター調査報告書第62集

〔香川県〕

大井七ツ塚4号：大川町教育委員会 1992『大井七つ塚古墳群発掘調査報告書』
岡の御堂1号：渡辺明夫ほか 1977『岡の御堂古墳群調査概要』綾南町教育委員会
快天山：和田正夫・松浦正一 1950「快天山古墳発掘調査報告書」『香川県史跡名勝天然記念物調査報告書』第15
─────：古瀬清秀（編）2002『岩崎山第4号古墳・快天山古墳発掘調査報告書』津田町教育委員会・綾歌町教育委員会
川上：小林謙一・花谷浩（編）1991『川上・丸井古墳発掘調査報告書』長尾町教育委員会
ハカリゴーロ：高松市教育委員会 1983『鶴尾神社4号墳発掘調査報告書』
原間6号：片桐孝浩（編）2002『原間遺跡Ⅱ』四国横断自動車道建設に伴う埋蔵文化財発掘調査報告第42冊，香川県教育委員会
丸井：小林謙一・花谷浩（編）1991『川上・丸井古墳発掘調査報告書』長尾町教育委員会

〔愛媛県〕

朝日谷2号：梅木謙一（編）1998『朝日谷二号墳』松山市文化財調査報告書63
東宮山：三木文雄 1971「妻鳥陵墓参考地東宮山古墳の遺物と遺構について」『書陵部紀要』第23号，宮内庁書陵部
桧山峠7号：栗田茂敏 1997『桧山峠7号墳』松山市文化財調査報告書61，松山市教育委員会・（財）松山市生涯学習振興財団埋蔵文化財センター
高橋仏師1号：山内英樹（編）2008『別名一本松古墳・矢田長尾1号墳・矢田長尾Ⅰ遺跡・高橋佐夜ノ谷遺跡・高橋向谷2号墳・高橋仏師1～4号墳』愛媛県埋蔵文化財調査センター

〔福岡県〕

阿志岐B2号：奥村俊久 1985『阿志岐古墳群Ⅱ』筑紫野市文化財調査報告第12集，筑紫野市教育委員会
一貴山銚子塚：小林行雄 1952『一貴山銚子塚古墳の研究』福岡県史蹟名勝天然記念物調査報告書13
石塚山：高橋章・長嶺正秀（編）1988『石塚山古墳発掘調査概報』苅田町文化財調査報告第9集
─────：長嶺正秀・植田規容子（編）1996『豊前石塚山古墳』苅田町・かんだ郷土史研究会
井手ノ上：橋口達也（編）1991『宮司井手ノ上古墳』津屋崎町文化財調査報告第7集，津屋崎町教育委員会
稲童古墳群：山中英彦（編）2005『稲童古墳群』行橋市文化財調査報告書第32集，行橋市教育委員会
エゲ：佐藤昭則 1990「エゲ古墳の調査」『カクチガ浦遺跡群』那珂川町文化財調査報告書第23集，那珂川町教育委員会
小田茶臼塚：柳田康雄・石山勲ほか 1979『小田茶臼塚古墳』甘木市文化財調査報告第4集，甘木市教育委員会
カクチガ浦古墳群：宮原千佳子（編）1990『カクチガ浦遺跡群』那珂川町文化財調査報告書第23集，那珂川町教育委員会
勝浦14号墳：石山勲（編）1977『新原・奴山古墳群』福岡県文化財調査報告書54集
きよう塚：渡辺正気・小嶋直人 1961『嘉穂郡頴田町きよう塚古墳発掘調査報告』福岡県文化財調査報告書第21集
潜塚：荻原房男ほか 1975『潜塚古墳』大牟田市教育委員会

桂川王塚：梅原末治・小林行雄 1940『筑前国嘉穂郡王塚装飾古墳』京都帝国大学文学部考古学研究報告第 15 冊，京都帝国大学文学部
真浄寺 2 号：八女市史編さん専門委員会 1992『八女市史』
瑞王寺：川述昭人 1984『瑞王寺古墳』筑後市文化財調査報告書 3 集，筑後市教育委員会
鋤崎：杉山富雄（編）2002『鋤崎古墳』福岡市埋蔵文化財調査報告書第 730 集，福岡市教育委員会
セスドノ：佐田茂（編）1984『セスドノ古墳』田川市文化財調査報告書第 3 集，田川市教育委員会
高津尾遺跡：柴尾俊介（編）1991『高津尾遺跡 4』北九州市埋蔵文化財調査報告書第 102 集，北九州市教育文化事業団埋蔵文化財調査室
津古生掛：宮田浩之 1988『津古生掛遺跡Ⅱ』小郡市文化財調査報告書第 44 集，小郡市教育委員会
塚堂：児玉真一 1990『若宮古墳群Ⅱ―塚堂古墳・日岡古墳―』吉井町文化財調査報告書第 6 集，吉井町教育委員会
月岡：児玉真一（編）2005『若宮古墳群Ⅲ』吉井町文化財調査報告書第 19 集
堤当正寺：松尾宏（編）2000『堤当正寺古墳』甘木市文化財調査報告書第 49 集，甘木市教育委員会
永浦 4 号：甲斐孝司（編）2004『永浦遺跡』古賀市文化財調査報告書第 35 集
番塚：岡村秀典・重藤輝行（編）1993『番塚古墳』九州大学文学部考古学研究室
古大内古墳群：長嶺正秀 2002『苅田地区遺跡群Ⅰ』苅田町文化財調査報告書第 35 集，苅田町教育委員会
丸隈山：三島格・小田富士雄ほか 1970『丸隈山古墳』福岡市埋蔵文化財調査報告書 10 集
南原 2 号：池辺元明 1989『南原古墳群』古賀町文化財調査報告書第 8 集，古賀町教育委員会
老司：山口譲治・吉留秀敏・渡辺芳郎（編）1989『老司古墳』福岡市埋蔵文化財調査報告 209 集，福岡市教育委員会
若八幡宮：福岡県教育委員会 1971『若八幡宮古墳』今宿バイパス関係埋蔵文化財調査報告書 2

〔佐賀県〕
西一本杉 ST 009：東中川忠美（編）1992『西原遺跡』九州横断自動車道関係埋蔵文化財発掘調査報告書 3，佐賀県教育委員会
西原：東中川忠美（編）1992『西原遺跡』九州横断自動車道関係埋蔵文化財発掘調査報告書 3，佐賀県教育委員会
西分丸山：佐賀県教育委員会 1964『佐賀県の遺跡』佐賀県文化財調査報告第 13 集
―――：鈴木一有 1999「鳥装の武人」『国家形成期の考古学』大阪大学考古学研究室開設 10 周年記念論文集，大阪大学考古学研究室

〔大分県〕
法恩寺 4 号：賀川光夫・小田富士雄 1959『法恩寺古墳』

〔熊本県〕
江田船山：西田道世（編）2007『菊水町史　江田船山古墳編』菊水町史編纂委員会
城 2 号：城二号墳発掘調査団（編）1981『城二号墳』宇土市文化財調査報告書第 3 集，城二号墳発掘調査団・熊本県宇土市教育委員会

天水大塚：中村安宏（編）2001『大塚古墳』天水町文化財調査報告書第2集，天水町教育委員会
長目塚：杉井健（編）2014『長目塚古墳の研究・有明海・八代海沿岸地域における古墳時代首長墓の展開と在地墓制の相関関係の研究』熊本大学文学部

〔宮崎県〕

旭台地下式横穴墓群：石川恒太郎ほか1977「旭台地下式古墳群」『宮崎県文化財調査報告書』第19集，宮崎県教育委員会
伊勢ノ前：石川恒太郎1969「延岡市古川町剖抜石棺の遺物」『宮崎県文化財調査報告書』第14集，宮崎県教育委員会
小木原1号：宮崎県総合博物館1979『日向の古墳展』宮崎県総合博物館
小木原地下式穴横穴墓群：永友良典1990『小木原遺跡群蕨地区（A・B地区）』えびの市埋蔵文化財調査報告書第6集，えびの市教育委員会
―――：中野和浩1996『小木原遺跡群蕨地区（C・D地区）久見迫B地区』えびの市埋蔵文化財調査報告書第16集，えびの市教育委員会
樫山：駒井和愛1950「宮崎県延岡市稲葉崎古墳」『日本考古学年報』4
―――：村井嵓雄1974「衝角付冑の系譜」『東京国立博物館紀要』第9号，pp.1-216
―――：北郷泰道1993「樫山古墳」『甲冑出土古墳にみる武器・武具の変遷』第Ⅱ分冊，埋蔵文化財研究会
島内地下式横穴墓群：中野和浩2001『島内地下式横穴墓群』えびの市埋蔵文化財調査報告書第29集，えびの市教育委員会
―――：中野和浩（編）2010『島内地下式横穴墓群Ⅱ』えびの市埋蔵文化財調査報告書第49集，えびの市教育委員会
―――：中野和浩（編）2009『島内地下式横穴墓群Ⅲ　岡元遺跡』えびの市埋蔵文化財調査報告書第50集，えびの市教育委員会
下北方5号：野間重孝（編）1977『下北方地下式横穴第5号』宮崎市文化財調査報告書第3集，宮崎市教育委員会
浄土寺山：鈴木一有2002「九州における古墳時代の鉄鏃」『考古学ジャーナル』496，ニューサイエンス社
新田場地下式横穴墓群：面高哲郎・長津宗重1991『新田場地下式横穴墓群』宮崎県文化財調査報告書第34集，宮崎県教育委員会
高取原：近沢恒典2005『高取原地下式横穴墓』高城町文化財調査報告書第19集，高城町教育委員会
立切地下式横穴墓群：面高哲郎ほか1991『立切地下式横穴墓群』高原町文化財調査報告書第1集，高原町教育委員会
日守地下式横穴墓群：岩永哲夫・北郷泰道1981「日守地下式古墳群55-1〜4発掘調査」『宮崎県文化財調査報告書』第23集，宮崎県教育委員会
六野原6号：宮崎県総合博物館1979『日向の古墳展』宮崎県総合博物館

〔鹿児島県〕

祓川：河野賢太郎・稲村博文（編）2007『薬師堂の古墳　祓川地下式横穴墓群』鹿屋市埋蔵文化財発掘調査報告書83，鹿屋市教育委員会

〔韓国〕

玉田 35 号：慶尚大学校博物館 1999『陜川玉田古墳群Ⅷ 5・7・35 号墳』慶尚大学校博物館調査報告第 21 輯

玉田 67-B 号：慶尚大学校博物館 2000『陜川玉田古墳群Ⅸ 67-A・B 73～76 号墳』慶尚大学校博物館調査報告第 23 輯

新鳳洞：車勇杰・禹鍾允・趙詳紀・呉允淑 1990『清州新鳳洞百済古墳群発掘調査報告書―1990 年度調査―』忠北大学校博物館

新安 53 号：福泉博物館 2009『韓国의 古代甲冑』

大成洞 29 号：申敬澈・金宰佑 2001『金海大成洞古墳群』Ⅰ（日本語版），慶星大學校博物館研究叢書第 4 輯

池山洞 32 号：金鍾徹 1981『高霊池山洞古墳群 32～35 号墳・周邊石槨墓』啓明大学校博物館遺跡調査報告第 1 輯，啓明大学校博物館

竹谷里 94 号：辛勇旻 2009『金海竹谷里遺跡Ⅰ』東亜細亜文化財研究院発掘調査報告書第 36 輯，東亜細亜文化財研究院

老圃洞古墳群：尹炳鏞（編）1985『釜山老圃洞古墳』釜山直轄市博物館調査報告書第 2 冊，釜山直轄市博物館

――――：尹炳鏞・宋桂鉉（編）1988『釜山老圃洞遺跡』釜山直轄市博物館調査報告書第 3 冊，釜山直轄市博物館

参考文献

〔あ行〕

飯塚武司　1987　「後期古墳出土の鉄鏃について」『東京都埋蔵文化財センター研究論集Ⅴ』東京都埋蔵文化財センター　pp.57-85

池淵俊一　1993　「鉄製武器に関する一考察―古墳時代前半期の刀剣類を中心として―」『古代文化研究』第1号　島根県古代文化センター　pp.41-104

―――　2002　「神原神社古墳出土鑿頭式鉄鏃に関する試論」『神原神社古墳』加茂町教育委員会　pp.212-242

諫早直人　2010　「日本列島初期の轡の技術と系譜」『考古学研究』第56巻第4号　考古学研究会　pp 56-76

伊藤勇輔　1978　「眉庇付冑について」『北葛城郡当麻町兵家古墳群』奈良県史跡名勝天然記念物調査報告第37集　奈良県立橿原考古学研究所　pp.171-176

今井堯　1960　「銅鏃について」『月の輪古墳』月の輪古墳刊行会　pp.304-310

岩井顕彦　2006　「有孔鉄鏃からみた古墳副葬鏃の系譜」『考古学研究』第53巻第2号　考古学研究会　pp.54-72

岩本崇　2003　「「仿製」三角縁神獣鏡の生産とその展開」『史林』第86巻第5号　史学研究会　pp.1-39

―――　2006 a　「筒形銅器の生産と流通」『日本考古学』第22号　日本考古学協会　pp.15-45

―――　2006 b　「古墳出土鉄剣の外装とその変遷」『考古学雑誌』第90巻第4号　日本考古学会　pp.1-35

―――　2008　「三角縁神獣鏡の生産とその展開」『考古学雑誌』第92巻第3号　日本考古学会　pp.1-51

植野浩三　1999　「往生院所蔵の眉庇付冑・短甲について」『岩瀧山往生院六萬寺史』上巻―考古編―　往生院六萬寺

魚津知克　2010　「古墳時代社会における鉄製漁具副葬行為の意義」『遠古登攀』遠古登攀刊行会　pp.425-451

臼杵勲　1984　「古墳時代の鉄刀について」『日本古代文化研究』創刊号　古墳文化研究会　pp.49-70

内山敏行　1992　「古墳時代後期の朝鮮半島系冑」『研究紀要』第1号　栃木県文化振興事業団埋蔵文化財センター　pp.143-165

―――・大谷晃二　1995　「安来市鳥木横穴墓について」『八雲立つ風土記の丘』No.131　島根県立八雲立つ風土記の丘　pp.2-9

―――　2000　「東国の甲冑」『大塚初重先生頌寿記念考古学論集』東京堂出版　pp.295-316

―――　2001 a　「外来系甲冑の評価」『古代武器研究』vol.2　古代武器研究会　pp.62-69

―――　2001 b　「古墳時代後期の朝鮮半島系冑（2）」『研究紀要』第9号　とちぎ生涯学習文化財団埋蔵文化財センター　pp.175-186

―――　2006　「古墳時代後期の甲冑」『古代武器研究』Vol.7　古代武器研究会　pp.19-28

卜部行弘　1996　「金属器」『中山大塚古墳』奈良県立橿原考古学研究所調査報告第82冊　pp.169-171

エンゲルス　（村井康男・村田陽一訳）　1954　『家族，私有財産および国家の起源』国民文庫　大月書店

大澤元裕　2006　「杏仁形透孔付鉄鏃の特徴と展開」『古文化談叢』第 55 集　九州古文化研究会　pp.101-127
大谷宏治　2004　「東と西の狭間―古墳時代後期の鉄鏃にみる東海・甲信地方の特質―」『静岡県埋蔵文化財調査研究所設立二〇周年記念論文集』静岡県埋蔵文化財調査研究所　pp.257-276
―――　2011　「遠江・駿河の頸部を呑み込む矢柄をもつ鉄鏃の意義―無茎式・短茎式鉄鏃との比較を通じて―」『静岡県埋蔵文化財調査研究所研究紀要』第 17 号　静岡県埋蔵文化財調査研究所　pp.53-64
大塚初重　1959　「大和政権の形成」『世界考古学大系』3　日本Ⅲ
尾上元規　1993　「古墳時代鉄鏃の地域性―長頸式鉄鏃出現以降の西日本を中心として―」『考古学研究』第 40 巻第 1 号　考古学研究会　pp.61-85

〔か行〕

加藤一郎　2008　「銅鏃の製作方法に関する覚書―衛門戸丸塚古墳出土品について―」『古代』第 121 号　早稲田大学考古学会　pp.61-74
川崎千虎　1889　「本邦武装沿革考」『国華』第 2 号　pp.17-21
河内一浩　2008　「矢のまつりごと―赤矢・黒矢―」『王権と武器と信仰』同成社　pp.668-676
河内春人　2010　「倭の五王と中国外交」『東アジア世界の成立』日本の対外関係 1　吉川弘文館　pp.141-163
川西宏幸　1990　「儀仗の矢鏃―古墳時代開始論として―」『考古学雑誌』第 76 巻第 2 号　日本考古学会　pp.36-62
―――　2004　『同型鏡とワカタケル　古墳時代国家論の再構築』同成社
川西宏幸・辻村純代　1991　「古墳時代の巫女」『博古研究』第 2 号　博古研究会　pp.1-26
河野一隆　1998　「副葬品生産・流通システム論―付・威信財消費型経済システムの提唱―」『中期古墳の展開と変革』埋蔵文化財研究集会　pp.41-74
川畑　純　2009　「前・中期古墳副葬鏃の変遷とその意義」『史林』第 92 巻第 2 号　史学研究会　pp.1-39
―――　2010 a　「古墳副葬矢鏃の生産・流通・保有・副葬」『古代学研究』185 号　古代学研究会　pp.1-20
―――　2010 b　「大型定角式鉄鏃の変遷と雲部車塚古墳の鉄鏃組成」『雲部車塚古墳の研究』兵庫県立考古博物館　pp.121-128
―――　2010 c　「伝雲部車塚古墳出土小札鋲留衝角付冑の製作過程」『雲部車塚古墳の研究』兵庫県立考古博物館　pp.173-178
―――　2011　「衝角付冑の型式学的配列」『日本考古学』第 32 号　日本考古学協会　pp.1-31
―――　2013　「古墳時代の矢の構造」『考古学研究』第 60 巻第 1 号　考古学研究会　pp.13-33
―――　2014　「武器埋納の展開と変遷」『七観古墳の研究―1947 年・1952 年出土遺物の再検討―』京都大学大学院文学研究科　pp.333-352
岸本直文　1995　「三角縁神獣鏡の編年と前期古墳の新古」『展望考古学』考古学研究会　pp.109-116
北野耕平　1963　「中期古墳の副葬品とその技術史的意義―鉄製甲冑における新技術の出現―」『近畿古文化論攷』吉川弘文館　pp.163-184
―――　1969　「五世紀における甲冑出土古墳の諸問題」『考古学雑誌』第 54 巻第 4 号　日本考古学会
―――　1976　「古墳の年代と被葬者の性格」『河内野中古墳の研究』大阪大学文学部国史研究

室研究報告第 2 冊　大阪大学
黒川眞頼　1893　「古代斧鉞弓箭説」『国華』第 47 号　pp.199-206
小久保徹ほか　1983　「埼玉県における古墳出土遺物の研究Ⅰ―鉄鏃について―」『研究紀要』埼玉県埋蔵文化財調査事業団　pp.1-73
後藤守一　1919　「銅鏃に就いて（1）～（6）」『考古学雑誌』第 10 巻第 1 号　pp.21-47，第 2 号 pp.92-96，第 3 号　pp.156-172，第 5 号　pp.264-284，第 6 号　pp.326-332，第 9 号　pp.477-484
─────　1939　「上古時代鉄鏃の年代研究」『人類学雑誌』第 54 巻第 4 号　東京人類学会　pp.1-28
─────　1940　「上古時代の冑」『刀と剣道』2―7（『日本古代文化研究』pp.400-432 所収）
小林謙一　1974 a　「甲冑製作技術の変遷と工人の系統（上）」『考古学研究』第 20 巻第 4 号　考古学研究会　pp.48-68
─────　1974 b　「甲冑製作技術の変遷と工人の系統（下）」『考古学研究』第 21 巻第 2 号　考古学研究会　pp.37-49
─────　1975　「弓矢と甲冑の変遷」『古代史発掘』第 6 巻　講談社　pp.98-102
─────　1983　「甲冑出土古墳の研究―眉庇付冑出土古墳について―」『文化財論叢』奈良国立文化財研究所創立 30 周年記念論文集　同朋舎　pp.105-113
小林行雄　1951　『日本考古学概説』　東京創元社
─────　1955　「古墳の発生の歴史的意義」『史林』第 38 巻第 1 号　史学研究会　pp.1-20
─────　1961　『古墳時代の研究』青木書店
─────　1965　「神功・応神紀の時代」『朝鮮学報』第 36 輯　朝鮮学会　pp.25-47
小森哲也　1984　「栃木県内古墳出土遺物考（Ⅰ）」『栃木県考古学会誌』第 8 集　栃木県考古学会　pp.53-92
近藤　敏　2003　「弓矢という道具の矢」『土曜考古』第 27 号　土曜考古学研究会　pp.115-144
─────　2008　「続・弓矢という道具の矢」『土曜考古』第 32 号　土曜考古学研究会　pp.73-101
近藤義郎　1983　『前方後円墳の時代』日本歴史叢書　岩波書店

〔さ行〕

阪口英毅　1998　「長方板革綴短甲と三角板革綴短甲―変遷とその特質―」『史林』第 81 巻第 5 号　史学研究会　pp.1-39
─────　2008　「いわゆる「鋲留技法導入期」の評価」『古代武器研究』Vol.9　古代武器研究会　pp.39-51
─────　2009　「前期・中期型甲冑の技術系譜」『月刊考古学ジャーナル』No.581　ニューサイエンス社　pp.7-11
─────　2010　「帯金式甲冑の成立」『遠古登攀』遠古登攀刊行会　真陽社
─────　2013　「⑨甲冑」『副葬品の型式と編年』古墳時代の考古学 4　同成社　pp.111-124
坂元義種　1981　『倭の五王』　教育社
佐藤慎・三浦知徳　1998　「鉄鏃」『象鼻山 1 号古墳―第二次発掘調査の成果―』養老町埋蔵文化財調査報告第 2 冊　養老町教育委員会　pp.72-77
茂山　護　1980　「二段逆刺を有する鉄鏃について」『宮崎県総合博物館研究紀要』第 5 輯　宮崎県総合博物館　pp.3-20
清水和明　1995　「古墳時代中期の甲冑製作技術に関する一考察」『考古学の世界』学習院考古会　pp.1-23
清水邦彦　2011　「古墳時代前・中期の漁具副葬Ⅱ」『考古学は何を語れるか』同志社大学考古学

シリーズⅩ　pp.321-332
白井克也　2003a　「馬具と短甲による日韓交差編年―日韓古墳編年の並行関係と暦年代―」『土曜考古』第 27 号　土曜考古学研究会　pp.85-114
─────　2003b　「新羅土器の型式・分布変化と年代観―日韓古墳編年の並行関係と暦年代―」『朝鮮古代研究』第 4 号　朝鮮古代研究刊行会　pp.1-42
白石太一郎　1969　「畿内における大型古墳群の消長」『考古学研究』第 16 巻第 1 号　考古学研究会　pp.8-26
下垣仁志　2003　「古墳時代前期倭製鏡の編年」『古文化談叢』第 49 集　九州古文化研究会　pp.19-50
─────　2005a　「連作鏡考」『泉屋博古館紀要』第 21 巻　泉屋博古館　pp.15-35
─────　2005b　「倭王権と文物・祭式の流通」『国家形成の比較研究』学生社　pp.76-99
─────　2008　「古墳複数埋葬の研究史と論点」『古代学研究』第 180 号　古代学研究会　pp.149-156
─────　2011　『古墳時代の王権構造』吉川弘文館
末永雅雄　1934　『日本上代の甲冑』岡書院
─────　1941　『日本上代の武器』弘文堂書房
─────　1969　「日本鉄鏃型式分類図」『古代学』第 16 巻第 2―4 号　古代学協会　pp.272-296
菅谷文則　1975　「前期古墳の鉄製ヤリとその社会」『橿原考古学研究所論集　創立 35 周年記念』吉川弘文館　pp.315-346
杉井健　1996　「漆塗り製品」『雪野山古墳の研究』報告編　八日市市教育委員会　pp.163-207
杉山秀宏　1988　「古墳時代の鉄鏃について」『橿原考古学研究所論集』第 8　吉川弘文館　pp.529-644
─────　2008　「両鎬造柳葉式銅鏃について―群馬県内の資料を中心に―」『成塚向山古墳群』財団法人群馬県埋蔵文化財調査事業団発掘調査報告書第 426 集
杉山晋作　1980　「古墳時代の銅鏃の二，三について」『古代探叢』滝口宏先生古稀記念考古学論集編集委員会　pp.181-205
鈴木一有　1995　「千人塚古墳の研究（1）―衝角付冑について―」『浜松市博物館館報』Ⅶ　浜松市博物館　pp.37-46
─────　1996　「三角板鋲系短甲について―千人塚古墳の研究（2）―」『浜松市博物館館報』Ⅷ　浜松市博物館　pp.23-45
─────　1999a　「古墳時代中期前半における鉄鏃組成」『五ヶ山Ｂ 2 号墳』浅羽町教育委員会　pp.93-99
─────　1999b　「鳥装の武人」『国家形成期の考古学』大阪大学考古学研究室開設 10 周年記念論文集　大阪大学考古学研究室
─────　2000　「交易される鉄鏃」『表象としての鉄器副葬』鉄器文化研究会　pp.75-94
─────　2002a　「鉄製武器・武具における型式学的研究の視座」『考古学における認識と実測』考古学技術研究会　pp.11-23
─────　2002b　「経ヶ峰 1 号墳の再検討」『三河考古』第 15 集　三河考古学談話会　pp.1-20
─────　2002c　「捩りと渦巻き」『東海の路―平野吾郎先生還暦記念―』東海の路刊行会　pp.261-282
─────　2003a　「二段逆刺鏃の象徴性」『静岡県考古学研究』35　静岡県考古学会　pp.73-90
─────　2003b　「中期古墳における副葬鏃の特質」『帝京大学山梨文化財研究所研究報告』第 11 集　帝京大学山梨文化財研究所　pp.49-70

――― 2003 c 「後期古墳に副葬される特殊鉄鏃の系譜」『研究紀要』第 10 号　静岡県埋蔵文化財調査研究所　pp.217-236
――― 2004 a 「平根系鉄鏃の諸相」『古代武器研究』vol.5　古代武器研究会　pp.36-46
――― 2004 b 「下開発茶臼山 9 号墳出土甲冑の検討」『下開発茶臼山古墳群Ⅱ―第 3 次発掘調査報告書―』辰口町教育委員会　pp.119-126
――― 2008 a 「前胴長方形分割の三角板短甲」『森町円田丘陵の古墳群』静岡県埋蔵文化財調査研究所調査報告第 186 集　静岡県埋蔵文化財調査研究所　pp.271-283
――― 2008 b 「古墳時代の甲冑にみる伝統の認識」『王権と武器と信仰』同成社　pp.718-729
――― 2009 「中期型冑の系統と変遷」『月刊考古学ジャーナル』No.581　ニューサイエンス社　pp.12-16
――― 2010 「古墳時代後期の衝角付冑」『待兼山考古学論集Ⅱ―大阪大学考古学研究室 20 周年記念論集―』大阪大学考古学研究室　pp.503-523
鈴木靖民　1985 「倭の五王の外交と内政―府官制的秩序の形成―」『日本古代の政治と制度』林陸朗先生還暦記念会　続群書類従完成会　pp.3-41
清喜裕二　2010 「三角板鋲留異形衝角付冑をめぐるいくつかの問題」『雲部車塚古墳の研究』兵庫県立考古博物館研究紀要第 3 号　兵庫県立考古博物館　pp.129-138
清家　章　1996 「副葬品と被葬者の性別」『雪野山古墳の研究』考察編　八日市市教育委員会　pp.175-200
――― 1998 「女性首長と軍事権」『待兼山論叢』史学篇第 32 号　大阪大学文学部　pp.25-47
――― 2009 「古墳時代における父系化の過程」『考古学研究』第 56 巻第 3 号　考古学研究会　pp.55-70
――― 2010 『古墳時代の埋葬原理と親族構造』大阪大学出版会
清野孝之　1999 「古墳副葬漁撈具の性格」『国家形成期の考古学』大阪大学考古学研究室　pp.307-321
関　義則　1986 「古墳時代後期鉄鏃の分類と編年」『日本古代文化研究』第 3 号　古墳文化研究会　pp.5-20
――― 1991 「逆刺独立三角・柳葉形鉄鏃の消長とその意義」『埼玉考古学論集』埼玉県埋蔵文化財調査事業団　pp.683-709

〔た行〕

高木恭二　1981 「圭頭斧箭式鉄鏃について」『城二号墳』宇土市埋蔵文化財調査報告書第 3 集　pp.44-71
――― 1982 「圭頭斧箭式鉄鏃再考」『肥後考古』第 2 号　pp.36-41
高田貫太　1998 「古墳副葬鉄鉾の性格」『考古学研究』第 45 巻第 1 号　考古学研究会　pp.49-70
高田健一　1996 a 「鉄鏃」『雪野山古墳の研究』報告編　八日市市教育委員会　pp.137-143
――― 1996 b 「古墳時代銅鏃の生産と流通」『雪野山古墳の研究』考察編　八日市市教育委員会　pp.215-224
――― 1997 「古墳時代銅鏃の生産と流通」『待兼山論叢』第 31 号史学篇　大阪大学文学部　pp.1-23
高橋克壽　1993 「4 世紀における短甲の変化」『紫金山古墳と石山古墳』京都大学文学部博物館
高橋　工　1987 「大塚古墳出土甲冑の編年的位置」『摂津豊中大塚古墳』豊中市文化財調査報告第 20 集　豊中市教育委員会　pp.141-148
――― 1995 「東アジアにおける甲冑の系統と日本―特に 5 世紀までの甲冑製作技術と設計

　　　　　　　思想を中心に─」『日本考古学』第 2 号　日本考古学協会　pp.139-159
滝沢　誠　1988　「長野県松本市桜ヶ丘古墳の再調査」『信濃』第 40 巻第 10 号　信濃史学会
　　　pp.941-954
　──────　1991　「鋲留短甲の編年」『考古学雑誌』第 76 巻第 3 号　日本考古学会　pp.16-61
　──────　1994　「甲冑出土古墳からみた古墳時代前・中期の軍事編成」『日本と世界の考古学』
　　　岩崎卓也先生退官記念論文集編集委員会
　──────　2001　「多田大塚古墳群出土の短甲をめぐって」『静岡県の前方後円墳─個別報告編─』
　　　静岡県文化財報告書第 55 集　静岡県教育委員会　pp.61-67
　──────　2008　『古墳時代中期における短甲の同工品に関する基礎的研究』静岡大学人文学部
田中晋作　1981　「武器の所有形態からみた古墳被葬者の性格」『ヒストリア』第 93 号　大阪歴
　　　史学会
　──────　1988　「『摂津豊中大塚古墳』」『古代学研究』第 116 号　古代学研究会　pp.116-134
　──────　1991 a　「古市古墳群・百舌鳥古墳群の鉄鏃」『盾塚　鞍塚　珠金塚』由良大和古代文
　　　化研究協会　pp.211-247
　──────　1991 b　「武具」『古墳時代の研究』8 巻　古墳Ⅱ　副葬品　雄山閣　pp.39-55
　──────　1995　「古墳時代中期における軍事組織について」『考古学研究』第 41 巻第 4 号　考
　　　古学研究会　pp.96-103
　──────　2001 a　『百舌鳥・古市古墳群の研究』学生社
　──────　2001 b　「銅鏃について」『古代武器研究』第 2 号　古代武器研究会　pp.53-61
　──────　2003　「古墳に副葬された武器の組成変化について」『日本考古学』第 15 号　日本考
　　　古学協会　pp.11-33
田中新史　1975　「五世紀における短甲出土古墳の一様相」『史館』5　史館同人　pp.80-103
　──────　1978　「御嶽山古墳出土の短甲」『考古学雑誌』第 64 巻第 1 号　日本考古学会　pp.28
　　　-44
　──────　1995　「古墳時代中期前半の鉄鏃（1）」『古代探叢Ⅳ─滝口宏先生追悼考古学論集─』
　　　早稲田大学出版部　pp.247-308
　──────　1999　「古墳時代中期前半の鉄鏃（2）」『土筆』第 5 号　土筆舎　pp.171-328
　──────　2004　「古墳時代中期前半の鉄鏃（3）─中枢域の事例分析─」『土筆』第 8 号　土筆
　　　舎　pp.505-599
田中良之　1995　『古墳時代親族構造の研究』ポテンティア叢書 39　柏書房
塚本敏夫　1993　「鋲留甲冑の技術」『月刊考古学ジャーナル』No.366　ニューサイエンス社　pp.22
　　　-26
都出比呂志　1988　「古墳時代首長系譜の継続と断絶」『待兼山論叢』史学篇第 32 号　大阪大学
　　　文学部　pp.1-16
　──────　1991　「日本古代の国家形成論序説─前方後円墳体制の提唱─」『日本史研究』第 343
　　　号　日本史研究会　pp.5-39
　──────　1996　「国家形成の諸段階　首長制・初期国家・成熟国家」『歴史評論』第 551 号　校
　　　倉書房　pp.3-16
寺沢　薫　1984　「纒向遺跡と初期ヤマト政権」『橿原考古学研究所論集』第 6　吉川弘文館
　　　pp.35-72
　──────　1988　「纒向型前方後円墳の築造」『同志社大学考古学シリーズⅣ　考古学と技術』明
　　　文社　pp.99-111
戸田　智　1976　「古墳時代の鉄鏃および弓の機能的分析」『古代学研究』79 号　古代学研究会

豊島直博　2000a　「鉄器埋納施設の性格」『考古学研究』第46巻第4号　考古学研究会　pp.76-92
─────　2000b　「古墳時代中期の畿内における軍事組織の変革」『考古学雑誌』第85巻第2号　日本考古学会　pp.31-52
─────　2002　「後期古墳出土鉄鏃の地域性と階層性」『文化財論叢Ⅲ』奈良文化財研究所学報第65冊　奈良文化財研究所　pp.85-96
─────　2008　『古墳時代前期の鉄製刀剣』 2005（平成17）年度〜2007（平成19）年度科学研究費補助金（若手B）研究成果報告書　奈良文化財研究所
─────　2010　『鉄製武器の流通と初期国家形成』塙書房

〔な行〕

直木孝次郎　1958　「人制の研究」『日本古代国家の構造』青木書店
南部裕樹　2001　「銅鏃・鉄鏃」『寺戸大塚古墳の研究Ⅰ』前方部副葬品研究編　向日市埋蔵文化財センター　pp.87-110
西岡千絵　2005　「計測値からみた短頸鏃と長頸鏃」『古文化談叢』第53集　九州古文化研究会　pp.47-61
西川　宏　1961　「陪塚論序説」『考古学研究』第8巻第2号　考古学研究会　pp.10-23
─────　1966　「武器」『古墳時代（下）』日本の考古学第5巻　河出書房　pp.251-273
西嶋定生　2000　『古代東アジア世界と日本』岩波書店
西嶋剛広　2012　「熊本地域出土鋲留短甲の検討　編年的位置付けと配布の背景」『マロ塚古墳出土品を中心にした古墳時代中期武器武具の研究』国立歴史民俗博物館研究報告第173集　国立歴史民俗博物館　pp.381-409
野上丈助　1968　「古墳時代における甲冑の変遷とその技術史的意義」『考古学研究』第14巻第4号　考古学研究会　pp.12-43
─────　1975　「甲冑製作技法と系譜をめぐる問題点・上」『考古学研究』第21巻第4号　考古学研究会　pp.34-58
野島　永　1991　「鉄鏃」『権現山51号墳』権現山51号墳発掘調査団　pp.101-104
─────　1995　「京都府の古墳時代鉄鏃」『京都府埋蔵文化財情報』第55号　京都府埋蔵文化財センター　pp.54-62

〔は行〕

橋本達也　1995　「古墳時代中期における金工技術の変革とその意義─眉庇付冑を中心として─」『考古学雑誌』第80巻第4号　日本考古学会　pp.1-33
─────　1996　「古墳時代前期甲冑の技術と系譜」『雪野山古墳の研究』考察編　八日市市教育委員会　pp.255-292
─────　1998　「竪矧板・方形板革綴短甲の技術と系譜」『青丘学術論集』第12集　韓国文化研究振興財団　pp.47-76
─────　1999　「野毛大塚古墳出土甲冑の意義」『野毛大塚古墳』本文篇　世田谷区教育委員会・野毛大塚古墳調査会　pp.282-295
─────　2002　「九州における古墳時代甲冑─総論にかえて─」『月刊考古学ジャーナル』№496　ニューサイエンス社　pp.4-7
─────　2004　「永浦4号墳出土副葬品の意義─甲冑・鉄鏃を中心として─」『永浦遺跡─第1次・第2次調査─』古賀市文化財調査報告書第35集　古賀市教育委員会　pp.153-168

――――　2005　「古墳時代中期甲冑の出現と中期開始論―松林山古墳と津堂城山古墳から―」『待兼山考古学論集―都出比呂志先生退任記念』大阪大学考古学友の会　pp.539-556

――――　2010　「古墳時代中期甲冑の終焉とその評価―中期と後期を分かつもの―」『待兼山考古学論集』Ⅱ　大阪大学考古学研究室　pp.465-480

――――　2012　「第5部　古墳時代甲冑研究の現状」『マロ塚古墳出土品を中心にした古墳時代中期武器武具の研究』国立歴史民俗博物館研究報告第173集　pp.565-608

――――　2013　「祇園大塚山古墳の金銅装眉庇付冑と古墳時代中期の社会」『祇園大塚山古墳と5世紀という時代』六一書房　pp.57-83

橋本達也・鈴木一有　2014　『古墳時代甲冑集成』大阪大学大学院文学研究科

初村武寛　2010　「古墳時代中期における小札式付属具の基礎的検討―付属具を構成する小札の用途と装着部位―」『洛北史学』第12号　洛北史学会　pp.92-118

濱田耕作・梅原末治　1926　「日本発見銅鏃聚成表」『切利支丹遺物の研究』京都帝国大学文学部考古学研究報告第7冊

福尾正彦　1987　「眉庇付冑の系譜―その出現期を中心に―」『東アジアの考古と歴史』同朋舎　pp.135-167

――――　2003　「古墳時代後期の鉄製冑」『古墳時代東国における渡来系文化の受容と展開』専修大学文学部　pp.31-40

福永伸哉　1994　「仿製三角縁神獣鏡の編年と製作背景」『考古学研究』第41巻第1号　考古学研究会　pp.47-71

――――　2005a　「いわゆる継体朝における威信財変化とその意義」『井ノ内稲荷塚古墳の研究』大阪大学考古学研究室　pp.515-524

――――　2005b　『三角縁神獣鏡の研究』大阪大学出版会

藤井大祐　2003　「南九州古墳時代鉄鏃集成」『前方後円墳築造周縁域における古墳時代社会の多様性』九州前方後円墳研究会

藤井陽輔・米田文孝　2013　「珠金塚古墳北槨出土三角板鋲留短甲の保存修理と再検討」『関西大学博物館紀要』19　関西大学博物館　pp.1-14

藤田和尊　1984　「頸甲編年とその意義」『関西大学考古学研究紀要』4　関西大学考古学研究室　pp.55-72

――――　1988　「古墳時代における武器・武具保有形態の変遷」『橿原考古学研究所論集』第8　吉川弘文館　pp.425-510

――――　1993　「陪塚考」『関西大学考古学研究室開設四十周年記念　考古学論叢』

――――　2006　『古墳時代の王権と軍事』学生社

古谷毅　1988　「京都府久津川車塚古墳出土の甲冑―"いわゆる一枚錣"の提起する問題―」『MUSEUM』第445号　東京国立博物館　pp.4-17

――――　1996　「古墳時代甲冑研究の方法と課題」『考古学雑誌』第81巻第4号　日本考古学会　pp.58-85

北條芳隆　1994　「鍬形石の型式学的研究」『考古学雑誌』第79巻第4号　日本考古学会　pp.41-66

〔ま行〕

松尾昌彦　2008　「考古学から見た軍事編成―古墳出土の武器・武具・馬具の検討を通じて―」『国家形成の考古学』現代の考古学7　朝倉書店　pp.90-111

松木武彦　1991　「前期古墳副葬鏃の成立と展開」『考古学研究』第37巻第4号　考古学研究会

pp.29-58
――――　1992　「銅鏃の終焉―長法寺南原古墳出土の銅鏃をめぐって―」『長法寺南原古墳の研究』大阪大学文学部考古学研究報告第2冊　大阪大学南原古墳調査団　pp.101-116
――――　1995　「考古資料による軍事組織研究の現状と展望」『展望考古学』考古学研究会40周年記念論集　考古学研究会　pp.148-153
――――　1996　「前期古墳副葬鏃群の成立過程と構成―雪野山古墳出土鉄・銅鏃の検討によせて―」『雪野山古墳の研究』考察編　八日市市教育委員会　pp.351-384
――――　2003　「古墳出現期の鉄鏃の一様相―腸抉三角形鉄鏃について―」『初期古墳と大和の考古学』学生社　pp.351-360
――――　2004　「戦闘用鏃と狩猟用鏃―打製石鏃大形化の再検討―」『古代武器研究』vol.5　古代武器研究会　pp.29-35
――――　2005　「日本列島の武力抗争と古代国家形成」『国家形成の比較研究』学生社　pp.61-75
――――　2007　『日本列島の戦争と初期国家形成』東京大学出版会
――――　2010　「古墳時代中期短甲の変遷とその背景」『待兼山考古学論集』Ⅱ　大阪大学考古学研究室　pp.465-480
水野敏典　1993　「古墳時代後期の軍事組織と武器副葬」『古代』第96号　早稲田大学考古学会　pp.74-104
――――　1995　「東日本における古墳時代鉄鏃の地域性」『古代探叢Ⅳ―滝口宏先生追悼考古学論集―』滝口先生追悼考古学論集編集委員会　pp.423-441
――――　2003a　「古墳時代中期における鉄鏃の分類と編年」『橿原考古学研究所論集』第14　吉川弘文館　pp.255-276
――――　2003b　「古墳時代中期における日韓鉄鏃の一様相」『帝京大学山梨文化財研究所研究報告』第11集　帝京大学山梨文化財研究所　pp.71-80
――――　2003c　「日韓鉄鏃に見る相対年代観―古墳時代中期を中心として―」『新世紀の考古学―大塚初重先生喜寿記念論文集―』大塚初重先生喜寿記念論文集刊行会　pp.385-400
――――　2007　「古墳時代鉄鏃研究の諸問題―東アジアの中の鉄鏃様式の展開―」『古代武器研究』第8号　古代武器研究会　pp.39-51
――――　2008　「古墳時代前期柳葉式鉄鏃の系譜」『橿原考古学研究所論集』第15　橿原考古学研究所　pp.173-191
村井嵩雄　1974　「衝角付冑の系譜」『東京国立博物館紀要』第9号　pp.1-216
――――　1978　「古墳時代の冑―衝角付冑の新形式を中心として―」『法政考古学』第2集　法政考古学会　pp.3-12
――――　1988　「古墳時代の甲冑―その源流について―」『考古学論考』斉藤忠先生頌寿記念論文集刊行会　吉川弘文館　pp.693-722
村上恭通　1998　『倭人と鉄の考古学』青木書店
――――　2003　「大和における古墳副葬鏃の形成―ホケノ山古墳出土品を中心に―」『初期古墳と大和の考古学』学生社　pp.340-350
――――　2007　『古代国家成立過程と鉄器生産』青木書店
森　浩一　1963　「日本出土銅鏃地名表・銅鏃集成図」『北玉山古墳』関西大学文学部考古学研究紀要第1冊　関西大学文学部考古学研究室　pp.65-77
森下章司　1998　「鏡の伝世」『史林』第81巻第4号　史学研究会　pp.1-34
森本六爾　1929　「銅鏃考察と本古墳出土例の占むる位置」『川柳村将軍塚の研究』信濃教育会更

級部会更級郡史料第 1 輯　pp.58-67

〔や行〕

柳本照男　1993　「古墳時代における武装具研究の現状と課題」『月刊考古学ジャーナル』No.366　ニューサイエンス社　pp.2-5

山田琴子　2002　「小札鋲留衝角付冑と横矧板鋲留衝角付冑」『溯航』第 20 号　早稲田大学大学院文学研究科考古談話会　pp.16-36

横須賀倫達　2009 a　「後期型鉄冑の系統と系譜」『月刊考古学ジャーナル』No.581　ニューサイエンス社　pp.17-21

───　2009 b　「渕の上 1・2 号墳出土遺物の調査と研究」『福島県立博物館紀要』第 23 号　福島県立博物館　pp.59-102

吉田　晶　1973　『日本古代国家成立史論』東京大学出版会

───　1993　「古代における住民の武装と国家的軍制」『歴史評論』第 514 号　校倉書房　pp.69-86

───　1999　「東アジアの国際関係と倭王権─三世紀後半から五世紀まで─」『戦いの進化と国家の形成』東洋書林

吉村和昭　1988　「短甲系譜試論─鋲留技法導入以後を中心として─」『橿原考古学研究所紀要考古学論攷』第 13 冊　奈良県立橿原考古学研究所　pp.23-39

───　2014　『三次元レーザー計測を利用した古墳時代甲冑製作の復元的研究』奈良県立橿原考古学研究所

〔わ行〕

和田晴吾　1987　「古墳時代の時期区分をめぐって」『考古学研究』第 34 巻第 2 号　考古学研究会　pp.44-55

───　2004　「古墳文化論」『東アジアにおける国家の形成』日本史講座第 1 巻　東京大学出版　pp.167-200

渡辺　仁　1986　「北東アジア猟漁民の猟漁システムの特徴とその先史学的・進化的意義─1─銛漁と弓矢漁」『麗沢大学紀要』第 43 巻　pp.1-24

あとがき

　北海道は札幌市に生まれ育ち，二十歳を過ぎるまで古墳をみたことも無かったような筆者が，今こうして古墳時代に関する一書を上梓したのだから，我ながら何とも不思議なものである。ただ，改めて熟々と頁を捲っていると，自身の興味の始点が，テレビゲームの中で「はがねのつるぎ」や「てつかぶと」を身に纏い，敵と戦うことに熱中していた小さい頃にあったのだろうと思い至らされる。

　そのような学問的には「不純な」動機で出発した筆者がこうして曲がりなりにも研究を進めることができたのは，何よりも自身の置かれた環境の幸運さによるところが大きい。京都大学の考古学研究室に配属となった学部3回生の頃には，大阪府紫金山古墳の発掘調査・遺物の報告作業が進められており，僅かばかりではあるが発掘作業や遺物の実測に関わらせていただくことができた。その後も，兵庫県亀山古墳，奈良県五條猫塚古墳，岐阜県遊塚古墳，兵庫県雲部車塚古墳，大阪府七観古墳といった学史上著名な資料の報告や再整理作業が「偶々」周囲で進められていく中で，そうした作業に参加させていただくことができた。その過程で多くの資料と出会い，また，多くの気鋭の研究者と作業を共にさせていただくことで自身の研究の素地を作り上げることができた。

　修士課程・博士後期課程の在籍中にアルバイトをさせていただいた元興寺文化財研究所では鉄製品を徹底的に観察し，X線画像とにらめっこを続ける中で，錆に塗れた鉄製品からどのようにしてデータを引き出し，調書を取り，図化を進めるのかを徹底的に学ばせていただいた。遺物の詳細な観察に基づく研究スタイルはその中で培われたものである。

　大阪府玉手山3号墳の発掘調査では小札革綴冑の，京都府鞍岡山3号墳の発掘調査では方形板から長方板革綴短甲への移行を示す短甲といった稀少な資料の出土を目の当たりにし，その後も整理作業をおこなえたことは，まさしく僥倖以外の何ものでもない。これらの作業の中には未だ正式な成果報告ができていないものも多く，偏に筆者の怠慢によるところだが，筆者の今があるのは類

い稀な幸運によるものであることを今一度噛みしめて、自身を戒めて今後も努めていきたいと思う。

本書は2012年3月に京都大学大学院文学研究科に提出した博士論文を骨子としているが、その後の研究の進展による成果を大きく加えている。また、全体の構成を考え割愛した章もある。各章の初出は以下の通りである。

序章　新稿
第1章　「前・中期古墳副葬鏃の変遷とその意義」『史林』第92巻第2号　史学研究会　pp.1-39　2009年
第2章　「古墳時代の矢の構造」『考古学研究』第60巻第1号　考古学研究会　pp.13-33　2013年
第3章　「古墳副葬矢鏃の生産・流通・保有・副葬」『古代学研究』185号　古代学研究会　pp.1-20　2010年
第4章　「衝角付冑の型式学的配列」『日本考古学』第32号　日本考古学協会　pp.1-31　2011年
第5章　新稿
第6章　新稿
第7章　新稿
第8章　新稿
終章　「武器埋納の展開と変遷」『七観古墳の研究―1947年・1952年出土遺物の再検討―』　京都大学大学院文学研究科　pp.333-352　2014年　を基に再構成。

本書の内容には、日本学術振興会研究費補助金（平成21・22年度特別研究員奨励費「古墳時代における武具の生産・流通・保有・副葬の総合的研究」）、平成23年度財団法人高梨学術奨励基金調査研究助成（「眉庇付冑の型式学的研究―格差表象システムの転回序論―」）、日本学術振興会科学研究費助成金（若手研究（B））（平成24〜27年度「甲冑編年の再構築に基づくモノの履歴と扱いの研究」）による研究成果を含んでいる。また、本書を刊行するにあたり、京都大学の「平成26年度総長裁量経費　優秀な課程博士論文の出版助成制度」による助成を受けた。

あとがき

　博士論文の執筆にあたっては，京都大学大学院文学研究科の泉拓良先生，上原真人先生，吉井秀夫先生に多大なご指導・ご鞭撻を賜った。資料の調査にあたっては各機関・多くの方々に多大なご迷惑をおかけし，ご協力・ご教示をいただいた。本来ならば逐一機関名・御芳名を挙げるべきところだが紙幅の都合上割愛をさせていただいた。御寛恕を願うばかりである。大学在籍中には諸先輩・後輩と多くの議論を交わすことができ，今も多くの刺激を受け続けている。特に在学中には古墳時代・鉄器研究を専門とする多くの先輩・後輩と机を並べることができた。これもまた私が得た僥倖の一つである。

　奈良文化財研究所に奉職してからは，未知・不勉強な専門・分野の多くの研究者の仕事と発想・思考を目の当たりにすることができ，これまでとは異なる興味関心とこれまでの研究への自省を得ることができた。

　また，細かな分析を心掛け志向しつつも，詰めの甘い自身の性格を反映してか，当初の原稿からここまで辿り着くには紆余曲折の連続であった。その過程で京都大学学術出版会の國方栄二氏には，あまりにも未熟な拙著の編集・校正の過程で多大なご迷惑をおかけした。多くの方々のお陰で本書があることに改めて感謝を申し上げたい。

　最後に，日々気の赴くままに好き勝手に過ごす私を支えてくれている妻と，義父・義母，そして先の不確かな道に入ることを快く許し見守ってくれた母に御礼を申し上げたい。そして何よりも，博士論文の提出を前に亡くなった父に本書を捧げることをお許しいただきたい。

　　2015年1月

　　　　　　　　　　　　　　　　　　　　　　　　　　　川畑　純

索　引

[あ行]

会津大塚山　19, 31, 32, 79, 82, 83, 262〜264, 267, 270, 271, 327
青塚　107, 129, 130, 134, 137, 225, 332
安久路2号　121, 122, 134, 225
朝日谷2号　21, 290, 339
阿志岐B26号　24, 78, 81, 82, 78, 81, 82, 87
遊塚　24, 31, 32, 37, 38, 48〜50, 60, 61, 75, 314, 330, 353
愛宕塚　86, 335
愛宕山　22, 25, 28, 29, 61, 87, 332
アリ山　24, 288, 290, 295, 302, 335
池ノ内古墳群　273, 274, 279, 333
池殿奥支群5号　215, 262, 267, 268
恵解山　55, 56, 63, 69, 109, 117, 118, 134, 135, 137, 203, 225, 227, 288, 290, 345, 332, 338
恵解山1号　109, 117, 118, 134, 203, 225, 227
恵解山2号　135, 137
石鎚山1号　21, 263, 338
石ノ形　25, 201, 204, 217, 219, 222, 329
石山　34, 64, 225, 226, 288, 290, 295, 314, 331, 339, 347
和泉黄金塚　23, 24, 29, 32, 34, 226, 227, 262, 271, 335
市条寺1号　78, 85
一連式　105, 107, 113, 114, 125, 128, 132, 134, 135
伊藤勇輔　144, 334, 343
稲童21号　160, 171, 172, 200, 203, 204, 211〜213, 239, 242, 250, 251, 326
今井1号　127, 128, 134, 333
今井堯　12, 343
入江内湖　52〜54, 59, 64, 332
上田蝦夷森1号　129, 133, 134, 327
上殿　246, 256, 290, 295, 333
魚津知克　54, 343
宇治二子山南　19, 25, 34, 85, 86, 129, 131, 134, 200, 201, 203, 205, 206, 213, 215, 219, 222, 240, 149, 252
後谷　200, 213
後出古墳群　273, 276〜281, 333, 334
後出2号　22, 23, 34, 200, 201, 204, 205, 208, 292, 296
後出3号　25, 201〜203, 205, 206, 215, 216, 220, 262, 271, 272
後出7号　200, 203, 205, 206, 208, 222, 288
後胴裾板二分割　200, 214, 281
後山無常堂　161, 172, 173, 331
内山敏行　133, 144, 146, 328, 343
内和田5号　26, 27, 332
梅原末治　12, 332〜334, 336, 337, 340, 350
浦間茶臼山　19, 27, 286, 288, 290, 337
永明寺　129, 132, 134, 328
江田船山　129, 134, 200, 201, 204, 205, 211, 215, 220, 288, 292, 340
円照寺墓山1号　111, 112, 127, 134, 135, 201, 203, 205, 206, 296, 298, 303, 334
大迫山1号　48, 49, 338
大代　23, 25, 35, 37, 338
大須二子山　129, 132, 134, 330
大谷　11, 13, 21, 70, 135, 144, 146, 200, 205, 223, 229, 292, 328, 335, 343, 344
大谷晃二　144, 146, 343
大塚越　226
大塚初重　98, 327, 329, 330, 343, 344, 351
大宮　131, 133, 134, 328
尾上元規　33, 344
小木原1号　111, 128〜131, 134, 201, 205, 225, 341
御獅子塚　125, 126, 127, 134, 158, 167, 169, 176〜178, 200, 203, 225, 227, 262, 274〜276, 279, 280, 292, 335
小田茶臼塚　129, 134, 201, 205, 218, 222, 225, 339
小野王塚　24, 32, 34, 55, 56, 155〜157, 167〜169, 175, 176, 186, 203, 215, 219, 222, 228, 243, 244, 248, 249, 326, 336

[か行]

外接式　105, 107, 113, 114, 125, 128, 132〜136, 138〜140, 227, 229, 239, 240, 251
外接被覆式　105, 107, 113, 114, 134, 135
加工先行型　47, 50, 51, 66, 73, 74, 90
樫山　127, 128, 134, 341

交野東車塚　121～123, 134, 226, 335
勝浦井ノ浦　290, 298
勝浦14号　290, 298, 339
カトンボ山　314
金蔵山　19, 83, 84, 337
亀山　19, 25, 74, 157, 158, 167, 171, 200, 201, 204, 205, 215, 288, 292, 336, 338, 353
カヤガ谷6号　86, 91
川上　25, 34, 129, 132, 134, 200, 204, 211, 222, 225, 339
河内春人　318, 344
川西宏幸　13, 45, 79, 332, 344
瓦谷1号　21, 262, 264, 265, 292, 332
寛弘寺75号　129, 132, 134, 136, 146, 149, 164～166, 168～170, 173, 174, 176, 177, 178, 184, 238, 335
祇園大塚山　152～154, 157, 159, 165, 166, 179, 253, 328, 350
私市円山　119, 122～124, 134, 136, 225, 262, 332
岸ヶ前2号　126, 127, 134, 225, 227, 332
北玉山　21, 22, 26, 29, 39, 335, 351
北野耕平　189, 334～336, 344
狐塚　27, 32, 117, 118, 128, 134, 274～276, 279, 280, 327, 335
近代　119, 121, 122, 124, 134, 136, 200, 203, 213, 225, 331
管鋲留法　147, 148, 166, 167, 170, 171, 173, 175～177
口巻き　11, 16, 38, 45, 53, 73, 75～79, 81～83, 85～91
久津川車塚　109, 117～119, 134, 135, 137, 150, 236, 288, 295, 296, 332, 350
雲部車塚　109～111, 118, 125～127, 134, 288, 296, 336, 344, 347, 353
供養塚　201, 205, 215
鞍塚　24, 25, 29, 31, 32, 34, 55, 56, 122～124, 134, 138, 197, 210, 222, 223, 225, 227, 228, 335, 348
黒田長山4号　200, 201, 204, 217, 219
黒塚　21, 23, 26～28, 286, 288, 290, 299, 312, 315, 334
黒姫山　129, 130, 133, 134, 159, 160, 167, 171, 172, 200, 201, 203, 204, 209, 213, 215, 216, 218, 222, 239, 241, 254, 283, 288, 292, 296～299, 303, 317, 335
弘住3号　78, 79, 338

神門4号　21, 26, 27, 290, 328
五ヶ山B2号　25, 121, 122, 134, 202, 210, 222, 223, 225, 292, 296, 329, 346
古郡家1号　225, 226, 338
小札鋲留衝角付冑　32, 40, 98, 99, 110, 111, 125, 236, 237, 243, 275, 344, 352
小札鋲留眉庇付冑　32, 214, 243, 249, 251
腰巻板鋲列　146, 149, 164, 176, 177, 180, 181, 184
五條猫塚　19, 22, 25, 32, 34, 55, 56, 69, 84, 155～157, 161, 167, 169, 170, 173, 176, 177, 179, 237, 241, 290, 292, 308, 309, 311, 317, 334, 353
小谷13号　201, 203, 217, 219
固定式　46, 54, 55, 64～66, 68～71
後藤守一　11, 12, 98, 329, 330, 345
琴平山　131, 133, 134, 331
小林謙一　98, 99, 143～145, 151, 161, 190, 191, 339, 345
小林行雄　189, 336, 339, 340, 345
個別組成　35, 39～43, 90, 256
小松　24, 50, 51, 80, 81, 331, 332
権現山　51号22, 26～28, 34, 288, 336, 349
誉田御廟山　320

[さ行]

西都原4号　200, 201, 204, 205, 211, 215, 253, 296
阪口英毅　164, 191～194, 224, 226, 228, 243, 335, 336, 345
埼玉稲荷山　290, 298, 328
先刃式　17, 18, 20～22, 35, 36, 40
桜井茶臼山　290, 299, 312, 314, 315, 334
桜ヶ丘　135, 137, 329, 348
桜塚古墳群　273, 274, 276, 279
佐野八幡山　104, 121, 122, 134, 225, 327
三角板革綴衝角付冑　29, 40, 98, 99, 119, 197, 226, 227, 236, 237, 247, 252
三角板革綴短甲　29～32, 40, 189～192, 195, 210, 214, 223, 224, 226～228, 237, 238, 247, 249, 345
三角板鋲留衝角付冑　29, 119, 197, 237
三角板鋲留短甲　31, 40, 169, 189, 191～193, 195, 197～200, 203, 206～211, 213～218, 224, 227, 228, 237～239, 241, 243, 245, 249, 251～253, 350
山王金冠塚　131, 133, 134, 327

山王寺大桝塚　39, 327
三昧塚　85, 86, 107, 129, 132, 134, 200, 205, 220, 223, 290, 298, 327
三・横併用（短甲）　200, 206, 207, 209～211, 214～216, 218, 223, 281
椎名崎Ａ支群２号　57, 58, 328
椎名崎２号　19
心合寺山　119, 122, 124, 134, 355
紫金山　19, 21, 23, 27～29, 34, 82, 83, 87, 88, 288, 290, 294, 331, 335, 347, 353
軸鋲留法　147, 148, 166, 167, 170, 171, 173
七観　109, 117, 118, 122, 125, 134, 135, 137, 150, 210, 236, 241, 288, 292, 295, 296, 308, 311, 335, 344, 353, 354
七軒２号　57, 59, 327
質的格差表象システム（質差システム）　1, 2, 8, 143, 231, 309～313, 315～322
島内３号　200, 202, 203, 206, 213, 214, 222, 281
島内21号　129～131, 133, 134, 200, 202, 204, 225
島内76号　122, 134, 138, 204, 210～212, 225
島内81号　200, 204, 211, 222
島内115号　126, 127, 130, 134
島内地下式横穴墓群　281, 341
島の山　313
清水和明　144, 345
清水邦明　54
下開発茶臼山９号　109, 117, 118, 134, 223, 225, 331, 347
下垣仁志　312, 346
下北方５号　167, 168, 201, 249, 251, 292, 341
珠金塚　25, 34, 122～124, 127, 134, 197, 200, 203, 211～213, 222, 237, 250, 262, 296, 326, 335, 348, 350
上下接式　105, 106, 110, 111, 114, 125, 126, 128, 130, 133, 134, 135, 136, 138～140, 227, 239, 240
上接１式　104～106, 108, 114, 117, 118, 123, 134～136
上接２式　105, 106, 108, 110, 114, 117, 118, 121, 123, 134～137, 226, 235～237
上接３式　105, 106, 108, 110, 111, 114, 117, 118, 121, 123, 125～127, 134～138, 227
城谷口２号　63, 64
小鉄板（使用）　200, 206～211, 214～216, 218, 241, 281
浄土寺山　181, 182, 341

上内接式　105, 106, 110～112, 114, 117, 118, 123, 125～128, 130, 134, 135, 137, 138, 140, 227, 229, 237, 275
城ノ山　288, 290, 292, 297, 298, 335
城山１号　129, 134, 136, 328
松林山　27, 290, 292, 294, 329, 350
新開１号　122, 134, 150, 151, 155, 159～163, 166～168, 171～173, 175, 176, 178, 180, 182, 199, 200, 202, 203, 206, 209, 210, 237, 243, 296, 308, 332
芯差込法　147, 148, 166, 167, 171, 173, 176, 177
真浄寺２号　201, 205, 218, 219, 239, 253, 340
新原・奴山10号　292, 298
新鳳洞Ｂ１号　86
新山　288, 313, 334
随庵　24, 31, 32, 34, 109, 111, 112, 129, 130, 134, 200, 203, 213, 225, 228, 229, 337
吸坂丸山５号　86, 129～131, 331
末永雅雄　12, 98, 99, 143, 144, 189, 327, 333～335, 346
杉ノ原　109, 113, 127, 128, 134
杉山秀宏　12, 346
鈴木一有　13, 32, 33, 54, 62, 98, 99, 116, 132, 133, 191, 192, 329, 331, 340, 341, 346, 350
清家章　260, 279, 347
清野孝之　54, 347
セスドノ　24, 31, 32, 200, 204, 340,
全体組成　35, 39～43, 90, 256
装着先行型　47～51, 66, 73, 74, 90
象鼻山１号　21, 288, 290, 330, 345
園部垣内　19, 21, 37, 52, 57, 58, 60, 65, 288, 290, 294, 333

[た行]

大仙　152～154, 159, 165, 166, 224, 288, 297, 309, 320
田浦　223
高井田山　129, 134, 290, 292, 298, 335
高田健一　13, 26, 39, 347
高津尾遺跡12号　63～65, 340
高橋克壽　224, 347
高橋工　98, 347
高松茶臼山　286, 288
滝沢誠　98, 165, 166, 168, 191～193, 195, 196, 199, 228, 329, 348
多田大塚４号　200, 204, 211, 212
立切２号　86

盾塚　23〜25, 31, 32, 34, 121, 122, 134, 226, 247, 248, 252, 290, 326, 335, 348
竪矧板革綴衝角付冑　116, 117
竪矧板革綴短甲　39, 294
竪矧板鋲留衝角付冑　116, 117, 128, 236
竪矧板鋲留眉庇付冑　150
田中晋作　5, 348
田中新史　31, 60, 63, 190, 328, 335, 348
田中良之　260, 348
タニグチ1号　22, 29, 292, 334
短茎式　17〜19, 25, 36, 39, 40, 46, 47, 55〜66, 69, 70, 73, 75, 81, 84, 86〜92, 344
池山洞I〜3号　158, 167, 170, 171, 176
池山洞32号　135, 201, 204, 222, 217, 342
茶すり山　32, 66〜68, 117〜119, 121, 122, 134, 136, 138, 150, 236, 254, 262, 268, 288, 290, 292, 295, 296, 336
竹谷里94号　122, 134, 138, 342
長茎式　17, 65, 75, 92
朝光寺原1号　162, 163, 166, 175, 200, 225, 228, 288, 329
長法寺南原　290, 294, 333, 351
長方板革綴短甲　32, 40, 117, 169, 189〜192, 224, 226〜228, 236, 237, 243, 247, 249, 252, 253, 345, 353
塚堂　107, 129, 130, 134, 200, 215, 253, 288, 296, 340
月坂放レ山　200, 204, 208
月岡　23, 152〜154, 157, 159, 165, 166, 182, 238, 239, 241, 254, 288, 290, 295, 296, 308, 309, 312, 317, 340
月の輪　23, 37, 38, 76, 87, 88, 337, 343
造山　320
作山　320
津古生掛　21, 26, 27, 87, 340
堤当正寺　126, 127, 134, 225, 227, 340
椿井大塚山　19, 22, 27, 28, 34, 49, 50, 76, 80, 81, 87, 286, 288, 290, 299, 312, 315, 333
津屋崎41号　288, 297
鶴山　34, 107, 113, 126〜128, 134, 155, 157, 167, 168, 201, 205, 243, 244, 249, 253, 296, 327
鶴山丸山　313
寺戸大塚　22, 24, 27〜29, 31, 32, 34, 288, 333, 349
伝・岡崎　200, 204, 211
天神山7号　19, 78, 108, 109, 117, 118, 134, 225, 312, 331

東間部多1号　200, 204, 211, 328
東宮山　129〜131, 134, 339
杜谷43号　173, 174,
東大寺山　61, 288, 290, 294, 334
堂山　19, 21, 25, 61, 295, 296, 330, 336
堂山1号　30, 119, 122, 123, 134, 225, 288, 290, 336
年ノ神6号　24, 30〜32, 34, 336
土保山　45, 336
豊島直博　6, 349
豊富大塚　129, 132, 134, 160, 171, 172, 290, 298, 329
豊中大塚　25, 121, 122, 124, 134, 138, 227, 235, 248, 252, 274, 275, 296, 326, 336, 347, 348

[な行]
内接1式　105, 106, 111, 112, 114, 125, 127, 128, 130, 134〜136, 138, 227〜229
内接2式　105, 106, 112〜114, 125, 128, 130, 132〜136, 138, 139, 227, 229
内接3式　105, 107, 112〜114, 128, 132, 134〜136, 138, 140, 227, 229, 249
内場山　26, 27, 336
永浦4号　161, 173, 199, 200, 202, 203, 206, 207, 222, 225, 228, 340, 349
長坂二子塚　35, 37, 331
中山大塚　21, 23, 26〜28, 34, 334, 343
中八幡　25, 203, 215, 331
奈具岡北1号　262, 265, 266, 270, 271, 333
勿来金冠塚　131, 133, 134, 327
夏崎　162, 166, 175, 217, 222
七廻り鏡塚　19, 45, 52〜54, 59, 60, 87, 327
新沢千塚古墳群　281, 334
新沢115号　129, 134, 200, 202, 203, 205, 206, 225, 281
新沢139号　158, 167, 169, 170, 176, 212, 214, 223, 225, 228
新沢281号　127, 128, 134, 201, 205, 225,
ニゴレ　23, 123, 125, 135, 210, 212, 333
西一本杉ST 009　21, 26, 80, 81, 87, 90, 340
西岡千絵　20, 33, 349
西小山　152〜154, 157, 159, 164〜166, 179, 182, 200, 203, 205, 206, 222, 228, 288, 308, 336
西塚　107, 125〜128, 134, 332
西墓山　288, 295, 302, 336
西求女塚　19, 24, 27, 28, 31, 32, 34, 286, 288, 290, 337

索　引

西山谷　22, 28, 29, 290, 338
西分丸山　121, 122, 134, 170, 197, 340
二本松山　158, 167, 169, 170, 176, 200, 203, 211, 222, 225, 332
庭鳥塚　19, 25, 27, 29, 30, 34, 61, 74, 290, 294, 336
奴山5号　288, 295
根挟み　11, 16〜19, 37, 45〜55, 58〜71, 73〜75, 79, 81, 83〜92, 254, 264, 302
野上丈助　98, 190, 335, 349
野毛大塚　24, 30, 50, 51, 59, 61, 83, 84, 120, 122, 134, 225, 227, 262, 265, 266, 290, 295, 329, 349
野中　25, 29, 31, 32, 160, 171, 172, 176, 200, 201, 203, 204, 211, 213, 215〜218, 222, 239, 241, 245, 255, 283, 288, 290, 296〜298, 301, 303, 317, 336, 345
野山支群11号　262, 267

[は行]
白山藪　292
橋本達也　98, 144〜146, 149〜151, 154, 155, 157, 164, 194, 224, 246, 329, 349, 350
花野井大塚　200, 204, 208
濱田耕作　12, 350
林畔1号　200, 203, 205〜207, 288
祓川21号　86, 91
原山西手　111, 112, 128〜130, 134, 225, 229, 333
東耕地3号　201, 204, 216, 220, 328
東之宮　19, 24, 31, 32, 34, 330
雲雀山2号　201, 203, 217, 218
兵家12号　161, 172, 173, 177, 225, 228
平尾城山　21, 26〜28, 333
開き松　172, 173
平根系　12, 13, 54, 55, 61, 65, 69〜71, 347
非連結式　105, 107, 113, 114, 128, 133, 135
福尾正彦　144, 350
武具八幡　127, 128, 134, 201, 205, 207, 215, 216
藤田和尊　350
藤の木　304〜306
伏鉢一連・割開差込法　147〜149, 166, 167, 171, 173, 176, 177
船来山24号　35, 37
フネ　288, 297
古谷毅　123, 164, 350
分離式　46, 54, 55, 59, 60, 63〜66, 68〜71, 91, 92, 254, 256, 302
変形板（短甲）　200, 206, 207, 209, 210, 214, 217, 237, 308, 311
ベンショ塚　172, 173, 177, 225, 228
法皇塚　129, 132, 134, 328
方形板革綴短甲　24, 29, 39, 189, 194, 224, 226, 246, 265, 294, 349
坊主塚　129, 134, 201, 203, 215, 219, 222, 225, 333
ホケノ山　19, 24, 80, 81, 290, 334, 351
法花堂2号　85, 106, 126, 127, 134, 136, 200, 203, 206, 208, 225, 337

[ま行]
マエ塚　288, 294
前胴6段構成　191, 200, 203, 205, 207〜209, 211, 216, 225
曲2号　200, 202, 203, 205, 206, 208, 213, 222, 338
益子天王塚　107, 129, 131, 132, 134, 327
松木武彦　5, 13, 16, 54, 71, 191, 351
真名井　24, 27, 31, 32, 34, 82, 87, 336
丸井　22, 28, 29, 339
マロ塚　127, 134, 148, 162, 163, 166〜168, 175, 200, 204, 349, 350
望夷山城　200, 204, 211
三池平　21, 23, 26, 27, 34, 87, 290, 294, 330
水野敏典　13, 17, 33, 334, 351
溝口の塚　129, 132, 134, 200, 204, 208, 249, 250, 326, 329
見田・大沢1号　262, 268, 269, 334
御嶽山　24, 25, 32, 34, 85, 91, 199, 200, 203, 204, 206, 241, 242, 329, 348
三玉大塚　201, 205, 218, 219, 222
峯ヶ塚　86
宮山　106, 128〜131, 133, 134, 140, 200, 225, 227, 288, 292, 297, 337, 339
妙見山　21, 24, 27, 30, 34, 83, 290, 294, 333
妙前大塚　155〜157, 167, 169, 170, 176, 329
向出山1号　129, 134, 159, 160, 171, 172, 332
無圧式　17〜19, 36, 46, 48, 58〜60, 62, 64, 65, 70, 73, 75, 88, 89, 344
無顎式　17
六野原6号　121, 122, 134, 136, 138, 225, 341
六野原8号　157, 158, 167, 170, 171, 176, 229
六野原10号　160, 171, 200
村井嵩雄　99, 116, 146, 327, 328, 337, 338, 341,

351
メスリ山　23, 288, 290, 294, 334
女塚　19, 24, 27, 28, 31, 32, 34, 167, 229, 274, 286, 288, 290, 292, 298, 337
百舌鳥大塚山　30, 122, 123, 134, 288, 292, 295, 296, 336
元稲荷　21, 288, 292, 333
森尾　21, 23, 26〜28, 337
森本六爾　12, 352
文殊堂11号　210, 262, 330

[や行]
八重原1号　201, 203, 205, 218, 328
八里向山　86, 200, 204, 331
山田琴子　98, 327, 352
矢道長塚　313, 331
有頸式　17, 18, 20, 25, 36
有稜系　13, 41, 54
雪野山　21, 23, 26, 27, 34, 45, 55, 57, 65, 79〜81, 87, 88, 90, 288, 290, 332, 346, 347, 349, 351
湯山6号　167, 170, 176, 338
横接式　104, 105, 107, 108, 114, 117, 121, 123, 134〜138, 227, 235, 236

横矧板革綴短甲　189, 215, 216, 253
横矧板鋲留衝角付冑　31, 40, 98, 128, 133, 229, 249, 251, 352
横矧板鋲留短甲　32, 40, 127, 189, 190〜193, 195, 197〜200, 204, 205, 207〜211, 213〜218, 224, 239, 241, 243, 245, 249, 251〜253, 267
横矧板鋲留眉庇付冑　251
横刃式　17, 18, 20, 23, 24, 35, 36
吉村和昭　190〜193, 195, 334, 352

[ら行]
龍門寺1号　32
量的格差表象システム（量差システム）　1, 2, 8, 143, 231, 309〜312, 314〜322
蓮山洞　167, 169, 176, 201

[わ行]
若田大塚　200, 204, 208
綿貫観音山　306, 307, 328
和田山5号　155, 167, 168, 200,
倭の五王　317, 318, 336, 344, 345, 347
割開差込法　146〜149, 165〜167, 171, 173, 175〜177, 182

著者紹介

川畑　純（かわはた　じゅん）

独立行政法人国立文化財機構　奈良文化財研究所　研究員
京都大学博士（文学）
1982年　北海道生まれ
2006年　京都大学文学部卒業
2008年　京都大学大学院文学研究科修士課程修了
2011年　京都大学大学院文学研究科博士後期課程研究指導
　　　　認定退学
主な業績
「前・中期古墳副葬鏃の変遷とその意義」『史林』第92巻2号　史学研究会　2009年
「古墳副葬矢鏃の生産・流通・保有・副葬」『古代学研究』185号　古代学研究会　2010年
「衝角付冑の型式学的配列」『日本考古学』第32号　日本考古学協会　2011年

（プリミエ・コレクション60）

武具が語る古代史
――古墳時代社会の構造転換　　　　　　　　　　　　　©Jun Kawahata 2015

平成27（2015）年3月31日　初版第1刷発行

　　　　　　著　者　　川　畑　　純
　　　　　　発行人　　檜　山　爲次郎
　発行所　　京都大学学術出版会
　　　　　　京都市左京区吉田近衛町69番地
　　　　　　京都大学吉田南構内（〒606-8315）
　　　　　　電　話（075）761-6182
　　　　　　FAX（075）761-6190
　　　　　　URL　http://www.kyoto-up.or.jp
　　　　　　振　替　01000-8-64677

ISBN978-4-87698-668-2　　　　　印刷・製本　亜細亜印刷株式会社
Printed in Japan　　　　　　　　　定価はカバーに表示してあります

本書のコピー，スキャン，デジタル化等の無断複製は著作権法上での例外を除き禁じられています。本書を代行業者等の第三者に依頼してスキャンやデジタル化することは，たとえ個人や家庭内での利用でも著作権法違反です。